출생차트 해석을 위한
정통 점성학

출생차트 해석을 위한 **정통 점성학**

초판 1쇄 인쇄 2012년 06월 20일
초판 1쇄 발행 2012년 06월 27일

지은이 | 조 만 섭
펴낸이 | 손 형 국
펴낸곳 | (주)에세이퍼블리싱
출판등록 | 2004. 12. 1(제2011-77호)
주소 | 서울시 금천구 가산동 371-28 우림라이온스밸리 C동 101호
홈페이지 | www.book.co.kr
전화번호 | (02)2026-5777
팩스 | (02)2026-5747

ISBN 978-89-6023-915-9   03180

이 책의 판권은 지은이와 (주)에세이퍼블리싱에 있습니다.
내용의 일부와 전부를 무단 전재하거나 복제를 금합니다.

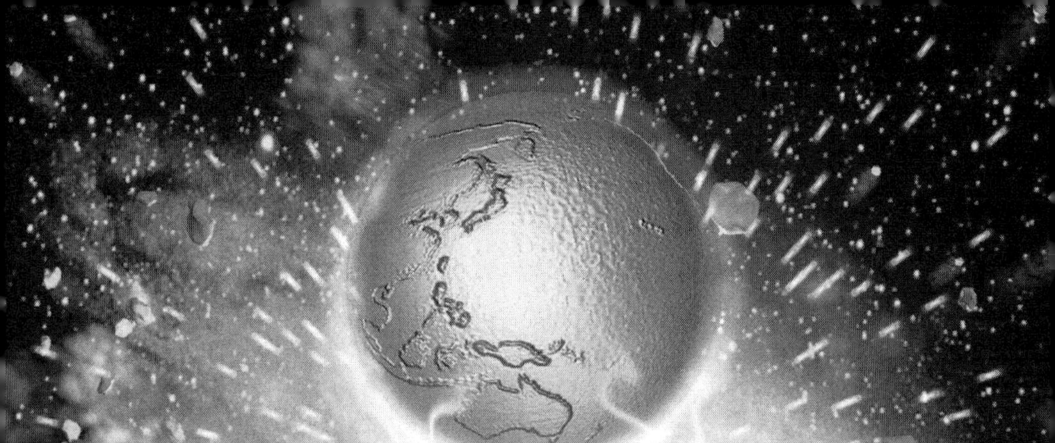

Christian Astrology 정·통·점·성·학·의·교·과·서

출생차트 해석을 위한

정통 점성학

조만섭 지음

ESSAY

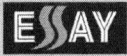

| 감사의 글 |

    천상의 학문인 별들에 대한 비밀과 점성학에 대한 지혜와 영감을 주시고 지식을 전해주신 창조주 하나님 아버지께 진심으로 감사를 드립니다. 수십 만 년의 시간을 뛰어 넘어 잊지 않고 찾아준 페가수스에서의 인연 Alietta와 영적 세계로 이끌어준 보이지 않는 영혼들에게도 진심으로 감사의 인사를 드립니다.

    그리고 이번 생애에서 천상의 학문인 점성학을 배울 수 있도록 기회를 제공해준 Serminel과 고등학교 영어교사 출신으로 William Lilly의 Christian Astrology와 영문자료 번역에 도움을 주신 대학원 동기이며 명부철확관을 운영 중인 김철화 선생님에게도 감사의 인사를 드립니다. 그리고 출생차트 해석을 위한 정통 점성학 책이 출판될 수 있도록 물심양면으로 도움을 준 정인경 님을 비롯한 모든 분들에게 진심으로 감사의 인사를 드립니다.

2011년 12월 25일
크리스마스 새벽에 행촌동에서
조만섭

| 서 문 |

"인생의 빚을 갚게 될 때 인생의 목적을 이룬다."

　사람들은 누구나 저마다의 삶의 그릇의 크기를 가지고 태어난다. 자신의 주위를 둘러보면 저마다의 인생들이 사는 모습이 다름을 알 수 있다. 그럼에도 불구하고 대부분의 사람들은 열심히 노력하고 열심히 살면 성공한 인생을 살게 되리가고 막연한 생각을 가지고 살아간다. 그렇게 해서 사회적으로 성공하고 책임 있는 지위에 오르고 자신이 하고 있는 일들이 창조적이라고 생각하면서 삶의 만족을 느낄 수 있지만 정작 자신의 내면에서 무언가 중요한 것을 잃어가고 있음을 깨닫는 것은 지극히 어려운 일이다. 지구라는 행성에서 통용되는 수단이 '돈'이기에 많은 사람들이 자신의 타고난 그릇의 크기를 제대로 알지 못한 채 물질적인 성공을 위하여 앞만 보고 달려간다. 물질만능주의로 인하여 영혼이 피폐해져 가고 그로 인하여 가정이 붕괴되기도 하며 때로는 죽음에 직면할 수도 있다는 것을 우리는 언론 매체를 통하여 자주 접하고 있다.
　많은 사람들이 자신이 가야 할 길이 어딘지를 몰라서 방황하게 되고 인생을 낭비하게 된다. 자신이 누구이며 왜 이 땅에 태어났는지 이 땅을 살아가는 진정한 인생의 목적이 무엇인지 한 번이라도 진지하게 고민을 해본 사람이라면 이 책이 도움이 될 것이다. 자신의 그릇의 크기를 알고 자신이 가야 할 길이 어딘지를 올바로 이해하고 살아간다면 우리는 인생을 낭비하지 않을 수 있고 보다 가치 있는 삶을 살아갈 수 있다고 생각한다.

출생차트 해석을 위한 정통점성학은 모든 사람들을 만족시켜 줄 수는 없을 것이다. 그럼에도 불구하고 인생의 진정한 목적을 찾고자 노력하는 사람에게 도움을 줄 수 있을 것이다. 점성학은 인생의 지도와도 같다. 점성학을 인생에서 잘 활용할 수만 있다면 자신의 진정한 자아를 발견하고 인생의 목적을 찾아갈 수 있도록 도와줄 것이다.

출생차트 해석을 위한 점성학은 7년의 준비과정을 거치고 2년 동안의 집필과정을 거쳐서 탄생했다. 윌리엄 릴리의 크리스천 아스트랄러지를 기반으로 하여 현대에 맞게 재해석하였으며 그동안의 상담과 임상을 거쳐 완성하였다. 본인이 공부하면서 부족하다고 생각했던 부분들을 보완하였고 처음 공부하는 점성학도들을 위하여 용어에 익숙하도록 같은 말을 반복적으로 사용하였으며 원어에 충실하도록 노력하였다.

2011년 12월 25일
크리스마스 새벽에 행촌동에서
조 만 섭

| 차 례 |

점성학이란 무엇인가?	17
윌리엄 릴리(William Lilly)	22
윌리엄 릴리가 점성학도들에게	24
정통 점성술의 아버지 윌리엄 릴리(William Lilly)	27
고린도 전서 10장 13절	29
점성술을 과학수준으로 끌어 올린 점성가 에반젤린 애덤스	31
정통점성학의 예언적 기능에 관하여	33
점성학의 이해	36
This is the truth of Christian Astrology	41
황도대(the Zodiac)	43
세차운동(歲差運動)	45
조디악(Zodiac 황도대)의 12사인	48
일곱 플래닛(Planets)의 의미	65
노드(Node)와 포르투나(Fortuna)	88
열두 사인과 열두 하우스 그리고 룰러	90
12사인과 지배 플래닛	92
일곱 플래닛(행성)의 강.약	93
프톨레미의 디그니티 테이블(The Dignity Table of Ptolemy)	95
프톨레마이오스의 디그니티 테이블의 페이스	97
트리플리시티(triplicity)에 의한 데칸(Decan)	99
디그니티(Dignity)	100
열두 사인의 순서와 구성	102
열두 사인과 룰러십을 얻는 플래닛	104
열두 사인과 익절테이션을 얻는 플래닛	105
열두 사인과 디트리먼트 하는 플래닛	106
낮의 차트와 밤의 차트	107
낮의 차트	108
밤의 차트	109

윌리엄 릴리의 트리플리시티(Triplicity)	110
도로시안 트리플리시티(Triplicity)	111
Zodiac(황도) 12사인의 이론	113
4원소 이론	115
12사인과 4원소의 성질	117
지구의 자전과 공전	118
Theosophy(신지학, 神智學)	119
Sun-Sign Astrology	120
사비안 점성술	121
사비안 심벌	122
Ascendant Sign	123
Aspect(애스펙트)	125
Major Aspect(메이저 애스펙트)	126
Minor Aspect(마이너 애스펙트)	127
Orb(오브)와 Moiety(모이티)	128
플래닛의 오브와 모이티	129
Patill Aspect(파틸애스펙트)	130
Platick Aspect(플래틱 애스펙트)	131
Apply(어플라이)와 Separation(세퍼레이션)의 의미	132
Apply Aspect(어플라이 애스펙트)	133
Separation Aspect(세퍼레이션 애스펙트)	134
애스펙트에 따른 각 플래닛의 의미	136
쿼터를 기준으로 한 Oriental(오리엔탈)과 Occidental(옥시덴탈)	137
칼데안 오더에 따른 Oriental(오리엔탈)과 Occidental(옥시덴탈)	138
Combust(컴버스트)	141
℞. Retrograde(리트로그레이드)	143
Daily Motion(데일리 모션)	144
Degree Table(디그리 테이블)	146

| 차 례 |

Degrees Light, Dark, Smoakie, Void	148
Hour of Lord(시간의 룰러)	150
Pars Fortuna	153
⊗ 포르투나(Pars Fortuna)를 구하는 방법	155
The Fixed Stars	157
프톨레마이오스의 픽스트 스타 목록	159
Regiomontanus House System(레지오몬타누스 하우스 시스템)	161
네이탈 차트의 생시를 보정하는 방법	163
하우스에 관한 해석과 판단	166
열두 사인과 열두 하우스	167
열두 하우스의 성과 의미	168
조디악 12 하우스	169
하우스 해석을 위한 기초	171
일반적으로 쓰이는 사인의 의미	173
1st 하우스	174
네이티비티(Nativity)에서 네이티브(Native)의 인품과 성격	175
ASC에 걸린 사인에 따라 나타나는 네이티브의 인품과 성격	177
기질(Temperament)에 따른 네이티브의 인품과 성격	178
네이티비티(Nativity)에서 일곱 플레닛이 나타내는 네이티브의 인품과 성격	182
네이티비티(Nativity)에서 네이티브(Native)의 외모	188
기질(Temperament)에 따른 네이티브의 인품과 성격	194
호라이즌 위로 긴 시간 떠오르는 사인과 짧은 시간 떠오르는 사인	195
네이티비티(Nativity)에서 네이티브(Native)의 지적능력에 관한 판단	197
네이티비티(Nativity)에서 네이티브(Native)의 지적능력에 관한 차트해석	201
네이티비티(Nativity)에서 네이티브(Native)의 수명에 관한 판단	203
네이티비티(Nativity)에서 네이티브(Native)의 수명에 관한 차트해석	208
네이티비티(Nativity)에서 네이티브(Native)의 힐렉(Hyleg)	210
네이티비티(Nativity)에서 네이티브(Native)의 낮의 출생차트	211

네이티비티(Nativity)에서 네이티브(Native)의 밤의 출생차트	212
네이티비티(Nativity)에서 네이티브(Native)의 알코코덴(Alcochoden)	214
네이티비티(Nativity)에서 네이티브(Native)의 아나레타(Anaretar)	217
네이티비티(Nativity)에서 네이티브(Native)의 알무텐(Almuten)	218
네이티비티(Nativity)에서 네이티브(Native)의 체질과 기질 그리고 휴모	220
플래닛의 속성	221
사인의 속성	223
2nd 하우스	224
네이티비티(Nativity)에서 네이티브(Native)의 재물에 관한 판단	225
네이티비티(Nativity)에서 네이티브(Native)의 재물에 관한 차트 해석	226
네이티비티(Nativity)에서 네이티브(Native)가 재물을 얻는 분야와 방법	228
네이티브의 재산과 관련하여 사람과 사물에 대한 플래닛의 의미	229
네이티브(Native)의 재물과 관련한 4원소가 다스리는 트리플리시티의 의미	231
네이티브(Native)의 재물과 관련한 일곱 플래닛이 다스리는 사인의 의미	232
네이티비티(Nativity)에서 네이티브(Native)의 재물과 관련한 12하우스의 의미	233
네이티비티(Nativity)에서 네이티브(Native)의 재물과 축재에 대한 판단	234
네이티비티(Nativity)에서 네이티브(Native)가 재물을 모으는 시기	235
3rd 하우스	238
네이티비티(Nativity)에서 네이티브의 3rd 하우스를 다스리는 시그니피케이터	239
형제, 자매의 수를 판단할 때 고려해야 할 12사인의 속성	240
네이티비티(Nativity)에서 네이티브와 형제, 자매의 관계에 대한 판단	242
4th 하우스	244
네이티비티에서 네이티브의 4th 하우스 아버지를 다스리는 시그니피케이터	245
네이티비티에서 네이티브의 10th 하우스 어머니를 다스리는 시그니피케이터	247
출생차트(Nativity)에서 네이티브가 부모의 재산을 상속받을 수 있을 것인가?	248
5th 하우스	250
네이티비티(Nativity)에서 네이티브의 5th 하우스를 다스리는 시그니피케이터	251
네이티비티(Nativity)에서 네이티브의 자녀의 상태에 대한 판단	253

| 차 례 |

네이티비티(Nativity)에서 네이티브의 자녀의 성별에 대한 판단	255
네이티비티(Nativity)에서 네이티브의 도박과 주식 대한 판단	257
6th 하우스	258
일곱 플래닛이 담당하는 네이티브의 질병	259
인체에 상응하는 12사인과 사인별 질병부위	260
12사인이 의미하는 네이티브의 신체부위 및 질병	261
12하우스가 의미하는 네이티브의 신체부위와 질병	262
네이티비티(Nativity)에서 네이티브의 건강과 질병을 다스리는 시그니피케이터	263
네이티비티(Nativity)에서 네이티브의 고용인과 아랫사람에 대하여	270
7th 하우스	273
네이티비티(Nativity)에서 네이티브의 결혼을 다스리는 시그니피케이터	274
남성의 결혼에 관하여	275
남성의 결혼시기	276
네이티비티(Nativity)에서 결혼의 회수 또는 배우자의 수에 대하여	278
네이티비티(Nativity)에서 네이티브의 배우자를 만나는 곳	280
네이티비티(Nativity)에서 네이티브의 배우자 모습에 대하여	281
네이티비티(Nativity)에서 네이티브의 배우자의 인품에 대하여	282
네이티비티(Nativity)에서 네이티브의 연인이나 배우자의 재산에 대하여	283
네이티비티(Nativity)에서 여성의 결혼에 대하여	286
네이티비티(Nativity)에서 여성의 결혼시기에 대하여	288
네이티비티(Nativity)에서 여성의 배우자를 만나는 곳에 대하여	289
네이티비티(Nativity)에서 배우자의 경제력에 대하여	290
시나스트리 I(Synastry I)	291
7th 하우스에 위치한 플래닛의 의미	292
네이티비티(Nativity)에서 시나스트리의 시그니피케이터	294
시나스트리에서 일반적 애스펙트 의미	295
7th와 관련하여 호라리 맛보기	297
8th 하우스	300

네이티비티(Nativity)에서 네이티브의 8th 하우스를 다스리는 시그니피케이터	301
네이티비티(Nativity)에서 네이티브의 죽음에 대한 12사인의 의미	302
네이티비티(Nativity)에서 네이티브의 죽음에 대한 하우스의 의미	303
네이티비티(Nativity)에서 네이티브의 갑작스러운 죽음과 자연사에 대하여	304
9th 하우스	307
네이티비티(Nativity)에서 네이티브의 9th 하우스를 다스리는 시그니피케이터	308
일곱 플래닛과 12 하우스, 12 사인에 따른 방위	310
4원소 트리플리시티의 사인과 방위 그리고 쿼터의 방위	311
네이티비티(Nativity)에서 네이티브의 여행의 수단에 대하여	312
네이티비티(Nativity)에서 네이티브가 여행을 하게 된 원인에 대하여	313
네이티비티(Nativity)에서 여행의 시그니피케이터가 각각의 사인에 위치할 경우 여행 도중에 네이티브가 겪을 수 있는 위험한 사건들	316
네이탈 출생차트에서 네이티브의 입시와 시험에 대하여	317
네이티비티(Nativity)에서 네이티브의 종교에 대하여	318
10th 하우스	319
네이티비티(Nativity)에서 네이티브(Native)의 10th를 다스리는 시그니피케이터	320
네이티비티(Nativity)에서 네이티브의 사회적 성공과 지위 명예에 대하여	321
MC(Medium coeli) = 미드해븐(Midheaven)	324
ASC(Ascendant)	325
네이티비티(Nativity)에서 네이티브가 사회생활을 통해 얻게 되는 지위에 대하여	327
네이티비티(Nativity)에서 네이티브의 직업과 재능에 대하여	329
네이티비티(Nativity)에서 네이티브의 직업과 재능의 시그니피케이터가 ☿일 때	331
네이티비티(Nativity)에서 네이티브의 직업과 재능의 시그니피케이터가 우일 때	334
네이티비티(Nativity)에서 네이티브의 직업과 재능의 시그니피케이터가 ☾일 때	335
사인에 따른 직업의 의미	338
사인과 관련한 인간의 보편적 직업의 종류	339
직종의 분류와 플래닛, 사인과의 일반적 관계	340
네이티비티(Nativity)에서 네이티브가 선택 할 수 있는 직업의 종류	341

| 차 례 |

11th 하우스	343
네이티비티(Nativity)에서 네이티브의 11th 하우스를 다스리는 시그니피케이터	344
플래닛이 의미하는 네이티브의 친구 또는 만나게 될 사람들	347
Synastry II(시나스트리 II)	348
우호적인 플래닛과 적대적인 플래닛 그리고 그 의미	349
12th 하우스	353
네이티비티(Nativity)에서 네이티브(Native)의 적에 대하여	354
네이티비티(Nativity)에서 네이티브(Native)의 적에 대한 사회적 지위	356
네이티비티(Nativity)에서 네이티브(Native)의 적과의 싸움에 대하여	359
Synastry III(시나스트리 III)	361
네이티비티(Nativity)에서 네이티브(Native)의 구속과 감금에 대하여	363
일곱 플래닛이 각 하우스에 위치할 때 부여되는 일반적 의미	366
인도 베딕 점성술에서 사용하는 ⊗의 위치에 따른 네이티브의 전생	371
먼데인 맛보기	373
DIRECTION Direction(진행)⇒Transit(흐름)⇒Firdaria(시간)	377
디렉션의 종류	378
I. QUARTER(쿼터)	380
네이티브의 운의 흐름을 전체적으로 가장 크게 보는 것이 쿼터이다.	382
II. TRIPLICITY(트리플리시티; 三宮; 12하우스 중)	384
III. PART	387
IV. FIRDARIA	390
네이티비티(Nativity)에서 낮에 출생한 네이티브의 피르다리아	391
네이티비티(Nativity)에서 밤에 출생한 네이티브의 피르다리아	392
네이티비티(Nativity)에서 피르다리아가 네이티브에게 발휘하는 영향력과 시기	395
V. DIURNAL	398
VI. TRANSIT	399
VII. REVOLUTION(Solar Return & Luna Return)	401
VIII. PROFECTION	402

IX. DIRECTION	407
X. PROGRESSION	409
호라리 고급	411
Mirror(거울)	419
쿼런트가 제기한 퀘시티드가 성취될 때 차트의 패턴	420
쿼런트가 제기한 퀘시티드가 성취되지 않을 때 차트의 패턴	422
쿼런트가 제기한 퀘시티드를 방해하는 사람이나 문제에 대하여	423
호라리 차트에서 쿼런트가 제기한 퀘시티드가 이루어지는 시간에 대하여	424
호라리 차트의 디라이브(Derive)	425
쿼런트와 관계있는 사람이나 사물의 하우스에 대한 판단	426
쿼런트와 관계없는 사람이나 사물의 하우스에 대한 판단	427
디라이브 차트에서 각 하우스의 의미	429
Christian Astrology와 Vedic 점성술 Jyodish의 차이	431
Tropical과 Sidreal의 차이	433
Tropical Chart와 Sidreal Chart에서의 ☽의 위치	435
Naksatra와 대표하는 Planets	437
Naksatra	439
자신의 Naksatra를 찾는 방법	441
27개의 Naksatra 해석	443
The Fixed Stars	472
정통 점성술에서 사용되는 용어해설	483
참고문헌	490

점성학이란 무엇인가?

Albert Einstein

"점성학은 그 자체로 계몽적인 학문이다. 나는 점성학을 통해 배운 것이 많다. 지구물리학은 태양계의 별들이 지구의 운명에 미치는 영향을 정립하는 학문이다. 지구물리학의 지식체계를 뒷받침해 주고 강화해 주는 학문이 점성학이다. 따라서 점성학은 인간에게 원기를 주는 영약과 같은 학문이다."

Edgar Cayce

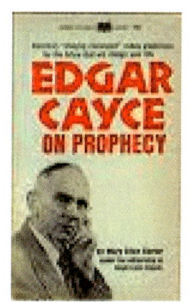

미국의 예언가이자 심령가인 에드가 케이시는 자신의 자서전 『나는 잠자는 예언자』에서 "한 인간이 탄생할 때 태양계의 위치가 영향을 미쳐 본인의 의지와는 상관없이 특정한 성향과 행동을 의식 안으로 주입시킨다. 그러므로 다가올 상황을 경고하여 특정 시간에 그것을 피할 수 있도록 하는 데에는 점성학이 훌륭한 역할을 한다."라고 말하였다.

점성술을 과학수준으로 끌어올린 점성가 Evangaline Adams

애반젤린 아담스는 존 퀸시 애덤스 미국 대통령의 후손으로 보스턴에서 태어났다. 그녀는 1899년 뉴욕 최고급 윈저호텔의 화재를 점성술로 적중시켜 부와 명예를 얻게 된다. 1914년 점성술로 인하여 법정에 서게 된 애반젤린 아담스는 검사들로부터 이름 모를 사람의 출생차트를 풀이하라는 요구를 받고 정확한 출생차트를 풀이하고 예언을 적중시켰다. 그녀의 출생차트 풀이를 들은 판사는 애반젤린 아담스가 점성학을 과학으로 끌어올렸다고 선언하고 사건을 기각시켰다. 사건이 기각된 후 그녀는 더욱 유명해졌으며 재벌 J.P모건, 성악가 엔리코 카루소, 영국의 에드워드 8세 윈저공, 여배우 메리 픽퍼드 등 저명인사를 고객으로 두었다.

현대과학의 창시자 요하네스 케플러

요하네스 케플러는 1608년 프라하 부근에 있는 관측소에서 제코장교 알브레히토 폰 발레슈타인의 천궁도를 그린다. 그 천궁도에 따르면 태생이 천칭자리인 발렌슈타인은 일생을 통틀어 전쟁의 행성인 마르스가 뚜렷하게 나타나있다. "그는 빈틈이 없고 열성적이고 쉴 새 없이 경계하는 인물이다. 인간세계의 법률과 전통에 대해서는 조롱하고 무관심하며, 무자비하고 호전적이며 법이 없는 것으로 볼 때 큰일을 할 위인이다." 1608년 요하네스 케플러의 이런 분석은 정확하게 들어맞는다. 발렌슈타인은 30년 전쟁에 나가 승리하면서 유럽에서 가장 막강한 군대 지도자로 떠오른다.

Jhone Dee & 엘리자베스 1세

영국왕 헨리 8세 치하에서 태어난 존 디이는 당대 가장 훌륭한 과학자이며 수학자였다. 그가 이룩한 과학에 대한 연구는 갈릴레이의 망원경 발명에 토대가 되었다. 메리여왕에 의해 연금 상태에 있는 엘리자베스공주는 생명의 위협을 느낀 나머지 존 디이에게 자신의 미래를 예언하라고 이른다. 존디이는 엘리자베스의 생년, 월, 일, 시, 분을 가지고 천궁도를 그렸고 연금 상태에 있는 공주가 영국의 왕이 될 것이라고 예언을 했다. 존 디이가 예언했던 대로 메리여왕이 갑자기 죽고 연금 상태에 있는 공주는 예언대로 엘리자베스 1세 영국여왕이 되었다.

카를 구스타프 융 Carl Gustav Jung(1875~1961)

융은 1875년 스위스 북동부 케스빌에서 목사의 아들로 태어났다. 바젤대학교 의학부를 졸업한 융은 취리히 대학교 부설 부르크횔슬리 정신병원에서 많은 환자의 심리분석을 통해 자신만의 정신치료법을 확립했다. 융은 자신의 정신병환자들을 치료하는 과정에서 점성술 출생차트와 타로카드를 활용하여 환자들의 문제점을 진단하는 데 참고하였다. 1954년 한 인터뷰에서 "개인의 출생차트와 관련하여 네이티브의 기질적 성향 사이에서 우리는 많은 것을 유추해낼 수 있으며 나아가서는 무언가를 예측할 수도 있다. 출생차트는 개인의 심령적 원형들을 보여주는 것으로 여겨진다."라고 말하였으며 이런 점성학에 대한 융의 개념은 심층심리학을 점성학에 접목하려는 인본주의적 연구가들에게 커다란 영향을 주었다. 융의 딸인 프라우 그레이트 바우만 융 역시 심리학자이며 점성학을 심리학에 완전히 통합하여 융의 방식을 따르는 심리학자들의 수련과정 및 카운슬링에 사용하도록 했다.

세계적으로 유명한 왕과 정치가, 천문학자, 과학자, 문호들 중에는 점성학 애호가들이 많았다. 엘리자베스 1세 영국여왕, 갈릴레이, 코페르니쿠스, 케플러, 뉴턴, 괴테, 빅토르 위고, 오노레 발작, 아인슈타인, 노스트라다무스 등등 점성학을 중요시하는 경향은 현대에도 예외는 아니다. 많은 정치가, 예술가, 사업가, 학자들이 자기완성의 지침 도구로써 또는 중요한 결정을 내리는 근거로 많이 애용하고 있다.

최근에는 점성학의 통계적 접근방법에 대한 검증이 유명한 프랑스 '국립과학연구소(C.N.R.S:Center national de recherche scientifique)'에서 시행된 바 있다. 수십 만 건의 인적사항 사실자료를 통계적으로 분석한 결과 점성학의 접근법에 과학적 근거가 있다는 결론을 얻었다고 한다. 점성학이 전통과 뿌리가 확실한 인문학으로 인정받을 수 있는 계기가 된 것으로 볼 수 있다.

우리는 점성학을 통하여 무엇을 기대할 수 있을 것인가?

자미아스트랄러지는 진정한 자아를 발견하고 현재의 삶을 이해하여 보다 성숙한 삶의 지혜와 교훈을 얻고자 함이며 한 개인이 출생할 때 받은 별들의 영향력을 출생한 년, 월, 일, 시, 분을 통하여 성격과 표현력, 적성에 맞는 학과선택, 직업적 적성, 사회적인 출세와 명예, 재물의 운 등을 전체적으로 조감하여 우리 삶에 대한 미래 지향적 예측을 통해 특정시간 때에 다가올 불행을 피하고 행운을 잡아 차원 높은 삶을 살고자 하는 데

목적이 있다.

  오늘날 고도 지식정보화 사회를 살아가는 21세기 현대인들은 미래와 상호간에 대한 정보교류가 필수적인 시대를 살아가고 있다. 다양한 사회 환경과 더욱 넓어진 선택의 폭, 그리고 인간적인 갈등에서 오는 문제들을 보다 현명하게 대처하고 자신에게 주어진 본연의 능력을 살려 본인의 인생에 적극 활용한다면 인생에서 보다 밝은 미래를 설계할 수 있으리라고 생각한다.

            경기대학교 국제문화대학원(現 문화예술대학원) 동양철학과 졸업논문
                  '命理理論과 宮合의 相關關係 硏究' 중에서

윌리엄 릴리(William Lilly)

William Lilly(1602~1681)

윌리엄 릴리는(1602~1681)는 잉글랜드의 레스터시에서 소작농의 아들로 태어났다. 윌리엄 릴리는 영국 국교회의 성직자를 목표로 신학을 공부하였으나 가정형편이 어려워 교육비를 낼 수 없게 되자 신학공부를 포기하고 1620년 런던에 와서 부유하지만 교육을 받지 못한 소금상인의 비서로 일을 하게 된다. 소금상인의 아내는 열렬한 점성술의 지지자였던 것으로 보이며 릴리는 이러한 소금상인의 아내로부터 점성술을 처음 접한 것으로 보인다. 열렬한 점성술의 지지자였던 소금상인의 아내가 사망한 후 소금상인은 젊은 여성과 재혼을 하게 되고 시간이 흘러 소금상인이 죽고 나서 릴리는 소금상인의 젊은 미망인과 사랑에 빠져 결혼을 하게 된다. 릴리는 1627년 소금회사를 물려받아 부자가 되고, 1632년부터 본격적으로 점성술을 공부하게 된다. 1633년 소금상인의 아내가 사망하면서 윌리엄 릴리는 소금회사를 매각하고 본격적으로 점성술사로서의 길로 접어든다. 그리고 재혼을 한다.

윌리엄 릴리가 특별히 자신 있어 했던 것은 질문이 막 다루어졌을 때 특정 사건이나 일의 길흉을 점치는 호라리 점성학(Horary Astrology)이었다. (호라리 점성학은 단시점(短蓍占)을 다루는 육임과 같은 맥락으로 이해하면 될 것이다.) 또한 윌리엄 릴리는 탄생 시 점성학(Nativity Astrology) 한 개인의 출생 연, 월, 일, 시, 분에 의해 시기를 판단하는 점성학(동양에서는 사주 명리학과 같은 것이다.)과 국가의 운명을 논하는 먼데인 점성학(Mundane Astrology)에서도 비범한 재능을 보였다.

 윌리엄 릴리는 점성술사로서의 직업윤리도 중요시 하였으며, 초반에는 주로 중류 계급의 부인들을 상대로 점성술 상담을 하였다. 그 상담이 잘 맞고 신뢰를 얻게 되자 국회의원이나 귀족들이 고객이 되었다. 1644년 윌리엄 릴리는 『점성력(Almanac)』을 출간했다. 이것이 유명한 메르리누스 앙리크스』의 달력이다. 이 달력은 염가로 판매했기 때문에 1년간의 발행부수가 1만부 이상이 팔리는 경이적인 베스트셀러가 되었다.

 윌리엄 릴리는 정치에도 관심을 가지고 있었다. 윌리엄 릴리는 당시 의회파의 대립을 점쳐 의회파가 유리하다고 판단을 내렸다. 이윽고 퓨리턴 혁명이 일어났고 윌리엄 릴리는 혁명파의 승리를 예언했다. 의회파는 당시의 유명한 점성학자였던 윌리엄 릴리를 선전에 많이 이용했고 릴리의 예언은 적중했다. 내란은 의회파의 승리로 끝나고 왕제는 폐위되었다. 하지만 정권을 장악한 혁명군의 지도자 올리버 크롬웰은 냉혹한 독재자의 길을 걸어간다. 이로써 윌리엄 릴리는 패배한 왕당파를 감싸게 되고 점성술을 통한 찰스1세가 혁명파에 의해 처형될 것을 예측하고 찰스 1세를 위해 망명하는 방법을 점쳐서 은밀하게 전한다. 그러나 찰스 1세는 이를 무시하고 군을 일으켰다가 붙잡혀 처형을 당한다. 또한 릴리는 왕당파가 세력을 만회해 왕정복고가 일어난다는 것을 예언하였다. 그리고 1665년과 1666년에 런던을 휩쓸었던 흑사병과 대화재 등을 예언하였고 이 예측은 적중했다.

윌리엄 릴리가 점성학도들에게

William Lilly(1602~1681)

나의 친구여! 당신이 누구이든지 당신은 나의 힘들었던 공부의 덕을 볼 것이며 보이지 않고 위대하신 명백히 현존하시는 창조주의 감동적인 노고와 위대함이 깃든 별들의 천상의 학문을 공부하게 될 것입니다.

가장 먼저, 당신의 창조주를 생각하고 존경하십시오. 창조주에게 감사하고 겸손해지며 이 세상의 어떠한 난해하고 심오한 학문이라 할지라도 당신을 거만하게 하여 이 신성한 신의 섭리를 다 보시고 주관하시는 창조주 앞에서 경솔하지 않도록 하십시오. 천지는 그 정해진 움직임이 있지만 당신의 지식이 넓어질수록 자연히 창조주의 지혜와 힘을 경외하게 될 것이며, 창조주의 보살핌 안에서 보호받도록 힘써야 할 것입니다. 자신감을 가지십시오. 당신이 더욱 신성하고 창조주에게 가까이 다가갈수록 더 순수한 판단을 내릴 수 있을 것입니다. 자만심과 자신의 과대평가를 조심하십시오. 아주 오래 전 소우주인 인간을 그가 자신의 이성과 욕망의 주인이었던 동안에는 이성이 없는 창조물들도 감히 해치지 않고 충직하게 따르고 받들어 왔음을 기억하십시오.

아! … 그러나 슬프도다. 죄악이 가득 차고, 인간이 자신이 통치권을 자신의 욕망에 주어버리며 이성과 순리를 내팽개쳐 버렸을 때 모든 짐승과 창조물과 외부의 사악한 것들이 반역하게 되고 인간의 명령에 더 이상 순종하지 않고 복종하지 않게 되었습니다.

오! 인간이여! 명백한 진리와 창조주 앞에서 꿋꿋해지고 그 후에 자신의 영광을 생각하십시오. 어떻게 현존하는 것들과 앞으로 올 것들이 그대의 목적을 위하여 창조되었습니까?

그렇지 않습니다. 당신을 위해 신은 인간이 되셨습니다. 창조물인 당신은 하늘 위를 다스리며 살고 계시고, 모든 힘과 권력 위에 앉아 계신 그리스도와 친분을 맺으십시오. 얼마나 많은 특권과 이득과 고귀함을 창조주께서 그대에게 주셨습니까? 하늘 위를 묵상으로 관측하고 별들의 움직임과 빛을 마음속에 품으십시오. 천사들뿐만 아니라 창조주께 이야기하십시오. 그분은 모든 창조물을 자신의 영역 안에 두시고 악마는 복종시키십니다.

그러므로 그분의 본질을 외람되게 하지 말며, 당신 자신을 그분의 선물에 합당치 못한 자가 되지 말며 당신이 자신에게 허락한 축복과 영광과 위대한 힘을 당신의 두려움이나 완전하지 못한 즐거움의 소유 때문에 빼앗기지 마십시오. 당신은 신의 종으로서 당신이 되기 원하는 모습으로 어떻게 되어야 할지 그 가르침을 받으십시오. 당신이 날마다 하늘과 대화를 나누듯 당신의 마음을 신선한 모습으로 이끌고 형성하십시오. 모든 덕성과 광채들을 배우고 그것들을 충분히 습득하십시오. 모든 이들에게 겸손하고 예의 바르고 친절하며, 다른 이들이 다가가기 쉽게 하고 잔인한 판단으로 불쌍한 이들을 연민에 휩싸이게 하지 말며 그러해야 할 경우에는 그들이 차차 천천히 자신의 운명을 알아가도록 하십시오.

조심성을 갖추고 배우고 친절하고 건전한 이들과 대화하십시오. 그들에게 신께 의탁하여 절박한 그들에게 놓인 그분의 심판이 돌려지도록 이끄십시오. 재물을 탐하지 말며 불쌍한 이들에게 돈과 판단 둘 다 무료로 베푸십시오. 세상의 부가 판단에 오류를 범하지 않게 하며 이 신성한 과학과 기술을 불명예스럽게 하지 마십시오.

착한 사람들을 사랑하고, 이 기예를 진심으로 공부하는 정직한 이들을 기뻐하십시오. 당신이 살고 있는 사회에서 판단을 관대하게 내리도록 하십시오.

당신의 군주에게 죽을 날을 이르지 마십시오. 하지만 나는 경험상으로 왕들조차 별들의 지배를 받는다는 것을 알고 있습니다.

당신은 한 명의 아내와 결혼을 하며 친구들과 기쁨을 나누고 논쟁과 소송을 피하십시오. 아마 당신은 홀로 공부해야 할 수도 있기에 당신이 할 수 있는 한 전심전력으로 공부에 매달리십시오. 터무니없는 모든 과학을 익히려고 하지 말며, 모든 것을 조금씩만 알려고 하지도 마십시오. 내 당신에게 명령합니다. 당신의 신용에 맡겨진 당신의 친구나 적들의 믿음을 절대로 누설하지 마십시오.

모든 이들이 잘살도록 이끌며 당신 자신 스스로가 좋은 본보기가 되십시오. 시대의 유행을 피하고 당신의 나라를 사랑하십시오. 누구든지 비난하지 말며 적이라고 할지라도 그러하지 마십시오.

양심은 일천 명의 증인을 가지고 있으니 비난받는다고 할지라도 낙담하지 마십시오. 신은 어떠한 죄악도 정죄 없이 견디지 않으시고 보복되지 않은 거짓말도 없습니다.

정통 점성술의 아버지 윌리엄 릴리(William Lilly)

Christian Astrology

William Lilly(1602~1681)

크리스천 아스트랄러지는 윌리엄 릴리(William Lilly)에 의하여 쓰여졌으며, 이 저서는 1647년도에 출판되었다. 윌리엄 릴리(William Lilly)는 그의 저서 크리스천 아스트랄러지에서 점성학은 기독교와 모순되는 것이 아니고, 서로의 조화가 필요하다고 말하고 있다. 크리스천 아스트랄러지는 고대로부터 내려온 점성학을 체계적으로 정리한 것이며, 윌리엄 릴리의 연구로 약간의 보완을 한 것이다.

예언적 기능에 초점을 맞춘 정통 고전적 점성학은 프톨레마이오스로부터 시작해 윌리엄 릴리 때에 절정을 이루었다.

정통 고전적 점성학은 크게 5가지 영역으로 나뉜다. 1. 보나티(Bonatti), 2. 개드버리(Gadbury), 3. 알 카야트(Al Kayyat), 4. 피르미쿠스(Firmicus), 5. 윌리엄 릴리(William Lilly)로 대표되는 네이티비티(Nativity)는 한 사람의 **생년, 월, 일, 시, 분**에 의한 네이탈 차트(Natal Chart)를 통하여 네이티브(Native)의 삶을 관찰하여 살펴보고 시나스트리(Synastry, 궁합), 일렉션 (Election, 택일)을 비롯하여 호라리(Horary, 동양의 육임과 같은 단 시점)와 픽스트 스타(Fixed star), 플래닛(Planet)과 하우스 커스프(House cusp), 리볼루션 (Revolution) 등으로 시기를 판단한다.

Edgar Cayce

에드거 케이시
(Edgar Cayce 1877~1945)

미국의 예언가이자 심령가인 에드가 케이시 (Edgar Cayce)는 자서전 『나는 잠자는 예언자』에서 '플래닛 즉 별은 사람의 운명과 관계가 있다.'고 기록하고 있다.

에드가 케이시(Edgar Cayce)에 따르면 우리가 머무는 별 지구가 움직인다. 그것은 다른 플래닛의 위치에도 영향을 미쳐 모든 창조물의 운명을 지배하도록 한다. 예를 들어 바다는 지구 주위를 도는 달의 지배를 받는다. 마찬가지로 더욱 고차원적인 창조물도 태어날 때부터 지구 주변 플래닛들의 움직임에 영향을 받는다.

인간의 운명에 가장 큰 영향을 미치는 것은 태양이다. 그리고 태양보다 가까운 위치에 있는 플래닛들이 인간이 탄생하는 때에 지배력을 행사한다. 인간의 성향은 어느 플래닛의 영향 하에 태어났느냐에 달려 있다. 따라서 인간의 운명은 플래닛의 세력이나 범위에 달려 있다고 볼 수 있다. 한 인간이 탄생할 때 태양계의 위치가 영향을 미쳐 본인의 의지와는 상관없이 특정한 성향과 행동을 의식 안으로 주입시킨다. 그러므로 다가올 상황을 경고하여 특정 시간에 그것을 피할 수 있도록 하는 데에는 점성학이 훌륭한 역할을 한다고 하였다.

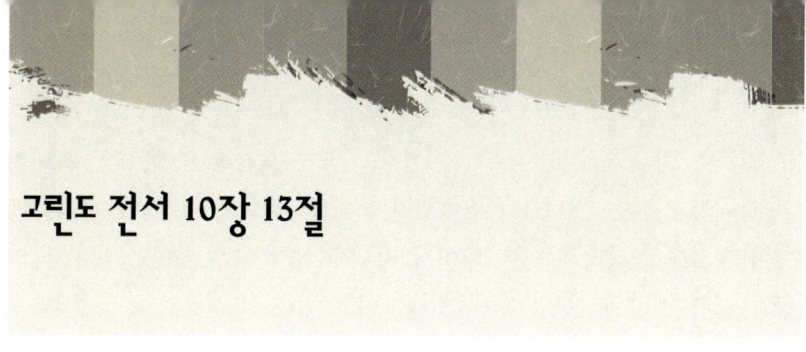

고린도 전서 10장 13절

하나님이 감당할 시험밖에는 너희에게 당한 것이 없나니 오직 하나님은 미쁘사 너희가 감당치 못할 시험 당함을 허락지 아니하시고, 시험당할 즈음에 또한 피할 길을 내사 너희로 능히 감당(堪當)하게 하시느니라.

1100년경, 샤오이궁, 빠리

별들의 예언적 기능에 대하여 성경에 기록된바 창세기 1장 14절 "하나님이 가라사대 하늘의 궁창에 광명이 있어 주야를 나뉘게 하라 또 그 광명으로 하여 징조와 사시와 일자와 연한이 이루라." 성경의 기록에서 알 수 있듯이 하나님은 '일자와 연한'이라고 하는 시간을 측정하는 데 태양과 달이라고 하는 천체를 이용함을 나타내고 있으며, 우리 인간의 삶에 기미나 징조를 나타내는 데 있어서 지구에 가장 많은 영향을 미치는 태양과 달을 이용하였음을 명백히 나타내고 있다.

점성술을 과학수준으로 끌어 올린 점성가 에반젤린 애덤스

에반젤린 애덤스(1865~1932)

에반젤린 애덤스는 존 퀸시 애덤스 미국 대통령의 후손으로 보스턴에서 태어났다. 미국에서는 에반젤린 애덤스라고 하는 특별한 여인이 점성학을 인기 있는 주류문화로 끌어올리는 데 큰 역할을 했다. 에반젤린 애덤스는 라디오 프로그램을 진행하면서 청중들의 인기를 끌게 되고 그녀가 작성한 출생차트는 수집가가 소중히 여기는 품목이 되었다. 에반젤린 애덤스는 1899년 뉴욕여행을 하던 중 최고급 윈저호텔에 묵으면서 호텔주인에게 출생차트를 그려주고 머지않아 무서운 재앙이 닥칠 것이라고 예언을 했다. 호텔주인은 에반젤린 애덤스의 예언을 무시하고 비웃었다. 그러나 다음날 그의 호텔은 불이 나서 모두 타버리고 에반젤린 애덤스는 무사히 대피하였다. 그 이후 호텔주인은 열렬한 점성학 신봉자가 되었으며 이 놀라운 예언으로 에반젤린 애덤스는 부와 명예를 얻게 되었다.

그로부터 수십 년 뒤 에반젤린 애덤스는 일주일에 한 번씩 라디오 프로그램에 나가 점성술에 대한 방송을 하고 카네기홀에 있는 그녀의 사무실에는 운명을 알기 위해 찾아오는 사람들로 넘쳐나게 되었다. 그러던 중 애매모호한 뉴욕시의 법 때문에 1914년 점쟁이들에게 사기죄로 고발을 당해 체포되고 벌금을 부과 받게 되었다. 그러나 에반젤린 애덤스는 벌금을 무는 대신 사건을 법정으로 가져갔다. 이로써 점성술은 법정에 서게 되었으며 검사들은 에반젤린 애덤스에게 어떤 이름 모를 사람의 출생차트를 풀이하라고 요구하였다. 그녀는 출생차트를 보고 자세한 성격을 이야기한 뒤 그 사람이 젊은 나이에 물에 빠져 죽게 될 것을 예언하였다. 에반젤린 애덤스의 출생차트풀이를 들은 판사는 비로소 출생차트의 주인공이 자신의 아들이었으며 얼마 전 수영장에서 사고로 죽었다고 말하고 점성술의 풀이가 정확하다고 인정하였다. 그리고 에반젤린 애덤스가 점성학을 과학으로 끌어올렸다고 선언을 하고 사건을 기각시켰다.

사건이 기각되고 에반젤린 애덤스는 더욱 유명해졌으며 유명한 재벌 J.P모건, 성악가 엔리코 카루소, 영국의 에드워드 8세 윈저공, 여배우 메리 픽퍼드 등 저명인사들을 고객으로 두었다. 1931년 에반젤린 애덤스는 자신이 쓴 책『모든 사람을 위한 점성술』에서 영국의 황태자 에드워드8세가 자신의 신분에 결코 어울리지 않는 기혼 여성에 관심을 갖는다고 예언하였다. 몇 년이 지난 뒤 1937년에 그 예언대로 에드워드8세는 미국의 평민인 월리스 심프슨을 만나 왕위 계승을 포기하고 결혼을 하였다. 더욱 놀라운 것은 미국이 1942년에 전쟁에 돌입하게 될 것이라고 예언을 하였지만 에반젤린 애덤스 자신은 예언이 실현되는 것을 보지 못하고 1931년에 세상을 떠났다.

정통점성학의 예언적 기능에 관하여

사람들은 예언이라 하면 세계적인 재난이나 국가적 이슈에 초점을 맞춰 생각하는 경향이 있다. 물론 정통점성학에서는 먼데인으로 판단이 가능하다. 그러나 여기서는 한 인간의 삶의 과정 일부분을 조망하여 살펴보기로 하겠다.

지난 2008년 1월 하얀색 모자를 쓰고 하얀색 옷을 곱게 차려입은 단아한 여인이 자신의 남편에 대한 2008년 한 해의 일어날 일에 대하여 차트 리딩을 의뢰해왔다. 당시의 차트 리딩이 기억에 남아서 정통점성술의 예언적 기능에 맞춰 차트 리딩을 설명하고자 한다.

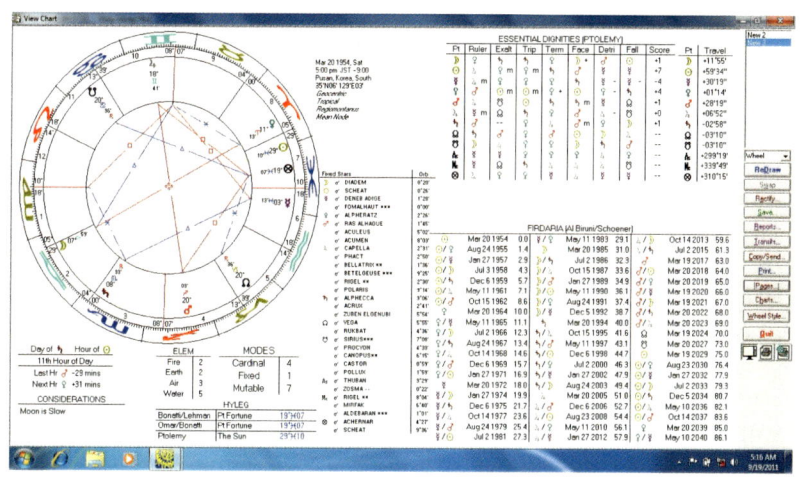

먼저 피르다리를 보니 아직 세운 마르스의 운이 다 가기 전이이었다. 2008년 8월 23일을 기하여 세운 솔이 7하우스로 들어온다. 사람들은 7하우로 플래닛이 운에서 들어오면 7하우스는 배우자, 연애, 애인을 다스리므로 이성과 관련하여 생각하는 경우가 많다. 그러나 세운은 어디까지나 대운의 영향 아래에 있으므로 10년 대운 주피터의 위치를 먼저 살펴보았다. 10년 대운 주피터는 직업과 사회적 명예를 다스리는 10하우스에 자리를 잡고 있었다. 그리고 세운 솔은 한 인간의 사회적 활동영역을 다스리므로 이 여인의 남편은 사업과 관련하여 동업자를 구하려 할 것이다. 세운 솔은 어떤 플래닛들로부터도 손상을 입지 않았으므로 의도하는 바대로 사업파트너를 구할 것이다.

7하우스가 움직이므로 7하우스에 있는 재물을 다스리는 포루투나는 포루투나의 디스포지터인 주피터로부터 10하우스에서 스퀘어를 이루고 있으며 주피터는 4하우스의 마르스와도 어포지션을 이루고 있다. 이 의미는 직업과 관련하여 법적인 분쟁이 발생할 것이며 이로 인하여 부동산이나 가정에 영향을 미치게 된다는 의미를 나타낸다. 그런데 4하우스의 마르스 역시 디스포지터가 법을 다스리는 주피터이고 배우자의 재산과 타인의 돈, 동업자의 돈을 다스리는 8하우스의 룰러이면서 7하우스에 있는 재물의 시그니피케이터인 포루투나와 스퀘어를 이루고 있으므로 사업을 위해 동업자로부터 끌어다 쓴 돈이 문제가 될 것으로 판단을 하였다.

차트 리딩에 대하여 의뢰인에게 "동업을 하면 2008년 8월 23일을 전후하여 동업자와의 사이에서 법적인 분쟁이 발생할 것이며 그로 인하여 부동산이나 가정에 큰 피해와 경제적 손실을 가져오게 되므로 신중을 기할 것"을 당부하였다.

그리고 9개월이 지난 어느 날 의뢰인과 통화할 일이 있어 근황을 물어보니 의뢰인의 남편은 사업 확장을 위해 동업을 하게 되었고 일의 진행 과정에서 동업자로부터 진행 중인 사업과 관련하여 법적인 소송을 당하여 거액을 변상하게 되었으며 이로 인하여 오피스텔 사무실을 처분하고 가지고 있던 아파트마저 팔려고 한다는 말을 들었다. 차트 리딩에 대한 판단은 적중했고, 그 일은 실제로 이루어졌다.

점성학의 이해

단세포 동물에서 인간과 같은 고등동물에 이르기까지 모든 생물은 생체활동이 주기적으로 변화한다고 하는 다양한 바이오리듬을 가지고 있다. 이 바이오리듬은 정확한 시계처럼 시각을 새기고 있다. 1931년 스웨덴의 아그렌, 뷔란델, 죠레스 등 3인의 과학자에 의해 근육과 간장속의 클리코겐 함유량의 변화에 일주(一周)리듬이 존재하는 것이 증명되었다. 현재는 그 수가 100여종을 넘었다고 한다. "지구상의 모든 생물에 영향을 미치는 자연계의 주요 리듬인 태양, 달, 항성에 대한 지구의 자전의 영향 하에 기인하고 있다."고 L.쿠피리야노비치는 그의 저서『바이오리듬 그 원리와 응법』에서 말하고 있다.

아이작 뉴턴
(Newton, I.1642~1727)

이러한 플래닛들의 영향은 1666년 아이작 뉴턴(Newton, I. 1642~1727)의 만유인력법칙에 의해 증명되었다. 영국의 뉴턴은 우주속의 모든 물체들 사이에 즉 "두 물체들의 질량의 곱에 비례하고 두 물체 사이의 거리의 제곱에 반비례하는 인력이 작용한다."고 하였으며 이 힘을 중력(Grav itational Force)이라고 하였다. 특히 지구가 지구상의 물체에 작용하는 만유인력을 지구의 중력이라고 한다. 지구는 지축을 회전축으로 하여 하루에 한 바퀴씩 회전운동(자전)을 하면서 태양을 초점으로 하여 원에 가까운 타원운동(공전)을 한다. 이때 낮과 밤이 생기고 음과 양이 조화를 이루며, 계절의 변화는 기온의 변화를 가져오고, 달의 인력에 의한 썰물과 밀물의 현상 등 자연계에서 일어나는 다양한 현상들이 우리 인간의 삶에 영향을 미치고 있는 것이다.

AS ABOVE SO BELOW

그러므로 별들의 움직임을 통하여 지상의 일, 즉 인간의 삶에 미치는 영향과 변화까지도 가늠할 수 있다는 정통 점성학의 가장 중요한 법칙을 하이매직(High Magic)과 연금술을 포괄하는 헤르메티즘(Hermetism)의 교사이자 이집트의 점성가인 헤르메스 트리스메기스투스는 그의 많은 저서 중에 연금술의 경전인 『에메랄드 타블릿(Emerald tablet)』에서 **"As above so below"**(하늘에서와 같이 땅에서도 그러하다.)라는 말로 정의하였다.

점성학을 나타내는 Astrology라는 단어는 그리스어의 Astron(별, 하늘, 우주)과 Logos(언어)에서 유래되었다. Astron이란 어근은 '별' 그 자체라기보다는 '별들이 가득 찬 우주' 즉 '별이 빛나는 밤하늘'을 가리킨다고 할 수 있다. 점성학을 뜻하는 Astrology는 '하늘의 말씀'이란 의미를 나타내며, 천문학을 뜻하는 Astonomy는 천상의 언어에 관하여 연구하는 학문이고, Astrology는 천문학을 이해하여 인간의 언어로 재해석하는 기술이라고 할 수 있다. 그러므로 17세기 이전까지는 점성학과 천문학은 동일학문으로 인식되었으며, 점성학은 좀 더 철학적인 의미를 부여했을 뿐이다. 점성학이 언제 대두되기 시작했는지 정확히 알 수 없지만 지금으로부터 1만 년 전에 간석기와 토기를 널리 사용하기 시작한 신석기 인들이 비로소 정착생활을 하기 시작하였다.

영국의 월트서주에 있는 거석유적 스톤헨지

농사를 짓고 가축을 기르기 위하여 정착생활을 해야 했기 때문이다. 이 시기에 목축과 농경이 발달하면서 씨를 뿌려야 할 시기와 수확을 해야 할 시기를 정확히 알아야 할 필요성을 느끼게 되었으며, 날씨와 기후에 대한 의존도가 높아지게 되었다. 따라서 풍요를 기원하고 실생활에 직접적으로 활용하기 위해 천체를 관측하기 시작했던 것이다. 이러한 석기시대 천체관측은 태양숭배사상과 거석숭배사상으로 이어져 영국의 유명한 거석유적인 스톤헨지로 남아 존재한다. 하지 (夏至) 무렵 태양은 힐스톤(Heelstone) 바로 위에 떠오른다. 고대인들은 이미 월출과 일몰에 대하여 정확히 이해하고 있음을 보여주는 것이다. 제럴드 홉킨스와 천문학자 프레드 호일에 의하면 스톤헨지는 56개의 오브리 홀(Aubrey Holes) 둘레를 움직이는 기록자를 이용하여 월식이나 일식을 알아내는 계산기로도 사용될 수 있었다고 한다.

점성학의 별자리 기원은 남부 바빌로니아 지역에 살고 있던 셈족계 유목민인 칼데아인들에게서부터 시작되었다. 이들은 밤하늘의 밝게 빛나는 별들을 바라보면서 동물에 비유하여 별자리를 만들기 시작했다. 기원전 3천 년경 남부 바빌로니아 지역의 표석에는 양, 황소, 쌍둥이, 게, 사자,

황도대의 별자리를 새긴 점토판
영국(대영박물관 소장)

천칭, 처녀, 전갈, 사수, 염소, 물병, 물고기자리 등 태양과 플래닛이 지나는 길목인 마자로스(Mazzaroth)를 따라 배치된 12개의 별자리 즉 마자로스(Mazzaroth)를 포함한 별자리가 기록되어 있다. 그래서 점성학은 특히 남부 바빌로니아의 칼데아인을 점성가로 불렀다. 태양이 천구 상을 운행하는 가상의 경로인 황도(黃道, Zodiac)를 30도씩 구분하여 만든 12 House의 체계는 메소포타미아의 바빌로니아에서 출발하였다. 마자로스(Mazzaroth)는 기원전 5세기경까지 거슬러 올라갈 수 있다고

한다.

클라우디우스 프톨레마이오스
AD(100~170)년경

기원전 344년경 그리스와 세계를 정복한 알렉산더 대왕은 그리스문화를 소아시아와 이집트로부터 메소포타미아와 페르시아를 거쳐 북인도까지 영향을 미쳤다. 그리스문화의 영향을 받은 고대 이집트의 알렉산드리아는 점성학의 중심지가 되었고, 이곳에서 고대 이집트와 바빌로니아의 지식인들은 과거 그들의 지식을 그리스의 새로운 과학과 철학을 접목하여 집대성하였다.

그리스인들의 우주관과 사상적 표현들을 점성학에서 발견할 수 있다. 이것은 점성학적 우주론 중 가장 훌륭한 업적을 남긴 플라톤의 저서 『티마에우스』(기원전 360년경) 속에 숨어있는 사상에서 비롯된 것이다. 플라톤은 그의 저서 『티마에우스』에서 창조주가 불, 흙, 공기, 물 네 가지 원소를 가지고 이 세상 모든 만물을 창조했다고 설명하고 있다. 또한 창조주는 각 플래닛의 신들을 만들고 난 뒤 남아 있던 영적인 것을 별들에게 나누어주었다. 그것이 바로 우리 자신이다. 우리들은 모두 우리 자신만의 별을 가지고 있다고 주장하며 "별들을 공부하는 것이 바로 우리의 영성(靈性)을 공부하는 것이다."라고 말하고 있다.

플라톤의 우주의 틀을 모방한 아리스토텔레스(B.C 384~322)는 "하늘의 세계가 땅에 있는 모든 사소한 생명들을 지배한다고 말할 수는 없지만 그럼에도 불구하고 모든 것들은 궁극적으로 여전히 하늘의 운행규칙을 따르고 있다."고 주장하였다. 플라톤과 아리스토텔레스를 비롯한 그리스의 우주론은 자연과 인간세상을 플래닛과 조디악 12하우스에 대응시키는 관계를 확고히 하여 특정운명을 판별하는 기술이 생겨났는데 후일 판별점

점성학의 이해 **39**

성학(Judicial Astrology)으로 알려지게 된다.

이집트의 천문학자이며 지리학자인 클라우디우스 프톨레마이오스는 기원 후(100~170년 경) 그의 저서 『테트라비블로스』(Tetrabiblos)에서 그리스의 우주론인 자연과 인간세상을 플래닛과 조디악(Zodiac) 12하우스에 대응시켜 특정운명을 판별하는 기술인 판별점성학(Judicial Astrology)에 과학적 권위를 부여하였다. 첫 번째는 주기적으로 발생하는 전쟁, 기근, 질병, 지진, 홍수와 같은 것이며, 두 번째는 인간의 정자와 난자가 만나 수정될 때 또는 임신되는 순간이 하늘의 우주적 힘이 영향을 미쳐 특정한 성향을 부여받은 진정한 생명이 시작된다는 것이다. 이로써 클라우디우스 프톨레마이오스에 의한 이러한 생각은 출생점성학(Natal Chart)에까지 접목시켜 고전 점성학을 최종적으로 재정립시키는 계기가 되었다.

This is the truth of Christian Astrology

성경은 점성학에 대하여 우리가 실제로 사용하고 있는 픽스트 스타들에 관하여 분명히 기록하고 있다. 욥기 9장 "그분께서 홀로 하늘들을 펴시고 바다의 파도를 밟으시며, 악투루스(목동자리 별 중에서 가장 큰 별 북두성)와 오리온(오리온자리의 허리 별 세 개 삼성)과 플레이아데스(묘성, 좀생이별)와 남쪽의 방들을 만드시고"

욥기 38장 "네가 플레이아데스의 감미로운 영향력을 묶거나 오리온의 띠를 풀 수가 있느냐? 네가 마자로스(12사인 별자리 12궁)를 제 철에 이끌어낼 수 있느냐? 네가 하늘의 규례들을 아느냐? 네가 하늘의 통치권을 땅에 세울 수 있느냐?"

아모스 5장 "너희는 일곱 별(묘성, 플레이아데스)과 오리온을 만드시고 사망의 그늘을 아침으로 바꾸시며 낮을 밤으로 어둡게 하시고 바닷물을 불러 지면에 쏟으시는 그분을 찾을지니 그분의 이름은 주시니라."

점성술로 되짚어보는 세계사의 저자 벤슨보브릭에 따르면 그노시스파와 시리아파 기독교인들 그리고 페르시아인들과 유대인들 사이에서도 공통적으로 전해져 내려오는 한 고대전승에 따르면, 아담은 점성학의 원칙과 비법들을 창조주로부터 직접 전수받아 하늘의 수많은 별자리들을 총명한 눈으로 자세히 살펴보고 나서 이 세상은 언젠가 한 번은 물로, 그 다음에는 불로 멸망하게 될 것이라고 예언했다고 한다. 이를 기록으로 남겨 후대의 사람들에게 전하기 위해서 그는(또는 그의 자손들인 셋째 아들 세스와 카인의 장남 에녹) 이런 예언을 하나는 벽돌로, 다른 하나는 돌로 만들어진

2개의 기둥에 새겨놓았다. 유대인 사학자이자 예수와 동시대 인물이었던 플라비우스 요세푸스의 설명에 따르면 두 번째 기둥은 기원후 63년까지도 시리아에서 볼 수 있었다고 한다.

황도대(the Zodiac)

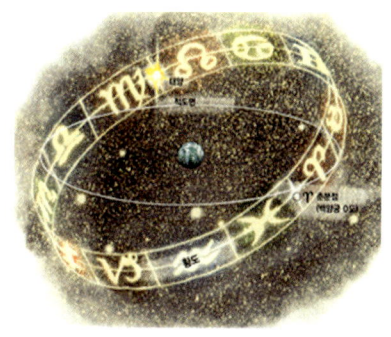

황도대 (the Zodiac)

태양과 달, 떠돌이별들은 황도에서 멀리 떨어지지 않은 길을 운행하기 때문에 붙박이별들을 배경으로 하여 좁은 띠 모양으로 하늘 길을 움직이는 것처럼 보인다. 이 띠 부근에 위치하면 눈에 잘 보이는 붙박이별들은 열두 개의 별자리 그룹으로 분류되는데 이 별자리들이 이루는 원형의 거대한 띠는 그리스어로 '동물의 원진(圓陣)을 뜻하는 Zodiac(황도대)' 란 이름으로 불린다.

현대 점성학은 2세기의 천문학자이자 점성학자였던 프톨레마이오스의 저서에 기반을 두고 있다. 그러나 그 뿌리는 그보다 훨씬 더 과거로 거슬러 올라간다. 하늘의 황도 12사인에 대한 지상적 대응물로 12하우스라는 것이 있는데 이것은 동, 서, 상, 하를 지나는 원반형의 공간을 부채꼴 모양으로 30도씩 12등분 한 것이다. Zodiac(황도대)의 시작점은 태양이 황도를 따라 이동하다가 하늘의 적도를 가로질러 북반구로 넘어서는 지점(춘분점)이다. 이 지점은 북반구에서 봄의 시작을 알리는 Arise(양자리)의 시작점이 된다. 이 지점은 세차운동에 의하여 실제 별자리들로 이루어진 고정 황도대를 사용하는 힌두점성학과 춘분점의 이동에 의해 황도대를 이동시켜 온 이슬람, 유럽의 점성학과는 커다란 차이가 생겨나게 되었다.

점성가는 특정 장소에서 특정시간에 플래닛들이 어느 방향에 위치하는가를 계산하기 위하여 동서로 30도씩 거리를 갖는 '천구 열두 하우스 체계'를 사용한다. 이 열두 하우스의 시작은 Zodiac(황도대)의 별자리들이 항상 솟아오르는 동쪽 지평선 부근이며 거기서 황도와 지평선이 만나는 지점을 Ascendant(상승점)라고 불린다. 열두 하우스는 남쪽을 향해 섰을 때 Ascendant(상승점)에서부터 시계의 반대 방향으로 순서가 매겨지므로 네 번째 하우스는 땅 밑의 북중점을 포함하고 있고 일곱 번째 하우스는 서쪽 지평선 바로 위 Zodiac(황도대)의 별자리가 하강하는 방향으로 Dscendant(하강점)을 포함하며, 열 번째 하우스는 Midium Coeli(남중점)에서 동쪽으로 30도까지의 영역이 된다.

세차운동(歲差運動)

현재 우리가 보는 밤하늘의 별은 고대 그리스 천문학자들이 설정했던 하늘의 적도와 황도좌표계로부터 크게 이동해온 것이다. 지구의 자전축이 공전축과 23.5도 정도 기울어져 있기 때문에 태양이 지나는 황도와 천구의 적도가 만나는 지점인 춘분점이 황도대(Zodiac)의 별자리들을 배경으로 1년에 약 50초씩 72년에 1도씩 동쪽에서 서쪽으로 서진(西進)하는 현상을 분점(分點)의 세차운동(歲差運動)이라고 한다. 춘분점이 30도로 되어있는 한 사인을 통과하는 데 2,160년이 걸리고 12사인 360도를 다 돌아서 제자리로 오는 데 25,694.8년이 걸리며 한 주기가 완료된다. 이 주기를 과학적으로 처음 입증한 사람은 기원전 2세기경 히파르쿠스이다. 춘분점이 이동하여 한 사인을 통과하는 데 걸리는 약 2천 년 정도를 '한 시대'라고 부른다. 21세기에 들어와서 사람들은 물병자리 시대가 시작되는 시점에 살고 있다고 생각하는 경향이 있는데 이는 천구의 관계를 놓고 보면 사실과 약간 차이가 난다. 춘분점은 기원전 약 100년경에 물고기자리의 영역으로 들어선 이래로 첫 번째 (북쪽)물고기자리를 통과하기 시작했으며 서기 2813년에 두 번째 물고기자리의 베타 파시움을 통과하기 때문이다. 각 별자리들이 겹쳐지는 부분이 있기 때문에 물병자리 시대를 최대한 빠르게 잡아도 춘분점이 그 시작 영역에 가 닿는 것은 서기 2,300년경이다. 세차운동으로 인하여 춘분점은 앞으로 약 2천년 동안 물병자리를 통과하게 된다.

심리학자인 카를 융(1875~1961)은 우리 시대의 세차운동에 관하여 다음

생명의 강에 물을 쏟아 붓고 있는
물병자리 모습

과 같은 영향력 있는 해석을 남겼다. "우리 종교사의 여정과 심리학이 발달해온 과정은 춘분점의 물고기자리의 통과에 의해 그 시기와 내용이 예지된 것이었을 수 있다." 그리고 두 개의 물고기는 기독교의 이원론(영혼과 물질)을 상징한다고 주장했다. 나자렛 예수는 양자리와 물고기자리의 교차로에서 태어났다. 그래서 첫 번째 물고기에 해당하고, 근대 과학의 발달과 합리주의는 두 번째 물고기에 해당한다. 반종교적이며 유물론을 주장한 칼 마르크스는 춘분점이 두 번째 물고기의 첫 번째 별(오메가 파시움)에 도달한 1817년 다음해인 1818년에 태어났다는 사실이 이를 뒷받침해준다. 춘분점이 물고기자리로 넘어오기 전 양자리 시대에도 중요한 역사적 사실들이 있었다. 양자리는 세 개의 밝은 별이 양의 머리를

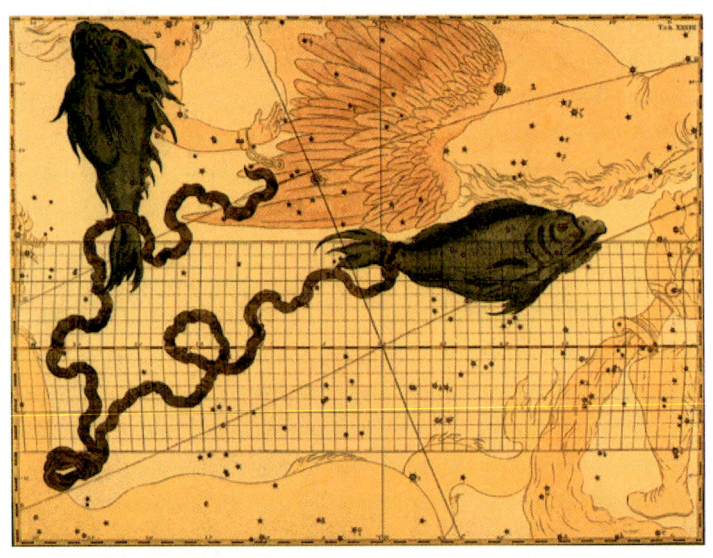

영국의 성도(星圖)책에 삽입되어 있는 물고기자리의 그림

구성하고 있는데 춘분점은 기원전 713년과 기원전 446년 사이라고 하는 비교적 짧은 기간 동안에 양자리 세별을 통과했다. 기원전 7세기 고타마 싯다르타와 기원전 5세기 중국에서 공자가 276년이라고 하는 짧은 기간에 출현하여 양자리는 세계사에서 매우 중요한 시기로 대두되었다.

　영국의 성도(星圖)책에 삽입되어 있는 18세기 물고기자리의 그림이다. 춘분점이 왼쪽 물고기를 통과하면서 물고기자리의 시대가 시작되었다. 나사렛 예수가 태어난 것은 춘분점이 끈의 가운데 매듭에 위치한 알파별과 그 훨씬 위쪽 물고기에 붙은 오미크론별 사이에 위치할 때였다. 칼 마르크스는 춘분점이 오른쪽 물고기 고리의 오메가 별 근처에 있을 때 태어났다. 그림의 왼쪽 가장자리에 그 전 시대를 장식했던 양자리의 뿔이 조금 보이고 오른쪽에는 다음 시대(서기 2813년)를 알리는 물병자리의 항아리가 보인다. 지금은 춘분점이 오른쪽 물고기의 중심 부근에 있는 이오타 별 가까이에 위치해 있다.

조디악(Zodiac 황도대)의 12사인

조디악과 함께 마자로스는 점성학에서 12사인을 가리키는 말로 사용된다. 태양은 조디악을 따라 돌면서 3월 21일과 9월 23일경 1년에 두 번 적도와 만나게 되는데 이때가 낮과 밤의 길이가 똑같은 춘분점과 추분점이다. 춘분점에서 추분점으로 가는 태양의 운행이 계절의 변화를 가져오고 조디악 12사인의 시작점을 결정하는 근거가 되었다.

춘분점을 북반구에서는 양자리 기점이라고 하며 12개의 별자리중 양자리가 춘분점에서 시작된다. 조디악은 춘분점에서부터 정확히 30도씩 12등분한 좌표이며 실제로 하늘에 박혀있는 별자리를 사용한다. 태양은 12사인을 돌면서 조디악을 통과하는 데 1년이 걸리며 태양이 한 사인을 통과하는 데 한 달이 걸린다. 조디악의 12사인은 각자 사인마다 다양한 성질과 속성을 가지고 있다.

1. ♈(Aries) 양자리

♈(Aries) 양자리는 조디악 12사인 중에서 첫 번째 사인이며 3월 21일경 춘분점에서 시작된다. 양자리는 봄의 시작을 알리는 사인이며 봄은 모든 생명체가 어둠에서 깨어나는 시기이다. 이 시기는 구속과 속박에서 벗어나는 시기이고 생명의 탄생을 향한 시기이다.

네이티비티(Nativity) 출생차트에서 양자리사인이 두드러진 사람은 공격적이고 용맹스러우며 열정과 도전을 두려워하지 않는 개척자적 기질을 가지고 있다. 양자리의 사인은 이러한 장점이 있는 반면 성질이 급하고 화를 잘 내며 충동적이다. 또한 참을성이 없고 인내심이 없으며 주변사람들을 고려하지 않고 자기중심적인 행동으로 이기주의에 빠지기 쉽다.

♈(Aries) 양자리

- 룰러: ♂
- 인체부위: 머리
- 속성: 무버블 사인(Movable Sign=Cardinal, 변화를 상징하는 사인 ♈, ♋, ♎, ♑)
- 트리플리시티: 불의 사인이며 낮의 사인이다. 불의 시초(스파크, 격렬한 불꽃)
- 체액설: 불, 콜러릭(Cholerick, 성마른 기질을 말하며 성질이 급하고 화를 잘 낸다.) 뜨겁고 건조한 것, 담즙질
- 성: 남성
- 성격: 양자리는 짐승의 사인이며 색을 밝히고 화려한 것을 좋아한다. 개척가이며 행동가이고 두뇌가 강하며 머리가 좋다.
- 질병: 얼굴의 발진, 뾰루지, 피부병, 여드름, 천연두, 언청이, 백선, 간질, 뇌졸중, 편두통, 두통, 치통, 종기,
- 외모: 보통의 키에 마른 체격, 건조한 체질이며 뼈는 굵고, 팔다리가 강해보이는 체질이다. 얼굴과 목이 긴 편이며, 어깨는 두툼하고 얼굴색은 가무잡잡하거나 어두운 갈색을 띤다.
- 계절: 봄
- 방위: 동쪽
- 장소: 작은 가축을 키우는 곳, 사람의 왕래가 거의 없는 외진 장소, 구릉지대나 새로 개간된 지역
- 국가: 독일, 프랑스, 영국, 스웨덴, 폴란드, 덴마크, 이스라엘

2. ♉(Taurus) 황소자리

♉(Taurus) 황소자리는 조디악 12사인 중 두 번째 위치하는 사인이며 태양이 황소자리를 여행할 때 봄은 최고조에 달한다. 황소자리 사람들은 물질에 집착하며 물질적인 안정을 추구한다.

네이티비티(Nativity)에서 황소자리 사인이 발달한 사람들은 현실적 감각이 뛰어나며 부와 권력을 얻는 능력 또한 뛰어나다. 황소자리 사람들은 고집이 세고 끈기가 있으며 인내심이 강하고 집요하며 원칙을 고수하고 성실하다. 황소자리는 룰러인 비너스의 영향으로 강한 미적 감각을 지니고 있다. 예술을 사랑하고 음악과 미술 등 아름다움을 즐길 줄 알며 예술 분야에 재능을 가지고 있는 경우도 상당히 많다.

♉(Taurus) 황소자리

- 룰러: ♀
- 인체부위: 목, 목구멍, 식도
- 속성: 픽스트 사인(Fixed Sign 고정성을 갖는 사인 ♉, ♌, ♏, ♒)
- 트리플리시티: 흙의 사인이며 밤의 사인이다. 고정된 흙(들과 숲)
- 체액설: 흙, 멜랑꼴릭(Melancholic, 생각이 깊고 우울한 기질을 말하며 사소한 문제에도 깊이 고민하고 따지는 경향이 있다.) 차갑고 건조한 것, 우울질
- 성: 여성
- 성격: 마음이 따뜻하고 경제적인 안정을 추구지만 물질에 대한 집착과 소유욕이 강하다. 또한 고집이 세고 변화에 빨리 적응하지 못한다.
- 질병: 인후염, 연주창, 편도선염, 후두염 등 목안에 생기는 각종질병.
- 외모: 키는 보통이지만 이마가 넓고 눈도 크며 입도 크고 입술도 두툼하며 얼굴도 크다. 어깨가 넓고 튼튼하며 단단하고 강인한 체형이다. 머릿결은 굵고 억센 편이며 전체적인 외모의 선이 굵은 느낌이 난다.
- 계절: 봄

- 방위: 남쪽
- 장소: 목장, 마구간, 별장, 평지, 지하실 등 낮은 곳에 위치한 방이나 공간, 초원, 목초지, 주차장이나 차고
- 국가: 아일랜드, 스위스, 페르시아, 러시아 등

3. Ⅱ(Gemini) 쌍둥이자리

Ⅱ(Gemini) 쌍둥이자리는 조디악 12사인 중 세 번째 위치하는 사인이며 태양이 쌍둥이자리를 여행할 때 봄의 계절은 여름으로 넘어가기 위한 과도기에 이른다. 쌍둥이자리는 커뮤니케이션, 네트워크, 연결, 의사소통과 관계가 있다.

네이티비티(Nativity) 출생차트에서 쌍둥이자리 사인이 발달한 사람들은 작가나 시인처럼 언어를 잘 다루며 설득력이 있다. 또한 지적이고 말을 재치 있게 잘 한다. 쌍둥이자리는 머큐리가 룰러이기 때문에 경험, 변화, 교환, 네트워크, 도전과 지적인 열망 등 다양한 경험을 충족시키기 위해 끊임없이 노력한다. 그래서 사건이나 문제의 양면을 보는 데 뛰어난 능력을 발휘한다. 그러므로 예부터 점성가들 중에 머큐리가 발달한 사람들이 많다.

Ⅱ(Gemini) 쌍둥이자리

- 룰러: ☿
- 인체부위: 팔과 손, 어깨
- 속성: 뮤터블 사인(Mutable Sign=Common, 가변성을 갖는 사인 Ⅱ, ♍, ♐, ♓)
- 트리플리시티: 공기의 사인이며 낮의 사인이다. 공기(미풍)
- 체액설: 공기, 생권(Sanguine, 밝고 화창하다는 뜻으로 밝고 명랑한 성격을 갖고 있어 주위 분위기를 좋게 만드는 능력이 뛰어나다.) 뜨겁고 습한 것, 다혈질

- 성: 남성
- 성격: 변화무쌍한 공기는 생각과 행동에 융통성을 가져오고, 뛰어난 커뮤니케이션 능력으로 말을 조리 있게 잘하며, 끊임없이 지식을 추구한다.
- 질병: 손과 팔, 어깨에서 발생하는 모든 질병, 정신신경질환, 혈액이상으로 오는 질병, 패혈증
- 외모: 키가 크고 팔이 길지만 손과 발은 짧고 뭉툭하다. 눈의 시력이 좋으며 날카롭고 이해력이 뛰어나다.
- 계절: 봄
- 방위: 서쪽
- 장소: 사교모임을 위한 장소, 놀이방, 높은 언덕과 산 정상, 집의 현관이나 벽, 다락, 헛간이나 창고, 금고, 상자 일반적으로 높은 장소, 아파트의 꼭대기층, 옥탑방, 장롱 위, 선반 위 등
- 국가: 이탈리아 북부 영국의 서부와 남부, 아르메니아

4. ♋(Cancer) 게자리

♋(Cancer) 게자리는 조디악 12사인 중 네 번째 위치하는 사인이며 태양이 게자리를 여행할 때 여름이 시작된다. 게자리는 물의 원천인 바다와 모든 생명과 삶의 요람을 상징한다. 게자리는 임신, 모성애, 생명의 창조와 보존을 상징하며, 가정을 만들고 양육하고 보호하며 그 속에서 안정을 찾는다.

네이티비티(Nativity) 출생차트에서 게자리 사인이 발달한 사람들은 다른 사람의 감정 상태를 본능적으로 느끼고 동화하는 능력이 뛰어나다. 그래서 작은 변화에도 쉽게 과민반응을 보일 수 있으며 감정과 환경에 따른 변화로 인한 변덕이 심하다. 또한 과거 사건이나 지나간 일들을 회고하면

서 모욕을 당했거나 상처받은 일을 잊지 못하며 과거의 감정적인 상처를 되새겨 음미하는 경향이 있다. 게자리는 사랑하는 가족과 친밀함을 느낄 때 가장 행복해하며 가족을 어머니처럼 보살피고 보호하는 것이 가장 큰 특징이다.

♋(Cancer) 게자리

- 룰러: ☽
- 인체부위: 가슴과 위 부분
- 속성: 무버블 사인(Movable Sign=Cardinal, 변화를 상징하는 사인 ♈, ♋, ♎, ♑)
- 트리플리시티: 물의 사인이며 밤의 사인이다. 물의 원천(바다)
- 체액설: 물, 플래그매틱(Flegmatick, 무기력, 냉담, 감상에 잘 젖는 감성주의자) 차갑고 습한 것, 점액질
- 성: 여성
- 성격: 침울한 상태에 잘 빠지고, 과민할 정도로 지나치게 감정적이며, 변덕이 심하다.
- 질병: 가슴, 유두, 유방암, 폐결핵, 폐암, 위, 위궤양, 위염, 위암, 소화불량
- 외모: 키가 작고 상체가 하체보다 뚱뚱하며 얼굴은 눈이 작고 동글동글하다.
- 계절: 여름
- 방위: 북쪽
- 장소: 큰 강이나 바다, 배가 다닐 수 있는 강. 육지에서는 우물이나 샘물, 약수터, 저수지, 세탁소, 빨래방,
- 국가: 스코틀랜드, 네덜란드, 질랜드, 튀니지, 알제리

5. ♌(Leo) 사자자리

♌(Leo) 사자자리는 조디악 12사인 중 다섯 번째 위치하는 사인이며 태양이 사자자리를 여행할 때 여름은 최고조에 달한다. 사자자리는 12사인 중에서 지배력, 외향성, 창조력이 가장 강한 사인이다. 행동이 크고 화려한 것을 좋아하며 도전을 두려워하지 않는 강인한 정신을 소유하고 있다. 태양은 플래닛이 아니지만 아스트랄러지에서는 하나의 플래닛으로 취급하는데 사자자리는 태양이 다스리는 유일한 사인이다.

네이티비티(Nativity) 출생차트에서 사자자리 사인이 발달한 사람들은 자기의 표현이 강하며 자기중심적이고 항상 중앙을 차지하려는 경향이 있다. 이들은 타고난 리더로서 강한 의지와 용기, 자신감, 지배력 등 뛰어난 조직력을 바탕으로 사람들 사이에서 제왕처럼 군림한다. 그러므로 이들은 다른 사람의 명령을 받는 것을 매우 싫어하며, 자신이 명령을 내리는 자리에 있을 때 효과적으로 일을 할 수 있다. 그러나 출생차트에서 플래닛들이 구조적으로 받쳐주지 못하면 자신이 생각하는 이상과 현실에서 오는 괴리 때문에 고통스러워하며, 탐욕, 욕구불만, 오만함 등 짐승의 별자리가 가지고 있는 잔인한 기질이 나타날 수 있다.

♌(Leo) 사자자리

- 룰러: ☉
- 인체부위: 심장, 척추 등
- 속성: 픽스트 사인(Fixed Sign 고정성을 갖는 사인 ♉, ♌, ♏, ♒)
- 트리플리시티: 불의 사인이며 낮의 사인이다. 불변의 불(광채)
- 체액설: 불, 콜러릭(Cholerick, 성마른 기질을 말하며 성질이 급하고 화를 잘 낸다.) 뜨겁고 건조한 것, 담즙질
- 성: 남성
- 성격: 마음이 따뜻하고 관대하며 활수하다. 반면에 오만하고 독단적일

수 있으며 작은 일에 소홀히 할 수 있다.
- 질병: 심장질환, 눈의 통증, 허리디스크, 척추질환, 늑막염, 경기, 급성열병, 전염병
- 외모: 곱슬머리에 눈이 크고 부리부리한 눈매, 중간정도의 보통의 키, 넓은 어깨의 역삼각형 체격
- 계절: 여름
- 방위: 동쪽
- 장소: 초원, 숲, 야생동물이 서식하는 장소, 황무지, 험준한 지역, 바위산, 공원, 극장, 시청, 왕궁, 성, 군부대, 벽난로,
- 국가: 이탈리아, 보헤미아, 터키, 시칠리아, 알프스 산맥

6. ♍(virgo) 처녀자리

♍(virgo) 처녀자리는 조디악 12사인 중 여섯 번째 위치하는 사인이며 태양이 처녀자리를 여행할 때 계절은 여름에서 가을로 넘어가기 위한 과도기에 접어든다. 처녀자리는 순결과 복종, 근면을 상징하며 자신을 내세우지 않고 중용을 지킨다.

네이티비티(Nativity) 출생차트에서 처녀자리 사인이 발달한 사람들은 부드럽고 말수가 적으며 냉정하고 비판적이며 매우 분석적이다. 이들은 미래에 대한 계획을 치밀하게 세우고 계획에 따라서 일을 진행한다. 또한 봉사정신이 강하여 항상 사회에 헌신하려고 노력한다. 처녀자리 사람들은 손재주가 우수하며 기술자적 자질을 가지고 있어 기술적인 부분에 있어서 감각이 매우 뛰어나다.

♍(virgo) 처녀자리

- 룰러: ☿

- 인체부위: 복부 내장
- 속성: 뮤터블 사인(Mutable Sign=Common, 가변성을 갖는 사인 Ⅱ, ♍, ♐, ♓)
- 트리플리시티: 흙의 사인이며 밤의 사인이다. 가변적인 흙(들판과 추수)
- 체액설: 흙, 멜랑꼴릭(Melancholic, 생각이 깊고 우울한 기질을 말하며 사소한 문제에도 깊이 고민하고 따지는 경향이 있다.) 차갑고 건조한 것, 우울질
- 성: 여성
- 성격: 지식을 추구하며 재치 있고 달변가이다. 반면에 지나치게 비판적이며, 고루할 정도로 완벽주의적인 경향이 있다.
- 질병: 내장질환, 소화기 질환, 변비, 소변을 못 보는 질환, 생식기 질환, 산통, 중풍
- 외모: 중간정도의 키에 팔다리가 짧으며 단정한 용모에 금속성의 목소리.
- 계절: 여름
- 방위: 남쪽
- 장소: 도서관, 독서실, 공부방, 학교, 곡물창고, 식품저장소 등
- 국가: 그리스, 크로아티아, 아프리카, 프랑스 남부, 메소포타미아

7. ♎(Libra) 천칭자리

♎(Libra) 천칭자리는 조디악 12사인 중 일곱 번째 위치하는 사인이며 9월 23일경 추분점에서 시작된다. 태양이 천칭자리를 여행할 때 가을의 계절이 시작된다. 천칭자리는 예의가 바르고 친절하며 행동이 이지적이고 우아하며 아름다움에 대한 멋과 뛰어난 예술적 재능도 가지고 있다. 천칭자리는 천칭이 좌우 대칭을 이루고 있듯이 조화와 정의를 상징한다.

네이티비티(Nativity) 출생차트에서 천칭자리 사인이 발달한 사람은 어떤 사건이나 사물에 대하여 편견에 사로잡히지 않고 객관적인 입장을 견지

하며 여러 가지 가능성과 대안을 비교하고 저울질하여 판단하는 능력이 뛰어나다. 그래서 때로는 매우 냉정해 보이지만 친구를 사귀고 관계를 오래도록 유지는 능력 또한 뛰어나다. 이것은 상대방에게 신뢰를 주기위해 노력하며 아픔이나 피해를 입히지 않도록 하기 위하여 세심하게 배려하기 때문이다.

♎(Libra) 천칭자리

- 룰러: ♀
- 인체부위: 신장 등의 아래쪽, 엉덩이
- 속성: 무버블 사인(Movable Sign=Cardinal, 변화를 상징하는 사인 ♈, ♋, ♎, ♑)
- 트리플리시티: 공기의 사인이며 낮의 사인이다. 공기의 시작(바람)
- 체액설: 공기, 생귄(Sanguine, 밝고 화창하다는 뜻으로 밝고 명랑한 성격을 갖고 있어 주위 분위기를 좋게 만드는 능력이 뛰어나다.) 뜨겁고 습한 것, 다혈질
- 성: 남성
- 성격: 조화와 균형을 맞추기 위해 끊임없이 노력하다보면 변덕스럽게 보일 수 있는데 이것은 게자리의 변덕과 다른 균형을 맞추기 위한 변덕이다.
- 질병: 허리와 신장질환, 신부전증, 신장결석, 생식기 질환, 엉덩이 질환, 방광염, 요도염, 성병, 패혈증 등
- 외모: 키가 크고 약간 마른편이나 자세가 바르며 균형 잡힌 몸매, 각이 없는 얼굴이며 약간 둥그스름하다. 미남 미녀가 많다.
- 계절: 가을
- 방위: 서쪽
- 장소: 풍력발전소 주변, 언덕, 산꼭대기, 사냥터, 침실, 방안의 작은방, 다락방, 옥탑방, 아파트 상위층, 엘리베이터식 주차장 등
- 국가: 오스트리아

8. ♏(Scorpio) 전갈자리

♏(Scorpio) 전갈자리는 조디악 12사인 중 여덟 번째 위치하는 사인이며 태양이 전갈자리를 여행할 때 가을의 계절은 최고조에 이른다. 스콜피오는 자신의 느낌에 혼자 몰입하는 것을 좋아하며, 대개 말수가 적고 어떤 비밀을 간직하고 있는 경우가 많다. 말수가 적은 대신 한 마디 한 마디에 신중함과 무게가 실려 있어 사람들의 생각을 빨아들이는 강력한 흡입력이 있다.

네이티비티(Nativity) 출생차트에서 전갈자리 사인이 발달한 사람은 날카로운 분석력과 뛰어난 지각력, 그리고 비판적인 사고를 통하여 일반 사람들이 인식하지 못하는 내면의 깊은 곳까지 꿰뚫어볼 수 있는 능력이 있다.

♏(Scorpio) 전갈자리

- 룰러: ♇
- 인체부위: 생식계와 배설계
- 속성: 픽스트 사인(Fixed Sign 고정성을 갖는 사인 ♉, ♌, ♏, ♒)
- 트리플리시티: 물의 사인이며 밤의 사인이다. 고여 있는 물(호수와 땜)
- 체액설: 물, 플래그매틱(Flegmatick, 무기력, 냉담, 감상에 잘 젖는 감성주의자) 차갑고 습한 것, 점액질
- 성: 여성
- 성격: 감정적이고 열정적이지만 질투심이 강하고 비밀스러우며 집요하고 지나친 강박관념에 사로잡혀 있는 경향이 있다.
- 질병: 생식기, 배설계통, 요로결석, 방광염, 성병, 탈장, 치질, 치루 등
- 외모: 곱슬머리에 사각형의 약간 넓은 얼굴과 짧은 목, 살집이 있는 강인한 체격

- 계절: 가을
- 방위: 북쪽
- 장소: 독이 있으며 기어 다니는 생물들의 서식지, 과수원, 포도밭, 늪지, 진창, 하수구, 호수 근처의 집이나 콘도, 물가 근처, 부엌, 세탁소, 빨래방
- 국가: 노르웨이, 북아프리카, 터키, 스페인

9. ♐(Sagittarius) 사수자리

♐(Sagittarius) 사수자리는 조디악 12사인 중 아홉 번째 위치하는 사인이며 태양이 사수자리를 여행할 때 계절은 가을에서 겨울로 넘어가기 위한 과도기에 이른다. 사수자리는 낙천적이며 높은 이상을 추구하고 물질에 얽매이지 않는 신비주의적인 경향을 띤다. 사수자리는 새로운 사람을 만나고 새로운 것을 경험하기 위해 여행하고 탐험하는 것을 매우 좋아한다. 반은 말이고 반은 사람인 켄타우루스 그는 하늘과 땅 사이를 여행하면서 인간과 하늘을 연결시켜주는 중개자로서 자신을 인식한다. 그래서 사수자리는 성직자의 별자리로 통한다.

네이티비티(Nativity) 출생차트에서 사수자리 사인이 발달한 사람은 법률, 철학, 의학, 성직자, 종교 등의 학문을 기반으로 한 직업분야에서 주로 발견되며, 이들은 지식을 습득하기를 좋아하고, 배운 지식을 바탕으로 다른 사람들을 돕고 가르치는 데서 기쁨을 느낀다.

♐(Sagittarius) 사수자리

- 룰러: ♃
- 인체부위: 엉덩이와 허벅지
- 속성: 뮤터블 사인(Mutable Sign=Common, 가변성을 갖는 사인 Ⅱ, ♍, ♐, ♓)
- 트리플리시티: 불의 사인이며 낮의 사인이다. 가변적인 불(춤추는 불꽃)

- 체액설: 불, 콜러릭(Cholerick, 성마른 기질을 말하며 성질이 급하고 화를 잘 낸다.) 뜨겁고 건조한 것, 담즙질
- 성: 남성
- 성격: 얽매이고 구속받는 것을 싫어하며 자유를 사랑한다. 지극히 낙천적이며 지적이고 정직하며 철학적이다.
- 질병: 허벅지와 엉덩이 질환, 열병, 혈액과 관련된 질환, 낙마, 교통수단 등 탈 것으로부터 추락 등
- 외모: 곱슬머리에 사각형의 약간 넓은 얼굴과 짧은 목, 살집이 있는 강인한 체격
- 계절: 가을
- 방위: 동쪽
- 장소: 주차장, 마구간, 언덕, 주변보다 높은 곳, 외양간, 돼지우리, 개 사육장, 난로, 부엌의 가스레인지 등
- 국가: 스페인, 헝가리, 슬로베니아 등

10. ♑(Capricon) 염소자리

♑(Capricon) 염소자리 조디악 12사인 중 열 번째 위치하는 사인이며 태양이 염소자리를 여행할 때 겨울이 시작된다. 염소자리는 어떤 단체나 조직을 구성하여 꾸려가기를 좋아하며 현실적 야망을 이루기 위해 목표를 정하고 목표에 도달하기 위해서 어떤 어려움이 있다고 하더라도 특유의 인내력과 지구력으로 끈질기게 노력하는 목표 지향적 별자리이다.

네이티비티(Nativity) 출생차트에서 염소자리 사인이 발달한 사람은 성공에 대한 야망이나 정치적 야망이 커서 정치적 단체를 구성하여 독립적으로 활동하기를 좋아한다. 이들은 의지력이 강하고 자제력이 강하여 쉽게 감정에 휩쓸리지 않는다. 염소자리의 하체부분은 물고기의 꼬리지느러미

를 하고 있으며 상체는 염소의 모습을 하고 있다. 염소자리가 발달한 사람들은 인생에서 한 번쯤은 정신적인 가치와 세속적인 가치 사이에서 하나의 선택을 해야 하는 기로에 놓일 수 있다. 이때가 되면 성공에 대한 야망과 욕심을 자제해야하며 내면의 마음을 잘 다스려야 한다. 염소자리는 인간에 대한 타락을 주관하는 별자리이기 때문에 내면의 마음을 잘 다스리지 못하면 그동안 쌓아온 명성과 성공을 한 순간에 잃을 수 있다. 현대 심리점성학자들은 전갈자리가 생식기를 다스린다는 이유로 전갈자리가 발달된 사람들이 성욕이 강하고 왕성하다고 말하는데 정통점성학에서는 염소자리가 성욕이 가장 강하고 왕성한 별자리로 알려져 있다.

♑(Capricon) 염소자리

- 룰러: ♄
- 인체부위: 뼈와 치아 골격
- 속성: 무버블 사인(Movable Sign=Cardinal, 변화를 상징하는 사인 ♈, ♋, ♎, ♑)
- 트리플리시티: 흙의 사인이며 밤의 사인이다. 흙의 시작(바위와 산)
- 체액설: 흙, 멜랑꼴릭(Melancholic, 생각이 깊고 우울한 기질을 말하며 사소한 문제에도 깊이 고민하고 따지는 경향이 있다.) 차갑고 건조한 것, 우울질
- 성: 여성
- 성격: 고지식할 정도로 완고하며 욕심이 많고 인색하다. 또한 냉정하고 자신의 속을 잘 드러내지 않으며 성공을 위해 다른 사람을 이용한다.
- 질병: 무릎, 골절, 관절염, 옴, 나병 등
- 외모: 길쭉한 얼굴에 턱은 역삼각형으로 좁은 편이며 목은 가늘고 길며 보통 키에 호리호리한 체격이다.
- 계절: 겨울
- 방위: 남쪽
- 장소: 농기구를 보관하는 창고, 외양간, 마구간, 목장, 황무지, 문지방, 바닥, 낮고 어두운 곳, 지하실

국가: 알바니아, 불가리아, 서인도제도(중앙아메리카 카리브해), 마케도니아, 트라키아(터키와 그리스 일부)

11. ♒(Aquarius) 물병자리

♒(Aquarius) 물병자리 조디악 12사인 중 열한 번째 위치하는 사인이며 태양이 물병자리를 여행할 때 겨울의 계절은 최고조에 이른다. 물병자리는 자유분방하면서도 공정하며 사사로운 감정에 묶이지 않는 인도주의적 정신을 나타낸다. 토성은 비록 흉성이지만 물병자리인 휴먼사인에서 룰러를 얻을 때 인간적인 면이 강하게 나타난다.

네이티비티(Nativity) 출생차트에서 물병자리 사인이 발달한 사람은 높은 이상을 추구하며 독창적이고 창의적이며 지적이고 독립적이다. 물병자리는 쌍둥이자리와 같은 공기의 사인이므로 지식을 추구하고 과학기술에 관심을 가지며 매스미디어를 통해 자신을 표현하기를 좋아한다. 또한 이상 실현을 위해 정치적인 분야에 관여하기도 한다.

♒(Aquarius) 물병자리

- 룰러: ♄
- 인체부위: 정강이뼈와 발목, 순환계
- 속성: 픽스트 사인(Fixed Sign 고정성을 갖는 사인 ♉, ♌, ♏, ♒)
- 트리플리시티: 공기 사인이며 낮의 사인이다. 고정된 공기(하늘)
- 체액설: 공기, 생귄(Sanguine, 밝고 화창하다는 뜻으로 밝고 명랑한 성격을 갖고 있어 주위 분위기를 좋게 만드는 능력이 뛰어나다.) 뜨겁고 습한 것, 다혈질
- 성: 남성
- 성격: 인도주의적인 면이 있으나 행동이 괴팍하여 예측할 수 없고 자신이 한번 내린 결정은 바꾸지 않는다.

- 질병: 종아리와 발목, 근육경련 등
- 외모: 얼굴은 긴 편이며 작은 키에 강인하고 단단한 체형
- 계절: 겨울
- 방위: 서쪽
- 장소: 채석장, 광산, 옥상, 높은 곳, 작은 샘이나 우물 근처
- 국가: 크로아티아, 루마니아, 러시아 등

12. ♓(Pisces) 물고기자리

♓(Pisces) 물고기자리 는 조디악 12사인 중 열두 번째 위치하는 사인이며 태양이 물고기자리를 여행할 때 계절은 겨울에서 봄으로 넘어가기 위한 과도기에 이른다. 물고기자리는 세차운동에 의해 춘분점이 물고기자리를 통과해 오는 동안 서양에서는 기독교가 번창하였으며 물고기자리는 기독교시대를 대변한다. 물고기자리는 물의 기운이 강한사인이기 때문에 관념적이고 이상적이며 종교적이다. 그래서 직감이 발달하고 신비주의적이며 신앙과 종교의 힘으로 인류를 구원하기를 희망한다.

네이티비티(Nativity) 출생차트에서 물고기자리 사인이 발달한 사람은 신비주의적인 경향으로 흐르기 쉬우며 심령가나 영매로서의 능력을 갖는 경우도 많다. 이들은 감수성이 예민하고 정서적 성향이 강하여 고통당하는 사람이나 동물들을 보면 함께 마음아파하고 이들에게 사랑을 베풀며 연민의 정을 느낀다. 그리고 이들을 위해 봉사하기를 원한다.

♓(Pisces) 물고기자리

- 룰러: ♃
- 인체부위: 발
- 속성: 뮤터블 사인(Mutable Sign=Common, 가변성을 갖는 사인 Ⅱ, ♍, ♐, ♓)

- 트리플리시티: 물 사인이며 밤의 사인이다. 가변적인 물(시냇물)
- 체액설: 물, 플래그매틱(Flegmatick, 무기력, 냉담, 감상에 잘 젖는 감성주의자) 차갑고 습한 것, 점액질
- 성: 여성
- 성격: 물질에 대한 욕심이 없고 직관적이며 사람들과 교감을 잘한다. 그러나 현실성이 없고 공과 사를 잘 구별하지 못한다.
- 질병: 발과 관련된 모든 질병, 무좀, 곰팡이 질환, 혈액감염으로 발생하는 모든 질환 등
- 외모: 얼굴이 크고 키가 작으며 물살이 많이 찌는 체형, 어깨가 굽고 걸을 때 머리를 숙이고 걷는 경향이 있다.
- 계절: 겨울
- 방위: 북쪽
- 장소: 양어장, 호수, 모든 하천, 물레방앗간, 우물, 냇가 등
- 국가: 포르투갈, 프랑스, 이집트 등

일곱 플래닛(Planets)의 의미

플래닛(Planet)은 그리스어의 Planetai에서 유래하였으며 떠돌이, 방랑자라는 의미로 태양주위를 타원궤도를 그리며 공전하는 별을 총칭해서 일컫는 말이다. 기원전 플라톤은 그의 저서『티마에우스』에서 "창조주는 불, 흙, 공기, 물 이 네 가지 원소로 세상의 모든 만물들을 창조하였으며 각 플래닛의 신들을 만들어 남아 있는 영적인 것들을 별들에게 나누어 주었고 이것이 우리 자신이며 우리 자신만의 별을 가지고 있다"고 말했다. "그래서 별들을 공부하는 것이 우리의 영성을 공부하는 것"이라고 주장하였다. 이러한 사실에서 알 수 있듯이 고대로부터 점성가들은 영(○), 혼(⌣), 육(+)을 나타내는 세 가지 기호를 만들었고 이 기호를 조합하여 별들을 나타내었다. 정통점성학에서는 바빌로니아 남쪽 칼데아에서 칼데아 인들이 만든 플래닛체계인 칼데안 오더(Chaldean Order)체계를 사용한다. 칼데안 오더의 플래닛체계는(♄, ♃, ♂, ☉, ♀, ☿, ☽)이고 플래닛의 속도와 관계가 있으며 플래닛이 제일 느린 순서로부터 제일 빠른 순서로 배열되어 있다.

- ♄(Saturn, 새턴)은 +(육체)가 ⌣(혼) 위에 올라가 있다. 혼이 육체를 지배해야 정상인데 육체가 혼을 지배하므로 흉성(Unfortune)이라고 한다.
- ♃(Jupiter, 주피터)는 ⌣(혼)과 +(육체)가 옆에서 대등한 관계로 놓여 있다. 그래서 ♃는 길성(Fortune)이다.
- ♂=♂(Mars, 마르스)는 +(육체)가 ○(영) 위에 올라가 있다. 영이 육체를 지배해야 정상인데 육체가 영위에서 군림한다고 하여 흉성(Unfortune)이라

한다.
- ☉(Sol, 솔)은 참다운 영이라 하여 ○(영) 가운데 •(점)을 찍어서 나타낸다.
- ♀(Venus, 비너스)는 ○(영)이 ┼(육체) 위에 올라가 있다. 영이 육체 위에 군림하며 육체를 지배한다고 하여 길성(Fortune)이라 한다.
- ☿(Mercury, 머큐리)는 ○(영)과 ☾(혼)과 ┼(육체)가 모두 합쳐져 있다. 그래서 중성이라고 한다.
- ☽(Luna, 루나)는 ☾(혼)과 ☾(혼) 즉 두 개의 혼이 합쳐져서 완전한 혼이 되었다.

☉과 ☽은 완전한 영과 완전한 혼으로서 차트에서 다른 플래닛들보다 더 부각된다.

1. ♄(Saturn, 새턴)과 그 의미

♄(Saturn)은 인간의 눈으로 볼 수 있는 플래닛 중에 태양계 가장 바깥에 있으면서 고리가 있다. 예로부터 고리는 어떤 대상을 얽어매는 도구나 징표로 사용되었기 때문에 인간사에서 일어나는 모든 것의 한계를 나타내며 인간이 살아가면서 겪게 되는 시련이나 힘든 일, 힘든 시기를 의미한다. 또한 눈에 보이는 세계와 보이지 않는 세계 사이의 경계를 나타내며 우리가 자각할 수 있는 모든 것의 한계를 의미하는 점성학적 원리가 숨어 있다. 그리스의 신 크로노스(Kronos)는 바빌로니아의 전쟁의신인 니누르타(Ninurta)이며 운명의 감독자였다. 또한 그리스의 신 크로노스(kronos)는 시간을 뜻하는(Chronos)에서 파생되었으며 시간의 지배자였다. 시간이 흐르고 세월이 흐르면 사라지는 모든 것들, 과거, 범위와 경계, 형태와 구조, 골격 등을 의미한다. 새턴은 로마신화에서 농업의신 사투르누스이며 그리스 신화에서는 제우스의 아버지 크로노스이다. 크로노스는 자기 자식에게 지배권을 빼앗긴다는 신탁 때문에 자기 자식들이 태어나자마자

차례로 먹어버렸다. 이것은 새턴이 권력에 대한 야심과 권력을 잃을지도 모른다는 두려움과 라이벌에 대한 질투심을 나타낸다. 그래서 예로부터 점성가들은 새턴을 언포춘(Unfortune)이라고 하였다.

♄ Saturn

- 마자로스(Mazzaroth) 일주기간: 29년 157일 하루 평균 2분 1초 움직임
- 룰러십(Rulership): ♑ 염소자리(Capricon), ♒ 물병자리(Aquarius)
- 익절테이션(Exaltation): ♎ 천칭자리(Libra)
- 디트리먼트(Detriment): ♋ 게자리(Cancer), ♌ 사자자리(Lio)
- 폴(Fall): ♈ 양자리(Aries)
- 트리플리시티(triplicity): 낮의 공기사인(Ⅱ, ♎, ♒)
- 방위(Direction): 동쪽
- 속성(Nature): 인포춘(Unfortune, 대흉성), 낮의 플래닛, 고독과 악의를 다스린다.
- 성(Gender): 남성(Male)
- 체액설: 흙, 멜랑꼴릭(Melancholic, 생각이 깊고 우울한 기질을 말하며 사소한 문제에도 깊이 고민하고 따지는 경향이 있다.) 차갑고 건조한 것, 우울질
- 맛: 신맛, 쓴맛, 자극이 심한 맛,
- 색(Color): 검정색, 회백색, 올리브색
- 보석(Jewellery): 흑요석, 흑 오닉스, 검정전기석 잿빛 수정, 마노, 사파이어, 회색이나 검은색의 잡석
- 광물(Mineral): 납, 석탄, 모든 광물의 쓰레기, 자석, 먼지와 쓰레기,
- 국가: 체코의 서부지역(보헤미아), 이탈리아, 루마니아, 독일
- 해당연수: ♄의 소년 수(Least year)는 30년, 중년 수(Mean year)는 43.5년, 대년 수(Great year)는 57년, 최대 년 수(greatest year)는 465년
- 연령대: 노인, 할아버지, 말년
- 출산: 임신 1개월째와 임신 8개월째를 다스린다.

- 오브(Orb): 10도
- 모이티(Moiety): 5도
- 호의적인 플래닛: ☉, ♃, ☿
- 적대적인 플래닛: ♂, ♀
- 수호일: 토요일
- 수호천사: 캅티엘(Captiel), 또는 카시엘(Cassiel)
- 날씨(Weather): 구름이 끼고 어둡고 우중충한 날씨, 기온이 낮은 매우 추운 날씨, 두껍고 검은 구름이 낀 날
- 성격: ♄이 디그니티를 얻을 때 냉정하고 노련하며 잘 통제되고 보수적이다. 책임감이 강하고 안정감이 있으며 양심적이고 신뢰할 수 있다. 자신의 야망을 실현할 수 있는 일 앞에서는 최대한 자신을 낮추며 성실함과 인내심으로 꾸준히 노력한다.

  ♄이 디그니티를 잃을 때 교활하고 탐욕스러우며 사람들을 선동하고 앙심을 품고 악의가 가득하며 거짓말을 하고 무례하게 행동한다.
- 사회적 지위 또는 직업: 농부, 광대, 거지, 일용직 노동자, 나이 많고 늙은 사람, 아버지, 할아버지, 수도사, 종파주의자들, 농업, 광업, 광물채굴노동자, 청소부, 도공(도자기 만드는 사람), 배관공, 벽돌 만드는 사람, 장의사, 운전기사, 정원사, 염색업자, 목동, 젖소관리인, 생산직노동자, 택배, 건축업자, 잡화상 등.
- 신체적 특징: 흙의 성질을 가진 새턴은 차갑고 건조한 체질로서 중간정도의 키에 이마는 넓고 아래로 내리 깔로 있는 작은 눈을 가졌으며 귀는 커서 늘어지고 눈썹은 처져 있다. 턱수염은 성기고 별로 없으며 코와 입은 무어인처럼 두껍다. 어깨는 넓고 크며 뼈가 굵고 고개를 숙이고 구부정하게 걷는 습관이 있어 어깨가 굽어보이는 체형이다.
- 다스리는 장기: 비장
- 질병: 오른쪽 귀, 치아, 나병, 결핵, 비염, 마비, 몸을 떠는 질환, 환상, 수종, 손발의 통풍, 뇌졸중, 치질, 탈장, 학질, 우울증, 말라리아

- 장소: 사막, 계곡, 동굴, 굴, 산, 무덤, 공동묘지, 화장터, 건물터, 폐허가 된 건축물, 탄광, 하수구, 하수구, 더럽고 냄새나는 곳, 진창, 우물, 관공서
- 식물: 독이 있거나 뿌리가 깊이 박히는 식물, 상록수, 헴록, 컴프리, 가지, 능수버들, 향나무, 털 미역, 고사리, 버드나무, 대마, 소나무, 센나, 사이프러스(측백나무과)
- 동물: 해충과 이, 당나귀, 고양이, 산토기, 생쥐, 두더지, 두꺼비, 전갈, 악어, 도마뱀, 독사, 살무사, 코끼리, 곰, 돼지, 늑대, 개
- 어류와 조류: 뱀장어, 민물거북, 조개, 식용조개, 모기, 박쥐, 메뚜기, 까마귀, 댕기물떼새, 올빼미, 학, 공작새, 개똥지빠귀, 지빠귀, 타조, 뻐꾸기

2. ♃(Jupiter, 주피터)와 그 의미

♃(Jupiter)는 태양계에서 가장 큰 플래닛이며 열두 개의 위성을 거느리고 운행한다. 그리스의 신 제우스이는 바빌로니아의 신 마르둑(Marduk)이다. 별들을 지키는 바람과 폭풍의 신인 마르둑은 티아마트의 괴물들을 죽이고 세상을 구한 신들의 왕으로 숭배되었다. 주피터는 그리스 신화에서 하늘의 주인이며, 신들의 왕인 제우스이다. 제우스(Zeus)는 법을 만들고 성장과 발전을 담당하며 물질의 한계를 벗어나고자 하는 종교적 본능도 가지고 있다. 또한 제우스는 개인의 소유나 재산을 보호하고 국가적 재앙을 막는 위대한 힘을 가지고 있다. 주피터는 자비롭고 쾌활하며 희망과 믿음을 안겨준다. 고대 로마인들은 제우스를 '비를 내리게 하는 자'라는 뜻으로 주피터 플루비우스라고 하면서 공경했다. 비는 하늘의 신이 인간에게 줄 수 있는 커다란 축복들 중의 하나이다. 그러므로 예로부터 점성가들은 주피터를 행운을 가져다주는 별이라고 해서 포춘(Fortune)이라고 하였다.

♃ Jupiter

- 마자로스(Mazzaroth) 일주기간: 12년, 하루 평균 4분 59초 움직임
- 룰러십(Rulership): ♐ 사수자리(Sagittarius), ♓ 물고기자리(Pisces)
- 익절테이션(Exaltation): ♋ 게자리(Cancer)
- 디트리먼트(Detriment): ♊ 쌍둥이자리(Gemini), ♍ 처녀자리(virgo)
- 폴(Fall): ♑ 염소자리(Capricon)
- 트리플리시티(triplicity): 밤의 불사인(♈, ♌, ♐)
- 방위(Direction): 북쪽
- 속성(Nature): 포춘(Fortune), 낮의 플래닛, 절제와 겸손, 침착함과 정의를 다스린다.
- 성(Gender): 남성(Male)
- 체액설: 공기, 생귄(Sanguine, 밝고 화창하다는 뜻으로 밝고 명랑한 성격을 갖고 있어 주위 분위기를 좋게 만드는 능력이 뛰어나다.) 뜨겁고 습한 것, 다혈질
- 맛: 단맛과 좋은 향, 은은한 향기
- 색(Color): 자주색, 파랑색, 바다색, 연두색
- 보석(Jewellery): 자수정, 사파이어, 에메랄드, 풍신자석, 황옥
- 광물(Mineral): 수정, 대리석, 사암, 석회암, 주석, 자석
- 국가: 페르시아, 헝가리, 스페인, 독일
- 해당연수: ♃의 소년 수(Least year)는 12년, 중년 수(Mean year)는 45년, 대년 수(Great year)는 79년, 최대 년 수(greatest year)는 428년
- 연령대: 중년
- 출산: 임신 2개월째와 임신 10개월째를 다스린다.
- 오브(Orb): 12도
- 모이티(Moiety): 6도
- 호의적인 플래닛: ☉, ♀, ☿, ♄, ☽
- 적대적인 플래닛: ♂
- 수호일: 목요일

- 수호천사: 자드키엘(Zadkiel)
- 날씨(Weather): 화창하고 유쾌한 날씨, 맑고 깨끗한 날 기분 좋은 산들바람이 불어오는 날씨.
- 성격: ♃가 디그니티를 얻을 때 관대하고 도량이 넓으며 신실하다. 영예롭고 명예로운 것을 추구하며 모든 사람들의 이익을 생각하고 공정하게 행동한다. 특히 배우자와 어린아이에게 관대하며, 어른과 노인을 공경하고 가난한 사람들을 도우며 진실하고 의로운 사람으로서 행동이 신중하다. 자비로우면서도 고결하며 비열한 행위를 싫어하고 감사할 줄 알며 신앙심이 깊다.

    ♃가 디그니티를 잃을 때 물려받은 유산과 가산을 탕진하고 주위 사람들을 속이며 위선적인 행동을 서슴지 않는다. 또한 고집이 세고 사람들을 무시하며 편을 갈라 싸우기를 좋아하고 말과 행동이 천하다.
- 사회적 지위 또는 직업: 판사, 고위 공직자, 공무원, 정치인, 비서관, 법무관, 변호사, 목사, 사제, 신부님, 종교인, 대학생, 포목상, 모직물업자 등
- 신체적 특징: 공기의 성질을 가진 목성은 혈색이 좋고 따뜻한 체질이다. 몸에 털이 많고 턱수염이 많으며 이마는 넓고, 눈은 큰 편이다. 얼굴은 둥글거나 길며 살집이 있고, 허벅지와 종아리가 튼실하다.
- 다스리는 장기: 간장
- 질병: 간 질환, 늑막염, 왼쪽 귀, 뇌졸중, 폐렴, 경련성 통증, 허리통증, 정맥질환, 패혈증, 편도선염, 풍사, 혈액질환
- 장소: 교회, 사찰, 제단, 공공집회장소, 국회의사당, 법원, 대학교, 옷장
- 식물: 쥐똥나무처럼 빨리 자라는 것, 널리 퍼지는 덩굴식물들, 벚나무, 자작나무, 뽕나무, 참나무, 올리브, 아몬드나무, 담쟁이덩굴, 포도나무, 무화과나무, 배나무, 물푸레나무, 개암나무, 밤나무, 소나무
- 동물: 몸집이 크고 힘이 센 동물, 말, 코끼리, 호랑이, 드래곤, 유니콘, 양, 사슴
- 어류와 조류: 고래, 물뱀, 메기, 황새, 도요새, 종달새, 독수리, 비둘기,

꿩, 공작새, 닭

3. ♂(Mars, 마르스)와 그 의미

♂(Mars)는 탄생과 죽음, 소멸과 생성을 주관하는 플래닛으로서 지구 바로 바깥쪽을 운행한다. 마르스는 그리스의 신 아레스(Ares)이다. 아레스는 바빌로니아의 전쟁과 질병의 신인 네르갈(Nergal)이며 네르갈의 이름에는 '시체들이 지긋지긋한'이라는 의미가 내포되어 있다. 마르스의 색이 빨간 것은 피와 철을 상징하며 끓어오르는 성적인 욕망과 성적인 충동을 의미한다. 마르스는 예리한 기구와 칼, 총, 대포 등을 다스리기 때문에 수술과 사고, 총상, 교통사고, 화재 등 을 다스린다. 네르갈은 바빌로니아의 전쟁의 신인 니누르타의 형제이며 언 포춘(Unfortune)이다. 또한 네르갈은 지하세계의 여신인 에레슈키갈과 6일에 걸쳐 사랑을 나누고 지하세계의 지배권을 공유한다.

♂ Mars

- 마자로스(Mazzaroth) 일주기간: 1년 321일 하루 평균 31분 27초 운행한다.
- 룰러십(Rulership): ♈ 양자리(Aries), ♏ 전갈자리(Scorpio)
- 익절테이션(Exaltation): ♑ 염소자리(Capricon)
- 디트리먼트(Detriment): ♉ 황소자리(Taurus), ♎ 천칭자리(Libra)
- 폴(Fall): ♋ 게자리(Cancer)
- 트리플리시티(triplicity): 낮과 밤 공통, 물의 사인(♋, ♏, ♓)
- 방위(Direction): 서쪽
- 속성(Nature): 인포춘(Unfortune), 밤의 플래닛, 성적인 본능과 욕망, 성적인 충동, 자기주장, 분열시키는 힘 등 각종 다툼과 분쟁을 다스린다.
- 성(Gender): 남성(Male)

- 체액설: 불, 콜러릭(Cholerick, 성마른 기질을 말하며 성질이 급하고 화를 잘 낸다.) 뜨겁고 건조한 것, 담즙질
- 맛: 톡 쏘는 맛, 불에 혀가 데일 것 같은 맛
- 색(Color): 빨간색, 황색, 불타는 듯이 빛나는 색,
- 보석(Jewellery): 혈석, 벽옥, 자수정, 시금석, 연단, 주사
- 광물(Mineral): 철, 납, 비소, 유황, 황토
- 국가: 우크라이나, 네덜란드, 이탈리아,
- 해당연수: ♃의 소년 수(Least year)는 15년, 중년 수(Mean year)는 40년, 대년 수(Great year)는 66년, 최대 년 수(greatest year)는 264년
- 연령대: 사춘기부터 청년기 또는 41세부터 56세까지
- 출산: 임신 3개월째를 다스린다.
- 오브(Orb): 8도
- 모이티(Moiety): 4도
- 호의적인 플래닛: ♀
- 적대적인 플래닛: ☉, ☿, ♄, ☽
- 수호일: 화요일
- 수호천사: 사마엘(Samael)
- 날씨(Weather): 천둥, 벼락이 치는 날씨, 안개가 끼고 바람이 부는 날씨, 붉은 구름이 끼고 붉은 빛이 감도는 날씨
- 성격: ♂(Mars)가 디그니티를 얻을 때 공격적이며, 도전적이고, 날카롭다. 전쟁에서의 공훈과 불굴의 용기를 나타내며 도전할 때는 자신의 명예를 건다. 전쟁과 관련된 일을 하는 것을 좋아하며, 승리를 위해서라면 자진해서 위험을 감수하고 끝까지 싸워 승리를 쟁취한다. 그러나 자신의 개인적인 일에 대해서는 신중히 결정하는 편이다.

♂(Mars)가 디그니티를 잃을 때 무례하게 행동하며 거짓말을 하고 불필요하게 말을 많이 하며 도둑질과 싸움, 살인을 즐긴다. 난동을 부리고 노상강도를 저지르며 소동을 일으키는 것을 좋아한다. 비인간적이고

난폭하며 음란하고 조급하다. 호의에 감사할 줄 모르며 거짓말과 위증을 일삼고 쉽게 배신을 한다.
- 사회적 지위 또는 직업: 독선적이며 공격적이고 타협할 줄 모르는 마르스는 독재자 또는 쿠데타를 통하여 찬탈한 권력을 다스리는 자를 의미한다. 군 사령관이나 지휘관, 병사, 의사, 약제사, 외과의사, 엔지니어, 총기관련 기술자. 도축업자, 경찰관, 군인, 사형집행인, 교도관, 도둑, 대장장이, 제빵사, 군수업자, 시계수리공, 보석세공인, 재단사, 도검제작업자, 이발사, 염색업자, 목수, 노름꾼, 피혁업자, 운송업자
- 신체적 특징: 머리카락은 빳빳하고 곱슬인 경우가 많으며 눈은 날카롭고 뼈가 굵으며 중간정도의 키에 마른 체격이다.
- 다스리는 신체부위: 담낭(쓸개), 왼쪽 귀
- 질병: 말라리아, 열병, 편두통, 등창, 피부질환, 여드름, 화상, 백선, 물집, 무좀, 정신분열증, 광기, 황달, 이질, 남성의 성기와 상처, 성병, 신장과 방광결석, 얼굴의 흉터와 천연두 자국, 쇠나 칼, 창에 의한 상처, 총상, 대상포진, 울화병, 쓸개와 왼쪽 귀
- 장소: 제철소, 용광로, 대장간, 사형장, 불을 다루는 장소, 도살장, 화력발전소
- 식물: 소나무, 잣나무, 아카시아나무, 장미, 선인장, 산딸기, 조각자나무, 주엽나무, 대추나무, 오갈피나무 등
- 동물: 호랑이, 사자, 표범, 사냥개, 곰, 늑대, 여우, 말, 비버, 당나귀, 염소, 타조, 모기, 파리, 피를 빠는 곤충
- 어류와 조류: 주둥이가 뾰족한 물고기, 상어, 창꼬치, 댕기물떼새, 가시복어, 매, 솔개, 까마귀, 올빼미, 까치 등

4. ☉(Sol, 솔)과 그 의미

☉(Sol)은 태양계의 중심이며 빛과 생명의 근원이다. 솔은 그리스신화에서 헬리오스(Helios)이고 아폴로와 동일시되며 바빌로니아의 남성 신들인 사마쉬(Shamash)이다. 바빌로니아의 천문학으로부터 영향을 받은 그리스의 천문학자들은 솔이 플래닛들의 지휘자이며 감시자로서의 역할을 담당한다고 여겼다. 솔이 사인을 옮길 때마다 기온의 변화가 일어나고 기온의 변화는 계절의 변화로 이어진다. 이러한 변화는 특정한 에너지의 변화로 이어져 태양계에 존재하는 플래닛들과 함께 인간의 탄생시점에서 성격이나 기질에 영향을 가장 크게 미친다. 그러므로 솔은 한 인간이 지향하는 인생의 모습을 보여준다.

☉ Sol

- 마자로스(Mazzaroth) 일주기간: 1년 365일 하루 평균 59분 8초 운행한다.
- 룰러십(Rulership): ♌ 사자자리(Lio)
- 익절테이션(Exaltation): ♈ 양자리(Aries)
- 디트리먼트(Detriment): ♒ 물병자리(Aquarius)
- 폴(Fall): ♎ 천칭자리(Libra)
- 트리플리시티(triplicity): 낮의 불사인(♈, ♌, ♐)
- 방위(Direction): 동쪽
- 속성(Nature): 중성, 낮의 플래닛, 솔은 존재자체이며 정신이고 자아를 의미한다. 또한 솔은 남성이며 아버지이며 주권자이며 왕이다.
- 성(Gender): 남성(Male)
- 체액설: 불, 콜러릭(Cholerick, 성마른 기질을 말하며 성질이 급하고 화를 잘 낸다.) 뜨겁고 건조한 것, 담즙질
- 맛: 새콤달콤한 맛, 쓰고 떨떠름하면서 자극적인 맛, 힘을 북돋아주는 향기

- 색(Color): 노란색, 황금색, 선홍색, 진홍색
- 보석(Jewellery): 홍옥, 루비, 풍신자석(지르콘 중에서 홍색 또는 홍갈색), 붉은색이 나는 감람석
- 광물(Mineral): 금
- 국가: 이탈리아, 체코의 서부지역(보헤미아), 이탈리아의 시칠리아, 시리아와 레바논 해안지대, 이라크 남부지역(칼데아)
- 해당연수: ☉의 소년 수(Least year)는 19년, 중년 수(Mean year)는 69년, 대년 수(Great year)는 120년, 최대 년 수(greatest year)는 1460년
- 연령대: 보통 젊은 시절, 인생에서 제일 잘나가는 시절
- 출산: 임신 4개월째를 다스린다.
- 오브(Orb): 17도
- 모이티(Moiety): 8도 30분
- 호의적인 플래닛: ♃, ♄, ♀, ☿, ☽
- 적대적인 플래닛: ♄
- 수호일: 일요일
- 수호천사: 미카엘(Michael)
- 날씨(Weather): 솔은 계절에 따라 기후가 변화한다. 봄에는 만물을 소생시키는 촉촉한 소나기를, 여름에는 찌는 듯한 무더위를, 가을에는 안개 낀 날을, 겨울에는 적은 량의 겨울비를 의미한다.
- 성격: ☉(Sol)이 디그니티를 얻을 때 솔은 약속을 잘 지키며 매우 성실하고 헌신적이며 책임감이 강하다. 솔은 중앙에 위치하여 지도하고자 하며 장중하고 위엄이 있다. 야망과 꿈이 크며 명예와 지위를 얻기 위해 성실히 노력하고 결정을 내릴 때에는 심사숙고하여 신중하게 판단한다. 인품이 고매하고 자비로우며 매우 인간적이고 친절하다.
☉(Sol)이 디그니티를 잃을 때 비싸고 크고 화려한 것을 좋아하며 사치스럽고 낭비가 심하여 가산을 탕진한다. 오만하고 사람들을 무시하며 말과 행동에 책임을 지지 않아 사람들로부터 신뢰를 잃는다.

- 사회적 지위 또는 직업: 대통령, 수상, 왕, 왕족, 황제, 귀족, 고위 정치인, 군대 지휘관, 상류층, 은행원, 시장, 시의원, 도지사, 총리, 사냥꾼, 금세공인, 금속세공인, 조폐업자 등
- 신체적 특징: 머리카락은 빳빳하고 곱슬인 경우가 많으며 눈은 날카롭고 뼈가 굵으며 중간정도의 키에 마른 체격이다.
- 다스리는 신체부위: 심장과 뇌, 남성의 오른쪽 눈, 여성의 왼쪽 눈
- 질병: 여드름, 뇌질환, 심장질환, 눈의 경련, 졸도, 입안의 질병, 입 냄새, 코감기, 괴사성 염증, 백내장, 시력이상, 열병 등
- 장소: 대통령궁, 시청, 궁전, 극장, 크고 웅장하며 화려한 건물, 고급스러운 저택, 고급레스토랑, 넓은 홀 등
- 식물: 오렌지나무, 레몬나무, 귤나무, 해바라기, 종려나무, 물푸레나무, 월계수, 유황, 몰약, 등나무, 삼나무 등
- 동물: 사자, 말, 산양, 악어, 황소, 염소, 반딧불 등
- 어류와 조류: 바다표범, 상어 불가사리, 크랩피쉬, 독수리, 닭, 피닉스, 공작새, 참매, 말똥가리, 백조, 나이팅게일새

5. 우(Venus, 비너스)와 그 의미

우(Venus)는 지구와 크기가 비슷하여 쌍둥이 별로 인식되고 있으며 새벽녘에 동쪽에 보이는 비너스는 샛별, 해가 진 후 서쪽에 보이는 금성은 개밥바라기 또는 태백(太白)이라 불린다. Venus는 그리스의 신 아프로디테(Aphrodite)이며 바빌로니아의 이쉬타르(Ishtar)로 풍요와 다산의 여신이면서 사랑과 열락, 음탕의 여신이기도 하다. 비너스는 사랑하고 소유하려는 여성적인 욕망과 성적인 것, 성병(Venereal), 예술을 뜻하며 전쟁에서 승리함으로써 평화와 안정을 가져온다는 의미를 상징한다.

♀ Venus

- 마자로스(Mazzaroth) 일주기간: 1년 225일 하루 평균 1도 6분 운행한다. 그런데 윌리엄 릴리는 비너스의 마자로스 일주기간을 솔의 일주기간과 같은 1년 365일 하루 평균 59분 8초 운행하는 것으로 기록하고 있다.
- 룰러십(Rulership): ♉ 황소자리(Taurus), ♎ 천칭자리(Libra)
- 익절테이션(Exaltation): ♓ 물고기자리(Pisces)
- 디트리먼트(Detriment): ♈ 양자리(Aries), ♏ 전갈자리(Scorpio)
- 폴(Fall): ♍ 처녀자리(virgo)
- 트리플리시티(triplicity): 낮의 흙의 사인(♉, ♍, ♑)
- 방위(Direction): 남쪽
- 속성(Nature): 소길성(Lesser fortune), 밤의 플래닛, 비너스는 사랑과 우정, 유희와 에로티시즘의 별이다. 영감이 충만하고 예술을 사랑하며 평화와 안정을 추구한다.
- 성(Gender): 여성(Female)
- 체액설: 물, 플래그매틱(Flegmatick, 무기력, 냉담, 감상에 잘 젖는 감성주의자) 차갑고 습한 것, 점액질
- 맛: 촉촉하고 달콤한 맛, 먹기 부담스럽지 않고 무난하고 좋은 맛, 최음제와 같은 냄새
- 색(Color): 청백색, 갈색과 녹색이 조금 섞인 색
- 보석(Jewellery): 블루사파이어, 홍옥수, 백산호, 녹주석, 귀감람석
- 광물(Mineral): 구리, 황동, 황동합금
- 국가: 오스트리아, 폴란드, 키프로스, 이란, 이탈리아 북부 토리노
- 해당연수: ♀의 소년 수(Least year)는 8년, 중년 수(Mean year)는 45년, 대년 수(Great year)는 82년, 최대 년 수(greatest year)는 151년
- 연령대: 18세부터 24세까지의 기간을 다스린다.
- 출산: 임신 1개월째를 다스린다.
- 오브(Orb): 8도

- 모이티(Moiety): 4도
- 호의적인 플래닛: ♃, ☊, ♀, ☿, ☽
- 적대적인 플래닛: ♄
- 수호일: 금요일
- 수호천사: 아나엘(Anael) 또는 하니엘
- 날씨(Weather): 여름은 고온건조하며 맑고 화창한 날씨를 다스고 겨울에는 비나 눈을 내리는 지중해성 기후다.
- 성격: ♀(Venus)가 디그니티를 얻을 때 언행은 유쾌하면서도 조용히 말을 하며 싸움이나 논쟁을 피하고 법에 저촉이 되는 행동은 하지 않는다. 복장은 깨끗하고 단정하며 깔끔하게 입는다. 상냥하고 부드러우면서도 사랑스러운 성격을 지녔다. 배터지게 먹기보다는 술 마시는 분위기를 좋아하며 성적인 쾌락을 추구하는 경향이 있다. 이성과의 교제를 좋아하며 종종 스캔들에 휘말리기도 한다. 예술을 사랑하고 음악적 재능이 있으며 사교모임이나 목욕하는 것을 좋아하고 뮤지컬, 연극, 영화와 같은 문화생활을 즐긴다.

  ♀(Venus)가 디그니티를 잃을 때 이유 없이 질투를 하며 사치스럽고 돈을 낭비한다. 생각이 신중하지 못하며 신앙에는 관심이 없고 근친상관과 외도를 일삼는다. 또한 게으르고 미래에 대한 생각과 계획이 없으며 술버릇이 좋지 않다. 힘든 일이나 노동을 싫어하며 노력 없이 편한 생활만을 하려고 한다.
- 사회적 지위 또는 직업: 음악가, 미술가, 예능이, 예술가, 도박사, 비단취급업자, 포목상, 모직물상인, 보석상인, 보석세공인, 미용사, 미혼녀, 기혼녀, 어머니, 성가대원 화장품상인 등
- 신체적 특징: 보통의 키에 눈이 예쁘고 용모가 아름다우며 미남미녀가 많다. 크지 않은 얼굴은 통통하고 보조개가 있으며 앵두 같은 도톰한 입술에 몸매는 균형이 잘 잡혀 있다.
- 다스리는 신체부위: 신장, 자궁, 남녀의 성기, 허리, 배꼽주위

- 질병: 성병, 임질, 매독, 생식기 질환, 당뇨병, 신장질환, 신부전증, 방광염, 자궁암, 전립선염 등
- 장소: 정원, 분수대, 의상실, 무용학원, 예술학교, 예식장, 옷장 등
- 식물: 사과나무, 복숭아나무, 살구나무, 자두나무, 건포도, 호두나무, 아몬드나무, 호박, 백장미, 무화과나무, 큰 단풍나무, 올리브나무, 물푸레나무, 오렌지나무, 쑥, 아편, 사향
- 동물: 수사슴, 흑표범, 토끼, 송아지, 염소 등 작은 가축
- 어류와 조류: 돌고래, 비둘기, 할미새, 참새, 암탉, 나이팅게일새, 개똥쥐빠귀, 펠리컨, 자고 독수리, 백조, 제비, 까치

6. ☿(Mercury)와 그 의미

☿(Mercury)는 네이탈 차트를 리딩함에 있어 네이티브가 타인과의 관계에서 의사소통을 하는 방식을 나타내기 때문에 매우 중요하다. 네이탈 차트에서 네이티브의 인생관과 가치관 그리고 타인과의 대화수준은 주피터를 비롯한 차트전체의 구도에 의해서 결정되지만 네이티브의 일상적인 커뮤니케이션과 생각의 틀은 머큐리의 상태에 의해 좌우된다. 머큐리는 그리스 신화에서 헤르메스(Hermes)이고 이집트에서는 지성과 마법의 신인 토트(Thoth)이며 바빌로니아의 신 나부(Nabu)이다. 나부는 바빌로니아인들에게 풍년을 가져다주고 비를 내리게 하는 신이었다. 그리스신화에서 헤르메스는 로마신화에서 머큐리로 불리었으며 음경과 다산을 상징하는 신이었다. 원래 헤르메스는 '돌무더기의 그(he)'라는 뜻이며 당시의 여행자들이 길을 가며 길가에 쌓아놓은 돌 더미에 의해 추앙받는 신이란 뜻이었다. 또한 머큐리는 죽은 자들의 혼령을 저승으로 안내했으며 신들의 메시지를 전하는 사자로서의 역할을 하였다.

상인(Merchant)이나 상업(Commerce)라는 단어는 라틴어의 메르쿠리우스

(Mercurius)라는 단어에서 유래 되었는데 메르쿠리우스(Mercurius)는 상업과 이익 추구, 교역의 신이며 머큐리를 그리스-로마시대에 와서 상업 및 교역과 관련시켜 부르게 된 것으로 보여 진다. 점성술에서 머큐리의 영향력 아래 태어난 사람들은 꾀와 재치가 있고 기민하며 명석한 두뇌와 말솜씨를 갖는다고 한다. 그런데 이들 또한 루나처럼 변덕스런 경향이 있다. 이러한 경향은 기원전 3000년경 이집트 초기왕조시대에 토트는 머큐리의 속성을 함유한 달의 신이었는데 알렉산더대왕이 이집트를 점령한 시대 헬레니즘문화가 발달하고 그리스문화의 영향력이 강화되면서 토트는 달의 신에서 머큐리로 변화하게 되었기 때문이다.

☿ Mercury

- 마자로스(Mazzaroth) 일주기간: 1년 365일 하루 평균 59분 8초 운행한다.
- 룰러십(Rulership): ♊ 쌍둥이자리(Gemini), ♍ 처녀자리(virgo)
- 익절테이션(Exaltation): ♍ 처녀자리(virgo)
- 디트리먼트(Detriment): ♐ 사수자리(Sagittarius), ♓ 물고기자리(Pisces)
- 폴(Fall): ♓ 물고기자리(Pisces)
- 트리플리시티(triplicity): 밤의 공기의 사인(♊, ♎, ♒)
- 방위(Direction): 애스펙트(Aspect)하는 플래닛을 따라 방위를 결정한다.
- 속성(Nature): 머큐리는 중성의 플래닛이기 때문에 남성의 플래닛과 애스펙트를 맺으면 남성, 여성의 플래닛고 애스펙트를 맺으면 여성의 성질을 따라간다. 마찬가지로 포춘과 애스펙트를 맺으면 포춘의 의미를, 인포춘과 애스펙트를 맺으면 인포춘의 의미를 따라 해석을 한다. 머큐리는 지식과 언어, 통신, 무역, 도둑질, 은밀한 술수, 책략과 속임수, 의식과 무의식, 정신과 물질, 삶과 죽음 등을 다스린다.
- 성(Gender): 중성(the neuter gender)
- 체액설: 원소 속성으로 머큐리는 물에 해당한다. 그러나 머큐리는 약간 차고 건조하기 때문에 4원소 중 흙의 성질인 우울질이 나타날 수 있으

나 애스펙트하는 플래닛의 성질을 따라 융통성을 가지고 리딩을 한다. 머큐리는 애스펙트를 이루는 플래닛들의 속성을 그대로 가지고 오는 경향이 있기 때문이다. 머큐리가 새턴과 애스펙트를 이루면 무게가 있으며 점잖다. 머큐리가 주피터와 애스펙트를 이루면 부드럽고 온화하다. 머큐리가 마르스와 애스펙트를 이루면 성마르고 경솔하다. 머큐리가 솔과 애스펙트를 이루면 위엄과 기품이 있다. 머큐리가 비너스와 애스펙트를 이루면 익살스럽고 재치가 있다. 머큐리가 루나와 애프펙트를 이루면 수다스럽고 변덕을 부린다.

- 맛: 어떤 맛이라고 정의할 수 없는 여러 가지 혼합된 맛
- 색(Color): 줄무늬, 얼룩무늬, 여러 가지 색깔이 혼합되어 나타난 새로운 색깔
- 보석(Jewellery): 여러 가지 다양한 색깔을 지닌 보석, 줄무늬가 있는 마노, 황색, 녹색, 청색, 분홍색 등 여러 가지 색깔을 띠는 토파즈
- 광물(Mineral): 황산염, 수은, 백철광
- 국가: 그리스, 이집트, 프랑스, 벨기에
- 해당연수: ☿의 소년 수(Least year)는 20년, 중년 수(Mean year)는 48년, 대년 수(Great year)는 76년, 최대 년 수(greatest year)는 450년
- 연령대: 머큐리는 중성의 플래닛이므로 머큐리가 애스펙트하는 플래닛 중 디그니티가 가장 강한 플래닛의 연령대를 따라간다.
- 출산: 임신 6개월째를 다스린다.
- 오브(Orb): 8도
- 모이티(Moiety): 4도
- 호의적인 플래닛: ♄, ♃, ♀
- 적대적인 플래닛: ☉, ☽, ♌
- 수호일: 수요일
- 수호천사: 라파엘(Raphael)
- 날씨(Weather): 바람이 심하게 불고, 비나 우박, 천둥, 번개, 폭풍우를 동

반하는 거친 날씨, 더운 지방에서는 간혹 지진을 일으키기도 하는데 이 때는 반드시 머큐리가 위치한 하우스와 사인 그리고 계절을 고려하여 리딩한다.

- 성격: ☿(Mercury)가 디그니티를 얻을 때 지성과 사고력이 뛰어나고 학식과 분별력이 있으며 우수한 논쟁자나 논리학자를 의미한다. 학문을 탐구하고 지식에 관하여 논하기를 좋아하며 여행을 통하여 이국적인 문물을 접하기를 좋아한다. 날카롭고 재치가 있으며 명석한 두뇌로 많은 분야의 학문과 기술들을 스스로 습득한다. 과학 분야에도 관심을 가져 학문을 탐구하고 새로운 것을 발명해내는 데에도 재능이 있다. 머큐리는 상상력이 뛰어나며 신비주의나 오컬트 등의 비전 학문과 이도 학문에 많은 관심을 가지고 연구를 하며 전통적으로 네이탈 차트에서 머큐리가 강한 사람 중에 점성가가 많다. 또한 머큐리는 두뇌의 회전이 빠르고 머리가 명석하여 장사를 하는 데 있어서 돈 버는 재주는 그 누구도 따라올 수 없다.

☿(Mercury)가 디그니티를 잃을 때 세 치 혀를 날름거리는 교활한 정치적 인물이며 대중을 향한 날카로운 펜과 세 치 혀를 상징한다. 거짓말을 하고 허풍을 떨며 호언장담을 잘한다. 쓸데없이 지껄이며 소문을 퍼뜨리고 누명을 씌우기를 좋아하며 남의 일에 참견질을 잘 한다. 귀가 얇아 남의 말에 이리저리 휩쓸리며 주관이 없고 가치관도 뚜렷하지 않으며 사기를 치고 도둑질을 일삼는다. 사람들에게 해를 끼치는 흑마술과 같은 사악한 술법과 사도에 빠지기 쉬우며 스스로 예언자 행세를 하여 사람들을 현혹시킨다.

- 사회적 지위 또는 직업: 철학자, 수학자, 천문학자와 점성가, 법률가, 회계사, 연설가, 변호사, 교사, 교수, 강사, 출판업자, 인쇄업자, 점원, 상인, 비서, 서기, 속기사, 예언가, 시인, 작가, 기능공, 도둑, 대도, 재단사, 운송업자, 택배기사, 우체부, 배낭여행자, 대금업자 등

- 신체적 특징: 이마는 넓고 눈이 예쁘며 코가 길다. 수염은 별로 없으나

머리털은 많고 얼굴은 좁고 긴 편이다. 몸은 마르고 홀쭉하며 키는 큰 체형이다. 팔과 손가락이 모두 길쭉하여 학자나 예술가적인 면모로 비쳐진다.

- 다스리는 신체부위: 머리, 뇌
- 질병: 현기증, 어지러운 증상, 신경 정신질환, 광증, 기억장애, 중풍, 망상, 말더듬, 폐결핵, 혀의 장애, 비염, 손과 발의 통풍 등
- 장소: 도서관, 대학교, 학교, 학원, 연구실, 연구소, 상점, 백화점, 시장, 회의장, 여관, 모텔, 호텔
- 식물: 황폐한 모래땅에서 잘 자라는 식물, 꽃의 색깔이 다채로운 식물들
- 동물: 하이에나, 여우, 다람쥐, 족제비, 거미, 자웅동체의 동물들. 그레이하운드 사냥개
- 어류와 조류: 앵무새, 딱따구리, 제비, 까치, 두루미, 홍방울새, 딱정벌레, 개미 메뚜기, 벌, 말벌, 방울뱀, 살모사 등 독을 가지고 있는 모든 뱀, 숭어, 주둥이가 뾰족한 물고기

7. ☽(Luna, 루나)와 그 의미

☽(Luna)의 자전주기는 달이 지구를 공전하는데 걸리는 시간인 27일 7시간 43분과 정확히 일치한다. 그래서 우리는 항상 달의 같은 면만 보게 되고 그 반대편은 볼 수 없는 것이다. 루나는 지구둘레를 공전하면서 한 달의 주기를 만들고, 차고 이지러지면서 조수를 조절한다. 루나는 고대 이집트에서는 토트(Thoth)이며 그리스의 신 셀레네(Selene)이고 바빌로니아의 신(Sin)이다. 토트는 역법을 조정하는 역할을 하였고 인간에게 예술과 과학을 가르쳤으며 훗날 그리스와 이슬람 그리고 유럽의 오컬티즘에서 연금술을 탄생시키는 원천이 되었다. 그리스어의 멘스(Mense)는 여성의 월경주기를 관장하는 달의 기능을 뜻하며 고대에는 다산성과 관련되었다.

또한 루나는 고대 로마시대에 임신과 출산을 돕는 여신 디아나(Diana, 다이애나)와 동일시되었다. 루나는 지구상의 모든 음성적인 것들과 여성적인 것들을 나타낸다. 루나는 어머니이며 출생차트에서 과거의 감정적 기억을 다스린다. 루나는 의식보다는 밝은 빛에 억눌린 무의식의 빛 즉 잠재의식의 영역을 다스며 솔이 에고의식을 나타낸다면 루나는 솔의 에고의식을 보완하는 영혼의 이미지를 상징한다.

☽ Luna

- 마자로스(Mazzaroth) 일주기간: 27일 7시간 43분 하루 평균 13도 10분 36초 운행한다.
- 룰러십(Rulership): ♋ 게자리(Cancer)
- 익절테이션(Exaltation): ♉ 황소자리(Taurus)
- 디트리먼트(Detriment): ♑ 염소자리(Capricon)
- 폴(Fall): ♏ 전갈자리(Scorpio)
- 트리플리시티(triplicity): 밤의 흙의 사인(♉, ♍, ♑)
- 방위(Direction): 북쪽
- 속성(Nature): 루나는 여성적인 프래닛이며, 밤의 플래닛이다.
- 성(Gender): 여성(Female)
- 체액설: 물, 플래그매틱(Flegmatick, 무기력, 냉담, 감상에 잘 젖는 감성주의자) 차갑고 습한 것, 점액질
- 맛: 신선한 맛, 뇌에 영양분을 주는 호두와 같은 견과류 맛
- 색(Color): 하얀색, 은색, 연한 살구색
- 보석(Jewellery): 수정, 다이아몬드, 크리스탈, 은
- 광물(Mineral): 은, 수은
- 국가: 네덜란드, 덴마크(질란드), 덴마크, 독일(뉘른베르크), 벨기에(플랑드르)
- 해당연수: ☿의 소년 수(Least year)는 25년, 중년 수(Mean year)는 66년, 대년 수(Great year)는 108년, 최대 년 수(greatest year)는 320년

- 연령대: 감수성이 예민한 어린 시절
- 출산: 임신 7개월째를 다스린다.
- 오브(Orb): 12도 30분
- 모이티(Moiety): 6도 15분
- 호의적인 플래닛: ♀
- 적대적인 플래닛: ☉, ♄
- 수호일: 월요일
- 수호천사: 가브리엘(Gabriel)
- 날씨(Weather): 비너스나 머큐리와 애스펙트가 이루어지면 바람이 분다. 주피터와 애스펙트가 이루어지면 맑고 화창한 날씨가 되며 새턴과 애스펙트가 이루어지면 추운날씨가 된다. 마르스와 애스펙트를 이루면 붉은 색 구름이 끼고 바람이 분다. 솔과 애스펙트를 이루면 각 계절의 날씨와 관련된다.
- 성격: ☽(Luna)가 디그니티를 얻을 때 행실이 차분하고 온화하며 다정하다. 예술과 과학기술 같은 섬세하고 정교한 학문을 좋아하고 새로운 학문과 신기한 것에 관심을 가진다. 루나가 차트에서 두드러진 사람들은 미래를 준비하기보다는 현재에 충실하며 현재를 위해서 사는 사람들이다. 전문지식이나 기술을 습득한 경우 기술이 한 가지는 아니며 새로운 것에 호기심을 가지고 다른 길을 찾으려 애쓴다. 즉 한 가지 일을 꾸준히 하지 못한다.

  ☽(Luna)가 디그니티를 잃을 때 겁이 많고 마음이 소심하며 지나치게 예민하고 광기가 있다. 또한 이들은 노력하지 않고 편히 먹고 살고자 하며 사치와 낭비하는 경향이 있다. 항상 술에 절어있고 게으르며 일하기 싫어한다. 이들은 의지도 없고 야망도 없고, 미래에 대한 희망도 열정도 없다. 그저 남의 등이나 처먹고 편하게 얹혀살고자 하는 자들이다.
- 사회적 지위 또는 직업: 여왕, 여자 백작, 부인, 모든 여인들, 일반인, 여행자, 순례자, 선원, 어부, 생선장수, 양조업자, 조주사, 술집 종업원, 주

류 유통업자, 배달원, 운전기사, 사냥꾼, 심부름꾼, 술집사장, 카페사장, 카페 종업원, 주정뱅이, 술고래, 해녀, 제분업자, 파출부, 잡역부, 청소부, 산파, 간호사, 여의사, 산부인과 의사, 생수 배달원, 생수공장사장 등

- 신체적 특징: 키는 크지 않은 중간정도의 키에 한쪽 눈이 다른 쪽 눈보다 크고 눈꼬리는 처져있는 경향이 있으며 얼굴은 둥근형이고 피부색은 흰 편이다. 몸 전체적으로 머리털과 수염이 많고 손은 짧으며 통통한 편이다. 루나는 물의별이기 때문에 체질적으로 물살이 찌기 쉬운 편이다.
- 다스리는 신체부위: 남성의 왼쪽 눈, 여성의 오른 쪽 눈
- 질병: 뇌졸중, 손발의 통풍, 마비, 복통, 위장질환, 설사, 몸의 왼쪽, 고환, 방광, 자궁, 생식기질환, 전립선, 성병, 생리통, 월경이상, 부종, 신장질환, 신부전증, 모든 부인과 질환, 어리아이의 기생충질환, 눈의 통증과 모든 안과질환, 경기, 간질, 폭음과 폭식으로 인 한 질환, 화농성 기침, 궤양, 천연두, 홍역, 결핵 등
- 장소: 항구, 항만, 해안가, 항구도시, 저수지, 나루터, 양어장, 양식장, 습지, 개천, 샘물, 연못, 욕실, 벌판, 큰길, 황야
- 식물: 황폐한 모래땅에서 잘 자라는 식물, 꽃의 색깔이 다채로운 식물들
- 동물: 족제비, 수달, 개구리, 토끼

어류와 조류: 가재, 물방개, 달팽이 같은 물가에서 사는 생물들, 갈매기와 같은 바다나 물가에서 사는 새, 오리, 청둥오리, 거위, 펭귄 등

노드(Node)와 포르투나(Fortuna)

크리스천 아스트랄러지에서는 일곱 플래닛 외에 노드와 포르투나라고 하는 포인트가 있다. 노드는 태양이 지나가는 길인 황도(皇道)와 달이 지나가는 길인 백도(白道)가 교차하는 두 지점을 나타낸다.

두 지점 중에서 북쪽에서 교차하는 노드를 노스노드(North Node), 아나비바존(Anabibazone), 라후(Rahu), 카풋 드라코니스(Caput Draconis), 드래곤 해드(Drangon's Head)라고 표현하며 ☊으로 나타낸다. 노스 노드는 일반적으로 아나비바존이라고 부른다. ☊(아나비바존)은 포춘인 주피터와 비너스의 성질을 띠며 흉성인 인포춘과 컨정션 또는 트레인이나 섹스타일을 이루면 그 흉함을 감소시킨다. 남쪽에서 교차하는 노드를 사우스 노드(South Node), 카타비바존(Catabibazone), 케투(Ketu), 카우다 드라코니스(Cauda Draconis), 드래곤 테일(Dragon's tail)이라고 표현하며 ☋으로 나타낸다. 사우스노드는 일반적으로 카타비바존이라고 부른다. ☋(카타비바존)은 인포춘인 새턴과 마르스의 성질을 띠며 흉성인 새턴이나 마르스와 애스펙트(Aspect)를 이루면 그 흉함을 더욱 심각하게 만든다.

차트에서 해당 시그니피케이터들이 포춘과의 애스펙스에서 좋은 관계로 작용하여 원하는 결과를 쉽게 도출될 수 있는 것처럼 보일지라도 ☋(카타비바존)과 애스펙트로 연결되면 결과가 도출되기 전까지 많은 장애에 시달리거나 방해를 받게 되며, 예기치 않게 완전히 좌절되는 결과를 가져오는 경우도 있다.

포르투나의 정식 명칭은 파르스 포르투나(Pars Fortuna) 또는 파트 오브

포춘(Part of Fortune)이라고 부르며 ⊗로 나타낸다. 알무텐(Almuten)과 함께 아라빅 파트(Arabic Parts)의 대표적인 포인트이다. 포르투나는 네이탈(Natal) 출생차트에서 네이티브의 재물을 다스리며 호라리(Horary) 단시점 차트에서는 쿼런트의 재물을 다스린다.

열두 사인과 열두 하우스 그리고 룰러

정통점성학에서는 열두 개의 사인이 있고 열두 개의 사인에 대응하는 일곱 플래닛이 있다. 마르스는 에어리즈와 스콜피오에서 룰러를 얻으며, 비너스는 토러스와 리브라에서 룰러를 얻으며, 머큐리는 제미니와 버고에서 룰러를 얻는다. 주피터는 세지테리어스와 파이시즈에서 룰러를 얻으며 새턴은 캐프리콘과 어퀘어리어스에서 룰러를 얻는다. 솔과 루나 두 루미너리는 오직 하나의 사인에서만 룰러를 얻는다. 솔은 리오에서 룰러를 얻으며 루나는 캔서에서 룰러를 얻는다. 솔과 루나는 빛을 낸다는 의미에서 루미너리(Luminary) 또는 라이트(light)라고 부른다.

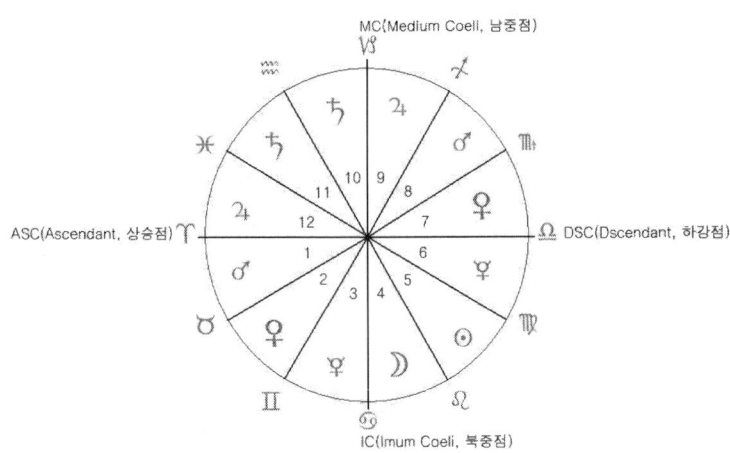

90페이지 차트에서 ASC(어센던트)와 DSC(디센던트)를 수평으로 연결한 선을 호라이즌(Horizon)이라고 하며 MC(미디움 코엘리)와 IC(이뮴 코엘리)를 연결한 선을 메리디안(Meridian)이라고 한다. 하우스는 하나의 원 360도를 30도씩 배정하여 열두 개의 하우스로 나누어져 있다. 하우스와 하우스를 구분해 주는 선을 커스프(Cusp)라고 하며 커스프에 걸린 사인이 그 하우스를 지배하는 사인이 된다. 사인에서 룰러를 얻은 플래닛을 로드(Lord)라고 하며 사인에서 룰러를 얻지 못한 플래닛을 Co-Lord(코로드)라고 한다. 이와 같이 차트를 구성하는 요소들 사인, 하우스, 플래닛, 커스프, 포르투나, 두 노드 등은 차트를 해석함에 있어 특정한 사건이나 환경을 보여준다는 의미에서 시그니피케이터(Significator)라고 부른다.

다음 92페이지의 표는 열두 사인과 지배 플래닛을 계절과 기간별로 정리를 해 놓은 것이다.

12사인과 지배 플래닛

계절	12사인	성별	원소	지배하는 때	지배하는 플래닛	기 간
봄	SPRING					
	♈ 양자리(Aries)	남성	불	낮	♂	3.20~4.20
	♉ 황소자리(Taurus)	여성	흙	밤	♀	4.21~5.21
	♊ 쌍둥이자리(Gemini)	남성	공기	낮	☿	5.21~6.21
여름	SUMMER					
	♋ 게자리(Cancer)	여성	물	밤	☽	6.22~7.22
	♌ 사자자리(Lio)	남성	불	낮	☉	7.23~8.23
	♍ 처녀자리(virgo)	여성	흙	밤	☿	8.24~9.23
가을	FALL					
	♎ 천칭자리(Libra)	남성	공기	낮	♀	9.24~10.23
	♏ 전갈자리(Scorpio)	여성	물	밤	♂	10.24~11.23
	♐ 사수자리(Sagittarius)	남성	불	낮	♃	11.24~12.22
겨울	WINTER					
	♑ 염소자리(Capricorn)	여성	흙	밤	♄	12.23~1.21
	♒ 물병자리(Aquarius)	남성	공기	낮	♄	1.22~2.19
	♓ 물고기자리(Pisces)	여성	물	밤	♃	2.20~3.20

일곱 플래닛(행성)의 강.약

정통점성학에서 ♄,♃,♂,☉,♀,☿,☽ 일곱 플래닛을 사용하며 일곱 플래닛은 강함과 약함이 존재한다. 차트에서 두 번째 하우스가 강하다는 표현을 쓸 때 두 번째 하우스에서 플래닛이 룰러를 얻거나 익절테이션을 얻은 것이다. 이럴 때 두 번째 하우스가 강하다고 표현하며 네이티브의 금전적인 관계는 튼튼하다고 할 수 있다. 각각의 플래닛의 강, 약을 이해하기 위해서는 먼저 프톨레마이오스의 디그니티 테이블을 이해해야 한다. 다음의 프톨레마이오스의 디그니티 테이블을 보면 각 사인은 룰러가 되는 플래닛을 갖는데 맨 밑에 쓰여 있는 숫자 중에서 5라고 하는 제일 큰 수가 주어졌다. 각 사인은 룰러 다음으로 강한 익절테이션(Exeltation)이라고 하는 플래닛이 주어지는데 디그니티 테이블 맨 아래 쓰여 있는 숫자 중에서 4라고 하는 숫자가 주어졌다.

♈에어리즈(Aries) 사인을 예로 들면 에어리즈 사인에서 ♂마르스(Mars)가 룰러를 얻어 플래닛의 강함이 숫자 5를 얻었으며, 에어리즈 사인에서 ☉솔(Sol)이 익절테이션을 얻어 플래닛의 강함이 숫자 4를 얻었다. Day의 ☉(솔)은 낮의 차트일 때 에어리즈 사인에서 낮의 트리플리시티를 얻는다는 뜻이고 Night의 ♃(주피터)는 밤의 차트일 때 에어리즈 사인에서 밤의 트리플리시티를 얻는 다는 뜻이며 플래닛의 강함이 룰러〉익절데이션〉트리플리시티 순서이므로 각 플래닛에 숫자 3이 주어졌다.

텀(Terms)은 ♈(에어리지즈) 사인이 다스리는 하우스 0°부터 30°까지의 공간을 0°도부터 6°까지는 ♃(주피터)가 디그니티를 얻고, ♈(에어리즈)사인 7°

부터 14°까지는 ♀(비너스)가 디그니티를 얻으며, ♈(에어리즈)사인 15°부터 21°까지는 ☿(머큐리)가 디그니티를 얻고, ♈(에어리즈) 사인 22°부터 30°까지는 ♄(새턴)이 디그니티를 얻어 숫자로 2의 강함을 얻는다는 의미이다.

프톨레미의 디그니티 테이블(The Dignity Table of Ptolemy)

Sign	Ruler	Exal	Day	Night	Terms					Face			Detri	Fall	Direc
♈	♂	☉19	☉	♃	♃6	♀14	☿21	♂26	♄30	♂10	☉20	♀30	♀	♄	East
♉	♀	☽3	♀	☽	♀8	☿15	♃22	♄26	♂30	☿10	☽20	♄30	♂		South
♊	☿	☊3	♄	☿	☿7	♃14	♀21	♄25	♂30	♃10	♂20	☉30	♃		West
♋	☽	♃15	♂	♂	♂6	♃13	☿20	♀27	♄30	♀10	☿20	☽30	♄	♂	North
♌	☉		☉	♃	♄6	☿13	♀19	♃25	♂30	♄10	♃20	♂30	♄		East
♍	☿	☿15	♀	☽	☿7	♀13	♃18	♄24	♂30	☉10	♀20	☿30	♃	♀	South
♎	♀	♄21	♄	☿	♄6	♀11	♃19	☿24	♂30	☽10	♄20	♃30	♂	☉	West
♏	♂		♂	♂	♂6	♃14	♀21	☿27	♄30	♂10	☉20	♀30	♀	☽	North
♐	♃	☋3	☉	♃	♃8	♀14	☿19	♄25	♂30	☿10	☽20	♄30	☿		East
♑	♄	♂28	♀	☽	♀6	☿12	♃19	♂25	♄30	♃10	♂20	☉30	☽	♃	South
♒	♄		♄	☿	♄6	☿12	♀20	♃25	♂30	♀10	☿20	☽30	☉		West
♓	♃	♀27	♂	♂	♀8	♃14	☿20	♂26	♄30	♄10	♃20	♂30	☿	☿	North
	5	4	3		2					1			−5	−4	

프톨레마이오스의 디그니티 테이블에서 디트리먼트, 에리즈사인에서 디트리먼트(Detriment)하는 ♀(비너스)는 플래닛이 룰러로 있는 사인에서 반대의 사인에 머물 때 디트리먼트 한다고 하며 디그니티의 약함을 숫자 -5로 표시한다. 사인 에어리즈에서 폴(Fall)하는 ♄(새턴)은 익절테이션 하

는 플래닛이 반대의 사인에 머물 때 폴 한다고 하며 그 약함을 숫자 -3으로 표시한다. 페이스(Face)는 디그니티 테이블에서 플래닛의 강, 약에 대하여 숫자로 표시한 것은 정통점성학을 처음 접하는 사람들이 플래닛의 강함과 약함을 어떻게 기준을 삼아야할지 잘 모르기 때문에 강,약의 정도를 이해화기 쉽도록 숫자로 표시하여 나타낸 것이다. 원래는 플래닛의 힘이 강함을 디그니티(Dignity)라고 하고, 플래닛의 힘이 약함을 디빌리티(Debility)라고 하는데 편의상 플래닛의 강, 약을 디그니티가 강하다, 디그니티가 약하다로 표현하겠다.

프톨레마이오스의 디그니티 테이블의 페이스

사인	0°~10°	10°~20°	20°~30°
♈	♂	☉	♀
♉	☿	☽	♄
♊	♃	♂	☉
♋	♀	☿	☽
♌	♄	♃	♂
♍	☉	♀	☿
♎	☽	♄	♃
♏	♂	☉	♀
♐	☿	☽	♄
♑	♃	♂	☉
♒	♀	☿	☽
♓	♄	♃	♂

페이스(Face)는 데칸(Decan) 또는 데카네이트(Decanate)라고도 하며 한 하우스의 30°를 10°도씩 쪼개어 세 등분을 한 것이다. 데칸은 10이라는 뜻이며 점성학에서는 10′각이라는 의미가 있다. 이 데칸의 개념은 룰러십(Rulership)의 관계에 기본을 두고 있으며 두 가지의 정의에서 데칸 사용법이 있다. 첫 번째 프톨레마이오스의 디그니티 테이블에서 사용하는 페이스는 플래닛 ♂, ☉, ♀, ☿, ☽, ♄, ♃ 순서대로 일곱 플래닛을 ♈(에어리즈) 사인에서 ♂(마르스)부터 시작하여 차례대로 ♓(파이시즈) 사인까지 열두

사인을 반복하는 것이다. ♈(에어리즈) 사인 0°부터 10°까지 ♂(마르스)가 디그니티의 강함을 얻으며, ♈(에어리즈) 사인 11°부터 20°까지 ☉(솔)이 디그니티의 강함을 얻으며 ♈(에어리즈) 사인 21°부터 30°까지 ♀(비너스)가 디그니티의 강함을 얻는다는 뜻이다.

트리플리시티(triplicity)에 의한 데칸(Decan)

원소	사인	0° ~10°	11° ~20°	21° ~30°
불	♈	♂	☉	♃
흙	♉	♀	☿	♄
공기	♊	☿	♀	♄
물	♋	☽	♂	♃
불	♌	☉	♃	♂
흙	♍	☿	♄	♀
공기	♎	♀	♄	☿
물	♏	♂	♃	☽
불	♐	♃	♂	☉
흙	♑	♄	♀	☿
공기	♒	♄	☿	♀
물	♓	♃	☽	♂

두 번째 데칸의 개념은 불, 흙, 공기, 물의 트리플리시티(Triplicity)에 의한 지배 플래닛의 순서로 반복하는 것이다. 예를 들면 불의 사인 ♈, ♌, ♐에서 룰러십을 얻는 플래닛 ♂, ☉, ♃을 ♈(에어리즈)사인에서부터 순서대로 반복하는 것이다. 나머지 흙, 공기, 물의 사인도 이와 같이 하면 된다.

디그니티(Dignity)

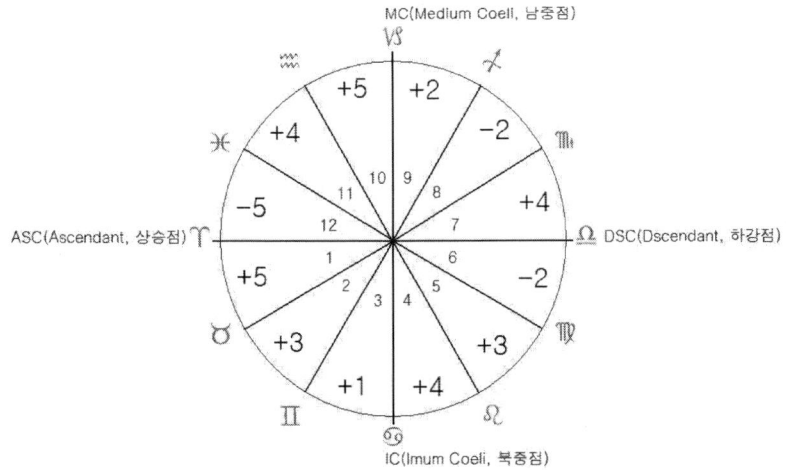

정통 점성학에서 차트는 열두 개의 하우스로 구성되어 있다. 열두 개의 하우스 중에서 어센던트라고 불리는 1st(ASC) 하우스와 미디움 코엘리라고 불리는 10th(MC) 하우스가 있는 데 이 두 하우스에 플래닛이 위치해 있으면 그 플래닛은 무조건 디그니티 +5를 준다. 윌리엄 릴리도 10th(MC) 하우스에서 ☉이 룰러를 얻으면 그 사람은 한 나라를 얻는 다고 표현을 했을 정도로 강력한 힘을 가지고 있다.

11th 하우스는 가끔씩 앵글로 보는 경향이 있다. 따라서 나머지 앵글인 7th 하우스와 4th 하우스 11th 하우스에 어떤 플래닛이 위치해 있으면 그 플래닛은 디그니티 +4를 준다. 2nd와 5th에 어떤 플래닛이 위치하면

그 플래닛은 디그니티 +3을 준다. 9th에 어떤 플래닛이 위치하면 그 플래닛은 디그니티 +2를 주고 3rd에 어떤 플래닛이 위치하면 디그니티 +1을 준다. 반대로 12th에 어떤 플래닛이 위치하면 디그니티 -5를 얻게 된다. 8th와 6th에 어떤 플래닛이 위치하면 디그니티 -2를 얻게 된다. 11th를 어떤 면에서 앵글로 보듯이 8th를 어떤 면에서 케이던트로 보기도 한다. 그래서 6th, 8th, 12th는 실질적인 케이던트로서 디그니티가 약하다. 플래닛 자체의 디그니티와 상관없이 이들 하우스에 플래닛이 위치하면 이와 같이 무조건 디그니티를 얻게 되는 것이다.

열두 사인의 순서와 구성

열두 개의 사인은 항상 1. ♈, 2. ♉, 3. ♊, 4. ♋, 5. ♌, 6. ♍, 7. ♎, 8. ♏, 9. ♐, 10. ♑, 11. ♒, 12. ♓의 순서로 배열된다.

1. ♈ --- 7. ♎ 에어리즈 사인의 반대편에는 항상 리브라 사인이 온다.
2. ♉ --- 8. ♏ 토러스 사인의 반대편에는 항상 스콜피오 사인이 온다.
3. ♊ --- 9. ♐ 제머나이 사인의 반대편에는 항상 새지테리어스 사인이 온다.
4. ♋ --- 10. ♑ 캔서 사인의 반대편에는 항상 캐프리콘 사인이 온다.
5. ♌ --- 11. ♒ 리오 사인의 반대편에는 항상 어퀘어리어스 사인이 온다.
6. ♍ --- 12. ♓ 버고 사인의 반대편에는 항상 파이시즈 사인이 온다.

1. ♈의 룰러 ♂가 반대편에 있는 7. ♎의 사인에 들어가 있으면 플래닛 ♂는 사인 리브라에서 디트리먼트 하는 것이다. 마찬가지로 7. ♎의 룰러 ♀가 반대편에 있는 1. ♈의 사인에 들어가 있으면 플래닛 ♀는 1. ♈사인에서 디트리먼트 하는 것이다.
2. ♉의 룰러 ♀가 반대편에 있는 8. ♏의 사인에 들어가 있으면 플래닛 ♀는 사인 스콜피오에서 디트리먼트 하는 것이다. 마찬가지로 8. ♏의 룰러 ♂가 반대편에 있는 2. ♉의 사인에 들어가 있으면 플래닛 ♂는 사인 토러스에서 디트리먼트 하는 것이다.

3. ♊의 룰러 ☿가 반대편에 있는 9. ♐의 사인에 들어가 있으면 플래닛 ☿는 사인 새지테리어스에서 디트리먼트 하는 것이다. 마찬가지로 9. ♐의 룰러 ♃가 반대편에 있는 3. ♊의 사인에 들어가 있으면 플래닛 ♃는 사인 제머나이에서 디트리먼트 하는 것이다.

4. ♋의 룰러 ☽가 반대편에 있는 10. ♑의 사인에 들어가 있으면 플래닛 ☽는 사인 캐프리콘에서 디트리먼트 하는 것이다. 반대로 10. ♑의 룰러 ♄이 반대편에 있는 4. ♋의 사인에 들어가 있으면 플래닛 ♄은 사인 캔서에서 디트리먼트 하는 것이다.

5. ♌의 룰러 ☉이 반대편에 있는 11. ♒의 사인에 들어가 있으면 플래닛 ☉은 사인 어퀘어리어스에서 디트리먼트 하는 것이다. 반대로 11. ♒의 룰러 ♄이 반대편에 있는 5. ♌의 사인에 들어가 있으면 플래닛 ♄은 사인 리오에서 디트리먼트 하는 것이다.

6. ♍의 룰러 ☿가 반대편에 있는 12. ♓의 사인에 들어가 있으면 플래닛 ☿는 사인 파이시즈에서 디트리먼트 하는 것이다. 반대로 12. ♓의 룰러 ♃가 반대편에 있는 6. ♍의 사인에 들어가 있으면 플래닛 ♃는 사인 버고에서 디트리먼트 하는 것이다.

열두 사인과 룰러십을 얻는 플래닛

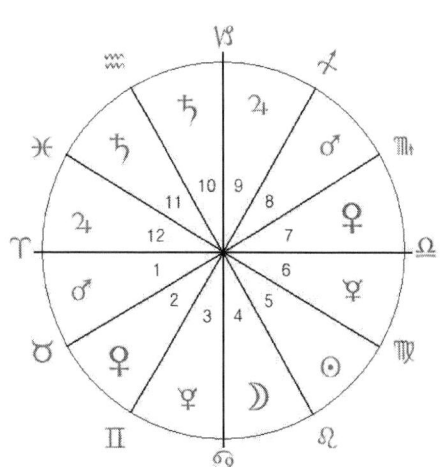

번호	Sign	Rulership
1	♈	♂
2	♉	♀
3	♊	☿
4	♋	☽
5	♌	☉
6	♍	☿
7	♎	♀
8	♏	♂
9	♐	♃
10	♑	♄
11	♒	♄
12	♓	♃

차트에서 플래닛이 룰러십을 얻는 것은 플래닛이 가장 강력한 디그니티 즉 플래닛 고유의 가장 강한 힘을 얻는 것이다.

열두 사인과 익절테이션을 얻는 플래닛

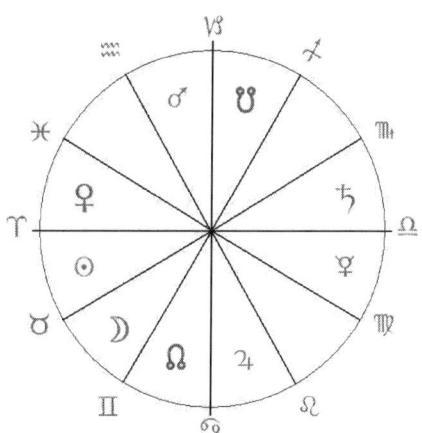

번호	Sign	Exaltation
1	♈	☉ 19°
2	♉	☽ 3°
3	♊	☊ 3°
4	♋	♃ 15°
5	♌	
6	♍	☿ 15°
7	♎	♄ 21°
8	♏	
9	♐	☋ 3°
10	♑	♂ 28°
11	♒	
12	♓	♀ 27°

익절테이션은 플래닛이 룰러십 다음으로 강한 디그니티 즉 플래닛 고유의 강한 힘을 얻는 것이다.

열두 사인과 디트리먼트하는 플래닛

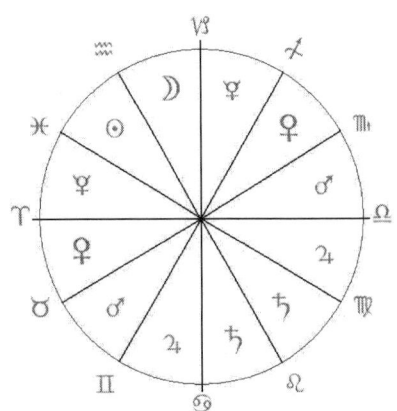

번호	Sign	Detriment
1	♈	♀
2	♉	♂
3	♊	♃
4	♋	♄
5	♌	♄
6	♍	♃
7	♎	♂
8	♏	♀
9	♐	☿
10	♑	☽
11	♒	☉
12	♓	☿

　플래닛이 디트리먼트할 때에는 플래닛이 가장 크게 손상을 입는 것이며 플래닛이 가지고 있는 고유의 디그니티 즉 플래닛의 힘이 가장 많이 약해지는 것이다.

낮의 차트와 밤의 차트

낮과 밤의 플래닛 구분	
낮의 플래닛	☉, ♄, ♃
밤의 플래닛	☽, ♀, ♂
중성의 플래닛	☿

 정통점성학에서 사용되는 일곱 플래닛은 낮의 플래닛과 밤의 플래닛으로 구분되어져 있다. 윌리엄 릴리는 차트를 리딩함에 있어 이를 확실히 적용하여 사용하였다.

낮의 차트

아래의 그림에서 ☉(솔)이 호라이즌 위에 떠있다. 솔이 호라이즌 위에 떠있다는 것은 낮의 차트를 의미하는 것이며 네이탈 출생차트에서 네이티브가 시간적으로 낮에 태어났다는 것을 의미한다. 낮의 차트일 때 낮의 플래닛인 ☉, ♄, ♃은 호라이즌 위에 위치할 때 디그니티가 더욱 강함을 나타내며, 호라이즌 아래에 위치할 때는 비록 낮의 플래닛이 룰러나 익절테이션을 얻었다고 할지라도 그 힘이 약해진다.

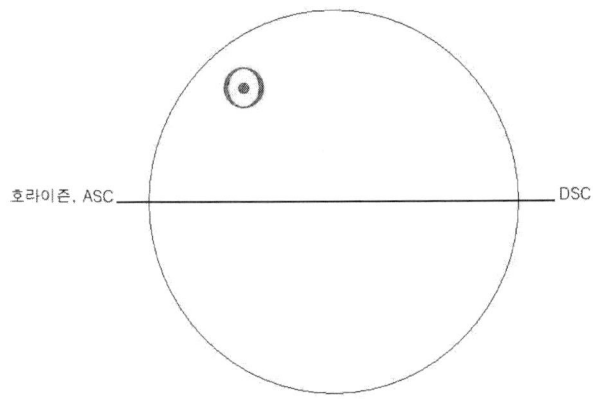

밤의 차트

아래의 그림에서 ☉(솔)이 호라이즌 아래에 떠있다. 솔이 호라이즌 아래에 떠있다는 것은 밤의 차트를 의미하는 것이며 네이탈 출생차트에서 네이티브가 시간적으로 밤에 태어났다는 것을 의미한다. 밤의 차트일 때 밤의 플래닛인 ☽, ♀, ♁는 호라이즌 아래에 위치할 때 디그니티가 더욱 강함을 나타내며, 밤의 플래닛이 호라이즌 위에 위치할 때는 비록 룰러나 익절테이션을 얻었다고 할지라도 그 힘이 약해진다.

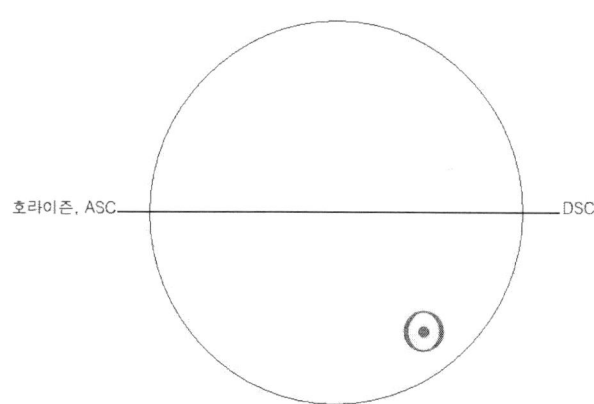

윌리엄 릴리의 트리플리시티(Triplicity)

원소	사인	낮	밤
불	♈, ♌, ♐	☉	♃
흙	♉, ♍, ♑	♀	☽
공기	♊, ♎, ♒	♄	☿
물	♋, ♏, ♓	♂	♂

윌리엄 릴리가 사용한 트리플리시티 표이다. 윌리엄 릴리는 ♂(마르스)가 물의 사인에서 낮과 밤을 공통으로 다스리는 것으로 보았다. 그러나 정통점성학을 연구하는 현대의 많은 점성학자들은 도로시안 트리플리시티를 사용한다.

도로시안 트리플리시티(Triplicity)

원소	사인	낮	밤	공통
불	♈, ♌, ♐	☉	♃	♄
흙	♉, ♍, ♑	♀	☽	♂
공기	♊, ♎, ♒	♄	☿	♃
물	♋, ♏, ♓	♀	♂	☽

공통은 낮과 밤의 구분 없이 불의 사인 ♈, ♌, ♐에 ♄(새턴)이 위치하면 불의 트리플리시티의 디그니티를 얻는 다는 의미이다. 흙의 사인 ♉, ♍, ♑에서 ♂(마르스)가 위치하면 낮과 밤의 구분 없이 흙의 트리플리시티의 디그니티를 얻는 다는 의미이다. 공기의 사인 ♊, ♎, ♒에서 ♃(주피터)가 위치하면 낮과 밤의 구분없이 공기의 트리플리시티의 디그니티를 얻는 다는 의미이다. 물의 사인 ♋, ♏, ♓에서 ☽(루나)가 위치하면 낮과 밤의 구분 없이 물의 트리플리시티의 디그니티를 얻는다는 의미이다.

네이탈 출생차트에서 룰러십, 익절테이션, 텀, 페이스, 트리플리시티의 디그니티를 얻는 플래닛이 하나도 없으면 페러그라인 한다고 하며 이런 사람은 세상사에 관심이 없다. 페러그라인은 플래닛이 디그니티의 힘을 잃는 다는 뜻이다. 차트에서 디그니티를 얻는 것은 룰러를 포함하여 익절테이션 두 개 까지만 좋다. 사람들은 디그니티를 얻는 플래닛이 많으면 좋은 줄 알지만 디그니티를 얻는 플래닛이 많으면 다재다능하지만 어느 것 하나 깊이 있게 이루어내는 것이 하나도 없다.

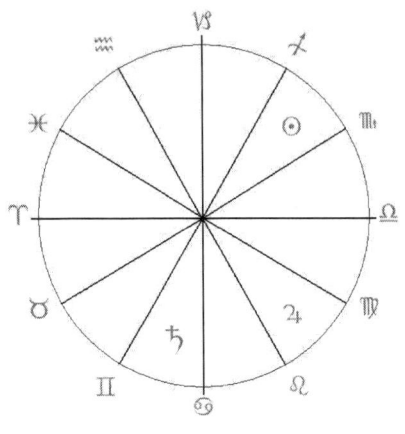

옆의 차트에서 사인 ♌에 ♃가 있고 사인 ♊에 ♄ 있다. 먼저 차트를 판단하기 위해서는 이 차트가 낮의 차트인지 밤의 차트인지 살펴보아야 한다.

☉이 호라이즌 위에 위치해 있으므로 옆의 차트는 낮의 차트이다. 이 차트는 낮의 차트이기 때문에 낮의 트리플리시티만 보아야 한다. 도로시안 트리플리시티표에서 살펴보면 사인 ♌는 불의 사이다. 불의 사인에서 ♃는 밤에 트리플리시티를 얻는다. 그러므로 ♃는 해당사항이 없다. 사인 ♊는 공기의 사인이다. 공기의 사인에서 ♄은 낮의 트리플리시티를 얻는다. 낮의 트리플리시티를 얻은 ♄은 프톨레마이오스의 디그니티 테이블에서 디그니티 +3점을 얻는다.

Zodiac(황도) 12사인의 이론

원소	Cardinal(활동궁)	Fixed(고정궁)	Mutable(변통궁)
불	♈ 양자리(Aries)	♌ 사자자리(Lio)	♐ 사수자리(Sagittarius)
흙	♑ 염소자리(Capricon)	♉ 황소자리(Taurus)	♍ 처녀자리(virgo)
공기	♎ 천칭자리(Libra)	♒ 물병자리(Aquarius)	♊ 쌍둥이자리(Gemini)
물	♋ 게자리(Cancer)	♏ 전갈자리(Scorpio)	♓ 물고기자리(Pisces)

Cardinal=Movable(활동궁) : 움직이려고 한다는 뜻으로 '변화'를 의미한다. 시작, 행함, 전환점, 행동 등 태양이 이 별자리에 들면 사계절이 시작된다. Ascendant Sign과 그 Ruler 그리고 Almuten이 무버블 사인에 있거나 이들 시그니피케이터들이 대부분 무버블 사인에 몰려있으면 네이티브는 항상 새로운 일을 추진하려 하며 단체나 모임, 직장에서 앞장서서 일을 계획하고 추진하려는 경향이 있다. 이들 시그니피케이터들이 디그니티의 강한 힘을 얻는 위치에 있으면 진취적으로 일을 추진하고 이끌어나가는 리더가 되지만 이들 시그니피케이터들이 디그니티의 힘을 잃는 위치에 있게 되면 마음의 갈등과 변덕이 심하고 어떤 일을 해도 제대로 끝마무리를 하지 못하며 중도에 포기하고 새로운 일에 관심을 가지며 유혹에 쉽게 빠져든다.

Fixed(고정궁) : '고정'을 상징한다. 유지, 인내, 안정성 등 태양이 이 별자리들을 여행할 때 각 계절은 최고조에 달한다. 픽스트 사인에서 디그니티의 강한 힘을 얻는 플래닛들이 있거나 1St의 로드가 픽스트 사인에서

Ruler를 얻으면 클래식하고 고전적인 분위기를 좋아하며 옛것에 관심을 가지고 현대적인 것과 조화를 이루려고 노력한다. 픽스트 사인이 발달한 네이티브는 지조가 있고 충직하며 한 번 결정한 일에 대해서는 쉽게 바꾸지 않는다. 그러나 픽스트 사인에서 좋지 않은 관계를 맺고 있는 플래닛이 있거나 좋지 않은 위치에 위치하게 되면 네이티브는 고집이 세고 타협할 줄 모르며 융통성이 없어 변화에 대응하는 능력이 떨어진다.

Mutable=Common(변통궁) : 변하기 쉬운 상태, 변화와 전통적인 것을 고수, 이동, 적응 태양이 이 별자리에 있을 때 각 계절은 과도기에 이른다. 뮤터블 사인에서 디그니티의 강한 힘을 얻는 플래닛이 있거나 1St의 로드가 Mutable 사인에서 Ruler를 얻으면 네이티브는 변화를 추구하는 동시에 전통적인 것을 고수하려는 성향이 강하다. 그러나 뮤터블 사인이 좋지 않은 위치에 위치하거나 디그니티의 힘을 잃는 관계를 맺고 있는 플래닛이 있으면 네이티브는 수시로 변덕을 부리며 쉽게 약속을 저버리는 경향이 있어 신뢰를 잃게 된다.

4원소 이론

플라톤의 저서 티마에우스에 기록된 불, 흙, 공기, 물 4가지 원소 중에서 불 원소는 형성 작용을 담당하며, 물 원소는 생명력을 담당하며, 공기 원소는 균형을 담당하고, 흙 원소는 성장과 유지를 담당한다. 인간의 영적인 성장 수준에 따라 서로 다른 속성이 겉으로 드러나게 되는 데 두드러진 원소의 종류에 따라 담즙질, 다혈질, 우울질, 점액질 등으로 구별이 된다. 담즙질은 불 원소에서 다혈질은 공기 원소에서, 우울질은 흙 원소에서, 점액질은 물 원소에서 비롯되는 기질이다. 사람의 기질을 결정하는 4원소는 각각 양의 측면에서 긍정적인 특성을 부여하며, 음의 측면에서는 부정적인 특성을 부여한다. 불과 공기는 양성, 상향적, 외향적이다. 흙과 물은 음성이며, 하향적, 내향적이다. 원소들의 의미는 우리가 그것을 어떻게 경험하는 가를 통하여 나타난다. 그러므로 4원소의 특성은 두드러지는 속성에 따라 한 사람의 인격을 형성하게 된다.

불(담즙질) : 불은 사물을 볼 수 있는 빛이다. 불은 뜨겁고 따뜻하며 흥분과 열정이 넘치고 활기차다. 불은 주위의 분위기를 밝고 화사하게 만든다. 불은 두려움이 없고 거리낌이 없이 자기 자신을 표현한다. 힘과 자신감이 넘치며 직선적이고 솔직하다. 불은 자기주장, 자신감, 삶에 대한 사랑 등을 나타낸다. 그러므로 불 원소의 양의 형태로는 활동성, 열정, 열의, 결단력, 용기, 창조적 에너지, 부지런함 등이며 음의 형태로는 폭음, 폭식, 질투, 격정, 성급함, 무절제, 파괴적 경향 등을 드러낸다.

흙(우울질) : 흙은 물질이며, 어떤 것의 실체이다. 흙은 의지할 수 있는 것이며, 물질주의 그리고 상식을 나타낸다. 흙이 발달하면 감각과 현실에 의지하는 경향이 매우 강하여 물질의 흐름에 대하여 본능적으로 잘 이해하게 된다. 그러므로 흙 원소의 양의 형태로는 고결하고 겸손하며, 동점심이 많고 헌신적이다. 진지함, 온순함, 열정, 충성심, 이해심, 심사숙고하며, 조용하고, 남을 잘 믿으며 쉽게 용서하는 부드러운 성격이다. 음의 형태로는 냉담, 의기소침, 무관심, 수줍음, 게으름 등을 드러낸다.

공기(다혈질) : 공기는 공간적이고, 추상적이다. 그것은 하늘과 땅 사이를 채운다. 사물들 사이를 관통하며 호흡, 말 생각을 전달한다. 즉 우리의 육체와 물질 이면에 존재하는 관념과 생각을 다스린다. 공기는 인간성, 언어, 그리고 지식을 나타낸다. 그러므로 공기 원소의 양의 형태로는 통찰력, 근면함, 명랑함, 재치, 친절한 마음, 명료함, 태평함, 쾌활함, 민첩함, 낙천적인 성격, 독립심, 친밀함, 관계와 사회에 대한 욕구 등이며 음의 형태로는 자주 모욕감이나 치욕을 느끼며, 수다스럽고, 인내심이 없으며, 장난기가 많고, 교활하며, 말이 장황하고 정직하지 못하고 변덕스럽다.

물(점액질) : 물은 흐르면서 수위를 조절한다. 물은 감정, 상상, 그리고 감정이입을 나타낸다. 물은 깊은 정서와 느낌에 따른 반응을 다스린다. 충동적인 행동과 알 수 없는 두려움, 느낌에 따라 모든 것을 받아들이는 수용성 등을 다스리며 분위기에 민감하게 반응한다. 물 원소의 양의 형태로는 고결함과 덕망, 인내심, 신중함, 진지함, 꼼꼼함, 집중력, 절제력, 말이 적고 실수를 저지르지 않고 신중하다. 음의 형태로는 저항적이며 자기과신의 경향을 보이고, 무미건조하며, 비도덕적이고 염세적이다. 답답할 정도로 아둔하며 게으르고 믿을 수 없다.

12사인과 4원소의 성질

1	♈	불의 시작 (스파크, 격렬한 불꽃)	7	♎	공기의 시작(바람)
2	♉	고정된 흙(들과 숲)	8	♏	고정된 물 (호수와 댐)
3	♊	가변적인 공기(미풍)	9	♐	가변적인 불 (춤추는 불꽃)
4	♋	물의 원천(바다)	10	♑	흙의 시작 (바위와 산)
5	♌	불변의 불(광채)	11	♒	고정된 공기(하늘)
6	♍	가변적인 흙 (들판과 추수)	12	♓	가변적인 물(시냇물)

지구의 자전과 공전

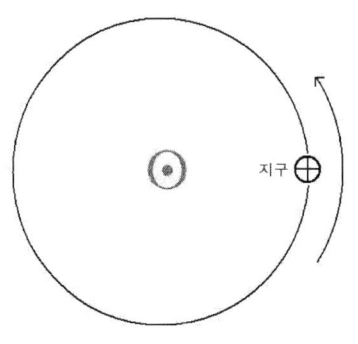

지구는 자전하는 방향과 공전하는 방향이 같다. 북반구에서는 지구는 서쪽에서 동쪽 시계반대방향으로 자전하므로 천구는 상대적으로 동쪽에서 서쪽 시계방향으로 하루에 한 번씩 회전하게 된다.

우리가 살고 있는 북반구에서는 태양이 동쪽에서 떠서 서쪽 시계방향으로 진다. 이것은 지구가 서쪽에서 동쪽 시계반대방향으로 자전하기 때문이다. 마찬가지로 지구의 공전도 서쪽에서 동쪽 시계반대방향으로 공전한다. 그러므로 옆의 그림에서처럼 태양계를 위에서 아래로 내려다보았을 때 지구는 시계반대방향으로 움직인다. 그래서 차트를 리딩할 때 시계반대방향으로 읽어가는 것이다.

Theosophy(신지학, 神智學)

마담 블라바츠키로 더 잘 알려진 헬레나 페트로브나 블라바츠키(1831~1891)는 티벳과 인도를 여행하면서 아스트랄 몸체를 가지는 Master Morya와 Koot Hoomi로부터 오컬트의 신비를 배우기 위해 몇 년을 보냈다고 주장하며 "생물의 진화는 영적인 과정"이라고 말했다.

신지학회의 밀교적 요소는 마담 블라바츠키에 의하여 생겨났으며 유럽의 기독교 문화에서 환생설과 윤회사상을 부정하며 금기시하던 때에 조로아스터교, 힌두교, 영지주의(그노시즘), 마니교, 카발라 등의 여러 종교와 철학을 접목하여 환생설과 윤회사상을 받아들였다.

마담 블라바츠키는 1875년 변호사이자 작가인 Henry Steele Olcott, W. Q. Judge와 함께 뉴욕에서 신지학 협회를 설립한다. 신지학회의 주 목적은 모든 종교와 종파 그리고 국가를 영원한 진실에 기초한 윤리의 일반적 체계 아래서 화해시키는 것이라고 주장한다. 그리고 몇 년 후 블라바츠키는 Olcott와 함께 인도로 가서 신지학 협회를 설립하고 유럽으로 돌아와서 The Secret doctrine을 저술한다. 그녀는 자신의 저서에서 과학과 고대의 지혜, 인류 문화를 종교와 역사, 상징주의, 우주론 등을 통하여 화해시키고자 하는 의도를 나타낸다.

Sun-Sign Astrology

Alan Leo 1860~1917

사람들이 자신의 별자리를 말할 때 보통 양자리 또는 천칭자리라는 표현을 쓴다. 이러한 별자리 중심의 아스트랄러지는 마담 블라바츠키가 주창한 신지학적 가르침의 추종자였던 앨런 레오에 의해 체계화 되었다. 앨런 레오는 1860년 영국의 웨스트민스터에서 출생하였다. 그는 영국의 저명한 점성가였고, 저술가였으며 출판업자였다. 그는 1915년 Sun-Sign이라는 익명으로 신지학 협회의 아스트랄러지 지부를 설립하였다. 그가 체계화한 Sun-Sign Astrology는 인간의 성향을 일년 열두 달 태양이 위치하는 마자로스의 열두 사인의 타입으로 구분하여 별자리만으로 인간의 삶의 과정을 설명하는 인스턴트식 점성술이다. 현대에 와서 심리학과 결합하여 심리 점성학으로 발전 하였다. 예언적 기능에 바탕을 둔 고전적 정통점성학은 어려울 뿐만 아니라 시간과 비용이 많이 들어 몇몇 전문가를 통해서만 계승 발전되어 왔다.

Sun-Sign Astrology는 Sun이 위치한 Sign을 위주로 한 인간의 성격, 적성, 사랑과 연애, 금전적 운, 사회적 지위, 인간관계, 질병 등을 종합적으로 아주 쉽고 간단하게 접근할 수 있다. 어려운 네이티비티(Nativity) 출생차트를 볼 필요도 없이 자신이 태어난 달과 날짜만 알면 Sun이 위치하는 Sign을 알 수 있기 때문이다.

사비안 점성술

사비안 점성술은 1925년 미국의 점성가 마크 에드먼드 존스(Marc Edmond Jones. 1888~1980)와 영매 엘시 휠러(Elsie Wheeler)가 실시한 실험에 의해 탄생하였다. 점성가 마크 존스는 조디악 360도 열두 사인의 각각의 디그리를 새긴 카드 360장을 영매 엘시 휠러에게 주고 떠오르는 이미지를 자동서기법을 기록한 것이다. 이렇게 해서 사비안 점성술은 탄생하게 되었다.

사비안 심벌

화가로서 철학자로서 많은 업적을 남긴 프랑스의 점성가 데인 러디아르는 사비안 점성술 이미지들을 기록한 상징체계를 정리하고 꾸준히 연구하여 사비안 심벌이라고 부르는 새로운 점성학 체계를 만들었다. 그러나 사비안 점성술이나 사비안 심벌과 같은 점성술은 크리스천 아스트랄러지처럼 네이티브의 인생을 조망해볼 수 있는 예언적 기능이 없는 인스턴트식 점성술이다.

Ascendant Sign

Sun-Sign Astrology 관점에서 4월 20일~5월 21일 사이에 출생한 사람이라면 Sun-Sign이 Taurus가 되는 것이다. 황소자리의 별자리가 어떻게 정해지는 지 아래의 그림을 보고 설명하겠다.

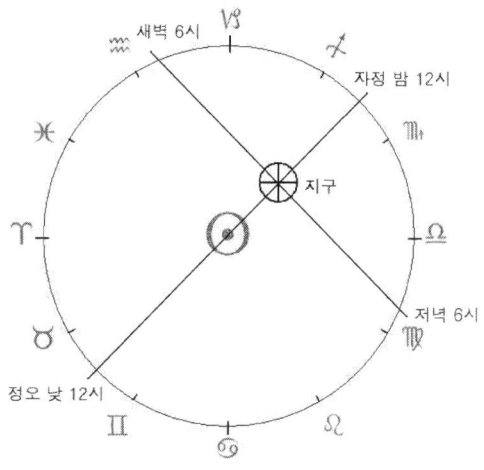

위 차트에서 지구가 Sign Scorpio를 통과하고 있다. 지구가 Sign Scorpio를 통과하면서 Sun을 바라볼 때 Sun은 Sign Taurus를 통과하게 된다. 지구가 Sign Scorpio를 통과하는 한 달 동안 Sun은 Sign Taurus를 한 달 동안 통과하게 된다. 이때가 4월 20일~5월 21일 사이가 된다. 이 기간에 전 세계적으로 태어난 수 백 만 명의 사람들이 황소자리의 탄생 별자리를 갖게 되는 것이다. 이것이 Sun-Sign Astrology이다.

  Ascendant Sign은 어떤 사람이 태어날 때 동쪽 호라이즌 위로 떠오르는 sign을 말하는 것이다. 동쪽 호라이즌 위로 떠오르는 사인이라고 하여 Rising Sign이라고도 한다. 예를 들어 어떤 사람이 태어날 때 동쪽 호라이즌 위로 떠오르는 사인이 Capricorn 13° 27′이었다면 그 사람의 Ascendant Sign은 Capricorn 13° 27′이 되는 것이다. 앞의 그림에서 살펴본바와 같이 지구가 Sign Scorpio를 한 달이라는 기간에 걸쳐 통과할 때 Sun은 sign Taurus를 한 달에 걸쳐 통과하게 된다. 이때 지구는 Sign Taurus에 위치한 Sun을 바라보면서 한 달 동안 30번 자전을 하면서 돈다.

  지구가 하루 24시간을 기준으로 한 바퀴를 자전하는데 천정점을 중심으로 하여 Sun이 머리위에 올 때 정오 12시가 되는 것이며 이때 정확하게 Sign Taurus를 바라보게 되고 6시간을 더 자전하여 Sun이 서쪽으로 기울 때 Sign Virgo를 바라보게 되는 것이다. 6시간을 더 자전하여 자정 12시가 되면 Sign Scorpio를 바라보게 되고 6시간을 더 자전하여 동이 틀 무렵인 새벽 6시가 되면 동쪽에서 호라이즌 위로 떠오르게 되는 Rising Sign인 Capricorn을 보게 되는 것이다. 자신이 탄생할 때 주어지는 Sun-Sign 별자리는 한 달 동안 변함이 없지만 Ascendant Sign은 지구가 하루 24시간을 기준으로 하여 계속해서 돌고 있으므로 마자로스를 바라보는 Ascendant Sign은 시시각각으로 변하게 되는 것이다.

  그러므로 자신이 태어날 때 태양이 어느 사인에 들어 있느냐에 따라 자신의 별자리가 결정되며 자신이 태어나는 시간에 라이징 사인에 걸리는 사인이 어센던트의 사인을 결정한다. 어센던트와 어센던트의 룰러는 매우 중요하다. 그래서 고대로부터 차트의 지배자(Ruler of the Chart) 또는 출생차트를 지배하는 플래닛(Ruling Planet)이라고 불렀다. 어센던트의 룰러가 자리 잡고 있는 사인과 하우스는 네이티브가 인생을 대하는 전반적인 태도에 상당한 영향을 미친다.

Aspect(애스펙트)

Aspect는 플래닛과 플래닛, 플래닛과 하우스 커스프, 플래닛과 노드, 플래닛과 포르투나의 각도를 의미한다. 애스펙트는 디그니티의 강함과 약함을 의미하는 것이 아니라 차트에서의 상황적 관계를 의미한다. Aspect는 Major Aspect와 Minor Aspect가 있다.

Major Aspect(메이저 애스펙트)

메이저 애스펙트는 차트에서 네이티브나 쿼런트에게 반드시 발생할 수 있는 사건과 상황을 보여준다.

메이저 애스펙트의 종류와 기호			
Conjunction(컨정션)	☌		컨정션은 ±2°의 허용오차 범위를 준다. 어떤 플래닛이 포춘(♃, ♀)과 컨정션 하면 그 플래닛은 좋아지고 길해지며 인포춘(♀, ♄)과 컨정션 하면 그 플래닛은 흉하고 나빠진다.
Sextile(섹스타일)	✶	60°	포춘의 관계(길하다)
Trin(트라인)	△	120°	포춘의 관계(길하다)
Square(스퀘어)	□	90°	인포춘의 관계(흉하다)
Apposition(어포지션)	☍	180°	인포춘의 관계(흉하다)

Minor Aspect(마이너 애스펙트)

마이너 애스펙트는 네이티브나 쿼런트에게 어떤 사건이 발생할 수 있는 기미나 징조를 보여준다. 실제로 사건이 발생하여 결과로 이어지지는 않는다. 마이너 애스펙트는 메지저 애스펙트에 비하여 종류가 많고 다양하다. 그러나 실질적인 사건을 보여주는 것은 메이저 애스펙트이므로 마이너 애스펙트는 차트에서 포춘인지 인포춘인지 구별할 수 있으면 그것으로 충분하다.

마이너 애스펙트의 종류와 기호	
×, ⊻(세미섹스타일 30°)	⊼ (인컨정트, 퀸컹크스 150°)
☆(퀸타일 72°)	☆²(바이퀸타일 144°)
⚼(세스퀴쿼드레잇 135°)	∠(세미스퀘어 45°)
¥(트레데사일 108°)	
S(셉타일 51° 25′)	S² (바이셉타일 102° 51′)
S³ (트리셉타일 154° 17′)	N(노바일 40°)
⋈(바이노바일 80°)	⋈(쿼트리노바일 160°)
⊥(데사일 36°)	♂(퀸데사일 24°)

Orb(오브)와 Moiety(모이티)

플래닛과 플래닛, 플래닛과 노드, 포르투나, 하우스 커스프 등을 비롯한 시그니피케이터들과 애스펙트를 이룸에 있어 정확한 Dgree(도수)로 애스펙트를 이루는 경우는 거의 없다. 그래서 부정확한 Dgree(도수)에 머무는 플래닛을 비롯한 시그니피케이터들에게 몇도 정도의 허용오차를 부여할 것인가를 결정해야 하는데 바로 이 허용오차의 범위가 오브와 모이티에 의해 결정된다.

Orb(오브)는 플래닛이 내는 빛의 범위를 말하며 Moiety(모이티)는 Orb(오브)의 절반을 의미한다. 그래서 애스펙트는 빛을 내는 플래닛을 중심으로 이루어진다. 빛을 내지 않는 노드나 포르투나, 하우스 커스프끼리는 오브를 적용할 수 없기 때문에 애스펙트를 이룰 수 없다. 빛을 내지 않는 시그니피케이터들은 반드시 빛을 내는 플래닛과 애스펙트를 이루어야한다.

플래닛의 오브와 모이티

Planets(플래닛)	Orb(오브)	moeity(모이티)
♄	10°	5°
♃	12°	6°
♂	8°	4°
☉	17°	8° 30′
♀	8°	4°
☿	8°	4°
☽	12° 30′	6° 15′

Patill Aspect(파틸애스펙트)

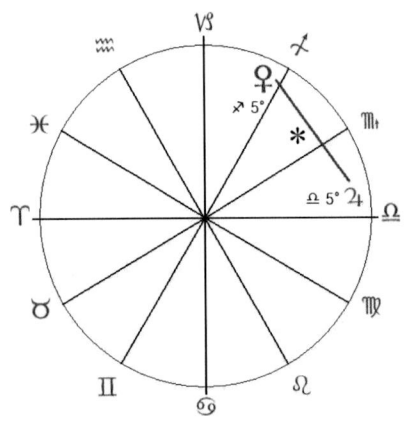

　　Patill Aspect(파틸 애스펙트)는 오브를 적용하지 않은 애스펙트를 말한다.

　　1 Sign은 30°이며 1°는 60′이고 1′은 60″이다. Sign은 4분에 1°를 움직인다. 모든 차트의 리딩은 시계 반대방향으로 읽어나간다. 사인♎5°에♃가 있고 사인♐5°에♀가 있다. ♎와 ♐ 사이에 ♏가 있다. 이들 Dgree (도수)의 합을 구해보면 차트는 시계반대방향으로 읽어가므로 사인♎30°에서 ♃가 위치한 5°를 뺀 ♎(25°)+♏(30°)+♐(5°)=60° 정확하게 ✱60°로 떨어진다. 이렇게 오브의 적용 없이 정확한 도수로 떨어지는 애스펙트를 Patill Aspect(파틸 애스펙트)라고 한다.

　　그러나 대부분의 애스펙트는 파틸 애스펙트로 정확하게 떨어지는 경우는 거의 없다. 그래서 오브를 적용한 Platick Aspect(플래틱 애스펙트)가 주로 사용된다. 차트에서 파틸 애스펙트를 맺는 경우가 있다면 포춘이든 인포춘이든 관계없이 플래틱 애스펙트보다 관계의 영향력과 힘이 더욱 강해진다. 포춘이면 길한 방향으로, 인포춘이면 흉한 방향으로 관계의 영향력이 발생한다.

Platick Aspect(플래틱 애스펙트)

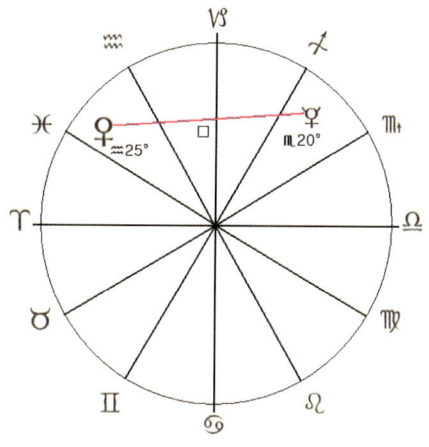

Platick Aspect(플래틱 애스펙트)는 오브를 적용한 애스펙트를 말한다.

옆의 차트에서 ♏20°에 있는 ☿는 자신이 있는 사인을 벗어나기 위해서는 10°를 더 가야한다. ♒25°에 위치한 ♀와의 사이에 두 개의 사인 ♐와 ♑이 있다. 따라서 이 들 Degree(도수)의 합은 10°+30°+30°+25°=95° 이다. 위 메이저 애스펙트 표에서 보면 □(스케어)는 90°인데 위 차트에서 도수의 합이 95°이며 5°를 넘어갔다. 플래틱 애스펙트에서 오브의 적용은 각각의 플래닛의 모이티의 합만큼 적용한다. ☿의 모이티는 4°이고 ♀의 모이티 역시 4° 이다. 그러므로 ☿와 ♀의 두 모이티의 합은 8°이다. ☿와 ♀의 애스펙트 합 95°에서 □(스케어)90°를 초과하는 5°는 두 모이티의 합 8°보다 작으므로 ☿와 ♀는 □(스케어)를 이룬다고 본다.

Apply(어플라이)와 Separation(세퍼레이션)의 의미

　차트상에서 어떤 플래닛이(Apply)어플라이 한다고 하는 것은 두 개의 플래닛이 애스펙트를 이루기 위하여 서로 가까이 다가가고 있다는 뜻이다. 어떤 플래닛이 Separation(세퍼레이션)한다는 말은 두 개의 플래닛이 서로 애스펙트를 이룬 후 멀어지고 있다는 것을 의미한다.

Apply Aspect(어플라이 애스펙트)

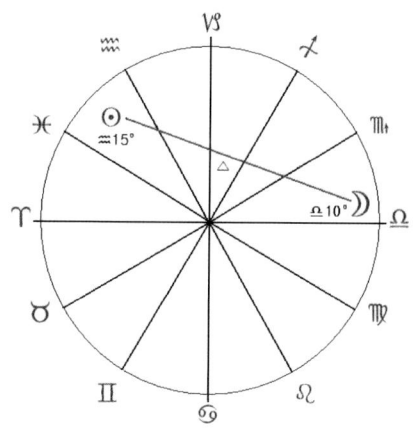

모든 플래닛은 시계반대방향을 진행한다. ☽와 ☉이 위치한 Dgree(도수)사이에 사인♏, 사인♐, 사인♑ 세 개의 사인이 있다. 세 개의 사인과 ☽와 ☉이 위치한 Dgree(도수)의 합이 125°이다. 도수의 합이 △ 120°보다 5°가 크지만 ☽와 ☉의 모이티의 합 14° 45′보다 작으므로 플래틱 애스펙트 △을 이룬다.

그런데 ☽가 ♎10°에 있고 ☉이 ♒15°에 있을 때 파틸 에스펙트 △을 이루기 위해 ☽는 ♎10°에서 ♒15°에 있는 ☉을 향해서 가고 있는 것이다. 이것을 Apply(어플라이)한다고 한다. ☽가 ♎15°에 오면 정확하게 ♒ 15°에 있는 ☉을 파틸 애스펙트 △으로 만난다.

Separation Aspect(세퍼레이션 애스펙트)

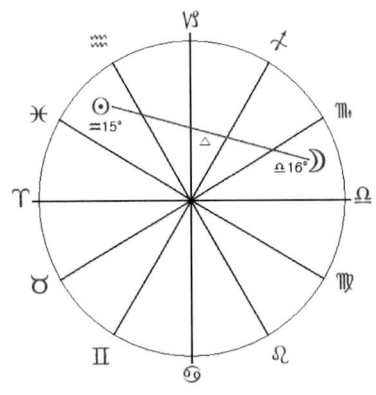

☽와 ☉은 사인♏,사인♐, 사인♑ 세 개의 사인이 있다. 세 개의 사인과 ☽와 ☉이 위치한 Dgree(도수)의 합이 119°이다. ☽와 ☉의 모이티의 합이 14° 45′이므로 애스펙트 △을 이룬다. 모든 플래닛은 시계 반대방향으로 진행하는데 ☽의 진행속도가 ☉보다 훨씬 빠르므로 ☉을 향해서 가고 있다고 생각하기 쉽다. 그러나 ☽는 ☉을 향해서 가고 있는 것이 아니라 ☉으로부터 멀어져가고 있는 것이다.

어플라이와 세퍼레이션은 항상 애스펙트를 기준으로 구분한다. 그리고 두 개의 어떤 플래닛이 특정한 애스펙트를 이루기 위해서 다가가고 있을 때만 어플라이 한다고 말하고 두 개의 어떤 플래닛이 특정한 애스펙트로부터 멀어져갈 때 세퍼레이션이라고 말한다.

위 차트에서 ☽는 시계반대방향으로 ☉을 향해서 가고 있는 것처럼 보이지만 ☽는 16°, 17°, 18°, 19° ······로 ☉의 15° 파틸 애스펙트로부터 멀어지고 있는 것이다. 물론 ☉도 움직이기는 하지만 하루에 1°를 가는 ☉에 비하여 ☽는 하루에 약 13°를 진행하므로 ☉과의 파틸 애스펙트를 맺는 15°를 벗어나서 점점 더 멀어져 가고 있는 것이다. 이렇게 파틸 애스펙트를 이루고 멀어져가는 것을 세퍼레이션 한다고 한다.

　어플라이 애프펙트와 세퍼레이션 애스펙트를 비교해보면 어플라이는 어떤 애스펙트를 이루기 위해 두 플래닛이 서로 다가가고 있으므로 애프펙트를 이루고 멀어져가는 세퍼레이션보다 힘이 강할 것이라고 생각하기 쉽지만 실제로는 어떤 강한 힘을 받고 애스펙트를 이루고 멀어져가는 세퍼레이션보다 오히려 힘이 약하다. 그러므로 세퍼레이션 애스펙트가 어플라이 애스펙트보다 강하게 힘이 작용한다.

애스펙트에 따른 각 플래닛의 의미

	※, △	□, ⚊
♄	사실주의, 진지한, 냉엄한, 신중한	완고한, 비관적인, 억압된
♃	낙천적인, 자비로운, 정직한, 까다로운	교만한, 거만한, 맹목적인, 허영심
♂	진취적인, 모험심, 자발적, 솔직한	폭력적인, 무모한, 선동적인, 열광적인, 과신
♀	매력적인, 우아한, 세련된	시기, 질투, 향락적인, 사치스러운
☿	두뇌회전이 빠른, 탐구하는, 정신, 뛰어난 두뇌	말이 어눌한, 말을 더듬는, 계산능력이 떨어지는
☽	부유한, 감성과 의지의 조화	냉정하지 못한, 변덕, 의심이 많은
☽	※, △	□, ⚊
♄	인내와 끈기, 주의력, 지구력	억압, 가난한, 우울한, 회의적인, 게으른
♃	낙천적인, 관대한, 고결한, 친절한	우유부단한, 과대망상, 융통성이 없는
♂	소탈한, 솔직한, 모험심 있는, 활동적인	추한, 털털한, 꾸미지 않는, 격렬한 감정
♀	매력 있는, 우아한, 세련된	향락, 사치스러운, 시기, 질투, 과욕
☿	기억력이 우수한, 판단력이 뛰어난,	변덕스러운, 험담을 하는, 감정의 동요
☿		□, ⚊
♄	실용주의적인, 현실적인, 인내력, 집중력, 집착하는	의심이 많은, 까다로운, 냉소적인, 감정이 무딘
♃	종교적인, 사색적인,	산만한, 경솔한, 위선적인, 허영심
♂	분석적인, 날카로운,	논쟁적인, 거친 말투, 화를 잘 내는
♀	상냥한, 말을 잘 하는, 노래를 잘함	질투심, 자기위주로 생각함
♀	※, △	
♄	성욕이 강한, 정숙하지만 유혹에 약한	애정의 시련, 독신, 변태행위
♃	사교적인, 신사적인, 친절한	배신, 방탕한, 쉽게 생각하는 연애
♂	성욕이 강한, 자유로운 연애	감정의 기복이 심한, 연애의 어려움
♂	※, △	□, ⚊
♄	결단력, 과격한, 완력을 쓰는	냉소적인, 잔인한, 한 시기의 극심한 불행
♃	정의로운, 용기, 사명감	거만한, 무례한, 위법한, 안하무인
♃	※, △	□, ⚊
♄	인내력이 강한, 조용한	편협한, 게으른, 정신적인 폭력

쿼터를 기준으로 한 Oriental(오리엔탈)과 Occidental(옥시덴탈)

Oriental(오리엔탈) "동방의, 동쪽의"란 뜻이며 Occidental(옥시덴탈)은 "서방의, 서쪽의)란 뜻을 의미한다. 오리엔탈과 옥시덴탈은 차트를 기준으로 10th, 11th, 12th는 오리엔탈 쿼터라고 하며 7th, 8th, 9th는 옥시덴탈 쿼터 4th, 5th, 6th는 오리엔탈 쿼터라고하며 1st, 2nd, 3rd는 옥시덴탈 쿼터이다. 오리엔탈 쿼터와 옥시덴탈 쿼터의 구분은 ⊙과 ☽를 기준으로 한다. 왜냐하면 ⊙은 남성의 별이고 ☽는 여성의 별인데 오리엔탈은 남성의 뜻이 있고, 옥시덴탈은 여성의 뜻이 있기 때문이다. 이렇게 오리엔탈과 옥시덴탈을 쿼터로 구분하는 방법이 있고 다른 하나는 칼데안 오더의 순서에 따라 ⊙으로 구분하는 방법이 있다.

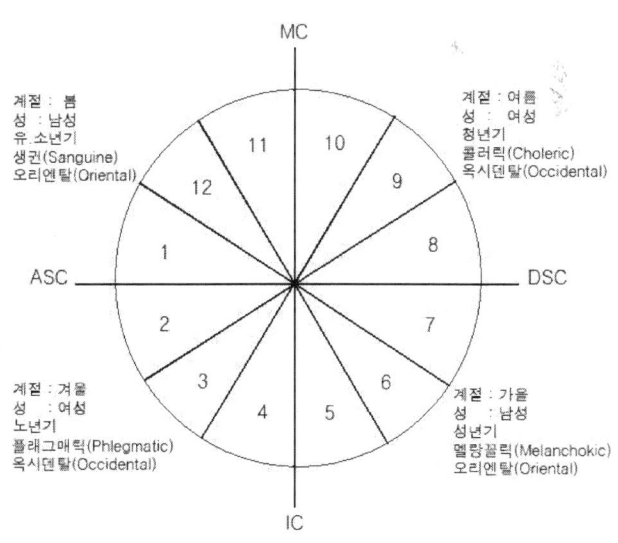

칼데안 오더에 따른 Oriental(오리엔탈)과 Occidental(옥시덴탈)

칼데안 오더의 순서에 따라 ♄, ♃, ♂, ☉(기준), ♀, ☿, ☽에서 ☉을 기준으로 ☉앞에 위치한 ♄, ♃, ♂는 ☉보다 운행 속도가 느리고 ☉뒤쪽에 위치한 ♀, ☿, ☽은 ☉보다 운행속도가 빠르다. 플래닛의 빛이 증가하는 것을 인크리징한다고 하며 플래닛의 빛이 감소하는 것을 디크리징한다고 한다. ☽가 ☉으로부터 점점 멀어지면서 빛이 증가할 때 즉 지구에서 보았을 때 보름달이 되고 다시 ☽가 ☉에 가까이 다가가면서 빛이 감소할 때 지구에서 보면 초승달이 된다. 지구에서 보면 ☽가 어느 위치에 위치하든지 ☉을 기준으로 ☽가 ☉보다 속도가 더 빠르기 때문에 ☉은 가만히 있고 ☽만 움직인다고 생각하면 된다. 그래서 정 반대의 위치를 기준으로 ☽가 ☉으로부터 점점 멀어지는 구간에 있을 때 지구의 위치에서 보면 ☽는 점점 보름달이 되어 가는 것이다. 그래서 ☉이 위치한 곳의 정반대편에 ☽가 위치하면 ☽는 보름달이 되는 것이다. 마찬가지로 ☉의 반대편에 있는 보름달이 점점 돌아서 ☉의 바로 옆에 붙을 때 지구에서 ☽를 보면 초승달이 된다. Increasing(인크리징)은 ☉을 기준으로 한

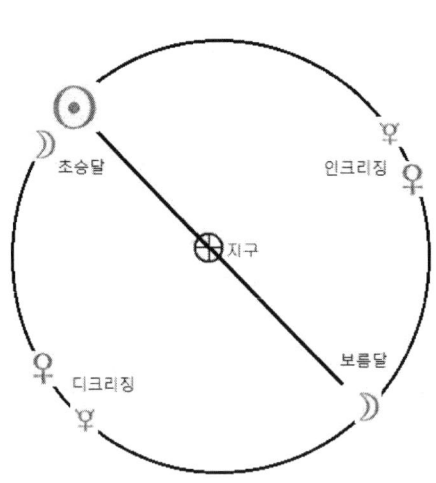

쿼터이다. ☽가 Increasing(인크리징)하면서 옥시덴탈 쿼터에 있다면 대단히 좋은 것이다. 그래서 인크리징하는 ☽를 가지고 있는 차트는 디크리징하는 ☽를 가지고 있는 차트보다 훨씬 개성이 강하고 사회생활을 하는데 있어서 좀 더 순탄하고 빠르게 명예를 얻는다. 라고 하는 의미가 있다.

♀와 ☿ 역시 ☉보다 속도가 빠르므로 ☽와 비슷하게 보기 때문에 ♀와 ☿ 플래닛이 ☽가 인크리징하는 구간에 있으면 ♀와 ☿도 인크리징한다고 한다. ♀와 ☿ 플래닛이 ☽가 디크리징하는 구간에 있으면 ♀와 ☿도 디크리징한다고 한다. ♀, ☿, ☽는 인크리징하는 위치에 있을 때 '옥시덴탈' 한다고 하고 반대로 ♀, ☿, ☽ 디크리징하는 위치에 있을 때 '오리엔탈' 한다고 한다.

♄, ♃, ♂는 ☉보다 속도가 느리다. 그래서 ♄, ♃, ♂는 가만히 있고 속도가 훨씬 빠른 ☉이 지구를 중심으로 움직인다. ☉이 움직여 ⊕(지구)를 중심으로 ♄, ♃, ♂의 반대편 쪽으로 진행하여 반대편에 위치할 때 '인크리징' 한다고 하며 반대로 ☉이 ⊕(지구)의 반대편에서 ♄, ♃, ♂를 향하여 점점 더 가까이 다가가면 "디크리징" 한다고 한다. 그러므로 ☉이 ♄, ♃, ♂로부터 점점 더 멀어져갈 때 '오리엔탈' 한다고 하며 ☉이 ♄, ♃, ♂에 점점 더 가까이 다가가는 기간에 있을 때 '옥시덴탈' 한다고 한다. ♄, ♃, ♂는 ☉을 기준으로 하여 속도가 느리고, ♀, ☿, ☽는 ☉을 기준으로 하여 속도가 빠르기 때문에 반대로 읽게 되는 것이다.

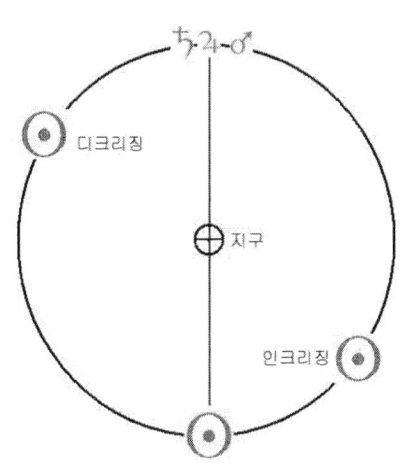

쿼터가 아닌 ☉을 기준으로 한 오리엔탈, 옥시덴탈에서는 ♄, ♃,

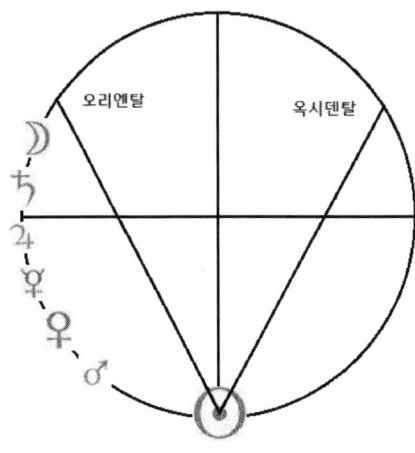

♂는 오리엔탈일 때 강하고 ♀, ☿, ☽는 옥시덴탈일 때 강하다. 만일 플래닛이 이렇게 배치되어 있는 차트가 있다면 ♀, ☿, ☽는 ☉으로 다가가는 인크리징하는 위치에 있지만 오리엔탈하므로 ♀, ☿, ☽는 오리엔탈할 때 디그니티가 약하다.

그러나 ☉은 ♄, ♃, ♂로부터 멀어져가는 오리엔탈할 때 디그니티가 강하다. 그런데 옆 차트에서 플래닛 ♄, ♃, ♂의 배치는 ☉이 ♄, ♃, ♂로 다가가는 디크리징하는 위치에 있다. ♄, ♃, ♂이 오리엔탈 하는 구간에서 디크리징하므로 디그니티는 약해지는 것이다. 이것이 ☉을 기준으로 한 오리엔탈, 옥시덴탈 구분이다.

Combust(컴버스트)

모든 차트에서 ☉을 기준으로 ☉의 0°0′부터 0°17′사이에 어떤 플래닛이 위치할 때 Cazimi(카지미) 한다, 라고 하며 룰러를 얻은 것만큼이나 강하다. 태풍의 눈을 생각하면 쉽게 이해를 할 수 있을 것이다. 태풍의 눈에 있으면 맑고 고요하고 깨끗하다.

그러나 태풍의 눈으로부터 벗어날수록 엄청난 비바람과 폭풍우가 몰아친다. 그리고 ☉의 0°18′부터 ☉의 8°30′까지 이 Dgree(도수)사이에 어떤 플래닛이 있으면 그 플래닛은 Combust(컴버스트)한다고 한다. 그리고 ☉의 8°31′부터 ☉의 17°까지 이 도수사이에 어떤 플래닛이 위치하면 Under The Sunbeam(언더 더 선빔)한다고 한다. 컴버스트하는 플래닛과 언더 더 선빔하는 플래닛은 디트리먼트하는 플래닛 만큼이나 디그니티가 약하다.

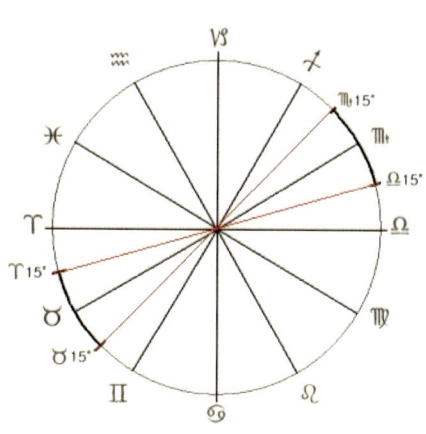

☉의 양 옆으로 어떤 플래닛이 8°30′이내에 있을 때 이를 컴버스트한다, 라고 한다. 이때 ☉의 8°30′양쪽 옆에 있는 플래닛들은 '약해진다'. 디그니티 테이블표에 기록된 숫자로 보면 -5정도 즉 플래닛이 디트리먼트하는 것과 매우 비슷한 디그니티를 가진다. 차트에서는 2개의 구역이 존재한

다. ♈15°~♉15° 그리고 ♎15°~♏15°까지 양쪽에 30°씩 존재하는데 여기를 Via Combusta(비아컴버스타) 영어로는 Combust Way(컴버스트 웨이)라고 한다. Combust Way는 '불이 타는 길'이라는 뜻이다. 그래서 컴버스트 하거나 비아컴버스타에 있으면 '불에 타고 있다.' 그래서 비아컴버스타에 플래닛이 많이 몰리면 몰릴수록 그 플래닛은 약해진다. 비아컴버스타에 플래닛이 많이 몰린 사람들은 돈도 벌지 못하고 명예도 없으면서 기와 명상에 관심이 많고 종교심은 대단히 강하다. 그리고 경제적 어려움을 비롯한 자신이 처한 현실 속에서 매우 처절한 경험을 하게 되거나 육체적 고통으로 인한 삶의 어려움을 냉혹하게 경험하게 된다.

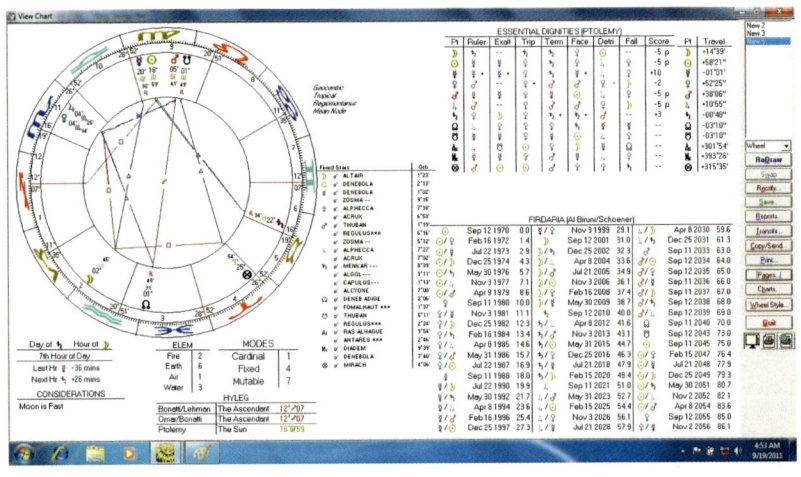

위 차트에서 ♃와 우는 ♎15°~♏15°인 Via Combusta에 정확하게 위치해 있다. ♃는 어센던트 1st의 로드이다. ♃와 우가 다스리는 인체부위의 공통적인 질병은 허리통증을 다스린다. 이 네이티브는 척추협착증(척추신경을 감싸고 있는 관이 좁아들어서 통증을 유발하는 질환)으로 인하여 고통을 받고 있다. 몇 번의 수술과 물리치료에도 불구하고 허리통증은 계속되어 장시간 서있을 수도 없고, 장시간 의자에 앉아 있을 수도 없다.

℞, Retrograde(리트로그레이드)

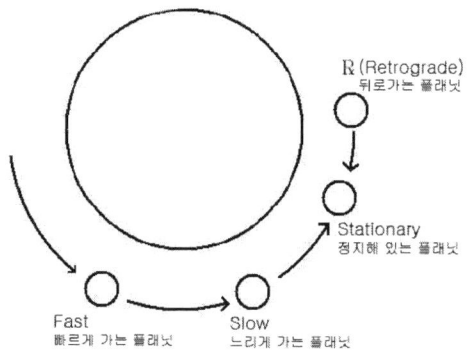

차트에서 플래닛이 룰러나 익절테이션을 얻으면 디그니티는 매우 강해진다. 그런데 디그니티가 매우 강한 룰러나 익절테이션을 이기는 유일한 배치가 있다. 그것은 바로 플래닛이 ℞, Retrograde (리트로그레이드) 하는 것이다.

일반적으로 디그니티 테이블을 기준으로 플래닛의 강, 약을 판단하는 것을 Essential Dignity(이센셜 디그니티)라고 한다. 디그니티 테이블을 제외한 모든 차트의 강, 약을 판단하는 것을 Accidental Dignity(엑시덴탈 디그니티)와 Accidental Debility(엑시덴탈 디빌리티)라고 한다. 모든 차트에서 강, 약을 판단하는 기준은 두 가지이다. 첫 번째 디그니티 테이블, 두 번째 디그니 테이블을 제외한 강, 약의 판단. 이 두 가지가 있다. 모든 차트의 판단에서 강한 것을 디그니티라고 하며, 약한 것을 디빌리티라고 한다. 컴버스트나 비아컴버스트, 리트로그레이드 등은 엑시덴탈 디빌리티이다.

Daily Motion(데일리 모션)

Daily Motion(데일리 모션)	
♄	2′ 11″
♃	4′ 59″
♂	31′ 27″
☉	0° 59′ 08″
♀	0° 59′ 08″
☿	0° 59′ 08″
☽	13° 10′

차트에서 모든 플래닛은 시계반대방향으로 진행한다. 이렇게 시계반대방향으로 진행하는 플래닛을 Direct(디렉트)한다고 한다. 반대로 어떤 플래닛은 시계방향으로 진행하는 플래닛이 있다. 시계방향으로 진행하는 이런 플래닛을 리트로그레이드 한다고 하며 차트상에서 ℞로 표시한다. 어떤 플래닛이 시계반대방향으로 빠르게 진행할 때 Swift(스위프트)한다고 하며 디그니티가 강하고, 플래닛이 Slow(슬로우)하거나 Stationary(스테이셔너리)하면 디그니티가 약해지고 Retrograde(리트로그레이드)하게 되면 디그니티는 매우 약해진다. 이러한 판단을 하기 위해서는 플래닛의 속도를 아는 것이 중요하다. 플래닛의 속도 판단기준은 24시간이다. 모든 플래닛은 하루 동안 가는 속도가 있는 데 이를 Daily Motion(데일리 모션)이라고 한다. 옆의 표는 플래닛이 하루 동안 가는 평균속도를 나타낸 것이다.

네이탈 출생차트를 예로 들면 네이티브가 2010년 7월 1일 PM 12시 05분에 출생하였다. 이때 ☉이 ♏24° 31′에 있었다. 24시간을 기준으로 하여 2010년 6월 30일 PM 12시 05분 ☉의 위치를 보면 ☉이 ♏24° 01′에 위치하고 있었다. 네이탈 차트에서 네이티브가 출생시 ☉의 위치는 ♏24° 31′이고 네이티브가 출생하기 24시간 전 ☉의 위치는 ♏24° 01′ 이었다. 그런데 ☉의 평균속도는 0° 59′ 08″ 이므로 ☉은 24′ 08″를 덜 간 것이다. 그래서 네이티브는 출생하는 날 ☉은 Daily Motion(데일리 모션)보다 덜 왔기 때문에 Slow(슬로우)한 것이다. 어떤 플래닛이 스위프트 하는지 어떤 플래닛이 슬로우 하는지 어떤 플래닛이 리트로그레이드 하는지 알기 위해서는 차트를 24시간 전으로 돌려서 24시간 전의 차트와 비교를 해보는 것이다. 어떤 플래닛은 제자리에 서있을 수 있다. 이것은 스테이셔너리 하는 것이다. 어떤 플래닛은 어제 25°에 있었는데 오늘은 24°에 있다. 그렇다면 이 플래닛은 리트로그레이드 하는 것이다. 예를 들어 ☿는 지적능력을 다스리는데 ☿는 디그니티가 약한 페러그라인 하는 위치에 위치하고 있다고 가정하면 비록 ☿의 디그니티가 약할지라도 스위프트하면 즉, ☿의 진행속도가 빠르면 지적능력이 우수하다, 라고 판단하는 것이다.

Degree Table(디그리 테이블)

점성학 차트는 360°의 디그리로 이루어져있다. 디그리에 따라 구체적인 의미를 표시해 놓은 것이 디그리 테이블이다. Degree Table은 Dignity Table보다 중요하지 않지만 차트를 리딩함에 있어 매우 중요하게 사용된다.

사인 ♈, Mas(남성) 8, 15, 30 Fem(여성) 9, 22에서 0°~8°까지는 남성의 디그리이고 9°~15°까지는 여성의 디그리이며 16°~22°까지는 남성의 디그리이고 23°~30°까지는 여성의 디그리이다.

사인 ♍, Mas(남성) 12, 30 Fem(여성) 8, 20에서 0°~8°까지는 여성의 디그리이고 9°~12°까지는 남성의 디그리이며 13°~20°까지는 여성의 디그리이고 21°~30°까지는 남성의 디그리이다. 각각의 사인에서 Mas(남성)의 디그리는 남성의 성질을 띠고 Fem(여성)의 디그리는 여성의 성질을 띤다. 예를 들어 남성의 네이탈 출생차트에서 1st의 커스프와 일곱 플래닛과 ⊗를 비롯한 두 노드 ☊,☋ 등 중요한 포인트들 대부분이 여성의 디그리에 위치하고 있다면 이 남성은 매우 여성스러운 성향과 기질을 띠게 될 것이다. 반대로 여성의 네이탈 출생차트에서 1st의 커스프와 일곱 플래닛과 ⊗를 비롯한 두 노드 ☊,☋ 등 중요한 포인트들 대부분이 남성의 디그리에 위치하고 있다면 이 여성은 남성적인 성향과 기질을 타고 났을 것이다.

		Degrees Masculine(남성) & Feminine(여성)	Degrees Light, Dark, Smoakie, Void	Degrees Deep or Pitted	Degrees Lame or Deficient	Degrees Encreasing Fortune
♈	Mas	8,15,30	D.3,L.8,D.16,L.20,V.24,L.29,V.30	6,11,16,23,29	6,7,8,9,10	19
	Fem	9,22				
♉	Mas	11,21,30	D.3,L.7,V.12,L.15,V.20,L.28,D.30	5,12,24,25		3,15,27
	Fem	5,17,24				
♊	Mas	16,26	L.4,D.7,V.12,V.16,L.22,D.27,V.30	2,12,17,26,30		11
	Fem	5,22,30				
♋	Mas	2,10,23,30	L.12,D.14,V.18,SM.20,L.28,V.30	12,17,23,26,30	9,10,11,12,13,14,15	1,2,3,4,15
	Fem	8,12,27				
♌	Mas	5,15,30	D.10,SM.20,V.25,L.30	6,13,15,22,23,28	18,27,28	2,5,7,9
	Fem	8,23				
♍	Mas	12,30	D.5,L.8,V.10,L.16,SM.22,V.27,D.30	8,13,16,21,22		3,14,20
	Fem	8,20				
♎	Mas	5,20,30	L.5,D.10,L.18,D.21,L.27,V.30	1,7,20,30		3,15,21
	Fem	15,27				
♏	Mas	4,17,30	D.3,L.8,V.14,L.22,SM.24,V.29,D.30	9,10,22,23,27	19,23	7,18,20
	Fem	14,25				
♐	Mas	2,12,30	L.9,D.12,L.19,SM.23,L.30	7,12,15,24,27,30	1,7,8,18,19	12,20
	Fem	5,24				
♑	Mas	11,30	D.7,L.10,S.15,L.19,D.22,V.25,D.30	7,17,22,24,29	26,27,28,29	12,13,14,20
	Fem	19				
♒	Mas	5,21,27	SM.4,L.9,D.13,L.23,V.25,D.30	1,12,17,22,24,29	18,19	7,16,17,20
	Fem	15,25,30				
♓	Mas	10,23,30	D.6,L.12,D.18,L.22,V.25,L.28,D.30	4,9,24,27,28		13,20
	Fem	20,28				

Degrees Light, Dark, Smoakie, Void

사인 ♈, D.3, L.8, D.16, L.20, V.24, L.29, V.30 0°~3°까지는 Dark이고, 4°~8°까지는 Light이고 9°~16°까지는 Dark이고 17°~24°까지는 Void이고 25°~29°까지는 Light이고 30°는 Void degree이다. 네이탈 출생차트에서 1st의 커스프와 일곱 플래닛과 ⊗를 비롯한 두 노드 ☊,☋ 등 중요한 포인트들 대부분이 light degree에 주로 위치하면 네이티브는 외모가 더 잘생기고 예뻐 보이고 이미지 자체가 수려하며 화사해 보인다. 반대로 1st의 커스프와 일곱 플래닛과 ⊗를 비롯한 두 노드 ☊,☋ 등 중요한 포인트들 대부분이 Dark Degree에 위치하면 네이티브는 피부가 좀더 가무잡잡해보이고 이미지도 어두워 보이며 어딘지 모르게 그늘져 보인다. 그리고 Smoakie Degree에 1st의 커스프와 일곱 플래닛과 ⊗를 비롯한 두 노드 ☊,☋ 등 중요한 포인트들 대부분이 위치하면 네이티브의 인상은 좀 흐리흐리하고 어리어리해 보인다. Void Degree에 1st의 커스프와 일곱 플래닛과 ⊗를 비롯한 두 노드 ☊,☋ 등 중요한 포인트들 대부분이 위치하면 네이티브는 좀 더 흐리멍덩해 보인다.

Degrees Deep or Pitted, Degree Lame or Defitient, Degree Encreasing Fortune 등 이와 같은 디그리들은 오차 없이 정확하게 그 디그리에 걸려야 한다.

Degrees Deep or Pitted 사인 ♊ 2°, 12°, 17°, 26°, 30° 디그리에 1st의 커스프와 일곱 플래닛과 ⊗를 비롯한 두 노드 ☊,☋ 등 중요한 포인트들 대부분이 위치하게 되면 네이티브는 몸이 불편하거나 정신적으로 문제가 있을 수 있다.

Degrees Lame or Defitient 는 Azimene Degree라고 한다. Lame은 '절름발이의, 불구의, 장애가 있는'의 뜻이 있다. 따라서 Azimene Degree는 장애를 갖는 디그리이다. 열두 하우스 커스프와 일곱 플래닛과 ⊗를 비롯한 두 노드 ☊, ☋ 등 중요한 포인트들 대부분이 위치하게 되면 네이티브는 심각하게 몸이 불편하거나 심각한 중병을 앓거나 심각한 경제적 어려움을 겪고 있을 수 있다. 10th의 시그니피케이터가 Azimene Degree에 많이 걸리면 직업이 없다. 6th의 시그니피케이터가 Azimene Degree에 많이 걸리면 불치의 병에 시달린다. 반대로 Degrees Encreasing Fortune 부자가 되는 디그리이다. 한 치의 오차 없이 그 디그리에 커스프를 비롯한 포인트들이 위치해야 한다. 사인 ♐ 12°, 20°는 Encreasing Fortune Degrees이다. 열두 하우스의 커스프를 비롯한 일곱 플래닛과 ⊗, 두 노드 ☊, ☋ 등 중요한 포인트들 대부분이 Encreasing Fortune Degrees에 위치하면 네이티브는 다른 사람들보다 빠르게 성공하고 명예와 부를 얻는다. 예를 들어 10th의 커스프가 Encreasing Fortune Degrees에 위치하면 다른 사람들보다 빠르게 성공과 명예를 얻고 인정받는다고 볼 수 있다.

Hour of Lord(시간의 룰러)

Hour of Lord(시간의 룰러) 세상의 관점에서 보면 하루의 시작과 끝은 자정 12시를 중심으로 이루어진다. 그러나 고전 정통점성학에서는 하루의 시작과 끝은 태양이 뜨고 지는 것을 기준으로 한다. 그래서 정통점성학에서는 태양이 뜬 시간부터 다음날 태양이 뜬 시간까지를 하루로 본다. 다시 말하면 태양이 뜬 시간부터 다음날 태양이 뜨는 시간까지를 두 번으로 나누어 태양이 아침에 뜬 시간부터 그날 저녁에 태양이 진 시간까지 그리고 다시 태양이 진 시간부터 다시 태양이 뜨는 시간까지 이렇게 하루를 두 번으로 나눌 수 있다. 이렇게 하루를 두 번으로 나누어 태양이 뜬 시간부터 태양이 진 시간까지를 열두 개로 나누고 다시 태양이 진 시간부터 태양이 뜬 시간까지 다시 열두 개로 나눈다. 이것은 한 시간씩 나누어 12시간을 만드는 것이 아니라 열두 개의 구획으로 쪼개는 것이다.

일요일은 ☉이 다스리고, 월요일은 ☽가 다스리고, 화요일은 ♂가 다스리고, 수요일은 ☿가 다스리고, 목요일은 ♃가 다스리고, 금요일은 ♀가 다스리고, 토요일은 ♄이 다스린다. 동양에서는 수요일이 水로 표기하기 때문에 물이 다스리는 것으로 오해하기 쉽지만 현재 우리가 쓰고 있는 달력은 서양의 그레고리안 달력이 들어온 것이므로 수요일은 水(물)이 다스리는 것이 아니라 ☿가 다스리는 것이다. 달력에서 첫 시작은 일요일부터 시작되므로 ☉부터 시작한다. 시간의 룰러에서도 마찬가지로 칼데안 오더의 플래닛체계(♄, ♃, ♂, ☉, ♀, ☿, ☽)를 사용한다. 매 요일은 각각을 다스리는 플래닛으로부터 시작되는데 매 요일 낮 12개의 구획과 밤 12개의 구획 모두 24개의 구획으로 나뉘어 연결된다. 여기에서 중요한 것은 12개의 구획으로 쪼갠 것은 한 시간씩 쪼갠 것이 아니라 태양이 뜨고 태양이 진 시간 그리고 다음날 태양이 뜬 시간까지 똑같이 쪼갠 것이다.

예를 들어 태양이 뜨는 시간이 새벽 5시 40분이고 태양이 지는 시간이 저녁 6시 20분이라고 가정하면 태양이 뜨고 질 때까지의 시간을 똑같이 12개의 구획으로 쪼개는 것이다. 이렇게 쪼개는 과정에서 한 개의 어떤 플래닛이 45분이 될 수 있고 어떤 플래닛은 한 시간이 넘어갈 수도 있다. 왜냐하면 여름은 밤보다 낮이 길기 때문에 낮의 플래닛들이 한 시간이 넘어갈 수도 있고 밤은 상대적으로 짧기 때문에 한 시간이 안 될 수도 있다. 반대로 겨울에는 밤이 길고 낮이 짧기 때문에 낮의 플래닛이 한 시간이 안 될 수도 있고 밤의 플래닛은 한 시간이 넘어 갈 수도 있는 것이다. 네이탈 출생차트에서 시간의 로드를 보면 자신이 태어난 요일과 자신이 태어난 시간을 알 수 있다. 그리고 ☉의 위치를 보면 자신이 태어난 달의 사인을 알 수 있는 것이다. 사람들이 흔히 말하는 탄생 별자리를 말하는 것이다. 시간의 로드는 호라리에서 CBJ(Consideration Before Judgement) 중의 하나이며 ASC사인의 성질과 호라리 차트를 뽑은 시간의 로드가 일치해야 차트의 판단이 가능해지는 것이다.

예를 들어 낮의 호라리 차트에서 ASC에 불의 사인 ♈가 걸렸다. 그 시간의 Hour Of Lord가 ☉이면 불의 사인 ♈에서 ☉이 낮의 트리플리시티를 얻으므로 차트의 판단은 가능하다고 보는 것이다.

	Hour of Lord(시간의 룰러)						
	☉	☽	♂	☿	♃	♀	♄
	일	월	화	수	목	금	토
1	☉	♃	☽	♀	♂	♄	☿
2	♀	♂	♄	☿	☉	♃	☽
3	☿	☉	♃	☽	♀	♂	♄
4	☽	♀	♂	♄	☿	☉	♃
5	♄	☿	☉	♃	☽	♀	♂
6	♃	☽	♀	♂	♄	☿	☉
7	♂	♄	☿	☉	♃	☽	♀
8	☉	♃	☽	♀	♂	♄	☿
9	♀	♂	♄	☿	☉	♃	☽
10	☿	☉	♃	☽	♀	♂	♄
11	☽	♀	♂	♄	☿	☉	♃
12	♄	☿	☉	♃	☽	♀	♂

Pars Fortuna

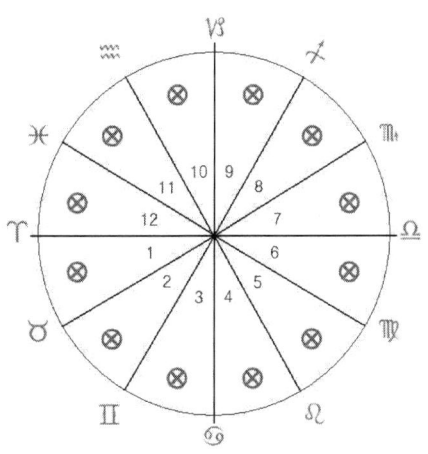

⊗는 네이탈 출생차트에서 네이티브의 수명과 재물, 직업을 다스린다. ⊗는 자체 디그니티가 없다. 그래서 ⊗와 컨정선한 픽스트스타를 통하여 디그니티를 찾는다.

1st에 ⊗가 위치하면 네이티브는 인생에서 복권당첨과 같은 횡재수를 타고난다. 반면에 차트가 약하면 이기적이며, 돈밖에 모른다.

2nd에 ⊗가 위치하면 네이티브는 인생에서 열심히 일을 해서 돈을 번다.

3rd에 ⊗가 위치하면 네이티브는 인생에서 종교나 이도학문 등 가르치는 일을 통해서 돈을 벌 것이다.

4th에 ⊗가 위치하면 네이티브는 인생에서 부동산을 통해서 재물을 축적할 것이다. 차트가 약하면 이혼을 하거나 패가망신한다.

5th에 ⊗가 위치하면 네이티브는 인생에서 유희나 유흥과 관련한 업종을 통해서 재물을 축적할 것이다. 차트가 약하면 유흥, 도박으로 모든 것을 날린다.

6th에 ⊗가 위치하면 네이티브는 인생에서 의술이나 작은 애완동물 또

는 농장 등을 통하여 재물을 축적할 것이다. 다른 사람의 지배를 받는 자리다. 그러므로 종업원이나 월급쟁이, 남 밑에서 일하는 것으로써 생을 유지한다.

7th에 ⊗가 위치하면 네이티브는 인생에서 동업자나 돈 많은 배우자를 통해서 재물을 축적하는 것이 아니라 내가 먹여 살리는 것이다.

8th에 ⊗가 위치하면 네이티브는 인생에서 횡재수나 유산상속과 같은 것을 통하여 재물을 축적할 것이다. 큰 돈을 움직인다. 2nd나 8th가 강하면 사업가다.

9th에 ⊗가 위치하면 네이티브는 인생에서 종교나 교육을 통해서 재물을 축적할 것이다. 공부에 목숨 건다.

10th에 ⊗가 위치하면 네이티브는 인생에서 직장생활이나 권력을 통하여 재물을 축적할 것이다. 직업에 목숨 건다.

11th에 ⊗가 위치하면 네이티브는 인생에서 인맥을 통해서 재물을 축적할 것이다. 사교모임에서 또는 노느라고 돈을 다 쓴다.

12th에 ⊗가 위치하면 네이티브는 인생에서 머리가 따라준다면 사기를 칠 것이며 머리가 나쁘면 사기를 당할 것이다.

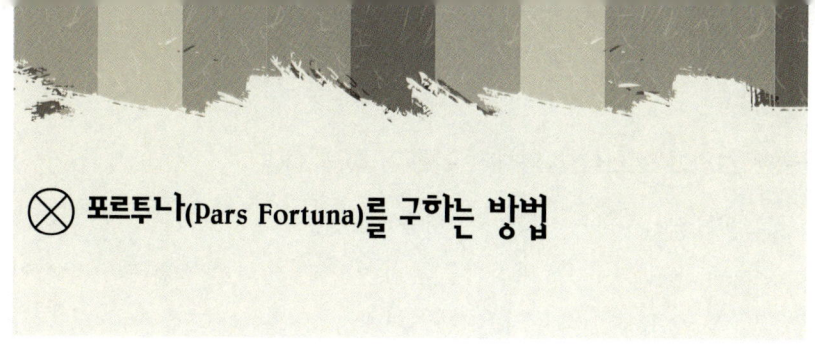

⊗ 포르투나(Pars Fortuna)를 구하는 방법

네이탈 출생차트나 호라리 차트에서 네이티브나 쿼런트의 재물을 다스리는 포르투나는 알무텐과 더불어 대표적인 아라비아식 파트(Arabic parts)이다. 포르투나를 구하는 방법에는 두 가지가 있다. ⊙과 ☽를 이용하여 찾는 방법과 단순히 계산식을 이용하여 찾는 방법이 있다.

첫째 ⊙과 ☽를 이용하여 찾는 방법

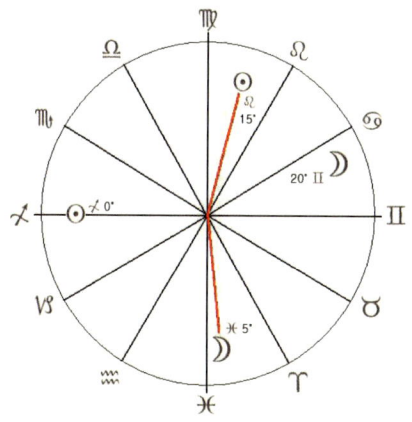

낮의 차트는 ⊙을 기준으로하고, 밤의 차트는 ☽를 기준으로 한다. 솔라파이어 프로그램을 돌려 낮의 차트에서 ⊙을 가상으로 ASC커스프에 갖다 놓으면 ⊙이 움직인 디그리(도수)만큼 ☽도 따라서 움직인다.

그러므로 ☽가 위치한 도수가 ⊗가 위치한 Degree(도수)가 된다. 옆의 차트에서 ♌15°에 위치한 ⊙을 차트를 돌려 ASC커스프 ♐0°에 위치시키면 ☽는 ♓5°에서 ♊20°로 이동하여 위치하게 된다. ☽가 위치한 ♊20°가 포르투나가 위치하는 Degree(도수)이다.

둘째 단순한 계산식을 통하여 ⊗를 구하는 방법

포르투나를 구하는 계산식은 다음과 같다.

⊗=ASC Cusp+ ☽-☉ 계산식을 통하여 ⊗를 구하는 방법은 먼저 사인 ♈를 기준으로 하여 ASC커스프까지의 Degree(도수)를 계산한다. 다음 사인 ♈부터 ☽까지의 Degree(도수)를 계산하여 더한다. 그리고 사인 ♈부터 ☉이 위치한 Degree(도수)를 구하여 빼준다. 그러면 ⊗가 위치한 Degree(도수)가 나온다. 그 밖의 다른 아라비아식 파트를 구할 때에도 이와 같은 방법을 따른다.

사인 ♈부터 ASC 사인 ♐까지의 Degree(도수)는 240°이다. 사인 ♈로부터 ☽까지의 Degree(도수)는 335°이다. 사인 ♈로부터 ☉까지의 Degree(도수)는 135°이다. 이 Degree(도수)들을 계산식에 대입해보면 ⊗=240°+335°-135° ∴ ⊗=440° 그런데 이 계산식을 보면 Degree(도수)가 360°를 넘어간다. 마자로스의 디그리는 360°이기 때문에 360°가 넘어 갈 때는 계산식에서 360°를 빼주고 디그리의 계산이 마이너스가 나올 때는 360°를 더해준다. ⊗=440°-360° ∴ ⊗=80° 포르투나의 디그리는 80°이다. 사인 ♈를 기준으로 하여 80°를 이동한 사인♊20°가 ⊗의 위치가 된다. 위 차트에서 ☽가 사인 ♓5°에서 이동하여 ♊20°에 위치한 자리와 계산식을 통하여 나온 ⊗의 위치가 정확하게 일치되는 것을 알 수 있다.

The Fixed Stars

픽스트 스타(Fixed star)는 힘이 매우 강해서 인간의 삶과 리듬에 강력한 영향을 미친다. 플래닛(Planet)의 힘은 느리고 단계적으로 나타나지만 픽스트 스타는 짧은 기간에 갑자기 격렬한 반응으로 나타난다. 그러므로 사회에서 갑자기 두각을 나타내는 사람은 그 시기에 좋은 의미의 픽스트 스타가 터진 것이다. 반대로 큰 명예나 부를 누리다가 하루아침에 갑자기 인생의 밑바닥으로 추락하는 사람이 있다면 그것은 흉한 의미의 픽스트 스타가 터진 것이다. 이것은 픽스트 스타가 내뿜는 자기장 때문이며 자기장의 힘은 매우 강력하여 인간의 삶에 지대한 영향을 미친다. 좋은 의미의 픽스트 스타와 흉한 의미의 픽스트 스타의 차이는 픽스트 스타가 내뿜는 자기장의 성질이 다르기 때문이다. 이것이 원리다.

픽스트 스타 중에서 빛이 가장 밝고 힘이 센 플래닛을 로열 스타라고 한다. 정통점성술에서 사용되는 로열 스타는 빛의 밝기로만 따지는 것이 아니지만 일등성은 여전히 영향력이 제일 강하다.

지구에서 관측할 때 가장 밝은 21개의 1등성(플래닛)

번호	플래닛 이름	밝기	거리 (광년)	별자리	크기	계절
1	Arcturus (악투루스)	−0.1	36	목동	거성	봄
2	Spica(스피카)	1.12	274	처녀		봄
3	Regulus (레굴루스)	1.35	85	사자		봄
4	Vega(베가)	0.04	26	거문고자리	왜성	여름
5	Altair(알타이르)	0.8		독수리자리	왜성	여름
6	Antares (안타레스)	0.9	420	전갈	초거성	여름
7	Deneb(데네브)	1.3	1400	백조		여름
8	Fomalhaut (포말하우트)	1.18	22.6	남쪽물고기		가을
9	Sirius(시리우스)	−1.5	8.6	큰개	왜성	겨울
10	Capella(카펠라)	0.05	45	마차부	거성	겨울
11	Rigel(리겔)	0.08	600	오리온		겨울
12	Procyon (프로키온)	0.34	11.4	작은개	왜성	겨울
13	Betelgeuse (베텔게우스)	0.41	600	오리온	초거성	겨울
14	Aldebaran (알데바란)	0.86	52	황소	거성	겨울
15	Pollux(폴룩스)	1.15	37	쌍둥이		겨울
우리나라에서 안 보이는 1등성 6개 플래닛						
1	Canopus (카노푸스)	−0.73	98	용골자리		
2	Rigil Kentaurus	0.0	4.3	켄타우루스	왜성	
3	Achernar (아케르나르)	0.47	85	에리다누스		
4	Hadar(하다르)	0.61	300	켄타우르스		
5	Acrux(악크룩스)	1.1		남십자		
6	Mimosa(미모사)	1.24	500	남십자		

프톨레마이오스의 픽스트 스타 목록

프톨레마이오스의 픽스트 스타					
이름	사인	이름	사인	이름	사인
Kerb	♈ 00°50′	Pollux	♋ 22°59′	Unukalhai	♏ 21°50′
Deneb Kaitos	♈ 02°21′	Procyon	♋ 25°33′	Agena	♏ 23°33′
Algenib	♈ 08°56′	Talitha	♌ 02°34′	Toliman	♏ 29°16′
Alpheratz	♈ 14°05′	Praesaepe	♌ 07°6′	Kornephoros	♐ 00°51′
Baten Kaitos	♈ 21°43′	Asellus Boreali	♌ 07°18′	Yed Prior	♐ 02°04′
Acamar	♈ 23°03′	Asellus Austral	♌ 08°29′	Dschubba	♐ 02°20′
Al Pherg	♈ 26°35′	Giansar	♌ 10°06′	Yed Posterior	♐ 03°16′
Vertex	♈ 27°36′	Acubens	♌ 13°24′	Marfik	♐ 05°21′
Alrisha	♈ 29°09′	Dubhe	♌ 14°58′	Antares	♐ 09°32′
Mirach	♉ 00°11′	Galactic Center	♌ 25°27′	Alwaid	♐ 11°43′
Mira	♉ 01°18′	Ras Elased Aust	♌ 20°28′	Sabik	♐ 17°44′
Mesarthim	♉ 02°58′	Alfard	♌ 27°03′	Atria	♐ 20°40′
Sheratan	♉ 03°45′	Adhafera	♌ 27°20′	Ras Alhague	♐ 22°13′
Caph	♉ 04°54′	Al Jabhah	♌ 27°40′	Lesath	♐ 23°47′
Hamal	♉ 07°26′	Regulus	♌ 29°36′	Aculeus	♐ 25°30′
Schedir	♉ 07°34′	Praecipua	♍ 00°38′	Etamin	♐ 27°44′
Almach	♉ 14°00′	Thuban	♍ 07°13′	Acumen	♐ 28°31′
Zaurak	♉ 23°38′	Zosma	♍ 11°05′	Alnasl	♑ 01°02′
Capulus	♉ 23°58′	Mizar	♍ 15°27′	Polis	♑ 02°59′
Algol	♉ 25°57′	Denebola	♍ 21°23′	Facies	♑ 08°04′
Alcyone	♉ 29°46′	Cor Caroli	♍ 24°20′	Vega	♑ 15°05′
Mirfak	♊ 01°51′	Labrum	♍ 26°27′	Rukbat	♑ 16°24′
Prima Hyadum	♊ 05°35′	Alkaid	♍ 26°41′	Dheneb	♑ 19°34′
Hyadum II	♊ 06°39′	Markeb	♍ 28°39′	Peacock	♑ 23°35′
Aldebaran	♊ 09°34′	Zaniah	♎ 04°17′	Altair	♒ 01°33′

프톨레마이오스의 픽스트 스타

이름	사인	이름	사인	이름	사인
Cursa	♊ 15°03′	Vindemiatrix	♎ 09°42′	Bos	♒ 04°56′
Rigel	♊ 16°36′	Algorab	♎ 13°13′	Albali	♒ 11°30′
Bellatrix	♊ 20°43′	Merga	♎ 15°12′	Rotanev	♒ 16°07′
Capella	♊ 21°38′	Seginus	♎ 17°25′	Castra	♒ 19°58′
Phact	♊ 21°57′	Mufrid	♎ 19°06′	Nashira	♒ 21°34′
El Nath	♊ 22°21′	Foramen	♎ 21°55′	Kitalpha	♒ 22°53′
Alnilam	♊ 23°14′	Spica	♎ 23°36′	Sadalsuud	♒ 23°10′
Al Hecka	♊ 24°33′	Arcturus	♎ 24°00′	Gienah(CYG)	♒ 27°31′
Polaris	♊ 28°21′	Miaplacidus	♏ 01°44′	Sadalmel다	♓ 03°32′
Betelgeuse	♊ 28°32′	Princeps	♏ 02°55′	Fomalhaut	♓ 03°38′
Propus	♋ 03°12′	Khambalia	♏ 06°43′	Deneb Adige	♓ 05°07′
Alhena	♋ 08°52′	Acrux	♏ 11°38′	Skat	♓ 08°39′
Alzirr	♋ 10°59′	Alphecca	♏ 12°03′	Achernar	♓ 15°05′
Sirius	♋ 13°51′	Menkent	♏ 12°04′	Markab	♓ 23°16′
Canopus	♋ 14°44′	Zuben Elgenubi	♏ 14°51′	Scheat	♓ 29°09′
Castor	♋ 20°01′	Zubenel Elschemali	♏ 19°08′		

Regiomontanus House System(레지오몬타누스 하우스 시스템)

Johannes Muller
1436년 6월 6일~1476년 7월 6일

고전 정통점성학에서는 레지오몬타누스 하우스 시스템을 사용한다.

레지오몬타누스 하우스 시스템은 조안네스 뮬러(Johannes muller)가 13세기의 캄파누스 시스템을 약간 수정하여 자신의 라틴어 이름인 레지오몬타누스를 붙여서 만든 것이다. 레지오몬타누스 하우스 시스템이 나온 이후 캄파누스 하우스 시스템보다 더 널리 쓰였으며 16세기에 가장 많이 사용되는 하우스 시스템으로 자리를 잡았다. 특히 릴리의 시대를 거치면서 레지오몬타누스 하우스 시스템은 정통점성가들 사이에서 가장 확실하고 정확한 것으로 인정되었으며 오늘날까지도 널리 쓰이고 있다.

조안네스 뮬러는 1436년 6월 6일 독일의 쾨니히스베르크에서 태어났다. 그는 독일의 수학자이며 천문학자이고, 점성가였으며 번역자였다. 그는 11살의 나이에 작센주의 라이프치히에 있는 종합대학교의 학생이 되었다. 3년 후 그는 연구를 계속하기위해 오스트리아의 비엔나에 있는 종합대학으로 옮겼으며 1457년 그는 문학 석사학위를 받고 졸업을 하였다. 그리고 고대문헌에 대하여 강의를 개최하였으며 1465년 헝가리에서 해시계와 천체관측을 위한 천문기구를 건설하였다. 또한 그는 프톨레마이오스의 알마케스트를 번역하였으며 삼각법의 체계를 세우고 천문학, 기하학, 점성학분야에서 많은 업적을 남겼다. 그의 천문학 연구업적은 후일 니콜라우스 코페르니쿠스의 지동설에 영향을 주게 되었다. 레지오몬타누스는 1476년 7월 6일 로마에서 40살의 나이로 요절하였다.

네이탈 차트의 생시를 보정하는 방법

네이탈 출생차트의 생시를 보정하는 방법에는 3가지의 방법이 존재한다.
1. 헤르메스 트리스메기투스(Hermes Trismegistus)의 검사법 의한 생시 보정방법.
2. 프톨레마이오스(Ptolemy)의 아니모다르(Animodar)를 통한 생시 보정방법.
3. 네이티브의 삶에서 일어난 사건을 대조하여 생시를 보정하는 방법

1. 헤르메스의 검사법으로 네이티비티(Nativity)를 보정하는 방법은 입태시(入胎屎)를 기준으로 생시를 추정하는 방법이다. 출생시의 ☽가 위치한 하우스와 그 디그리가 입태시(入胎屎)의 ASC가 위치한 사인과 디그리에 해당하고 입태시(入胎屎)의 ☽의 디그리가 출생시의 ASC의 디그리에 해당한다는 것이다. 즉 헤르메스의 검사법은 입태시(入胎屎)를 기준으로 ☽가 위치한 하우스와 사인의 정확한 디그리를 계산하여 보정하는 방법이다.
2. 프톨레마이오스(Ptolemy)의 아니모다르를 통한 생시를 보정하는 방법은 네이티브가 제공한 대략적인 출생시간을 바탕으로 네이탈 출생차트를 작성하고 네이티브가 제공한 출생시 바로 직전에 이루어진 삭월(New Moon)이나 만월(Full Moon)의 도수를 천문력에서 찾아 계산하는 것이다.
3. 네이티브에게 실제로 일어났던 사건을 바탕으로 네이탈 출생차트를

보정해 나가는 방식이다. 사건의 연, 월, 일, 시를 정확하게 기록해야 하며 가능하면 사건발생 일까지 확인해야 한다. 사건발생일이 기억이 나지 않으면 월 단위까지 확인해서 보정해야한다. 네이티브에게 발생한 사건 중에서 질병이나 사고, 재난 같은 것은 ASC를 기준으로 삼아서 보정을 한다. 왜냐하면 ASC를 통해서 질병이나 사고, 재난 등이 벌어지기 때문이다. 그리고 MC는 네이티브가 직업을 구하거나 명예를 얻거나 권력을 얻는 일, 또는 시험에 합격하는 일, 남자에게 있어 결혼을 하게 되는 사건 등 을 보여주는 시그니피케이터이다. 그리고 ☉, ☽, ⊗ 등의 위치를 통하여 종합적으로 네이티브에게 발생한 사건들을 판단하고 네이티비티를 보정해 나간다.

다음의 차트는 ASTROLABE에서 구입한 Solar Fire를 통하여 출력한 네이탈 출생차트이다. 네이티브는 자신의 정확한 출생시간을 알지 못하였고 밤 9시에서 10사이라고만 알고 있었다. 그래서 Solar Fire의 Rectify Assist를 통하여 시간을 보정해 가면서 네이티브가 과거부터 현재까지 겪어온 사건들을 차트의 시간대와 대조하여 출생시간을 보정해야 한다.

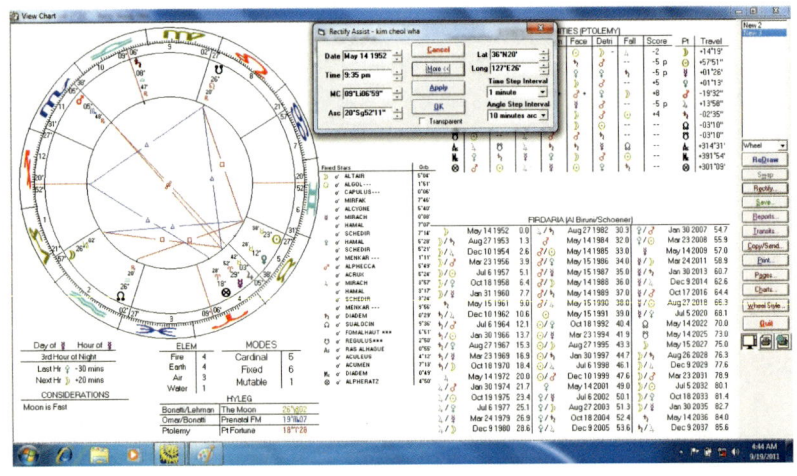

164페이지 네이탈 출생 차트에서 네이티브는 2004년도 12월 15일 대학원 입학 면접시험을 보았고 합격하였다. 그리고 대학원 1학년을 마친 뒤 경제적 어려움으로 인하여 1년을 휴학하게 되었으며 대학원 동기들보다 늦게 졸업을 하였다. 먼저 ♄이 2004년 10월 18일 9하우스로 들어온다. 9하우스는 국가에서 학위를 인정받는 교육을 의미하며 ♄은 익절테이션의 디그니티를 얻어 매우 강하다. 그러므로 네이티브는 어려움 없이 대학원 입학시험에 합격하게 되었다. 그러나 익절테이션의 디그니티를 얻은 ♄이 R한다. R는 어떤 일이나 사건의 진행을 늦추거나 역행시킨다는 의미가 있다. 그래서 네이티브는 정상적으로 동기들과 함께 졸업을 하지 못하고 여러 가지 어려움으로 인하여 대학원 입학동기들보다 늦게 졸업을 하게 되었다.

2010년 5월 교통사고를 당하여 다리가 골절되고 척추를 다치는 중상을 입고 병원에 입원하게 되었다. 그리고 사고와 관련하여 법적인 절차를 밟게 되었다. 2009년 5월 14일 메이저 대운과 마이너 운이 ☿로 바뀌었다. 7하우스의 커스프는 ♊의 20°36′에 걸려있다. 이 위치에 갑작스런 사고와 불명예를 뜻하는 픽스트스타 Bellatrix(벨라트릭스)가 위치해있다. 픽스트 스타 벨라트릭스는 인포춘의 ♂와 ☿의미를 내포하고 있다. 그리고 11하우스에서 룰러를 얻은 강력한 ♂가 4하우스에 위치해있는 ☿와 ♃를 ☍으로 치고 있다. ☿는 비록 4하우스에 위치해 있지만 ☿의 운이 들어올 때 ☿의 룰러십을 얻는 7하우스 ♊도 함께 움직인다. ♂는 불이나 칼, 창, 날카로운 물건, 총상, 교통사고 등을 의미하므로 ♂☍☿할 때 7하우스의 ♊ 21° 51′ 에 걸린 픽스트 스타 벨라트릭스도 함께 움직인다. 그리고 ♂☍♃ 하므로 교통사고 보상과 관련하여 법적인 분쟁에 휩쓸리게 되었다. 그러므로 위 내용들을 종합해서 Solar Fire의 Rectify Assist를 통하여 시간을 보정해가면 네이티브가 태어난 시간의 분 단위까지 조정하여 정확하게 맞출 수 있다.

하우스에 관한 해석과 판단

바빌로니아의 점성가들을 비롯한 고대 점성학자들은 열두 하우스를 신들의 집이라고 하여 Temple(템플)이라고 불렀다. 네이탈 출생차트에서 열두 하우스는 네이티브의 삶 전체를 다스린다.

열두 사인과 열두 하우스

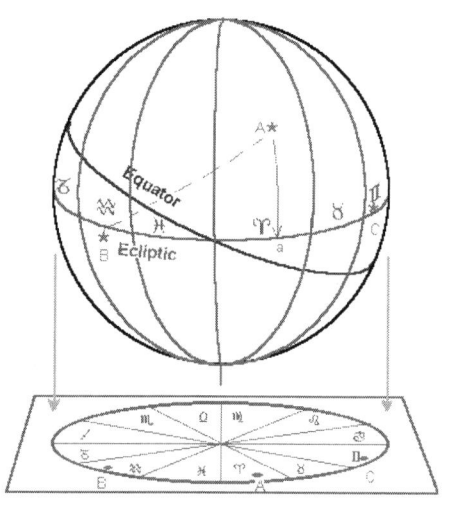

열두 사인과 열두 하우스 167

열두 하우스의 성과 의미

하우스	성	하우스의 의미
1번째 템플	남성	자기 자신의 하우스. 자기 자신, 자신의 외모, 성격, 수명, 키, 몸무게, 개성, 체질, 기질, 지적능력, 관심사, 네이티브의 기본적인 정보
2번째 템플	여성	재물과 소유의 하우스. 고정수입, 직장생활을 비롯한 노력을 통해서 버는 돈, 사유재산, 유동적 재산, 금전, 자산, 동산, 재물의 손실, 은행계좌, 대출, 유동적인 모든 재산 등
3번째 템플	남성	형제, 단거리 여행의 하우스. 형제, 자매, 친척, 이웃, 소문, 신문, 글쓰기, 작가, 우체국, 전화, 서류작성, 메신저, 기자, 텔레비전 등 모든 커뮤니케이션, 오컬트, 모든 이도학문, 세계 4대 종교를 제외한 모든 종교, 단거리 여행, 심부름꾼, 통신기기, 휴대폰, 전화기, 무전기, 등
4번째 템플	여성	가정과 아버지, 부동산의 하우스. 가정, 조상, 토지, 집, 부동산, 건물, 땅, 정원, 논과 밭, 과수원, 유산상속, 아버지, 가정, 거주지, 숨겨진 보물, 도시, 문제의 끝 등
5번째 템플	남성	자녀와 유희의 하우스. 임신, 자녀, 유희, 연회, 술집, 파티장, 연예, 취미, 게임, 도박, 주식, 투기, 향락, 유흥, 유년시절의 친구, 죽마고우, 아이밴 여자의 상태, 자녀의 건강 등
6번째 템플	여성	질병과 피고용인의 하우스. 애완동물이나 돼지, 염소 같은 작은 동물, 질병, 네이티브의 질병의 원인, 위생, 식이요법, 힘으로 다스리는 것들, 노동과 봉사, 제자, 피고용인, 종업원, 하인, 아랫사람, 상업과 상품, 중개업, 기술과 솜씨, 도구.
7번째 템플	남성	배우자와 동업자의 하우스. 결혼, 사랑, 애인, 연인, 애인의 성향과 외모 및 신분, 공개적인 적, 동업자.
8번째 템플	여성	배우자의 재산과 죽음의 하우스. 죽음, 유언, 유산, 남의 돈, 동업자의 돈, 타인의 돈, 은행 대출, 무당, 미신.
9번째 템플	남성	지식과 종교의 하우스. 종교, 철학, 법, 책, 배움, 배우자의 친척, 장거리 여행, 학위를 인정받는 교육.
10번째 템플	여성	어머니와 천직의 하우스. 권위를 가진 자, 군주, 대통령, 공무원, 명예, 승진, 직업, 어머니.
11번째 템플	남성	우정과 희망의 하우스. 친구와 우정, 배신, 사교, 모임, 칭찬, 연예활동, 파티
12번째 템플	여성	슬픔과 고독의 하우스. 숨은 적, 오컬트, 슬픔, 환난, 감금, 갈등, 자기파괴, 고독, 사기, 구속

조디악 12 하우스

조디악에서 하우스는 12개가 존재한다. 다음 그림에서와 같이 각 하우스들은 앵글(Angle), 석시던트(Succedent), 케이던트(Cadent)로 분류된다.

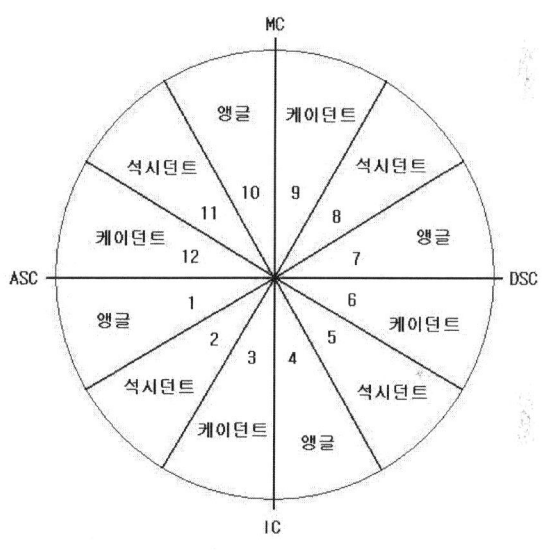

각 하우스는 앵글, 석시던트, 케이던트의 순서로 분류되며 각 하우스별로 강, 중 약함의 힘의 세기를 갖는다. 그러나 하우스의 강약의 순서는 이론과 실제 조디악에서 사용되고 있는 순서는 조금 다르다. 이론상으로는 앞에서 설명한 앵글, 석시던트, 케이던트의 순서로 강,약의 세기를 갖지만 실제 조디악에서 사용되는 강,약의 순서는 1st〉10th〉7th〉4th〉11th〉

5th〉9th〉3rd〉2nd〉8th〉6th〉12th순서로 적용된다. 그리고 각 하우스의 경계선을 커스프(Cusp)라고 부른다.

예를 들면 ASC는 12하우스와 1하우스의 경계선을 의미하며 2nd는 1하우스와 3하우스의 경계선을 의미한다. 커스프는 플래닛(Planets)과 함께 운을 보는 중요한 포인트로 사용되며 하우스 커스프 26°~30°사이에 있는 플래닛(플래닛)들은 다음 하우스에 들어 있는 것으로 윌리엄 릴리는 주장하였다. 각 커스프에 걸린 사인(Sign)을 그 하우스의 사인이라고 하고, 각 하우스 커스프에 걸린 사인의 로드(Lord)를 그 하우스의 로드 또는 룰러(Ruler)라고 한다. 예를 들어 7th에 걸린 사인(별자리)이 ♎(리브라)라고 한다면 7th의 사인은 ♎이고 7th의 로드는 ♎의 룰러인 ♀(비너스)가 되는 것이다. 커스프는 차트를 해석함에 있어 매우 중요한 포인트로써 사용되며 커스프에 걸린 픽스트스타와 커스프와 애스펙트를 이루는 플래닛도 주위해서 살펴보아야 한다. 그리고 하우스에서 플래닛과 ☌(컨정서)한 픽스트스타도 주의해서 살펴보아야 한다.

하우스체계에서 하우스는 앵글, 석시던트, 케이던트는 고정되어 있으나 북반구에서 사인은 시계방향으로 움직이며 플래닛(플래닛)은 시계 반대 방향으로 움직인다. 조디악에서 1st의 와 7th의 커스프를 이루면서 ASC와 DSC를 가로지르는 선을 호라이즌(Horizon)이라고 부르며 4th와 10th의 IC와 MC를 가로지르는 선을 메리디안(Meridian)이라고 부른다.

하우스 해석을 위한 기초

　지구가 하루에 한 번 자전을 하는데 지구입장에서 보면 하늘이 한 바퀴 도는 것으로 보인다. 하늘은 24시간(1440분)에 360° 회전하기 때문에 동쪽 지평선에 떠오르는 사인은 도수가 4분마다 1°씩 바뀐다.
　플래닛은 기능을 의미한다. 즉 기술적인 능력이나 재능, 사물의 작용이나 활용, 어떤 기관이 그 권한 안에서 활용할 수 있는 능력이다.
　사인은 기질을 의미한다. 즉 개인이나 집단 특유의 성질, 심리학에서 이르는 일반적인 감정의 경향으로 본 개인의 성질을 말한다. 예를 들어 신경질적이다. 또는 쾌활하다. 등 불, 흙, 공기, 물의 4원소가 나타내는 성질을 말한다.
　하우스는 환경을 의미한다. 예를 들면 어센던트의 룰러가 ♃이며 ♃가 5th에 위치하고 있다면, 네이티브는 매우 윤리적이며 도덕적인 성향의 소유라라고 판단할 수 있다. 그런데 5th가 다스리는 하우스의 의미는 성과 육체적인 사랑, 유흥과 도박, 유아교육 등을 다스리므로 ♃가 5th에 위치함으로 인하여 네이티브는 정조관념을 매우 중요시여기며, 유흥과 도박을 멀리하고 유아교육과 같은 교육적 활동을 통하여 사회적인 삶의 의미를 실현하고자 할 것이다.
　그러므로 플래닛은 인격 안에서 작용하는 특정한 기능을 보여주고, 사인은 플래닛의 기능에 기질이나 성격을 부여한다. 즉 플래닛은 인간의 몸이고 사인은 옷이며, 하우스는 인간이 살아가는 사회적 환경이라고 생각할 수 있다. ☉이 10th의 ♈사인에 위치한다. 라고 가정할 때 ☉이라는 몸이 사인 ♈의 옷을 입고 10th의 환경에서 활동하고 있다고 생각한다면 좀 더 차트를 해석하는 데 도움이 될 것이다. ☉은 중앙에 위치하며 위엄이 있고 장중하며 명예와 지위를 얻기 위해 성실히 노력한다. 사인 ♈는 용맹하며 공격적이고 열정과 도전을 두려워하지 않는 개척자적 성질을 가지고 있다. 10th의 환경은 사회적인 지위와 명예를 다스리므로 네이티브는 사회적인 명예를 존중하고 자신이 속한 집단이나 단체에서 사람들을 리드하거나 지도자로서의 길을 가고자 열심히 노력하는 사람이며, 어떤 어려움이 있더라고 인내와 끈기로 반드시 이겨내고자 노력할 것이다, 라고 판단할 수 있다.

일반적으로 쓰이는 사인의 의미

불모의 사인	♊, ♌, ♍
약한 불모의 사인	♈, ♐, ♒
다산의 사인	♋, ♏, ♓
약한 다산의 사인	♉, ♎, ♑
짐승의 사인	♈, ♉, ♌, ♐(15°~30°), ♑
네발달린 사인	♈, ♉, ♌, ♐, ♑
휴먼 사인	♊, ♍, ♒, ♐(0°~14°)
양면성이 있는 사인	♒, ♑(이 사인은 물과 육지의 원소를 함께 가지고 있다.)
과묵한(Mute) 사인	♋, ♏, ♓
적도부근의 사인	♈(춘분점), ♎(추분점)
남북 회귀선의 사인	♋, ♑
북쪽, 명령(Commanding)사인	♈, ♉, ♊, ♋, ♌, ♍(☉이 북쪽 적도 위에 있을 때)
남쪽, 복종(Obedience)사인	♎, ♏, ♐, ♑, ♒, ♓(☉이 남쪽 적도 위에 있을 때)
ASC에서 긴 시간 상승하는 사인	♋, ♌, ♍, ♎, ♏, ♐
ASC에서 짧은 시간 상승하는 사인	♈, ♉, ♊, ♑, ♒, ♓
남성의 사인, 낮(양),(긍정적)	♈, ♊, ♌, ♎, ♐, ♒
여성의 사인, 밤(음),(부정적)	♉, ♋, ♍, ♏, ♑, ♓(흙과 물의 사인은 정통점성술에서 상승할 때 불길하게 여겨졌다.)
더블바디 사인	♊, ♐, ♓
낮의 하우스	긍정적이며, 남성의 사인 예를 들면, ♄의 낮의 하우스는 ♒사인이며, ♂의 낮의 하우스는 ♈사인이며, ☉의 낮의 하우스는 ♌사인이며, ☽의 낮의 하우스는 ♋사인이다.
밤의 하우스	부정적이며, 여성의 사인. 예를 들면 ♄의 밤의 하우스는 ♑사인이며, ♂의 밤의 하우스는 ♏사인이며, ☉의 낮의 하우스는 ♌사인이며, ☽의 낮의 하우스는 ♋사인이다. 루미너리는 자신의 사인에서 낮과 밤을 가리지 않는 다.

1st 하우스

  1st는 네이티비티(Nativity)에서 네이티브(native)의 인품과 성격 외모, 지적 능력, 수명, 체질, 기질(Temperament) 등을 다스린다. 1st의 플래닛들과 사인 1st 하우스 커스프에 애스펙트하는 플래닛들은 네이티브의 성격과 외모, 기질, 수명, 관심사, 네이티브의 기본적인 정보, 호라리에서는 질문을 던진 쿼런트들에 대한 기본적인 정보 등을 보여준다. 그러므로 1st 하우스에 있는 플래닛을 따라 또는 1st의 로드를 따라 네이티브나 쿼런트의 특징들이 나타난다. 어센던트의 룰러는 대단히 중요하다. 그래서 예로부터 점성가들은 차트의 지배자 또는 출생차트를 지배하는 플래닛이라고 불렀다. 어센던트의 룰러가 자리 잡고 있는 사인과 하우스는 인생을 대하는 네이티브의 전반적인 태도에 상당한 영향을 미친다. 먼데인 차트에서는 백성들, 일반 국민들, 일반 서민들, 나라의 일반적인 상태를 보여준다.

네이티비티(Nativity)에서 네이티브(Native)의 인품과 성격

1. ASC와 ASC에 ♂한 픽스트스타
2. 1st의 사인
3. 태어난 계절
4. 1st의 코로드(Co-lord)와 코로드에 ♂한 픽스트스타
5. 1st의 코로드의 디스포지터와 코로드의 디스포지터에 ♂한 픽스트스타
6. 1st의 룰러와 룰러에 ♂한 픽스트스타
7. 알무텐(Almuten)
8. ☉과 ☽에 ♂한 픽스트스타

네이티브의 인품과 성격 외모는 1st에 걸린 사인(sign)과 1st에 위치한 코로드(Co-lord)와 코로드의 디스포지터(Dispositer), 1st의 룰러가 어느 사인의 영향 하에 있는 하우스에 위치해 있는 지를 살피고 포춘인 ♃와 ♀로부터 어떤 애스펙트를 이루고 있는 지 또는 인포춘인 ♄과 ♂으로부터 어떤 애스펙트를 이루는 지를 살핀다. 그리고 차트에서 가장 강력한 플래닛인 알무텐을 찾아야 한다. 알무텐(Almuten)은 알무템(Almutem)이라고도 하며 다른 말로 LOG(Lord of Geniture)라고도 한다. 이렇게 알무텐까지 찾았으면 알무텐이 있는 하우스의 의미와 플래닛 자신의 성질과 ASC의 사인, ASC의 코로드, ASC의 로드 그리고 픽스트 스타의 성질을 가미하여 인품과 성격을 판단한다.

1st에 코로드가 2개 이상이 있을 경우 다양한 성격과 인품으로 나타나는데 그 중에서 디그니티가 가장 강한 플래닛이 주된 성격으로 드러나게 된다. 나머지 디그니티가 약한 플래닛은 특정한 시점에서 가끔씩 드러나게 된다. 1st에 플래닛이 없을 때 ☿나 ☽가 ♂하거나 애스펙트하는 플래닛이 있으면 이들을 성격과 인품을 판단하는데 추가한다. 사인의 의미가 아니라 반드시 플래닛의 성질과 의미를 따라야 한다. 1st에 위치한 코로드도 없고 ☿와 ☽가 애스펙트를 이루는 플래닛도 없을 때 포춘이든 인포춘이든 상관없이 1st의 로드와 디스포지터가 애스펙트를 이루고 있으면 네이티브의 인품과 성격을 나타내는 시그니피케이터로 사용한다. 1st에 위치한 코로드도 없고 1st의 로드와 디스포지터가 애스펙트를 이루지도 않으며 ☿와 ☽가 애스펙트를 이루는 플래닛도 없을 때 알무텐을 찾아 인품과 성격을 판단한다. ☿가 ♂하거나 애스펙트하는 플래닛이 2개 이상일 경우 디그니티가 강한 플래닛의 의미를 쓰며 ☊은 ♃의 의미와 비슷하고 ☋은 ♄과 ♆의 의미와 비슷하다. ☿와 ☽가 동시에 애스펙트를 이루는 플래닛이 있을 경우 모두 성격을 나타내는 시그니피케이터로 삼는다. 이중에서 디그니티가 제일 강한 플래닛이 주된 성격과 인품으로 나타나게 된다.

ASC에 걸린 사인에 따라 나타나는 네이티브의 인품과 성격

사인	인품과 성격
♈	네이티브는 재치가 있고 영리하며 위트가 있다. 번득이는 아이디어
♉	네이티브는 인내심이 강하고 근면 성실하며, 물질적인 안정을 추구 한다
♊	네이티브는 영리하며 학문과 모든 기예를 익히기를 좋아 하며 지혜롭다.
♋	네이티브는 지조가 없고 변덕스러우며 불안정하다. 그리고 매우 감정적이다.
♌	약간은 잔인하면서도 진지하고 침착하면서도 사려 깊은 면이 있다.
♍	네이티브는 학문을 배우고 기예를 익히기를 좋아하지만 탐욕스럽고 잔인하며 앙심을 품기 쉽고 싸움을 좋아하는 사람일 것이다.(처녀가 한을 품으면 오뉴월에도 서리가 내린다는 말이 괜히 나온 말이 아니다.)
♎	네이티브는 변덕스럽고 교활하며 자신이 가진 지식과 재능은 자랑하면서도 남들이 가진 지식과 재능은 비하하기를 좋아하는 자일 것이다.
♏	네이티브는 낯 두꺼운 철면피에오만하며 무모하고 탐욕스러우나 이해력은 뛰어난 자일 것이다. 어떤 면에서는 매우 집요하며 끈질기고 작은 원한에도 복수를 하고야 마는 성격이다.
♐	네이티브는 용감하며 겁이 없는 자일 것이다. 그리고 정의롭다.
♑	네이티브는 성욕이 매우 강한 자로서 섹스에 심취하는 호색가이며 한 명의 아내나 애인에 만족하지 못하는 자일 것이다.
♒	네이티브는 부드럽고 인도적이며 말을 신중하게 하고 쉽게 마음이 변치 않는 사람일 것이다. 그리고 매우 인간적이다.
♓	네이티브는 말을 더듬거리기 쉬우며 자신은 깨끗하고 결백한 척하면서 타인에게는 사기를 치는 매우 위선적인 사람일 것이다. 그리고 비현실적인 것에 심취한다.

기질(Temperament)에 따른 네이티브의 인품과 성격

　기질(Temperament)이 불(담즙질)인 네이티브는 열정적이고 활동적이며 부지런하고 당당하며 배짱이 좋지만 무모하고 화를 잘 내며 다투기를 좋아하고 한 번 원한을 품으면 잊지 못하는 사람이다. 그리고 분란에 관여하고 선동하길 좋아하며 영리한 경우가 많으나 자신의 입장을 자주 바꿔 변덕을 부리기도 한다. 폭음과 폭식을 하기도 하며 질투심이 강하고 성급하고 무절제하며 폭력성이 드러난다.

　기질(Temperament)이 흙(우울질)인 사람은 고결하고 겸손하며 동정적이고 헌신적이다. 모든 일에 심사숙고하고 조용하며 남을 잘 믿고 자비를 베풀며 남을 잘 믿는 부드러운 성격이다. 그러나 장점보다는 단점이 더 크게 드러날 때에는 쉽게 결정과 판단을 내리지 못하며 남을 속이고 자기 자신에 대한 비밀이 많으며 신중하고 모질고 탐욕스러우며 의심이 많고 수심에 잠기기 쉬우며 생각이 많고 겁도 많으며 뻔뻔스럽고 자신이 입은 상처와 모욕은 잊지 않는 인물이다. 냉혹하며 마음속에 깊은 야심을 품고 있으며 자신 이외의 그 누구도 진심으로 존중하거나 사랑하지 않는다.

　기질(Temperament)이 공기(다혈질)인 사람은 명랑하고 재치가 있으며 쾌활하고 낙천적인 성격을 지니고 있다. 또한 친절하며 겸손하고 종교적이며 통찰력을 지니고 있다. 그러나 장점보다 단점이 더 크게 드러날 때에는 자주 모욕감이나 치욕을 느끼며 수다스럽고, 인내심이 없고 교활하며 변덕이 심하고 정직하지 못하다.

　기질(Temperament)이 물(점액질)인 사람은 고결하며 덕망이 높고, 신중하며 신실하고 진지하며 결단력이 있고 절제심이 있으며, 말이 적고 객관적이며 실수를 저지르지 않는 다. 그러나 이러한 장점보다 단점이 더 크게 드러날 때에는 비도덕적이며 염세적이고, 아둔하고 게으르며 비밀을 지키지 못하고 자기 주관이 없으며 공처가에다 겁쟁이다.

인품과 성격을 나타내는 시그니피케이터가 픽스트스타와 ♂을 하게 되면 픽스트스타는 네이티브의 인품과 성격에 매우 큰 영향력을 행사하게 된다. 성격과 인품을 나타내는 시그니피케이터가 ♉ 26° 10′에 위치하고 있는 픽스트스타 카풋알골(Caput Algol)과 ♂을 하게 되면 네이티브의 인품과 성격은 완고하고 폭력적이며 잔인해진다. 이러한 성격 때문에 타인으로부터 죽임을 당할 수 있다. 이것은 카풋 알골의 의미가 교살, 목베임, 죽음을 의미하기 때문이다. 그리고 네이탈 차트에서 카풋 알골이 있는 사람이 주변에 있으면 항상 이간질로 인하여 분란이 끊이지 않는다. 이로 인하여 주변사람들은 대부분 패가망신하거나 이혼하는 등 심각한 정신적 고통에 시달린다. 이것은 카풋 알골의 흉한 로열 스타로서 기운이 매우 강하기 때문이며 그 기운을 상쇄할 수 있는 보다 강력한 로열 스타를 가진 사람이 드물기 때문이다.

성격과 인품을 나타내는 시그니피케이터가 ♉ 29° 58′에 위치하고 있는 픽스트스타 플레이아데스(Pleiades)와 ♂을 하게 되면 네이티브의 인품과 성격은 폭력적이고 사나우며 야심에 차게 만든다. 이는 플레이아데스의 의미가 인포춘인 ♄와 변덕을 부리는 ☽의 의미를 내포하고 있기 때문이다.

성격과 인품을 나타내는 시그니피케이터가 ♊ 9° 47′에 위치하고 있는 픽스트스타 알데바란(Aldebaran)과 ♂을 하게 되면 네이티브의 인품과 성격은 웅변가이며 용감하고 질서에 순응하지 않으며 전쟁과 같은 폭력적인 선동과 투쟁을 즐긴다. 이는 알데바란이 전쟁광을 의미하는 밀리터리 픽스트스타이기 때문이다. 다만 ☽가 알데바란과 ♂을 하게 되면 네이티브는 선량한 사람을 의미하는데 ☽가 1st에 위치하게 되면 더욱 그러하다. 그러나 ☽가 1st의 로드와 동시에 알데바란과 ☌을 하게 되면 네이티브는 장차 살인자가 될 것임을 암시한다. 특히 1st의 로드가 남성의 플래닛이며 ☉이 디그니티를 잃고 페러그라인 하여 상태가 좋지 않을 때 더욱 그러하다. 인포춘인 ♄으로부터 □나 ☍ 애스펙트를 이루게 되면 네이티브는 더욱 심각한 고통과 불행을 겪을 것이며 악의가 가득 찬 인품과 성격이 드러날 것이다.

성격과 인품을 나타내는 시그니피케이터가 ♊ 21° 51′에 위치하고 있는 픽스트스타 카펠라(Capella)와 ☌을 하게 되면 네이티브는 호기심이 많고 친구가 많으면서도 조심스럽고 겁이 많은 인품과 성격을 갖게 된다. 또한 많은 호기심으로 인하여 모든 지식을 알고자하며 진기하고 새로운 것에 관심을 갖는다.

성격과 인품을 나타내는 시그니피케이터가 ♋ 25° 47′에 위치하고 있는 픽스트스타 프로키온(Procyon)과 ☌을 이루게 되면 네이티브는 오만불손하고 폭력적이며 화를 잘 내고 난폭한 성격을 가지며 오컬트에 관심을 가진다.

성격과 인품을 나타내는 시그니피케이터가 ♋ 23° 13′에 위치하고 있는 픽스트스타 폴룩스(Pollux)와 ☌을 이루게 되면 네이티브는 뻔뻔하고 교활한 동시에 무자비하고 잔인하며 용감한 면이 있다.

성격과 인품을 나타내는 시그니피케이터가 ♌ 29° 53′에 위치하고 있는 픽스트스타 레굴루스(Regulus)와 ☌을 이루게 되면 네이티브는 도량이 넓고 관대하며 정중하고 야망을 품으며 특유의 리더십으로 주변 사람들을 장악하고 리드해 나간다.

성격과 인품을 나타내는 시그니피케이터가 ♎ 23° 23′에 위치하고 있는 픽스트스타 스피카(Spica)와 ☌을 이루게 되면 네이티브는 명예를 존중하고 다정다감하면서 매혹적인 성품과 성격을 갖는다. 스피카가 ☿와 ☌을 하게 될 경우 네이티브는 훌륭한 예술적 가치가 있는 작품을 만들 것이다. 스피카가 ♄과 ☌을 하게 되면 의심이 많고 날카로운 논쟁을 하며 험악하고 난폭한 성품과 성격을 지니게 될 것이다. 스피카가 ♎와 ♂을 하게 되면 강직하지만 냉정하고 차가운 성품과 성격을 가지게 될 것이다.

성격과 인품을 나타내는 시그니피케이터가 ♐ 9° 46′에 위치하고 있는 픽스트스타 안타레스(Antares)와 ♂을 이루게 되면 네이티브는 폭력적이고 광포하며 몇 번의 결혼을 하게 되고 무모하며 방자하고 완고하며 자신을 파멸로 몰고 갈 수 있다.

성격과 인품을 나타내는 시그니피케이터가 ♑ 15° 19′에 위치하고 있는 픽스트스타 베가(Vega)와 ♂을 이루게 되면 네이티브는 활수하며 현실적이다. 그러나 위선적이고 이중인격적인 태도를 취하기도 하는 데 이것은 성적인 욕구가 강하기 때문에 나타나는 현상이다.

성격과 인품을 나타내는 시그니피케이터가 ♒ 1° 47′에 위치하고 있는 픽스트스타 알타이르(Altair)와 ♂을 이루게 되면 네이티브는 용감하고 과감하게 일을 추진할 수 있는 추진력이 있으며 문학적 재능도 타고난다.

성격과 인품을 나타내는 시그니피케이터가 ♒ 5° 43′에 위치하고 있는 픽스트스타 보스(Boss)와 ♂을 이루게 되면 네이티브는 기민한 지력과 분석력이 뛰어나며 보스가 ☿와 ♂을 이루면 뛰어난 이해력을 지닌 영리한 사람일 것이다.

성격과 인품을 나타내는 시그니피케이터가 ♒ 5° 16′에 위치하고 있는 픽스트스타 데넵아디게(Deneb Adige)와 ♂을 이루게 되면 네이티브는 창조적이고 지적능력이 뛰어나 과학자가 되기에 적합하며 점성술적 재능도 타고난다.

성격과 인품을 나타내는 시그니피케이터가 ♐ 9° 46′에 위치하고 있는 픽스트스타 안타레스(Antares)와 ♂을 이루게 되면 네이티브는 호전적인 성격을 갖게 되고 작은 일에도 싸움으로 연결되며 싸움을 즐긴다.

네이티비티(Nativity)에서 일곱 플래닛이 나타내는 네이티브의 인품과 성격

1. ♄

♄이 디그니티가 높거나 하늘의 좋은 위치에 있을 때 네이티브는 생각이 깊고 신중하며 과묵하고 고독을 즐기며 금욕적인 삶을 살기도 한다. 철학적인 학문이나 심도 있는 주제에 대하여 깊이 연구하기를 좋아한다. 또한 경제적인 면에 있어서 돈을 함부로 쓰지 않으며 검소한 생활을 즐기고 근면하다.

♄이 디그니티가 낮거나 하늘의 좋지 않은 위치에 있을 때 네이티브는 불만과 불평을 늘어놓으며, 자신을 비하하고 자괴감에 빠지는 경향이 있다. 또한 비열하며 의심이 많고 남을 중상모략하기를 좋아하기 때문에 남을 믿지 못하고 자신의 힘에만 의존하려한다. 마음이 좁고 소심하여 혼자 있기를 즐긴다. 융통성이 없으며 미신에 빠지기 쉽고 악의에 찬 인물이다.

2. ♃

♃가 디그니티가 높거나 하늘의 좋은 위치에 있을 때 네이티브는 온화하면서도 침착하고 아량이 넓으며 관대하다. 사랑으로 가난한 사람들을 구제하려 애쓰는 연민의 정이 있고, 비열한 행동을 싫어하는 의로운 사람이며 항상 신중하다. 정직하고 진실하며 명예를 추구하고 지도자로서의 미덕을 갖추었다.

♃가 디그니티가 낮거나 하늘의 좋지 않은 위치에 있을 때 네이티브는 마음이 넓고 순진한 것 같으나 자기밖에 모르는 이기적인 인물이다. 또한 타인을 경멸하고 무시하며 우쭐거리며 잘난체한다. 허영심과 가식이 심하여 금전을 낭비하고 게으르다. 또한 고집이 세고 친구들과도 잘 어울리지 못하며 종교적으로도 위선적으로 행동한다.

3. ♂

♂가 디그니티가 높거나 하늘의 좋은 위치에 있을 때 전쟁에서의 공훈과 불굴의 용기를 나타낸다. 네이티브는 용감하며 거칠고 난폭한 면이 있으며 신체적 위험을 두려워하지 않고 사람들을 리드하며 이끌어 가기를 좋아한다. 그래서 남 밑에서 일하기 어려우며 일을 하더라도 오래 견디지 못하며 모욕적인 언사를 참고 인내하지 못한다. 또한 언변이 좋으며 과시와 허풍이 심하고 만용을 부리는 경향이 있다.

♂가 디그니티가 낮거나 하늘의 좋지 않은 위치에 있을 때 네이티브는 잔인하고 폭력적이며 싸움을 즐기고 피를 보기를 좋아하며 살인을 즐긴다. 사치와 허풍이 심하고 진실하지 못하며 창피한 줄을 모른다. 남을 자극하여 선동하고 소란을 피우기를 좋아하며 도둑질을 한다. 또한 외설적이며 몰인정하고 경외심이 없고 주위사람들을 쉽게 배반한다.

마자로스에서 ♂(mars)가 위치해 있는 사인을 보면 대략적인 네이티브의 성격을 읽어낼 수 있다. 예를 들어 ♂가 ♀(vinus)가 다스리는 사인(♉, ♎)에 위치하면 네이티브는 이성과의 문제가 복잡할 것이라고 판단한다. 왜냐하면 ♂는 성과 성욕을 다스리는 플래닛이기 때문이다. ♂가 ☿(mecury)가 다스리는 사인(♊, ♍)에 위치하게 되면 남을 속이고 도둑질을 하는 습관이 있으며, 자신이 룰러를 얻는 사인(♈, ♏)에 위치하게 되면 투쟁적이고 집요한 면이 있다. ♄이 다스리는 사인(♑, ♒)에 위치하게 되면 고집이 세고 완고하며 ⊙이 다스리는 사인(♌)에 위치하게 되면 말과 행동에 위엄이 있으며, ☽가 다스리는 사인(♋)에 위치하게 되면 술을 즐기며 방랑벽이 있다.

4. ♀

♀가 디그니티가 높거나 하늘의 좋은 위치에 있을 때 네이티브는 명랑하고 쾌활하며 다툼이나 언쟁을 피하며 되도록 법에 저촉되는 행동을 하지 않기 위해 노력한다. 옷을 말쑥하고 맵시 있게 잘 입으며 친절하고 인정이 많으며 음식을 많이 먹기보다는 음료수를 많이 마시는 것을 좋아한다. 또한 성적 쾌락을 추구하기도 하며 이로 인하여 애정문제에 휩쓸리기도 한다. 또한 목욕을 좋아하며 영화감상이나 뮤지컬, 음악을 듣는 것을 좋아하고 댄스나 요가 등 여가생활을 통하여 즐거움을 누리며 고상하고 낭만적인 것을 좋아한다.

♀가 디그니티가 약하거나 하늘의 좋지 않은 위치에 있을 때 소심하고 겁이 많으며 게으르다. 또한 술을 마시며 시끄럽게 떠들고, 사치스러우며 탐욕스럽다. 노동이나 고통 받는 것을 싫어하고 이유 없이 질투심이 강하며 생각이 짧다. 섹스를 탐닉하며 근친상간이나 간음을 하고 수치스러운 일에 자주 말려들어 주위사람들로부터 평판이 좋지 않다.

5. ☿

☿는 차고 건조하며 우울하며, 남성도 아니고 여성도 아닌 중성이다. 따라서 어떤 플래닛과도 잘 어울린다. 남성의 플래닛과 애스펙트를 이루면 남성의 성질을 띠고, 여성의 플래닛과 애스펙트를 이루면 여성의 성질

을 띤다. 또한 ☿는 포춘과 애스펙트를 이루면 포춘의 성질을 띠고, 인포춘과 애스펙트를 이루면 인포춘의 성질을 띤다.

☿가 디그니티가 높거나 하늘의 좋은 위치에 있을 때 네이티브는 매우 영리하고 지성적이며, 사고력이 깊고 논리력이 뛰어나다. 그래서 우수한 논쟁가나 달변가가 많으며 분별력이 있어 처신도 잘한다. 어떤 면에서 약 삭빠르고 교활한 면이 있으나 일반적으로 지혜로우며 앞일을 예측하는데 뛰어난 능력을 발휘한다. 그러므로 고대로부터 점성가 중에 ☿가 강한 사람이 많다. 지식의 습득과 기술을 익히고 학문을 배우는 것을 좋아하며, 운문, 기하학, 수학, 천문학에 매우 뛰어난 능력을 발휘한다.

☿가 디그니티가 낮거나 하늘의 좋지 않은 위치에 있을 때 말이 많고 소란스러우며, 심술궂고, 변덕이 심하다. 또한 거짓말을 잘하고 허풍을 떨며, 시기심이 강하여 사람을 쉽게 기만한다. ☿☌☋, ☿□☋, ☿☍☋, 또는 ☿□☽, ☿☍☽ 또는 ☿□♄, ☿☍♄ 이면 네이티브는 고의로 나쁜 소문을 퍼뜨리거나 음모를 꾸미며 정의롭지 못한 계획을 세우는데 매우 뛰어나다. 그리고 ☿는 지력을 다스리기 때문에 ☿가 인포춘(♄, ♂)으로부터 손상을 당하면 말이 어눌하고 말을 더듬으며 멍청하다.

이와 같이 정통점성술에서 네이티브의 인품과 성격에 관여하는 각 플래닛의 속성과 함께 그 플래닛들과 애스펙트를 이루는 플래닛과의 관계를 살펴 네이티브의 인품과 성격을 파악할 수 있다. 많은 점성가들이 네이티브의 인품과 성격을 파악하는 데 있어서 ☉과 ☽는 디그니티가 약할 때 배제해야 된다고 말하지만 윌리엄 릴리는 ☉과 ☽도 네이티브의 인품과 성격에 어느 정도 영향을 미치고 있다고 말한다. ☉으로 다가가는 인크리징 하는 ☽가 인품과 성격을 나타내는 시그니피케이터가 될 경우 네이티브의 인품과 성격은 쉽게 눈에 뜨이며 발현이 잘 된다. 그러나 ☽가 ☉으로부터 컴버스트나 언더선빔을 당하거나 ☉으로부터 멀어지는 디크리징할 때에는 네이티브의 인품과 성격적 특성은 잘 드러나지 않는다. ☉이 네이티브의 인품과 성격을 나타내는 시그니피케이터와 ✶ 또는 △

애스펙트를 이룰 때 네이티브는 인품이 고매하고 자비로우며 인간적이다. 성실하고 약속을 잘 지키며, 지배욕이 있기 때문에 자신이 속한 집단에서 리더로 활동한다. 판단을 함에 있어 신중하며, 위엄이 있고, 정직하며, 성실하다. 그러나 ☉이 네이티브의 인품과 성격을 나타내는 시그니피케이터와 □ 또는 ☍ 애스펙트를 이룰 때 네이티브는 허세를 부리고 음탕하며 도색적인 경향이 있다. 네이티브는 다른 사람들 보다 신분이 높다고 생각하기 때문에 가난한 사람들과 자기보다 못한 사람들을 경멸하며 모두가 자신을 우러러 봐야한다고 생각한다. 통찰력과 판단력이 부족하여 말과 행동을 함부로 하고 재산을 낭비한다. 오만과 교만 자기과시, 특별한 존재가 되고 싶은 욕망 때문에 사람들로부터 신뢰를 잃는다.

루미너리(luminary)는 ☉과 ☽ 그 자체보다 네이티브의 인품과 성격을 나타내는 시그니피케이터와의 관계를 살펴 판단하는 것이 중요하다.

인품과 성격을 나타내는 시그니피케이터인 ♄이 ♃와 ♂ 또는 △, ✷ 애스펙트를 이룰 때 ♃는 ♄이 가지고 있는 극단적이고 부정적인 성질을 완화시켜 주므로 네이티브의 인품과 성격은 ♄뿐만 아니라 ♃의 성질까지 띠게 된다. 학식이 깊고 현명할 뿐만 아니라 매우 신중하고 과묵한 성격을 띠게 되는 것이다.

인품과 성격을 나타내는 시그니피케이터인 ♄이 ♀와 ♂, △, ✷ 애스펙트를 이루게 되면 ♄의 성질이 ♀의 성질을 눌러 연애와 섹스에 별로 관심이 없으며 사회적 야망과 욕망도 없다. 그리고 자기보다 나이가 많은 사람들과 사귀는 것을 좋아하고 분위기가 엄숙하며 자신의 주장을 좀처럼 굽히지 않는 성향을 지니게 된다. ♄이 ♀와 □, ☍ 애스펙트를 이루면 질투심이 강하고 성욕이 강하여 섹스를 밝히며 근친상간과 외도를 일삼는다.

인품과 성격을 나타내는 시그니피케이터인 ♂가 ♄과 ♂ 또는 △, ✷ 애스펙트를 이룰 때 ♂의 뜨거운 성질과 ♄의 차가운 성질이 서로 조화를 이루어 ♂의 폭력적인 성질을 ♄이 잘 통제하며 냉정하고 보수적인 성질을 띠게 된다. 그러나 ♃가 ♄과 □나 ☍ 애스펙트를 이루면 ♃의 뜨거운 성질과 ♄의 차가운 성질이 서로 충돌하여 변화 변동이 심해지므로 어떤 일을 시작함에 있어 시작은 있으나 끝을 맺기 어렵다. 또한 허풍이 심하고 남을 선동하기를 좋아하며 정작 어떤 일이 닥쳤을 때 행동하기보다는 뒤로 빠져버린다. 남을 무시하고 경멸하며 앙심을 품고 악의가 가득하며 인정이 없다.

인품과 성격을 나타내는 시그니피케이터 ☿가 ♄과 ♂, △, ✳ 애스펙트를 이룰 때 네이티브는 지적인 호기심이 왕성하여 학문과 지식을 탐욕스럽게 공부하여 습득하고자 한다. 논쟁을 좋아하여 말꼬리를 잡고 늘어지는 경우가 있으나 사려 깊고 영리하다. 의학과 건축학에 재능이 있으며 궤변에 능한 논쟁자다. 그러나 ☿가 ♄과 □나 ☍ 애스펙트를 이루면 귀가 얇아 남의 말에 이리저리 휩쓸리며 세 치 혀를 날름거리는 교활한 정치적 인물이다. 나쁜 소문을 퍼뜨리며 누명을 씌우기를 좋아하고 사기를 치며 도둑질을 일삼는다.

네이티비티(Nativity)에서 네이티브(Native)의 외모

1. ASC의 사인과 로드
2. 1st에 위치한 플래닛
3. ASC 커스프와 1st에 위치한 플래닛과 애스펙트하는 플래닛
4. ☉과 ☽ 그리고 ☉과 ☽에 애스펙트하는 플래닛
5. 네이티브가 태어난 계절
6. ASC와 컨정선하는 픽스트 스타

네이탈 차트에서 1st에 플래닛이 있으면 그 플래닛은 네이티브의 외모와 체형에 매우 큰 영향을 미친다. 1st에 플래닛이 없으면 ASC의 사인과 그 로드가 위치하고 있는 사인, ASC의 로드와 애스펙트하는 플래닛, ASC 커스프와 애프펙트하는 플래닛, ☉과 ☽ 그리고 ☉과 ☽에 애스펙트하는 플래닛, 태어난 계절, ASC 커스프와 컨정선하는 픽스트 스타 등 종합적으로 고려하여 판단하여야 한다.

이때 휴먼사인 ♊, ♍, ♎, ♐(앞부분 15°), ♒는 산뜻하고 깨끗한 얼굴을 타고난다. 그러나 짐승의 사인 ♈, ♉, ♋, ♌, ♏, ♊, ♓은 좋지 않은 얼굴을 타고난다. 1st에 포춘(♃, ♀, ☊)이 있으면 최고의 얼굴이며 ☿와 ☽는 그다음으로 아름다운 얼굴이다. 그러나 ☿와 ☽가 6th, 8th, 12th의 로드로서 디그니티를 얻지 못하고 인포춘과 애스펙트를 이루는 경우 흉성처럼 취급하여 인물의 생김새가 좀 떨어질 것이다. 1st에 인포춘(♄, ♂, ☋)이 있으면 못생기거나 상대적으로 좀 떨어지는 얼굴이며 ASC의 사인이 다스리는 인체부위에 상처나 점이나 흉이 있다.

☉과 ☽가 디그니티를 얻어 강력하면 잘생긴 얼굴을 타고나며 다른 플래닛으로부터 어플릭티드를 받아 디그니티가 약하면 눈에 상처를 입을 것이다. ☿나 ♀가 룰러나 익절테이션의 디그니티를 얻고 ASC커스프와 △ 또는 ✶ 애스펙트를 이루면 네이티브는 키가 크다. 그러나 ☿나 ♀가 디트리먼트 하거나 펄하는 위치에서 ASC커스프와 □ 나 ∞ 애스펙트를 이루면 키가 작다. ♄, ♃, ♂가 R하거나 디트리먼트, 펄하는 사인에 위치하면 네이티브는 중간정도의 키 또는 작은 키를 타고 난다. 네이탈 차트에서 루미너리인 ☉또는 ☽가 디그니티를 얻어 강하면 루미너리가 위치한 사인을 살펴 네이티브의 키를 판단한다. ☿가 1st의 로드인 경우 ☿의 디스포지터를 통해 네이티브의 키를 판단한다.

봄의 사인들 ♈, ♉, ♊는 다혈질 체질이다. 적당히 균형 잡힌 몸이며 알맞게 살집이 있고, 사랑스러운 안색과 머릿결, 밝은 얼굴과 피부를 타고난다.

여름의 사인들 ♋, ♌, ♍는 담즙질 체질이다. 봄의 사인들 보다 더 살찐 몸매, 숱이 많은 머리카락, 큰 눈망울, 약간 성내는 듯한 얼굴표정과 붉은 색 또는 약간 누런색의 안색을 갖는다.

가을의 사인들 ♎, ♏, ♐는 우울질의 체질이다. 1st에 포츈인 ♃나 ♀가 코로드로 위치하면 네이티브는 안색이 깨끗하고 맑다. 그러나 인포츈인 ♄이나 ♂가 코로드로 위치하면 안색이 보기 좋지 않다. 마른 몸, 넓은 이마, 예쁜 눈, 약간 우울해 보이거나 고독해 보이는 안색을 타고난다.

겨울의 사인들 ♑, ♒, ♓는 점액질 체질이다. 작은 체구, 가늘고 넓게 분포한 머리카락, 검은 안색과 창백한 피부를 타고난다.

네이티브의 키를 판단할 때에는 1st의 로드와 파틸 애스펙트를 이루는 플래닛을 살펴서 판단한다. 1st의 로드와 애스펙트를 이루는 플래닛이 많으면 디그니티가 높은 플래닛을 위주로 판단한다.

오리엔트 쿼터에 위치한 ♄ 네이티브는 중간정도의 키, 또는 약간 작은 키다.

옥시덴트 쿼터에 위치한 ♄ 네이티브는 키가 작다.

오리엔트 쿼터에 위치한 ♃ 네이티브는 키가 크다.

옥시덴트 쿼터에 위치한 ♃ 네이티브는 키가 약간 큰 편이거나 중간 정도의 키다.

오리엔트 쿼터에 위치한 ♂ 네이티브는 키가 크다.

옥시덴트 쿼터에 위치한 ♂ 네이티브는 키가 약간 큰 편이거나 중간 정도의 키다.

오리엔트 쿼터에 위치한 ♀ 네이티브는 키가 크고 호리호리하다.

옥시덴트 쿼터에 위치한 ♀ 네이티브는 키가 작은 편이다.

오리엔트 쿼터에 위치한 ☿ 네이티브는 키가 약간 큰 편이거나 중간 정도의 키다.

옥시덴트 쿼터에 위치한 ☿ 네이티브는 키가 약간 큰 편이거나 보통 키가 작다.

☿는 네이키브의 키를 판단할 때 오리엔트 쿼터나 오시덴트 쿼터에 위치할 때와 더불어 ☿의 디스포지터도 함께 판단한다. 만일 ☿가 룰러를 얻거나 ♌나 ♋사인에 위치할 경우 네이티브는 보통의 키라고 판단하면 될 것이다. 루미너리 역시 ☿와 같이 판단하면 될 것이다.

ASC사인에 따라서 나타나는 일반적인 네이티브의 키

♈, ♉, ♎, ♏ : 키가 크다. ♌, ♍, ♐ : 키가 작다. ♋, ♑, ♓ : 키가 작다. ♊, ♒ : 중간 정도의 보통키

아래의 차트에서 네이티브의 인품과 성격, 외모와 체질, 그리고 기질에 대한 판단.

〈차트 I-1〉

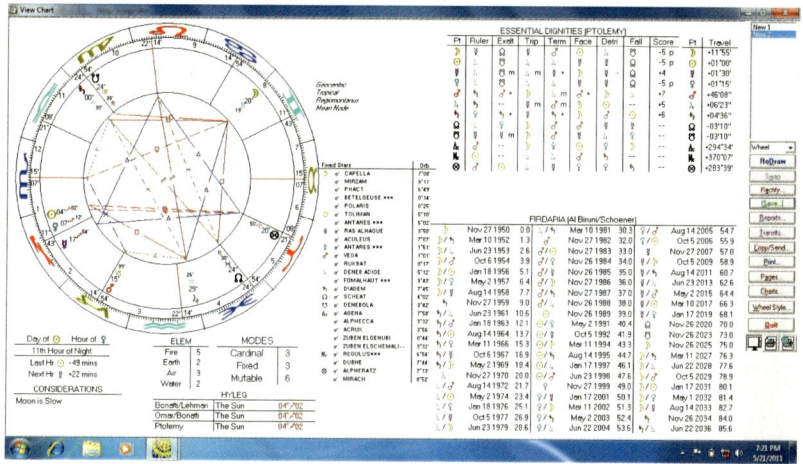

1. ASC ♏ 15° 17′ 에 ♂한 픽스트 스타 사우스 스케일(South Scale : 상실, 도적, 배반, 학대, 비너스의 질병, 약물중독, 거만, 격통, 걱정, 복수, 범죄) ♏ 15° 4′

2. ASC의 사인 : ♏

3. 태어난 계절 : 가을

4. 1st의 코로드(Co-lord)와 코로드에 ♂한 픽스트 스타 : ☉♂마르픽, ♀♂안타레스(Antares : 강퍅, 모험심, 눈에 난 상처나 흠, 명예, 갑작스러운 상실, 방해, 의심, 광포 한, 몇 번의 결혼) ♐ 9° 46′

5. 1st의 코로드의 디스포지터와 코로드의 디스포지터에 ♂ 한 픽스트 스타 : ♃, ♃♂기에나(Gienah) ♒ 27° 45′

6. 1st의 룰러와 룰러에 ♂한 픽스트 스타 : ☊, ☊♂베가(Vega) ♑ 15° 19′

7. 알무텐(Almuten) : ☊

8. ☉과 ☽에 ♂한 픽스트스타 : ☉♂마르픽, ☽♂**베텔게우스**(Betelgeuse) ♒ 28° 45′

네이티비티(Nativity)에서 네이티브(Native)의 외모 **191**

ASC ♏ 15° 17′ 에 픽스트 스타 사우스 스케일(South Scale: 상실, 도적, 배반, 학대, 비너스의 질병, 약물중독, 거만, 격통, 걱정, 복수, 범죄)이 컨정션 한다. 사우스 스케일 의미에서 알 수 있듯이 네이티브는 약물중독 즉, 알코올 중독자이며 하루도 술이 없이는 살 수가 없다고 말한다. 또한 매우 거만하고 폭력을 행사하며 가족을 학대한다. 그리하여 메이저 피르다리에서 ☊운이 들어올 때 이혼을 통한 상실의 아픔을 경험하게 된다.

〈차트 I-1〉 네이탈 차트에서 네이티브는 가을에 태어났으며, ASC의 사인이 ♏이다. 이해력이 매우 뛰어나며, 어떤 일을 하거나 복수를 함에 있어 매우 끈질기고 집요하게 파헤치는 경향이 있다. 낯 두꺼운 철면피에 오만하고 무례하다. 그래서 이웃과 다툼과 불화가 잦고 이로 인하여 법적인 분쟁까지 발생하였다. 계절적으로 가을에 태어났으므로 키는 크지도 작지도 않은 적당한 키에 이마가 넓고, 우울한 인상이다. 1st에서 ♀♂☉ 함으로 아름다움이 일그러져 추하게 생겼다.

1st의 코로드(Co-lord) ☉과 우에 픽스트 스타 마르픽과 안타레스(강곽, 모험심, 눈에난 상처나 흠, 명예, 갑작스러운 상실, 방해, 의심, 광포한, 몇 번의 결혼)가 컨정션 한다. 네이티브는 가장 흉한 픽스트 스타 사우스 스케일과 밀리터리 플래닛인 안타레스 그리고 ☽와 컨정션한 베텔게우스를 가지고 있다. 밀리터리 로열 스타는 차트가 강할 때 그리고 디그니티를 얻은 플래닛과 컨정션할 때 전쟁에서의 공훈과 불굴의 의지와 용기 등을 상징함으로 자기가 속한 단체나 집단에서 리더나 지도자로서의 위치를 가져다준다. 그러나 차트가 약할 때에는 폭력을 행사하고, 의심이 많으며, 오만함이 드러난다. 안타레스가 가지는 "광포한, 몇 번의 결혼"의 의미에서 알 수 있듯이 네이티브는 폭력적인 성향으로 인하여 이혼과 재결합 그리고 또다시 이혼을 반복하고 현재는 다른 여자와 동거를 하고 있다.

1st의 코로드(Co-lord) ☉ □ ♃ 네이티브가 법을 무시하고 오만하며 폭력을 행사하고 정의롭지 못한 행동을 함으로써 법적인 소송까지 휘말리게 되는 것은 ☉과 ☉의 디스포지터인 ♃가 □ 애스펙트를 이루고 있기 때

문이다.

　네이탈 차트에서 알무텐은 ♂이다. ♂는 사인 ♑에서 익절테이션을 얻어 매우 강하다. 이 차트의 네이티브는 폭력적인 성향이 두드러지고 남을 지배하고자 하는 성향이 너무 강해 남 밑에서 일하기 어려우며 일을 하더라도 오래 견디지 못하며 모욕적인 언사를 참고 인내하지 못한다. 그럼에도 불구하고 근면하며 검소하고 소탈하다. 이것은 ♂가 디그니티를 얻어 매우 강하기 때문에 나타나는 성향이다.

기질(Temperament)에 따른 네이티브의 인품과 성격

　　기질에 따른 네이티브의 인품과 성격을 판단하고자 할 때 불, 흙, 공기, 물의 4원소를 파악해야 한다. 그리고 플래닛 및 포인트들이 어느 사인에 많이 몰려 있는 지 확인하여 카디날 사인, 픽스트 사인, 뮤터블 사인을 추가한다. 위 네이탈 차트에서 불 원소가 5개, 흙 원소가 2개, 공기 원소가 3개, 물 원소가 2개 이며, 카디날 사인 3개, 픽스트 사인 3개, 뮤터블 사인에 플래닛을 비롯한 포인트가 6개가 몰려있다. 그러므로 네이티브는 고집이 세며 융통성이 부족하고 변화에 대응하는 능력이 떨어진다.

　　불, 흙, 공기, 물 4원소 중 불과 공기는 양이며, 흙과 물은 음이다. 이 차트의 네이티브는 불과 공기의 사인에 몰려 있는 플래닛 및 포인트는 모두 8개이며, 흙과 물의 사인에 몰려 있는 플래닛 및 포인트는 모두 4개이므로 위 차트의 네이티브는 양의 기운이 매우 강한 사람이다. 〈차트 I-1〉 네이탈 차트가 강한 차트라면 불원소의 긍정적인 면이 부각되겠지만 〈차트 I-1〉 차트는 ASC에 가장 흉한 픽스트 스타 사우스 스케일을 끼고 있기 때문에 불원소의 긍정적인 면보다는 부정적인 면이 더 부각 된다. 그러므로 네이티브는 화를 잘 내고, 다투기를 좋아하며 한 번 원한을 품으면 잊지 못하여 집요하게 복수를 추구한다. 폭음과 폭식을 하며 성급하고 무절제하며 폭력성이 드러난다.

　　네이티비티에서 네이티브의 인품과 성격, 외모와 체질, 그리고 기질에 대한 판단은 위와 같이 종합하여 판단하면 정확할 것이다.

호라이즌 위로 긴 시간 떠오르는 사인과 짧은 시간에 떠오르는 사인

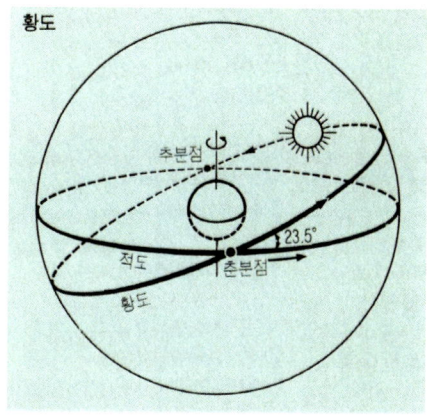

황도는 적도(赤道)와 23° 27' 정도 기울어져 있으며, 황도상의 태양이 남에서 북으로 적도를 가로지르는 점이 춘분점(春分點)이다. 플래닛의 궤도면은 황도와 크게 경사되어 있지 않으며, 달이 지나는 길인 백도와 황도와의 경사는 5° 9'정도 기울어져 있다. 태양이 지나는 길인 황도는 23° 27' 정도 기울어져 있기 때문에 12사인이 동쪽 호라이즌 위로 떠오르는 시간이 같지 않다.

우리가 살고 있는 북반구에 위치한 프랑스 파리에서 보았을 때보다 위도가 높은 러시아 모스코바에서 보았을 때 시간의 차이는 더욱 뚜렷하게 나타난다. 남반구에서는 북반구에서 나타나는 현상과 반대의 현상이 나타난다.

북반구 프랑스 파리	
Sign of long Ascensions	Sign of short Ascensions
♋, ♐ 약 2시간 30분 정도	♓, ♈, ♊ 약 55분 정도
♌, ♍, ♎, ♏ 2시간 45분 정도	♒, ♉ 약 70분 정도

북반구 러시아 모스코바	
Sign of long Ascensions	Sign of short Ascensions
♑, ♊ 약 1시간 30분 정도	♓, ♈ 약 30분 정도
♋, ♐ 약 2시간 40분 정도	♒, ♉ 약 45분 정도
♌, ♍, ♎, ♏ 3시간 15분 정도	

남반구 칠레	
Sign of long Ascensions	Sign of short Ascensions
♓, ♈ 약 2시간 20분 정도	♌, ♏ 약 90분 정도
♒, ♉ 약 2시간 30분 정도	♍, ♎ 약 75분 정도
♑, ♊ 약 2시간 20분 정도	
♋, ♐ 약 2시간 정도	

네이티비티(Nativity)에서 네이티브(Native)의 지적능력에 관한 판단

네이탈 차트에서 지능을 판단하는 방법은 ☿와 ☽의 디그니티 그리고 ☿와 ☽가 애스펙트하는 플래닛들을 살펴서 판단한다. ☿는 인간의 이성과 지성 그리고 정신을 담당하고 ☽는 인간의 감성을 지배하며, 두뇌가 강한지 약한지 보여주기 때문이다.

☿의 디그니티가 ☽보다 강하면 감성이 이성을 누르고, ☽의 디그니티가 ☿보다 강하면 감성이 이성을 지배한다. 그러므로 네이티브의 지력을 판단할 경우에는 ☿와 ☽의 애스펙트 관계를 살펴서 판단한다.

☿가 ☽보다 디그니티가 높고 ☿가 룰러를 얻는 사인이나 호라이즌 위로 떠오르는 시간이 긴 사인에 위치하고 ☽가 룰러를 잃고 페러그라인 하는 사인이나 호라이즌 위로 떠오르는 시간이 짧은 사인에 위치하는 경우에는 네이티브는 감성보다 이성이 강하다고 판단한다. 반대로 ☽가 ☿보다 디그니티가 높고 ☽가 룰러를 얻는 사인이 호라이즌 위로 떠오르는 시간이 긴 사인에 위치하고 ☿가 룰러를 잃고 페러그라인하는 사인이나 호라이즌 위로 떠오르는 시간이 짧은 사인에 위치하는 경우에는 네이티브는 이성보다 감성이 강하다고 판단한다.

☿☌☽이면 네이티브는 천재라고 할 수 있다. ☿△☽, ☿✶☽ 애스펙트를 이루면 매우 영리하다고 판단할 수 있다. ☿□☽, ☿☍☽ 애스펙트를 이루면 네이티브는 두뇌회전이 빠르지 못하여 생각을 정리하는데 애를 먹으며 임기응변에 능하지 못하다. 이때 ☿나 ☽중 하나라도 디트리먼트에 위치하면 마음 씀씀이가 서툴고 선동적인 성향을 가지게 된다. 그리고 ☿가 R하거나 ☉으로부터 컴버스트를 당한 상태에서 가장 강한 흉

의 속성을 가진 ♉, ♑사인의 12th에 위치할 경우 인포춘인 ♄이나 ♎ 하나가 파틸 □나 ☍ 애스펙를 이룬다면 ☿와 ☽가 ☌, △, ✶ 애스펙트를 이룬다고 할지라도 지력은 떨어질 수밖에 없다. 반드시 혀가 짧고 말이 어눌하다.

☿가 ♒ 사인에서 다른 플래닛으로부터 □나 ☍ 애스펙트를 받지 않고 하늘의 좋은 위치 즉 앵글에 위치하며 운행속도가 빠르고 오리엔트 쿼터에 위치하면서 ☊으로부터 ☌, △, ✶ 애스펙트를 이룬다면 네이티브는 어떤 학문과 기술이라도 배우고 익힐 수 있는 매우 지력이 뛰어날 것이다. 또한 아이디어 맨 또는 발명가로서의 능력을 발휘하게 될 것이다. ☿가 ♊, ♍에서 룰러를 얻으면 네이티브는 매우 똑똑하고 영리한 인물이다. 또한 ☿와 ☽가 리셉션을 이루거나 ☿와 ☽가 익절테이션을 이룬 상태에서 리셉션을 이루게 되면 네이티브는 역시 지력과 상상력이 뛰어나다고 말할 수 있다. ♈사인에 위치한 ☿가 ♊, ♍사인에 위치한 ♎와 리셉션을 이루면 네이티브는 날카로운 사고력과 지력을 지녔을 것이다. ☿가 ♊, ♎, ♒ 공기의 사인에 위치하면서 ☽로부터 △, ✶ 애스펙트를 이루면 좋은 지성을 나타낸다. 공기의 사인이나 불의 사인에 많은 플래닛이 몰리면 네이티브는 전반적으로 머리가 좋을 것이다. ☽가 만월(full moon)을 이룬 직후 ☉으로 다가갈 때 ☊이나 ☋과 ☌, △, ✶ 애스펙트를 이루는 경우 네이티브는 다양한 학문과 과학 기술에 재능을 보일 것이다.

☿가 호라이즌 아래에 위치하여 다른 어떤 플래닛과도 애스펙트를 이루고 있지 않는 경우 네이티브는 학문이나 과학 기술을 배우고 익히는데 알맞을 것이며, ☿가 호라이즌 위에 위치할 경우 연설이나 아나운서, 기자, 대변인 등 말솜씨를 필요로 하는 일에 적합한 인물일 것이다.

☿의 운행속도가 매우 빠른 경우 네이티브는 임기응변에 능하고 변덕스러우나 머리는 좋을 것이라고 판단한다. 그러나 ☿의 운행속도가 매우 느리거나 ℞할 경우 네이티브는 말을 더듬거나 어눌하며, 지력 또한 현저히 떨어질 것이다.

☿가 ⊙으로부터 컴버스트를 당하거나 언더썬빔을 당하면 네이티브는 쓸데없는 일에 지력을 낭비하거나 오히려 더욱 정확히 하려고 애를 쓸 것이다.

☿가 오리엔트 쿼터에 있을 경우 네이티브는 솔직하고 정직하게 말할 것이다. 그러나 ☿가 옥시덴탈 쿼터에 있을 경우 네이티브는 진의를 숨기고 거짓을 말할 것이다. 이때 ☿의 디스포지터의 상태를 살펴서 판단해야 한다. ☿의 디스포지터의 상태가 다른 플래닛으로부터 손상을 당하지 않아 상태가 양호하다면 ☿의 기능은 좀 더 좋아 질 것이다. 그러나 ☿가 다른 플래닛들로부터 어플릭티드를 당하여 디그니티가 약화된 경우 ☿가 다스리는 지력과 사고력은 좀 떨어질 것이다.

♒사인에 있는 ☿가 하늘의 좋은 위치에서 ♄로부터 □, ☍을 받지 않고 ☊이나 ☋과 ☌, △, ✱ 애스펙트를 이루는 경우 네이티브는 매우 영리하며 언에 대한 재능이 남달리 뛰어나 다양한 외국어를 구사할 것이다.

☿가 하늘의 좋은 위치 중 1st에서 룰러를 얻는 ♊이나 ♍사인에 위치할 경우 네이티브는 매우 영리한 인물이며 언어 구사력이 매우 뛰어나고 어떤 일을 할지라도 부족함이 없을 것이다.

운행속도가 빠른 공기의 사인 ♊, ♒가 ASC에 걸리고 ☿가 ASC근처에 위치할 때 네이티브는 좀 변덕을 부릴 수도 있지만 이해력과 기억력이 뛰어날 것이다. ☿가 ♄과 ☌, △, ✱ 애스펙트를 이루게 되면 네이티브는 인내심이 강하고 생각을 매우 심사숙고 할 것이다. 일반적으로 ♄은 기억력을 증가시키는 경향이 있다. ☿가 ♃와 ☌, △, ✱ 애스펙트를 이루게 되면 네이티브는 정직하고 공정할 것이며 해박한 지식을 소유할 것이다. ♃는 공정함과 정직함 그리고 인도적인 면을 더욱 드러나게 한다. ☿가 ♂와 ☌, △, ✱ 애스펙트를 이루게 되면 네이티브는 자만심이 강하고 도전적이다. ☿가 ⊙과 ☌, △, ✱ 애스펙트를 이루게 되면 네이티브는 야망이 크고 오만하며 도도할 것이다. ☿가 ♀와 ☌, △, ✱ 애스펙트를 이루게 되면 네이티브는 말을 여성스럽고 예쁘게 할 것이다. ☿가 ☽

와 ☌, △, ⚹ 애스펙트를 이루게 되면 네이티브는 변덕스러움이 있을 수 있지만 천재라 할 수 있을 만큼 매우 영리할 것이다.

☿가 페러그라인 하거나 케이던트 하우스에 빠지거나 ☉으로부터 컴버스트를 당하거나 운행속도가 느리거나 인포춘인 ♄또는 ♂로부터 특히 ♂로부터 어플릭티드를 당하면 네이티브는 지능이 떨어질 수 있다. 이와 같은 안 좋은 관계가 중복될수록 네이티브의 지능에 더 큰 지장을 초래한다. 또한 ☿가 ☽와 어떤 애스펙트 관계도 이루지 않는 다면 네이티브는 지능이 낮을 것이라고 판단한다.

☿가 ☉으로부터 언더썬빔을 당하거나 ℞하게 되면 네이티브는 행동이 느리고 생각이 단순하고 상상력이 빈약하다. 물의 사인(♋, ♏, ♓)에 위치한 ☿가 포춘인 ♃나 ♀로부터 ☌, △, ⚹ 애스펙트를 이루지 않는다면 네이티브는 지력이 떨어진다. 물의 사인(♋, ♏, ♓)에 위치한 ☿가 ♄으로부터 □나 ☍ 애스펙트를 이루게 되면 네이티브는 말을 어눌하게 하거나 더듬을 것이다. 물의 사인(♋, ♏, ♓)에 위치한 ☿가 ♂로부터 □나 ☍ 애스펙트를 이루면 네이티브는 추악하고 사악한 지성을 보여준다. 점액질(phlegmatic) 물의 사인(♋, ♏, ♓)은 지적능력과 감정의 기복을 심하게 하고 우울하게 만들며 인간의 행동을 느리게 만들기 때문에 플래닛이 많이 몰려 있거나 ☿가 위치하게 되면 학문을 하는데 있어 어려움이 많다. 우울질(melancholic) 흙의 사인(♉, ♍, ♑)은 철학적이고 염세적이며 생각을 깊게 만들기 때문에 플래닛이 많이 몰려 있거나 ☿가 위치하게 네이티브를 어리석은 바보로 만든다. 다혈질(sanguine) 공기의 사인(♊, ♎, ♒)은 플래닛이 많이 몰려 있거나 ☿가 위치하게 되면 네이티브는 어떤 일을 시작하거나 공부를 할 때 꾸준히 계속하여 끝을 보는 경우가 드물다. 담즙질(choleric) 불의 사인(♈, ♌, ♐)은 플래닛이 많이 몰려 있거나 ☿가 위치하게 되면 성질이 급하고 화를 잘 내는 성마른 성질의 소유가자가 될 것이다. 우울질과 다혈질, 우울질과 담즙질에 플래닛이 적당히 위치하여 중화를 이룬다면 창의력과 사고력이 뛰어날 것이다.

네이티비티(Nativity)에서 네이티브(Native)의 지적능력에 관한 차트해석

출생차트에서 네이티브의 지적능력을 판단하기 위해서 ☿와 ☽대한 상태와 관계를 살펴야 한다. 그리고 ☿가 호라이즌 위에 위치하는지 아니면 호라이즌 아래에 위치하는지를 살피고 다음 R하는지를 살핀다. 그리고 오리엔트 쿼터에 위치하는지 옥시덴트 쿼터에 위치하는지를 살핀다음 ☉을 비롯한 포춘과 인포춘과의 관계를 살피고 마지막으로 4원소 휴모를 살핀다.

〈차트 I-2〉

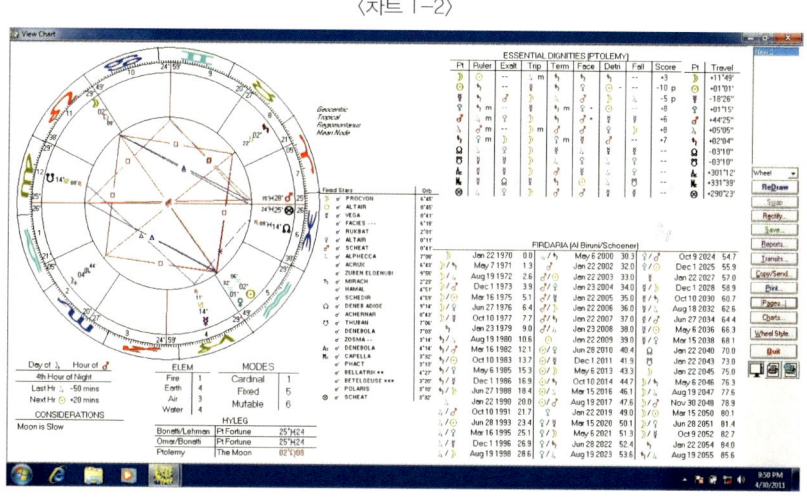

1. 〈차트 I-2〉에서 ☿와 ☽는 페러그라인 하는 상태에서 ☽는 Sign of long ascensions ♌에 위치하고, ☿ 역시 Sign of long ascensions

♑에 위치하므로 네이티브는 이성보다는 감정적이고 정서적인 성향이 강한 사람이다.
2. 위 차트에서 ☿는 호라이즌 아래에 위치하고 있다. 따라서 네이티브는 학문이나 기술을 익히기에 적합한 두뇌를 타고났다. 현재 네이티브는 공무원으로 재직 중이다.
3. 위 차트에서 ☿는 R한다. 네이티브는 언변이 유창하지 못하고 좀 느린 편이다.
4. ☿와 ☽는 어떤 애스펙트도 이루어지지 않았다. 이것은 네이티브의 지적능력은 뛰어나지 않음을 의미한다. 보통이다.
5. ☿는 오리엔트 쿼터에 위치하고 있다. 네이티브는 정직하고 솔직하며 자유롭게 이야기하는 것을 좋아한다.
6. 4원소 중 플래닛을 비롯한 포인트가 흙의 사인(우울질) 4개, 공기의 사인(다혈질) 3개로 중화를 이루어 모범생활을 하지만 물의 사인(담즙질)도 4개를 가지므로 다른 사람들 보다 더디게 이루어 가는 편이다.
7. 12사인 중에서 픽스트 사인에 5개, 뮤터블 사인에 6개가 위치해 있다. 이 경우 차트가 강하지 않으면 네이티브는 고집을 부리게 되면 부려야할 고집이 아니라 똥고집을 부리게 된다.

그러므로 네이탈 차트에서 네이티브의 지적능력에 관한 판단을 할 때에는 이와 같이 해석하여 종합적인 판단을 내리면 정확할 것이다.

네이티비티(Nativity)에서 네이티브(Native)의 수명에 관한 판단

1. ASC(Ascendant)
2. 알무텐(Almuten)
3. 시간의 로드(Lord of Time) ☉과 ☽

첫 번째 : ASC(어센던트 커스프)는 네이티브의 삶과 수명자체를 다스리기 때문에 출생차트 네이티비티에서 네이티브의 수명을 판단할 때에는 먼저 ASC를 살핀다.

ASC가 포춘(fortune)인 ♃나 ♀의 텀(term)에 위치하거나 ♃나 ♀로부터 ✶이나 △ 애스펙트(asfect) 이루고 있으면 네이티브의 수명에는 이상이 없다고 판단한다. 그러나 ASC(어센던트 커스프)가 인포춘(infortune)인 ♄과 ♂로부터 ☌이나 ☍또는 □ 애스펙트를 이루는지를 살피고, 8하우스의 의미(죽음과 사고 등 재난)를 지닌 픽스트 스타(Fixed star)가 ASC와 ☌컨정션(conjunction)을 이루거나 시간의 로드인 ☉ 이나 ☽와 ☌을 이룬다면 네이티브는 유년기를 넘기지 못하거나 유년기를 넘긴다고 하더라도 장애를 갖게 될 것이라고 판단한다.

두 번째 : 1st(1하우스)의 로드(lord)가 이센셜 디그니티(essential dignity)를 얻었는지를 살펴본다. 즉 1st의 로드의 속도가 빠르거나 1st의 로드가 룰러(Ruler) 얻었거나 익절테이션(exaltation)을 얻었다면 네이티브는 주어진 수명을 다 누릴 것이다. 그러나 1st의 로드가 컴버스트(combust, 태양으로부터 8°30′ 이내 위치)하거나 ℞ 역행(retrograde)하거나 인포춘인 ♄과 ♂로부터 □나 ☍ 애스펙트를 이루는지를 살피고 4th, 6th, 8th, 12th의 로드로부터 □나 ☍

애스펙트를 이루는지를 살펴 종합적으로 판단한다. 만일 1st의 로드가 이와 같이 디그니티를 얻지 못하거나 손상을 당한다면 네이티브는 건강하지 못할 것이라 판단한다. 또한 ASC의 커스프가 인포춘인 ♄과 ♂로부터 □나 ☍ 애스펙트를 이루고 1st의 로드가 ☉으로부터 컴버스트를 당하면 네이티브는 요절할 것이라고 판단한다.

세 번째 : 시간의 로드(Lord of Time)인 ☉과 ☽를 살펴 판단한다.

인간의 탄생은 크게 두 가지로 나누어진다.

1. ☉(sol)의 영향으로 양의 기운을 받고 낮에 출생한 사람.
☉은 양이다. 따라서 낮에 출생한 사람은 진취적이고, 활동적이며, 외향적이다.

2. ☽(Luna)의 영향으로 음의 기운을 받고 밤에 출생한 사람. ☽는 음이다. 따라서 밤에 출생한 사람은 소극적이고, 수동적이며, 내향적이다. 이렇게 낮에 태어난 사람은 ☉을 시간의 로드로 갖고, 밤에 태어난 사람은 ☽를 시간의 로드로 갖는다. 그러므로 네이티비티의 출생차트에서 낮에 태어난 사람은 ☉이 중요하며, 밤에 태어난 사람은 ☽가 중요하다. 그리고 차트에서 ☉은 네이티브가 지향하는 인생을 보여주고, ☽는 네이티브의 내면의 무의식적인 정서와 습관을 보여준다.

네이티비티 출생차트에서 어린아이의 수명을 판단할 때 반드시 부모의 네이탈 차트를 같이 살펴 판단하는 것이 중요하다. 왜냐하면 어린아이는 태어나서 유년기를 맞이할 때까지 부모의 적극적인 보살핌이 필요하다. 요즘 TV를 통하여 가끔씩 뉴스에 보도되는 사건을 보면 어린이 집에서 교사들의 관리 소홀로 인하여 아이들이 질식하여 숨지는 사고가 종종 발생하고 있다. 그러므로 부모의 소홀함으로 인하여 장애를 입는다거나 일찍 생을 마감하는 경우가 발생할 수 있기 때문이다.

네이티비티 출생차트에서 시간의 로드인 ☉이나 ☽가 디그니티를 얻고 하늘의 좋은 위치에서 포춘인 ♃나 ♀로부터 ✶이나 △ 애스펙트를 이룬다면 네이티브는 장수할 것이다. 그러나 시간의 로드인 ☉이나 ☽가 디그니티를 잃고 하늘의 나쁜 위치에서 인포춘인 ♄이나 ♂로부터 □나 ☍ 애스펙트를 이룬다면 네이티브는 요절할 것이라고 판단한다. 또한 시간의 로드인 ☉과 ☽가 인포춘인 ♄과 ♂로부터 각각 ♂파틸 컨정션(partil conjunction)을 이루게 되면 네이티브의 건강과 수명에 매우 나쁜 영향을 미치게 된다.

뉴문(New moon, 삭월 : 음력 초하룻날의 달, 달이 지구와 태양사이에 들어와서 일직선을 이루어 지구에서 보이지 아니한다.)에 태어난 사람이나 풀문(Full moon, 만월 : 보름달)에 태어난 사람은 몸이 허약하거나 요절한다.

풀문에 태어난 사람은 습기가 많고 너무 축축하여 건강에 문제를 일으킬 수 있으며, 뉴문에 태어난 사람은 너무 건조하고 습기가 부족하여 건강에 문제를 일으킬 수 있다. 일반적으로 볼 때 뉴문에 태어난 사람이 풀문에 태어난 사람보다 더 작고 외소하며 질병에 약하다. 그러나 뉴문이나 풀문에 태어난 사람이라고 하더라도 ASC가 포춘인 ♃나 ♀로부터 ♂을 이루면 네이티브는 활기찬 삶을 영위하며 사회적 명예나 성공을 이룰 수 있지만 이 경우에 네이티브는 오래 살지 못할 것이다. 그러나 ASC가 인포춘인 ♄이나 ♂로부터 ♂을 이루면 네이티브는 요절할 것이라고 판단한다.

시간의 로드인 ☉과 ☽ 모두 또는 어느 한 쪽이라도 하늘의 좋은 위치 앵글 하우스에서 인포춘인 ♄이나 ♂로부터 □나 ☍ 을 당하여 디그니티를 잃을 때 네이티브는 요절할 것이다. 그리고 1st의 로드가 ☉으로부터 컴버스트를 당하거나 ♄ 또는 ♂로부터 □나 ☍을 당하여 디그니티를 잃을 때 네이티브는 요절할 것이라고 판단한다. 이때 ☉은 ☉♂♂ 한 상태에서 ♄으로부터 ☍ 애스펙트를 이루게 되면 가장 흉하며, ☽는 ☽♂♄ 한 상태에서 ♂으로부터 ☍ 애스텍트를 이룰 때 가장 흉하다고 판단한다.

　많은 수의 플래닛과 포인트들이 6th, 8th 12th에 몰려있는 상태에서 1st의 로드와 △이나 ＊애스펙트를 이루고 있지 않다면 네이티브는 수명이 짧을 것이다. 그리고 이와 같은 상황에서 1st의 로드가 ☉이나 ☽로부터 또는 ASC커스프로부터 △이나 ＊애스펙트를 이루고 있지 않다면 역시 네이티브는 단명할 것이다.

　네이탈 출생차트에서 ☉과 ☽가 모두 케이던트에 위치하면서 1st에 많은 플래닛을 비롯한 포인트들이 몰려있으면서 하나 이상의 인포춘이 끼어 있고, 이 인포춘 플래닛이 5th나 7th에 우치한 다른 인포춘 플래닛으로부터 ☍애스펙트를 이루고 있는 경우에 네이티브는 단명할 것이다. 라고 판단한다.

　일곱 개의 플래닛 모두가 호라이즌 아래에 위치한 상태에서 ☉, ☽, 1st의 로드중 하나라도 디그니티를 얻지 못하거나, 포춘인 ♃나 ♀와 △이나 ＊애스펙트를 이루지 못한 상태에서 인포춘인 ♄이나 ♂로부터 □나 ☍애스펙트를 이룬다면 네이티브는 요절할 것이라고 판단한다.

　네이탈 출생차트에서 ☊이나 ☋이 4th에서 ♄ 또는 ♂과 파틸 컨정션을 이루는 경우 네이티브는 단명할 것이다. ♈의 ♂는 밤의 플래닛이기 때문에 낮의 출생차트에서는 호라이즌 위에 있을 경우에, ♑의 ♄은 낮의 플래닛이기 때문에 밤의 출생차트에서는 호라이즌 위에 위치할 때 네이티브의 생명을 해하는 힘과 권리가 더욱 커진다. 밤의 플래닛은 밤의 차트에서는 호라이즌 위에 위치하고 낮의 차트에서는 호라이즌 아래에 위치해야 길하고, 반대로 밤의 플래닛이 밤의 차트에서 호라이즌 아래에 위치하거나 낮의 차트에서 호라이즌 위에 위치하면 흉하다고 판단한다. 낮의 플래닛은 낮의 차트에서 호라이즌 위에 위치해야 길하고, 밤의 차트에서는 호라이즌 아래에 위치해야 길하며, 낮의 플래닛이 낮의 차트에서 호라이즌 아래에 위치하면 흉하고, 밤의 차트에서는 호라이즌 위에 위치하면 흉하다고 판단한다. ☽가 인포춘인 ♄과 ♂로부터 동시에 컨정션을 이루거나, 8th에 ☊가 코로드로 위치한 상황에서 ASC 커스프가 다른 플래닛으로부터 □나 ☍애스펙트를 이루게 되면 네이티브는 요절할 것이라고 판단한다. ☽가 4th에서 인포춘인 ♄이나 ☊로부터 □나 ☍ 애스펙트를 이루고 있을 때에는 산모는 힘들게 아이를 낳을 것이며 그렇게 아이가 태어난다 할지라도 오래 살기 어려울 것이라고 판단한다.

시간의 로드인 ☉이나 ☽가 포춘인 ♃나 ♀로부터 세퍼레이션(separation) 하면서 인포춘인 ♄이나 ☊에 어플라이 하고 있는 경우에 네이티브는 오래지 않아 큰 위험에 직면하게 될 것이다. 그러나 이 경우에 시간의 로드인 ☉과 ☽가 인포춘인 ♄이나 ☊로부터 ☌ 또는 □ 또는 ☍ 애스펙트를 이루는지를 살펴보고 이때 ASC 커스프와 MC 커스프 그리고 ⊗를 면밀히 관찰하여 판단해야 한다. 특히 차트에서 죽음의 시기를 볼 때 ☉과 ☽의 관계를 잘 살펴야 하며 ☉과 ☽가 합체 될 수 있을 경우 네이티브에게는 심각한 일이 일어날 것이다. 차트에서 폭파사고는 ☉운에서 일어날 것이며, 물에 빠져죽는 익사사고의 경우는 ☽가 함지에 떨어질 때뿐만 아니라 ☽가 사인 ♏에 있을 때 네이티브는 폭력적인 성향이 가장 강하게 드러날 것이며 이때에도 익사사고를 조심하여야 한다.

네이티비티(Nativity)에서 네이티브(Native)의 수명에 관한 차트해석

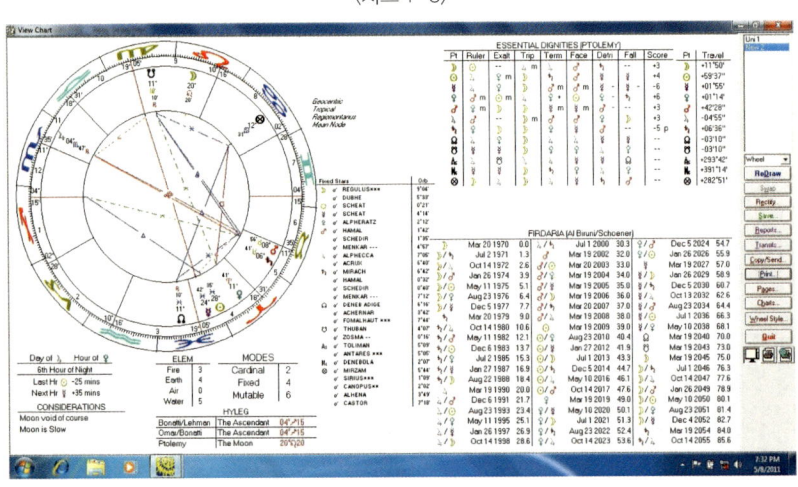

〈차트 I-3〉

〈차트 I-3〉 네이탈 출생차트는 ☉이 호라이즌 아래에 있으므로 밤의 차트이다.

1. ASC의 커스프를 살핀다.
   ASC의 커스프는 어떤 플래닛으로부터도 손상을 입지 않았다.
2. ASC로드 ♃는 페러그라인한 상태에서 R하며 인포춘인 ♄과 ♎로부터 ☍ 애스펙트를 이루고 있다.
3. 시간의 로드인 ☉과 ☽ 역시 ASC 커스프와 마찬가지로 어떤 플래닛들로부터도 손상을 입지 않았다.
4. MC 커스프는 ☿로부터 ☍ 애스펙트를 이루고 있다.

5. 8th의 ⊗는 질병의 하우스인 6th의 로드 ♀로부터 □ 애 스펙트를 이루고 있다.

이상의 사실을 종합하여 판단하면 네이티브는 ASC 커스프와 시간의 로드인 ☉과 ☽ 모두 어떤 플래닛들로부터도 손상을 입지 않았으므로 비교적 건강하며 장수할 것이다. 다만 1st의 로드인 ♃가 ℞ 하고 인포춘인 ♄과 ♂로부터 ∞애스펙트를 이루고 있으므로 키는 보통의 키에 체격은 좀 외소한 편이며 신장결석, 담석, 또는 요로결석 등으로 고생할 것이다. 그리고 ♀는 질병을 다스리는 6th의 로드이다. ♀□⊗인 것은 디렉션에서 ♀운에 비뇨기 질환으로 인하여 큰돈이 나갈 것을 의미한다. 실제로 네이티브는 마이너 피르다리 ♀에서 즉 양쪽 신장의 결석으로 7번의 CT 촬영과 두 번의 쇄석술, 그리고 전립선 질환으로 큰돈을 지출하였다.

네이티비티(Nativity)에서 네이티브(Native)의 힐렉(Hyleg)

힐렉은 칼데아어로 더 이상 없다. 즉 No more란 뜻으로 생명유지자 Giver of Life라 불린다. 힐렉은 네이티브의 목숨을 지탱하면서 몇 살까지 살 것인지를 보여주는 플래닛 및 포인트를 말한다. 일반적으로 넓은 의미에서 힐렉은 ASC커스프, MC커스프, ⊗, ☉, ☽등 다섯 가지를 의미한다. 이 다섯 가지의 플래닛 및 포인트들이 전체적으로 강하면 수명이 길고 건강할 것이며, 그렇지 않으면 건강과 수명이 좋지 않다고 판단할 수 있다. 이 중에서도 특히 ASC 커스프와 1st의 로드의 강, 약을 주로 참고한다. 좁은 의미에서 힐렉은 생명을 주관하는 플래닛이다. 일곱 개의 플래닛중에서 어떤 플래닛이 힐렉이 되느냐에 따라 네이티브의 건강상태와 수명이 결정된다.

네이티비티(Nativity)에서 네이티브(Native)의 낮의 출생차트

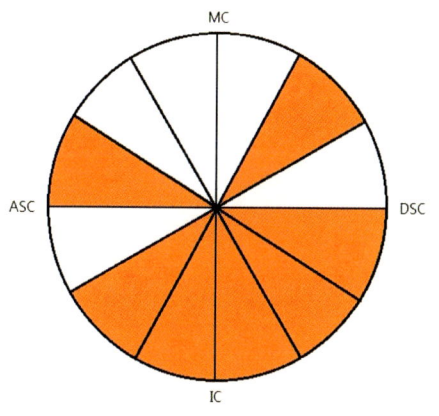

낮의 차트일 때 힐렉의 첫 번째 후보는 ☉이다. ☉이 호라이즌 위에 있을 때 ☉이 오리엔탈 쿼터에 위치하면 색으로 채워진 하우스를 제외한 그 자신이 힐렉이 된다. ☉이 옥시덴탈 쿼터에 위치하면 남성의 사인에 있어야 힐렉이 될 수 있다. 그리고 색으로 채워진 하우스는 제외한다. ☉이 색으로 채워진 하우스에 있으면 힐렉이 될 수 없다. ☉이 호라이즌 위에 있을 때라고 했지만 1st를 포함시킨다. 왜냐하면 1st는 ☉이 떠오르는 지점이기 때문이다. 즉 ☉이 1st, 10th, 11th, 7th, 9th에 위치해야 힐렉이 될 수 있다. 만일 낮의 차트에서 ☉이 힐렉이 될 수 없는 위치에 위치하고 있다면 ☽의 페이스(Phase)를 살핀다. ☽ 역시 1st, 10th, 11th, 7th, 9th에 위치해야 힐렉이 될 수 있다. ☽가 힐렉이 될 수 있는 위치에 위치하고 있지 않으면 ☽가 인크리징 하는지 디크리징 하는지를 살핀다. ☽가 인크리징 하고 있으면 ASC커스프가 힐렉이 되고 ☽가 디크리징 하고 있으면 ⊗가 힐렉이 된다.

네이티비티(Nativity)에서 네이티브(Native)의 밤의 출생차트

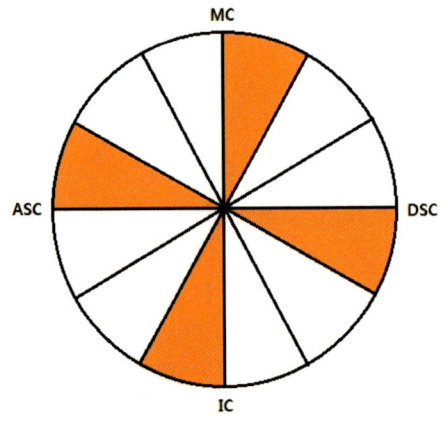

밤의 차트일 때 힐렉의 첫 번째 후보는 ☽이다. ☽가 오리엔탈 쿼터에 있으면 ☽는 여성의 사인(♉, ♋, ♍, ♏, ♑, ♓)에 위치해야 힐렉이 될 수 있다. ☽가 옥시덴탈 쿼터에 위치하면 ☽가 힐렉이 된다. 이때 중요한 것은 ☽가 색으로 채워진 하우스에 있으면 힐렉이 될 수 없다. 색으로 채워진 하우스를 제외한 하우스(1st, 2nd, 4th, 5th, 7th, 8th, 10th, 11th)에 위치해야 힐렉이 될 수 있다. 그런데 이 위치에 ☽가 위치하지 않으면 ☽가 인크리징 할 때 ASC 커스프가 힐렉이 되고, ☽가 디크리징 하면 ⊗가 힐렉이 된다.

힐렉은 디그니티가 강하고 하늘의 좋은 위치에 위치하며 △나 ✱ 애스펙트를 여러개 받고 있으면 네이티브는 건강하고 장수할 것이다. 그러나 힐렉이 □나 ☍ 애스펙트를 여러 개 받고 있으면 네이티브는 건강하지 못하고 단명할 것이다. 라고 판단한다.

☽가 지구 반대편에 위치할 때 지구에서 보면 보름달로 보인다. 보름달을 풀문(full moon)이라고 한다. 상현달과 하현달 반달을 쿼터문(quarter

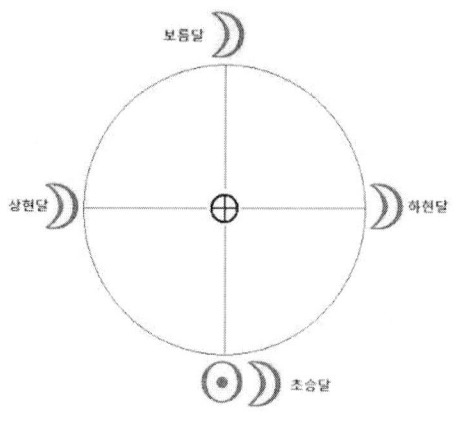

moon)이라고 한다.

☽가 하현달을 지나 ☉과 컨정션할 때 ☽는 초승달이 된다. ☽가 ☉으로부터 멀어지면서 상현달을 지나 보름달이 되어가는 과정을 인크리징이한다. 라고 한다. 반대로 보름달을 지나 ☉에게 다가가는 ☽를 디크리징한다. 라고 한다. ☽는 인크리징하는 ☽가 디크리징하는 ☽보다 힘이 훨씬 강하다.

네이티비티(Nativity)에서 네이티브(Native)의 알코코덴(Alcochoden)

디그니티를 얻은 플래닛이 힐렉과 애스펙트를 이루면 그 플래닛이 네이티브의 수명을 결정하는 알코코덴이 된다. 또한 루미너리(Luminary)인 ☉과 ☽ 중 하나가 힐렉인 경우 그 루미너리가 룰러(Ruler)를 얻거나 익절테이션(Exaltation)을 얻었다면 그 루미너리가 힐렉임과 동시에 알코코덴이 된다. 루미너리인 ☉이나 ☽가 힐렉이 되는 경우 그 루미너리가 룰러나 익절테이션을 얻어 디그니티가 매우 강하면 해당 루미너리가 힐렉이며 동시에 알코코덴이 된다. 힐렉이된 루미너리인 ☉이나 ☽가 디그니티를 얻지 못했을 때 해당 루미너리의 디스포지터가 알코코덴이 된다. 루미터리뿐만 아니라 힐렉이 된 다섯 개의 행성 및 포인트들도 이와 같이 판단한다. 그리고 네이티브가 인생을 살아가는 동안에 겪을 수 있는 위험한 사건들에 크게 연루되지 않고 폭동이나 전쟁과 같은 재난에 휘말리지 않는 다면 알코코덴의 플래닛이 네이티브의 수명을 결정하게 될 것이다.

플래닛	알코코덴		
	메이저	미디어	마이너
♄	57년	43.5년	30년
♃	79년	45.5년	12년
♂	66년	40.5년	15년
☉	120년	69.5년	19년
♀	82년	45년	8년
☿	76년	48년	20년
☽	108년	66.5년	25년

알코코덴은 힐렉과 애스펙트하는 플래닛 중에서 힐렉의 위치에서 디그니티를 얻는 플래닛이 알코코덴이 된다. 예를 들어 사인 ♌ 2°에 ♄이 위치해 있다. 고 가정하면 사인 ♌ 2°는 디그니티 테이블에서 보면 룰러는 ☉이고 익절테이션은 없으며, 트리플리시티는 ☉과 ♃와 ♄이다. 텀과 페이스는 둘 다 ♄이다. 만일 ♄이 ☉과 애스펙트를 이루면 ☉은 ♄이 있는 위치에서 디그니티를 얻는 자리에 위치하고 있으므로 ☉이 알코코덴이 되는 것이다. 힐렉이 있는 그 위치의 디그니티 테이블에서 디그티티를 얻는 플래닛을 찾아놓고 그 플래닛 중에서 힐렉과 애스펙트를 이루는 플래닛을 찾는 것이다. 힐렉과 애스펙트하는 플래닛이 없으면 그 플래닛은 알코코덴이 아니며 알코코덴을 대동하지 않는 플래닛은 힐렉이 될 수 없다. 네이탈 출생차트에서 앵글하우스, 룰러, 익절테이션은 메이저 년 수와 상응하고 트리플리시티, 텀, 페이스, 석시던트 하우스는 미디어 년 수와 상응하며, 디트리먼트 하거나 펄 또는 페러그라인 하거나. 케이던트 하우스는 마이너 년 수와 상응한다. 그리고 어떤 플래닛이 디그니티를 잃어 매우 약하면 마이너 년 수를 월(月)로 바꾸어 준다. 예를 들어 ♀가 마이너 8년이면 이것을 8개월로 바꾸어주는 것이다.

♎ 18° 5′에 ☉이 위치하고 있다. ☉이 1st에서 ♎ 18° 5′ 12th에 위치하고 있는 ♄과 ♃를 오브 내에서 ☌하고 ♄과 ☽가 ✶애스펙트를 이루고 있다면 ♄이 알코코덴이 되는 것이다. 왜냐하면 ♄은 ♎에서 익절테이션을 얻기 때문이다. 힐렉 ☉이 ♎′에서 ♄이 ☌을 하는 것은 ☉ 자신이 있는 사인에서 ♄이 디그티티를 얻는 것 중 하나이다. 그리고 ♄이 ♎에서 익절테이션을 얻으면서 12th 케이던트 하우스에 위치하고 있다. 익절테이션은 메이저를 상응하고 케이던트는 마이너를 상응하는데 이 둘이 익절테이션과 케이던트가 섞여 있으므로 미디어(♄ 43.5년)를 상응시킨다. ☉은 1st에서 페러그라인 하므로 마이너스를 준다. 그러면 ☉은 19년이 된다. ♄ 미디어 43.5년 + ☉마이너 19년 =62.5년 + ♃마이너 12년 + ☽마이너 25년= 92.5년 따라서 네이티브는 92.5년을 살 수 있는 것이다.

알코코덴 자신은 이와 같이 공식에 의해서 메이저 또는 미디어 또는 마이너를 결정하고 알코코덴하고 애스펙트하는 것들은 무조건 마이너만 더하고 빼는 것이다. 알코코덴과 △또는 ＊애스펙트를 이루면 년 수를 ＋ 해주고 □또는 ∞애스펙트를 이루면 년 수를 - 해주는 것이다. 알코코덴 자신은 메이저, 미디어, 마이너를 결정하지만 알코코덴과 애스펙트를 이루는 플래닛은 메이저, 미디어, 마이너를 구분하지 않고 무조건 마이너만 보는 것이다. 이것이 수명을 찾는 가장 기본적인 방법이다.

네이티비티(Nativity)에서 네이티브(Native)의 아나레타(Anaretar)

아나레타는 힐렉과 반대되는 개념으로 네이티브의 생명을 빼앗는 플래닛을 말한다. 아나레타가 될 수 있는 플래닛은 8th의 코로드, 8th의 코로드의 디스포지터, 8th의 로드, 8th의 로드의 디스포지터 이다. 아나레타가 힐렉과 애스펙트를 이루게 되면 네이티브의 건강과 수명에 매우 안 좋은 영향을 미칠 것이다. 그리고 힐렉이 오래 상승하는 사인에 위치한 ♄으로부터 오른쪽에서 △ 애스펙트를 이루고 힐렉의 왼쪽에 위치한 ☊로부터 ✶ 애스펙트를 이루면 네이티브의 건강과 수명에 매우 좋지 않은 영향을 미칠 것이다. 이때 인포춘이 디그티티를 얻고 디렉션에서 메이저나 마이너로 인포춘인 ♄이나 ☊운이 들어오게 되면 네이티브는 생명을 잃을 수도 있다.

네이티비티(Nativity)에서 네이티브(Native)의 알무텐(Almuten)

알무텐은 글자에서도 알 수 있듯이 아랍의 점성학자들에 의해서 체계화 되었다. 알무텐은 출생차트에서 디그니티가 가장 높은 플래닛을 의미한다. 이 플래닛은 네이티브의 체질, 환경, 기질, 인품과 성격 등 모든 요소에 걸쳐 영향을 미친다. 그러므로 네이탈 차트를 해석함에 있어 알무텐 그리고 알무텐과 애스펙트를 이루는 플래닛들을 함께 고려하여 판단해야 한다. 그러나 알무텐과 □나 ∞애스펙트를 이루는 플래닛은 Anti-Almuten으로써 네이티브의 약점이라든지, 따라가서는 안 되는 방향 등을 보여준다.

〈차트 I-4〉

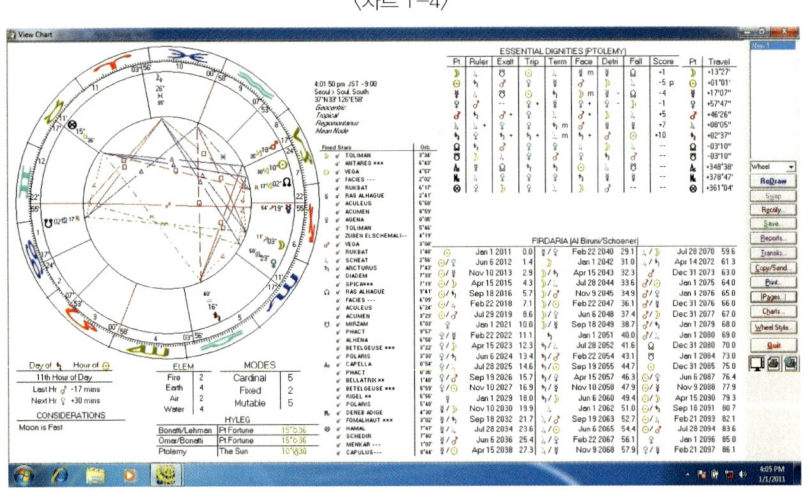

〈차트 I-4〉 네이탈 차트는 ☉이 호라이즌 아래로 넘어가기 전에 태어난 낮의 차트이다. 낮의 차트에서 힐렉의 첫 번째 후보는 ☉이다 그런데 ☉은 옥시덴탈 쿼터에 위치하고 있으며 7th의 힐렉의 자리에 위치하고 있다. 그러나 ☉이 옥시덴탈 쿼터에 위치할 때에는 남성의 사인에 위치해야 하는데 위 차트는 ☉이 여성의 사인 ♑에 위치하므로 힐렉이 될 수 없다.

낮의 차트에서 ☉이 힐렉이 되지 못할 때 ☽의 페이스(Phase)를 살핀다. 이 차트에서 ☽는 ☉과 컨정션을 이룬 다음 멀어져가는 인크리징 상태에 있다. 위 낮의 차트에서 ☽가 인크리징 할 때에는 11th에 위치한 ⊗가 힐렉이 된다. 그리고 위 차트에서 힐렉인 ⊗와 △애스펙트를 이루는 ☉이 알코코덴이 된다. 이 네이탈 차트에서는 힐렉인 ⊗와 □나 ☍애스펙트를 이루는 플래닛이 없으므로 특별히 네이티브의 생명을 빼앗는 아나레타는 존재하지 않는다고 볼 수 있다.

그러므로 네이티브는 자신의 운이 예속되는 국가의 운이나 전쟁, 폭동 등의 흐름에 휩쓸리지 않는 다면 타고난 수명을 다 누릴 것이다. 위 차트에서 알무텐은 10th ♓에서 룰러를 얻은 ♃이다. ♃는 6th의 ♀, ☽와 △ 애스펙트를 이루고 있다. 그러므로 네이티브는 직업에 대한 윤리의식이 강하고 명예를 소중히 여기며 직장이나 사회에서 높은 지위를 얻을 것이다. 다른 사람들에게 관대하고 고결하며 사교적이고 가정생활에 충실할 것이다.

네이티비티(Nativity)에서 네이티브(Native)의 체질과 기질 그리고 휴모

네이탈 출생차트에서 네이티브의 전체적인 인품과 성격을 알기 위해서는 어떤 체질과 기질을 가지고 태어났는지 파악하는 것이 중요하다. 기질은 4원소의 성질로써 판단한다.

4원소	기질(Temperament)	성질
불 (담즙질, Choleric)	뜨겁고 건조한 기질이다.	자아 정체성
흙 (점액질, Phlegmatic)	차갑고 축축한 기질이다.	물질
공기 (다혈질, Sangguine)	뜨겁고 축축한 기질이다.	사회성과 지성
물 (우울질, Melancholic)	차갑고 건조한 기질이다.	감성과 감정

기질(Temperament)

1. ASC 사인과 ASC 커스프와 파틸(Partile) 애스펙트를 이루는 플래닛
2. 1th의 코로드
3. 네이탈 차트의 알무텐
4. ☽ 그리고 ☽와 애스펙트를 이루는 플래닛
5. ☉이 위치한 사인과 계절

플래닛의 속성

플래닛	오리엔트(Orient)	오리엔덴트(Occident)
♄	차갑고 축축함	건조함
♃	뜨겁고 축축함	축축함
♂	뜨겁고 건조함	건조함
♀	뜨겁고 축축함	축축함
☿	뜨거움	건조함
☊	뜨겁고 축축함	축축함
☋	차갑고 축축함, 뜨겁고 건조함	건조함

☽의 속성은 ☉과의 관계를 보고 판단한다.

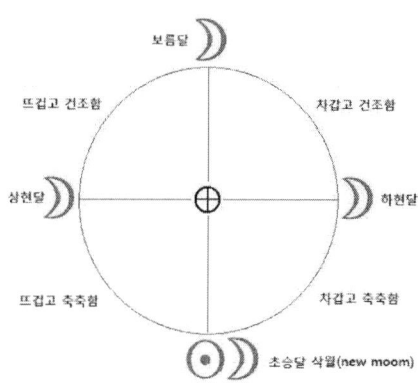

삭월에서 상현까지 뜨겁고 축축하다. 상현에서 보름달까지 뜨겁고 건조하다. 보름달에서 하현달까지 차갑고 건조하다. 하현달에서 삭월까지 차갑고 축축하다.

기질을 나타내는 각각의 시그니피케이터들의 속성과 플래닛이 위치하는 사인의 기질을 더하여 나타낸다. 인포춘인 ♄과 ⚷가 ASC 커스프나 ☽에 □나 ☍ 애스펙트를 이루고 있을 때에도 네이티브에 편협한 기질을 더한다.

네이탈 차트에서 ☉ 의 속성은 계절로 판단한다. ☉이 ♈사인에 진입할 때 봄의 시작을 알리며, ♋사인에 진입할 때 여름의 시작을 알리고, ♎사인에 진입할 때 가을의 시작을 알리며 ♑사인에 진입할 때 겨울이 시작된다.

☉ 의 속성		
계절	사인	기질
봄	♈, ♉, ♊	뜨겁고 축축함
여름	♋, ♌, ♍	뜨겁고 건조함
가을	♎, ♏, ♐	차갑고 건조함
겨울	♑, ♒, ♓	차갑고 축축함

사인의 속성

방위	4 원소	사 인	사인의 속성
동	불(담즙질)	♈, ♌, ♐	뜨겁고 건조함(콜러릭, choleric)
남	흙(우울질)	♉, ♍, ♑	차갑고 건조함(멜링꼴릭, melancholic)
서	공기(다혈질)	♊, ♎, ♒	뜨겁고 축축함(생귄, Sanguine)
북	물(점액질)	♋, ♏, ♓	차갑고 축축함(플래그매틱, Phlegmatic)

  플래닛과 포인트 그리고 시그니피케이터들이 위치한 사인의 속성을 더하여 차가움, 뜨거움, 건조함, 축축함 등으로 네이티브의 기질을 판단한다. 뜨겁고 축축한 속성이 우세하면 네이티브는 다혈질의 기질을 지녔으며, 차갑고 축축한 속성이 우세하면 점액질의 기질을, 뜨겁고 건조한 속성이 우세하면 담즙질의 기질을, 차갑고 건조한 속성이 우세하면 우울질의 기질을 지니고 태어난 것이다.

  담즙질 기질이 우세하여 콜러릭하면 네이티브는 오만하고 투쟁적이며 싸우기 좋아한다. 우울질 기질이 우세하여 멜랑콜리하면 네이티브는 신중하며 의심이 많고 탐욕적인 동시에 냉혹한 면이 있다. 다혈질 기질이 우세하여 생귄하면 네이티브는 상냥하고 성실하며 예의바르다. 점액질 기질이 우세하여 플래그매틱하면 네이티브는 겁이 많고 변덕스러우며, 게으르고 마무리를 잘 못하는 성격이다.

2nd 하우스

2nd는 네이티비티에서 네이티브가 소유하는 것들 사유재산, 소득, 유동적 재산, 금전, 자산, 동산, 수입, 재물의 손실, 대출, 은행계좌, 유동적인 모든 재산들, 도박이나 게임에서 이득과 손실, 물건들, 호라리에서 두 번째 질문자를 다스리며, 쿼런트의 재물을 다스린다. 2nd가 발달하면 네이티브는 인생에서 물질적 안정을 추구하게 된다. 또한 네이티브가 법적인 소송에 휘말릴 때 도움을 받을 수 있는 친구나 조력자를 다스린다. 먼데인에서 백성의 가난함과 부유함을 다스리며, ☉이 ♈막 진입하는 시점에서 외국의 원조, 복지, 동맹, 군수품 등을 다스린다.

네이티비티(Nativity)에서 네이티브(Native)의 재물을 다스리는 시그니피케이터

1. 2nd의 커스프
2. 2nd의 사인
3. 2nd의 로드
4. 2nd의 코로드
5. 2nd ♂ 픽스트 스타
6. 포르투나 ⊗
7. 포르투나의 디스포지터
8. 재물의 플래닛 ♃

네이티비티(Nativity)에서 네이티브(Native)의 재물에 관한 판단

네이티비티(Nativity) 출생차트에서 네이티브의 재물에 관한 모든 시그니피케이터들이 하늘의 좋은 위치인 앵글 하우스에 위치하고 대부분 룰러나 익절테이션을 얻어 디그니티가 강하면 네이티브는 부유할 것이다. 2nd에 위치한 코로드들이 룰러나 익절테이션 등 디그니티를 얻어 강하면 네이티브는 많은 재산을 모을 것이다. 2nd의 룰러가 앵글이나 석시던트에 위치하면서 다른 플래닛으로부터 △이나 ✷애스펙트를 이루면 네이티브는 재물을 모을 것이다. 이 경우 2nd의 룰러가 디그니티를 얻지 못했을 지라도 환경적인 요인에 의해 재물을 유지하게 될 것이다. ☽가 1st에서 룰러를 얻어 디그니티가 강할 경우 네이티브는 부유할 것이다. ♈사인에서 익절테이션을 얻은 ☉이 ☽와 △애스펙트를 이루고 인포춘인 ♄이나 ♂로부터 □나 ☍애스펙트를 이루지 않는 다면 네이티브는 많은 재물을 모을 것이다. 보편적 재물의 플래닛인 ♃가 2nd에 위치하고 ☽가 1st에 위치할 경우 또는 보편적 재물의 플래닛인 ♃가 1st에 위치하고 ☽가 2nd에 위치하여 디그니티를 얻은 경우 네이티브는 부유할 것이다.

만일 재물의 시그니피케이터들이 ☉으로부터 컴버스트를 당하거나, 비아컴버스타에 위치하거나, 디트리먼트, 페러그라인, ℞, 인포춘인 ♄이나 ♂로부터 어플릭티드를 받는 다면 네이티브는 재산을 모으기 위하여 노력한다 하여도 오히려 빚을 지게 된다. 또한 재물의 시그니피케이터들이 인포춘의 성질을 띤 픽스트 스타와 ☌을 하게 되면 네이티브는 재물을 크게 잃는다. 네이탈 차트에서 재물을 나타내는 시그니피케이터들이 서로 □나 ☍애스펙트로 이루어져 있다면 네이티브는 가난하거나 재물을 크게 잃을 것이다.

네이티비티(Nativity)에서 네이티브(Native)의 재물에 관한 차트 해석

1. 2nd의 커스프 : 사인 ♋ 17° 21′에서 픽스트 스타 카스토르와 ♂ 한다.
2. 2nd의 사인: ♋
3. 2nd의 로드 : ☽ 사인 ♋ 17° 41′에서 픽스트 스타 카스토르와 ♂ 한다.
4. 2nd의 코드 : ☊
5. 2nd ♂ 픽스트 스타 : 카스토르
6. 포르투나 ⊗
7. 포르투나의 디스포지터 : ☉ 12th에 위치
8. 재물의 플래닛 ♃ : 7th에 위치

〈차트 Ⅱ-1〉

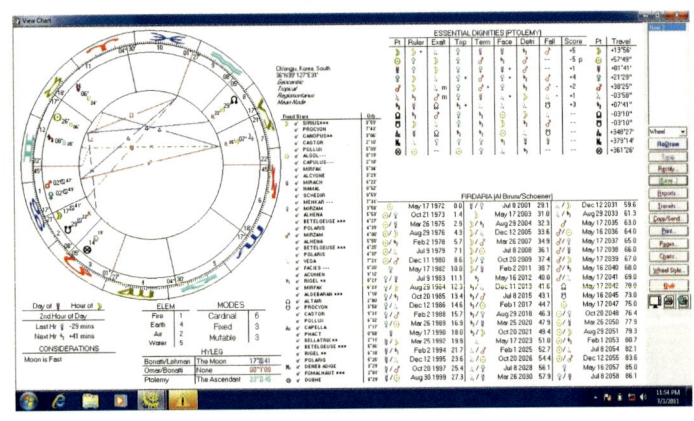

〈차트 II-1〉네이탈 차트에서 2nd 하우스의 커스프와 2nd의 로드 ☾는 인포춘 의미의 픽스트 스타 카스토르와 컨정션 한다. 2nd에서 ☾가 룰러를 얻어 디그니티가 강해서 부유할 것이다, 라고 생각할 수 있겠지만 상실을 의미하는 인포춘 의미의 카스토르가 ♂하고 있고 ☋이 위치하고 있다. ☋이 위치한 하우스는 거의 발현이 되지 않는다. 재물을 다스리는 ⊗는 3rd에 위치하고 있으며 ⊗의 디스포지터인 ☉은 12th에 위치하면서 10th의 커스프와 □애스펙트를 이루고 있다. 재물의 보편적 플래닛 ♃는 7th에 위치하고 있다. 이상의 내용을 종합하여 해석하면 네이티브의 잠재의식, 욕망을 다스리는 ☾가 2nd의 룰러이자 로드로 2nd에 위치해 있으므로 네이티브는 돈을 벌고자 하는 욕망이 매우 강할 것이다.

그러나 인포춘을 의미하는 픽스트 스타 카스토르와 ☋이 함께 위치하고 있어 돈을 벌고자 하는 네이티브의 욕망은 강하나 발현이 되지 않을 것이다. 네이티브의 재물을 다스리는 ⊗는 3rd에 위치하고 있으며 ⊗의 디스포지터 ☉은 12th에서 10th커스프와 □애스펙트를 이루고 있다. 네이티브는 ⊗가 3rd에 위치하고 있으므로 접객업을 통하여 돈을 벌려고 할 것이다. ⊗의 디스포지터 ☉이 12th에서 10th 커스프와 □애스펙트를 이루므로 네이티브는 사업에 손을 대려고 할 것이고 사업을 하면 반드시 사기를 당할 것이다. 네이티브는 디렉션에서 메이저 ☾, 마이너 ☉이 들어올 때 노래방 사업을 시작했고 결국 사기를 당하여 노래방 사업을 시작한지 1년도 못되어 문을 닫았다. 재물을 나타내는 보편적 플래닛 ♃는 7th에서 R하며 ♃의 디스포지터인 8th의 룰러♄는 1st에 위치하여 ♃와 ☍애스펙트를 이루고 있다. 결국 네이티브는 큰 빚을 지게 되었다. 그러므로 이와 같은 플래닛의 지배구조를 가진 네이티브는 결코 사업을 해서는 안 되는 차트구조이다.

네이티비티(Nativity)에서 네이티브(Native)가 재물을 얻는 분야와 방법

네이탈 차트에서 네이티브의 재물의 시그니피케이터들이 어떤 하우스에 위치하고 어떤 사인의 로드인지를 보고 디그니티의 강, 약을 살펴서 판단한다.

1. 재물의 시그니피케이터인 플래닛의 속성과 의미를 파악한다.
2. 재물의 시그니피케이터들이 위치한 사인의 의미를 파악한다.
3. 재물의 시그니피케이터들이 위치한 하우스들을 파악한다.
4. 재물의 시그니피케이터들이 관계를 맺고 있는 애스펙트 들을 파악한다.

네이티브의 재산과 관련하여 사람과 사물에 대한 플래닛의 의미

플래닛	의 미
♄이 의미하는 사람	과거의 사람이나 옛날에 알고 지내던 사람들, 농부, 광부, 노가다꾼, 석수, 도공, 가죽을 다루는 사람, 나이 많은 사람, 수도사, 아버지, 남편, 고집이 센 사람, 우울해 보이는 사람, 불친절한 사람
♄이 의미하는 사물	농업, 경작, 농산물로 인한 수익금, 광산 및 광물, 건물, 부동산, 교도소, 땅, 아버지로부터 물려받은 유산, 3D업종, 천한 직업, 힘든 일, 고리대금업, 원양어업
♃가 의미하는 사람	귀족, 성직자, 정치인, 고위 공직자, 부자, 신분이 높은 사람, 추기경, 장로, 법관, 변호사, 법무사, 시장, 신사, 부자, 인도적인 일을 하는 사람들, 회장, 사장, 회사의 임원
♃가 의미하는 사물	종교, 성직, 국가행정, 사법, 교육, 철학, 학원사업
♂가 의미하는 사람	검사, 수사관, 경찰, 군인, 외과의사, 운동선수, 사냥꾼, 도둑, 강도, 폭력배, 대장장이, 철공소에서 일하는 사람, 무기 제작자, 도살장에서 일하는 사람, 선동자, 모사꾼, 험담꾼, 잔인하고 겁이 없는 사람들
♂가 의미하는 사물	재판, 소송, 논쟁, 다툼, 전쟁, 싸움, 폭력, 용감한 행동, 도금 기술자, 기능공, 무기제작, 독재, 억압, 손을 사용한 섬세한 기술, 보석세공, 미용사
☉이 의미하는 사람	황제, 국왕, 대통령, 총리, 귀족, 장관, 공작, 귀족, 기사, 경찰청장, 고위공직자, 권력을 지닌 사람, 야심찬 사람
☉이 의미하는 사물	왕국, 공화국, 국가, 명예, 행정, 승진, 장학금, 연금, 장려금, 보너스, 친절하고 관대한 행위, 권력, 정치, 공무
♀가 의미하는 사람	예술가, 무용수, 음악가, 화가, 시인, 부인, 연인, 어머니 등 미남 미녀, 목욕을 즐기는 사람, 깨끗하고 섬세한 사람, 온화하고 친절한 사람
♀가 의미하는 사물	사랑, 애정, 자비로움, 친절, 호의, 예절, 보석과 장신구, 윤락, 향락, 여성에 의한 선물, 혼인, 결혼 지참금, 친구로 부터의 원조

플래닛	의 미
☿가 의미하는 사람	회계사, 상인, 연설가, 아나운서, 대변인, 변호사, 역사가, 철학자, 가이드, 학자, 서기, 속기사, 수상, 대법관, 기자, 작가, 소설가, 사업가, 두뇌가 뛰어나고 영리한 사람들
☿가 의미하는 사물	협상, 계약, 거래, 기술, 화술, 발명, 예언, 기하학, 천문학, 점성학, 진기한 물건, 최신학문, 선진문물
☽가 의미하는 사람	여황제, 여왕, 여자 수상, 공주, 안방마님, 어머니, 과부, 일반 서민들, 선원, 도보 여행자, 전령, 집배원, 어부, 하인, 뱃사공, 술주정뱅이, 방랑자, 여행자, 심신이 약한 사람, 무전 여행자
☽가 의미하는 사물	바다, 강, 저수지, 댐, 항해, 크루즈 여행, 해산물, 장기여행, 수영, 해수욕장, 양조업, 염전, 술집, 물과 관련된 모든 것

네이티브(Native)의 재물과 관련한 4원소가 다스리는 트리플리시티의 의미

4원소	사 인	의 미
불	♈, ♌, ♐	불을 이용해 만든 모든 생산품, 즉 전쟁과 분쟁에서 약탈한 이득, 전리품
흙	♉, ♍, ♑	토지에서 얻은 모든 생산품과 이득
공기	♊, ♎, ♒	풍차 및 풍력발전, 공기와 관련한 모든 이득, 행정관청으로부터의 지원
물	♋, ♏, ♓	물레방앗간, 저수지, 댐, 항해, 물과 관련된 모든 이득

네이티브(Native)의 재물과 관련한 일곱 플래닛이 다스리는 사인의 의미

플래닛	사 인	의 미
♄	♑, ♒	땅에서 생산된 모든 생산품, 곡물, 광석 등
♃	♐, ♓	공직과 성직, 교육
♂	♈, ♏	전쟁과 분쟁, 불을 이용한 모든 생산품
☉	♌	왕과 지배자, 우두머리, 포상금, 하사품, 보너스 등
♀	♉, ♎	여성으로 인한 소득, 여성과 관련된 모든 생산품
☿	♊, ♍	두뇌를 이용한 모든 생산품, 제조업, 상업, 여행, 대사관 등
☽	♋	물과 관련된 모든 생산품과 이득, 장기여행, 항해

네이티비티(Nativity)에서 네이티브(Native)의 재물과 관련한 12하우스의 의미

하우스	의 미
1st	네이티브가 직접 행한 작업이나 사업으로 인한 재물의 획득, 자수성가
2nd	생필품, 가재도구, 살림살이에 쓰이는 모든 물건으로 인한 소득, 네이티브의 노력과 노동으로 인한 소득, 즉 월급, 고정수입
3rd	형제자매, 일가친척, 이웃, 단기 여행, 접객업, 속보, 신상품, 자동차, 통신장비 등으로 인한 소득
4th	아버지, 토지, 부동산, 건물, 가문의 유산, 들판, 목장, 숨겨진 보물, 농작물, 광산
5th	자녀, 선물, 장식용 의류, 연회, 공연, 뮤지컬, 오페라, 경기, 유흥 등을 통한 소득
6th	신체 상해, 질병, 의학, 의사, 작은 동물, 애완동물, 작은 가축, 삼촌과 고모, 하인, 슬픔과 고통을 불러 일으키는 모든 것들
7th	배우자, 결혼, 제휴, 동업, 소송, 타향살이, 타지의 일들, 드러난 적, 절도, 약탈, 모든 형태의 분쟁과 전쟁, 선동, 투쟁
8th	유산 상속, 배우자의 재산, 동업자의 재산, 은행 대출금, 죽음, 독, 유증, 심각한 걱정거리
9th	종교, 교육, 철학, 교단의 계파, 장거리 여행, 성직자, 교수, 철학자, 책, 학습, 학위, 대사관
10th	정부, 왕국, 국가, 관공서, 권위, 권력, 명예, 행정관, 의회, 국회, 내각, 사업, 직업, 어머니
11th	사교, 희망, 친교, 사회친구, 공직에 종사하며 얻은 소득, 친구들의 도움, 친구들의 추천과 발탁
12th	슬픔과 고독의 하우스, 사기, 감금, 구속, 비애, 근심, 고통, 노동, 궁핍, 숨은 적, 협잡 꾼, 큰 가축, 큰 짐승, 매춘부, 말, 암소, 황소, 코끼리, 기린 등

네이티비티(Nativity)에서 네이티브(Native)의 재물과 축재에 대한 판단

1. 재물의 시그니피케이터가 포춘인지 인포춘인지를 판단 한다.
2. 재물의 시그니피케이터가 포춘이 다스리는 사인에 위치하는지 아니면 인포춘이 다스리는 사인에 위치하는지 살 핀다.
3. 재물의 시그니피케이터가 ☉으로부터 컴버스트 당하는지 살핀다.
4. 재물의 시그니피케이터가 R하는지 디렉트(Direct) 하는지 살핀다.

예를 들어 인포춘인 플래닛이 재물의 시그니피케이터로서 포춘이 다스리는 사인에 위치하지만 R하거나 ☉으로부터 컴버스트 당하면 인포춘의 의미가 배가 되기 때문에 네이티브는 주로 정당하지 못한 방법으로 재물을 모으려고 할 것이다. 포춘인 플래닛이 인포춘이 다스리는 사인에 위치하면서 R하거나 ☉으로부터 컴버스트 당하면 합법적인 방법으로 재물을 축적하려 할 것이다. 그리고 재물의 시그니피케이터와 애스펙트를 이루고 있는 플래닛을 살핀다.

예를 들면 보편적 재물의 시그니피케이터인 ♃가 2nd의 로드이면서 ⊗의 디스포지터이면서 6th에 위치한 ♄과 □애스펙트를 이루고 있다고 가정할 때 보편적 재물의 시그니피케이터인 ♃의 디그니티가 강하다면 네이티브는 매우 부유할 것이다. 그럼에도 불구하고 아버지의 형제, 하인, 종업원, 아래 사람, 중개업, 작은 가축, 애완동물 등의 거래에서 재정적 손해를 입을 것이다. 이러한 사실들은 디렉션에서 운의 흐름을 보고 판단한다.

네이티비티(Nativity)에서 네이티브(Native)가 재물을 모으는 시기

　　네이탈 차트에서 재물의 시그니피케이터와 ⊗가 디렉션에서 운으로 들어오는 플래닛과 ♂, ✶, △애스펙트를 이루는 시기를 살펴 판단한다. 복잡한 디렉션 운의 흐름을 살피지 않더라도 간단하게 쿼터를 살펴서 판단할 수 있다. 예를 들어 재물의 시그니피케이터들이 주로 $^1/_4$쿼터에 몰려 있으면 네이티브는 청소년기에 재물을 얻을 것이다. 재물의 시그니피케이터들이 주로 $^2/_4$쿼터에 몰려 있으면 네이티브는 25~40세의 중년기에 재물을 얻을 것이다. 재물의 시그니피케이터들이 주로 $^3/_4$쿼터에 몰려 있으면 네이티브는 40~55세의 장년기에 재물을 얻을 것이다. 재물의 시그니피케이터들이 주로 $^4/_4$쿼터에 몰려 있으면 네이티브는 말년에 재물을 얻을 것이다. 이때 재물의 시그니피케이터들이 오리엔트 쿼터에 위치거나 디렉트 하면서 운행속도가 빠르면 재물을 얻는 시기는 좀 앞 당겨질 것이며 옥시덴트 쿼터에 위치하거나 ℞하면 재물을 얻는 시기는 보다 늦어질 것이다. 여기에 디렉션상의 운의 흐름이 일치하게 되면 이와 같은 사실들은 더욱 명확해진다.

　　네이탈 차트에서 재물의 주된 시그니피케이터가 루미너리인 경우 네이티브는 탐욕스럽지 않으며 항상 넉넉함과 여유로움을 잃지 않는다. 그러나 재물의 주된 시그니피케이터가 ♄일 경우 네이티브는 탐욕스럽다. 2nd의 로드가 ☉으로부터 컴버스트 당하면서 ⊗가 인포춘인 ♄이나 ♂로부터 □나 ☍애스펙트를 이루면 네이티브는 재산을 압류당하거나 소유한 재산을 잃게 된다. 루미너리인 ☉이나 ☽가 앵글하우스에 위치한 플래닛에게 어플라이 애스펙트를 이루면 네이티브는 재산을 유지할 것이다. 그러나 루미너리가 케이던트하우스에 위치한 플래닛에 어플라이 애스펙트를 이루면 네이티브는 유산을 탕진할 것이다. 알데바란, 안타레스, 알골과 같은 픽스트 스타와 ⊗ 또는 ⊗의 디스포지터와 애스펙트를 이루면 네이티브는 재물을 잃고 가난해질 것이다.

윌리엄 릴리에 따르면 ☽가 앵글 하우스에서 ♄과 만나는 경우 비록 일국의 왕이라 할지라도 가난할 것이다. 라고 했지만 이것은 정설이 아니다. 또한 ☉이 2nd에 위치하는 구조는 네이티브의 재정상태가 좋지 못하다고 하였지만 이 또한 정설이 아니다. 네이탈 출생차트에서 ☉은 네이티브가 지향하는 삶을 보여준다. ☉이 2nd에 위치해 있다면 네이티브는 인생에서 가장 중요한 목표가 돈을 벌고자 하는데 있으며, 돈에 대한 생각과 집착, 돈을 벌고자 하는 집념이 떠나지 않을 것이다. 그러므로 ☉이 2nd에 위치한 네이티브는 어떻게 해서든지 돈을 벌고자 노력하기 때문에 피땀을 흘려서라도 기어코 성공을 하고야 만다.

〈차트 Ⅱ-2〉

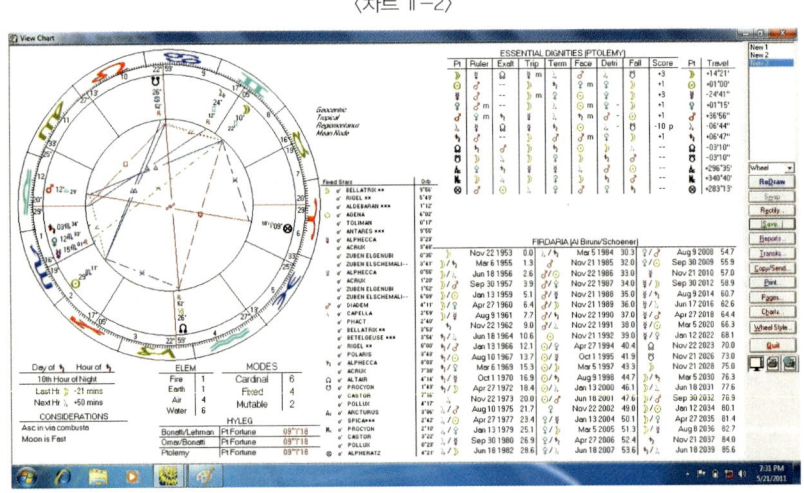

〈차트 II-2〉 네이탈 차트는 ☉이 2nd에 위치해있다. 피르다리에서 ☉이 1992년도에 메이저로 들어온다. 이때부터 네이티브는 메이저 ☉이 메이저 우로 바뀔 때 까지 10년 동안 매월 천 만 원 이상의 순 소득을 올렸다. 릴리는 크리스천 아스트랄러지에서 ☉이 2nd에 위치하면 좋지 않다고 했지만 이것은 정설이 아니다.

3rd 하우스

3rd 하우스는 출생차트(Nativity)에서 네이티브의 형제, 자매, 친척, 이웃, 종교(4대종교를 제외한 토속신앙들), 여행, 작문, 서류작성, 기자, 작가, 방송, 편지, 서신, 소문, 우체국, 전화, 통신, 메신저, 소문, 모든 종류의 커뮤니케이션, 이도학문, 단거리 여행, 자동차, 심부름꾼, 모든 사람들을 정신적으로 속이는 것 등을 다스린다. 3rd에 ☽가 코로드로 위치하고 무버블 사인(♊, ♍, ♐, ♓)이면 네이티브는 한 장소에 오래 머물지 못하고 잦은 이동을 하거나 잦은 여행을 다니는 방랑벽이 있다.

네이티비티(Nativity)에서 네이티브의 3rd 하우스를 다스리는 시그니피케이터

1. 3rd 커스프
2. 3rd의 로드
3. 3rd의 코로드
4. 남자형제의 일반적 시그니피케이터 ♂
5. 여자형제의 일반적 시그니피케이터 ♀

형제, 자매의 수를 판단할 때 고려해야 할 12사인의 속성

사인	속성
♈	척박한 플래닛인 ♂가 다스리는 사인이며 ☉이 익절테이션을 얻는 사인이므로 불모의 사인이다.
♉	풍요로움을 다스리는 플래닛인 ♀가 다스리는 사인이며 ☽가 익절테이션을 얻는 사인이므로 다산의 사인이다.
♊	중성의 플래닛인 ☿가 다스리는 사인이므로 불모의 사인이다.
♋	축축한 속성의 플래닛인 ☽가 다스리는 사인이며 ♃가 익절테이션을 얻는 사인이므로 다산의 사인이다.
♌	뜨거운 불의 플래닛인 ☉이 다스리는 사인이므로 불모의 사인이다.
♍	중성의 플래닛인 ☿가 다스리는 사인이며 미혼인 처녀는 아이를 낳지 않기 때문에 불모의 사인이다.
♎	풍요로움을 다스리는 플래닛인 ♀가 다스리는 ♄이 익절테이션을 얻지만 다산의 사인이다.
♏	척박한 플래닛인 ♂가 다스리니는 사인 이지만 물의 사인이므로 다산의 사인이다.
♐	풍요로움을 다스리는 플래닛인 ♃가 다스리는 사인이므로 다산의 사인이다.
♑	♄이 다스리는 사인이며 척박한 플래닛인 ♂가 익절테이션을 얻는 사인이므로 불모의 사인이다.
♒	♄이 다스리는 사인이지만 휴먼 사인이므로 다산의 사인이다.
♓	풍요로움을 다스리는 플래닛인 ♃가 다스리는 사인이며 풍요로움을 다스리는 플래닛인 ♀가 익절테이션을 얻는 사인이므로 다산의 사인이다.

3rd를 다스리는 시그니피케이터들이 다산의 사인에 위치할 때 네이티브는 형제, 자매가 많을 것이다. 그러나 3rd를 다스리는 시그니피케이터들이 불모의 사인에 위치할 경우 네이티브는 형제, 자매가 거의 없거나 아예 없을 것이다.

풍요로움을 다스리는 플래닛은 ♃와 ♀ 그리고 ♃와 ♀의 속성을 지니고 있는 ☊이다. 척박함을 다스리는 플래닛은 ♄과 ♂ 그리고 ♄과 ♂의 속성을 지니고 있는 ☋이다. 루미너리 ☉과 ☽는 풍요로움과 척박함에 관하여 중간정도의 수준을 다스린다. ☉은 불의 플래닛이며 뜨겁기 때문에 약간 척박함을 다스리는 쪽에 가깝고 ☽는 물의 별이며 축축하기 때문에 풍요로움을 다스린다. ☿는 중성의 플래닛이기 때문에 혼자서는 영향력을 행사할 수 없고 자신과 애스펙트로 연결된 플래닛의 속성을 따라간다. 그래서 풍요로움을 다스리는 플래닛과 애스펙트를 이루면 다산을 나타내며 척박함을 다스리는 플래닛과 애스펙트를 이루면 불모를 나타낸다.

척박함을 다스리는 ♄, ♂, ☋이 다산의 사인에 위치하거나 풍요로움을 다스리는 ♃, ♀, ☊이 불모의 사인에 위치하면 네이티브는 보통 수준의 형제, 자매들이 있을 것이다. 3rd 하우스의 사인이 불모의 사인이며 그 로드와 코로드가 불모이고, 3rd 하우스의 커스프와 3rd 하우스의 로드가 있는 사인이 불모의 사인이면 형제, 자매의 수가 적거나 없을 것이다. 그러나 3rd 하우스의 사인이 다산의 사인이며 그 로드와 코로드가 다산이고, 3rd 하우스의 커스프와 3rd 하우스의 로드가 있는 사인이 다산의 사인이면 형제, 자매의 수는 많을 것이다. 그러나 현대사회에서 또는 우리나라나 선진국에서는 출생률이 계속 줄어들고 자녀를 한 자녀 이상 잘 놓지 않기 때문에 네이탈 출생차트에서 형제, 자매의 수를 따지는 것은 의미가 없다.

네이티비티(Nativity)에서 네이티브와 형제, 자매의 관계에 대한 판단

1st의 로드와 3rd의 로드가 ✶이나 △애스펙트를 이루는 경우 네이티브와 형제, 자매는 사이가 좋을 것이다. 반대로 1st의 로드와 3rd의 로드가 □나 ☍애스펙트를 이루고 있다면 네이티브와 형제, 자매는 사이가 좋지 않을 것이다. 1st 로드와 3rd 로드가 어떤 애스펙트도 이루지 않고 있다면 네이티브와 형제, 자매는 서로 간에 각별한 애정이 없을 것이다. 3rd에 디그니티를 얻지 못한 ♄이나 ♂, 또는 ☋이 위치할 경우 네이티브는 불화를 일으키는 형제, 자매, 이웃으로 인하여 삶 전체에 걸쳐 끊임없이 신경을 쓰며 고생하게 될 것이다. 1st의 로드가 ♄ 또는 ♂와 □나 ☍애스펙트를 이루는 경우 형제, 자매, 또는 이웃과 행복하게 지내는 것을 기대하기는 어렵다. 3rd의 로드가 1st에 있거나 1st의 로드가 3rd에 있으면 네이티브와 형제, 자매, 또는 이웃과 관계가 좋을 것이다. 3rd의 로드가 ⊗또는 ⊗의 디스포지터가 하늘의 좋은 위치에서 △또는 ✶애스펙트를 이룰 때 네이티브는 형제, 자매, 일가친척, 또는 이웃으로부터 도움을 받을 수 있을 것이다. 3rd에 ☋이 위치하고 있으며 2nd의 로드가 ☉으로부터 컴버스트 당하고 있으면 네이티브는 형제, 자매 또는 이웃으로 인하여 경제적인 손실을 입을 것이다. 1st에 ♃나 ♄이 위치하면 네이티브는 맏이 이거나 막내라고 할지라도 맏이와 같은 역할을 하며 집안을 책임지게 된다.

〈표 Ⅲ-1〉

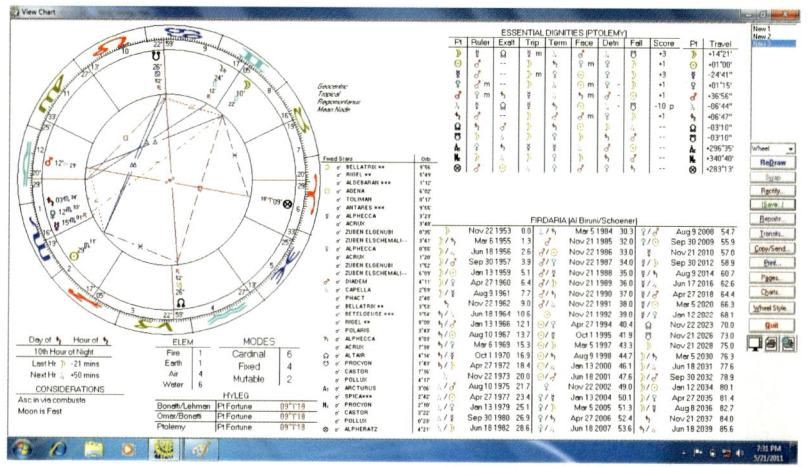

〈표 Ⅲ-1〉 네이탈 차트에서 3rd의 로드 ♃는 다산의 사인 ♊에 위치하고 있으며 다산의 사인 ♎에 위치한 ASC커스프와 △애스펙트를 이루고 있다. 그리고 1st에 ♄이 코로드로 위치하고 있다.

네이티브는 형제, 자매가 모두 8명이며 막내딸로 태어났다. 위로 언니들과 오빠가 있었지만 막내딸로 태어난 네이티브는 그 오빠와 언니들을 부양하고 그들의 자식들까지 공부시고 결혼까지 시켰으며 평생 부모를 부양하고 있다. ♄이 1st에 위치하면 막내로 태어났을지라도 맏이와 같은 가장역할을 하게 된다.

네이티비티(Nativity)에서 네이티브와 형제, 자매의 관계에 대한 판단   243

4th 하우스

4th 하우스는 네이티비티에서 네이티브의 부모와 아버지로부터의 유산 상속, 아버지, 가정, 거주지, 부동산, 주택, 정원, 과수원, 토지, 논, 밭, 농업, 토지의 비옥함 또는 척박함 등, 숨겨진 보물, 도시, 다운타운, 도시가 함락될지 안 될지, 무덤, 조상, 특정한 사건이나 일의 길, 흉을 판단하는 단시점인 호라리에서는 모든 일의 결말, 문제의 끝 등을 다스린다. 4th는 아버지, 10th는 어머니를 다스린다.

네이티비티에서 네이티브의 4th 하우스 아버지를 다스리는 시그니피케이터

1. 4th의 사인
2. 4th의 커스프
3. 4th의 로드
5. 4th의 코로드
6. 낮의 네이탈 차트에서 ☉, 밤의 네이탈 차트에서 ♄

4th 하우스를 다스리는 시그니피케이터들이 디그니티가 높고 포춘인 ♃나 ♀의 △또는 ✶애스펙트를 이룬다면 네이티브의 아버지의 삶은 어려움이 없이 평탄할 것이다. 반대로 4th 하우스를 다스리는 시그니피케이터들이 디그니티가 낮고 인포춘인 ♄이나 ♂로부터 □나 ☍애스펙트를 이룬다면 네이티브의 아버지는 신분이 낮고 재산도 없을 것이며, 사회적으로 힘도 없어 많은 인생의 굴곡이 있을 것이다.

4th 하우스에 포춘인 ♃나 ♀가 위치하며 4th의 로드가 하늘의 좋은 위치인 앵글이나 석시던트 하우스에 위치하면서 인포춘인 ♄이나 ♂로부터 □나 ☍애스펙트를 이루지 않으며 4th의 디스포지터까지 디그니티를 얻어 강하다면 네이티브의 아버지는 매우 건강하며 사회적으로도 존경받고 성공한 위치에 있을 것이다. 그러나 4th에 인포춘인 ♄이나 ♂가 위치하여 4th의 로드와 □나 ☍애스펙트를 이루고 4th를 다스리는 시그니피케이터들이 하늘의 안 좋은 위치인 케이던트 하우스에 빠지면 네이티브의 아버지는 인생을 살아가면서 많은 고난과 어려움을 경험하게 될 것이다.

4th의 로드와 1st의 로드가 리셉션을 이루거나 △ 또는 ＊애스펙트를 이룬다면 네이티브와 아버지 사이의 관계는 좋을 것이며, 서로 협력하여 가정이 번창할 것이다.

　4th 하우스에서 ☉이나 ♃가 코로드로 위치하며 4th의 로드가 룰러나 익절테이션을 얻어 디그니티가 강한 상태에서 하늘의 좋은 위치인 앵글 하우스나 석시던트 하우스에 위치할 경우 네이티브의 아버지는 지위가 높고 존중받는 인물일 것이다. 또한 칼데안 오더에 의하여 4th에 위치한 ☉은 가정의 결속력이 강력한 것을 의미하며 어떤 일이 있어도 가정을 분열시키거나 가정의 결속을 저해하는 일을 결코 하지 않을 것이다. 4th에 ♄이나 ☽가 위치하면 부모가 이혼하여 한 쪽이 없거나 사별하거나 부모를 미워해서 배척하여 사이가 안 좋을 것이다.

　네이탈 차트에서 ☉이 ☽보다 디그니티가 더 높을 경우 네이티브의 아버지는 어머니보다 신분이나 출신배경이 더 좋을 것이다. 반대로 ☽가 ☉보다 디그니티가 더 높다면 어머니의 신분이나 출신배경이 아버지보다 더 좋을 것이다. ☉이나 4th의 로드가 디그니티를 잃어 페러그라인 한 상태에서 12th에 위치하게 되면 네이티브의 아버지는 신분이 낮은 인물일 것이다. 짐승의 사인에 위치한 ☉이 케이던트 하우스에 빠져서 ☋과 애스펙트를 이룰 때 네이티브의 아버지는 술이나 마시며 행패를 일삼는 천한 인물일 것이다.

네이티비티에서 네이티브의 10th 하우스 어머니를 다스리는 시그니피케이터

1. 10th의 사인
2. 10th의 커스프
3. 10th의 로드
5. 10th의 코로드
6. 낮의 네이탈 차트에서 ♀, 밤의 네이탈 차트에서 ☽

    네이티브의 차트에서 어머니의 시그니피케이터들이 하늘의 좋은 위치에서 디그니티를 얻고 인포춘인 ♄이나 ♂로부터 □나 ☍애스펙트를 이루지 않는 다면 네이티브의 어머니는 사회적으로 신분과 출신이 중산층 이상일 것이며 특별한 어려움이 없이 삶을 영위할 것이다. 어머니의 시그니피케이터 중에서 ☽가 다른 플래닛으로부터 □나 ☍애스펙트를 이루어 디그니티를 심각하게 상실하게 되는 경우 네이티브의 어머니는 질병에 시달리거나 많은 역경과 고난을 겪게 될 것이다. 부모님의 시그티피케이터들이 포춘인 ♃나 ♀로부터 ✶이나 △애스펙트를 이루면 ♃나 ♀와 관련된 사람이나 사물들로부터 도움을 받거나 처한 상황이 긍정적으로 호전 될 것이며 인포춘인 ♄이나 ♂로부터 □나 ☍애스펙트를 이루면 ♄이나 ♂와 관련된 사람이나 사물들로부터 피해를 입거나 처한 상황이 악화될 것이다. 어머니의 시그니피케이터인 ♀와 ☽가 오리엔트 쿼터에 위치할 경우 어머니의 건강과 수명을 살필 것이며, 옥시덴트 쿼터에 위치할 경우 어머니의 재정적인 부분을 살펴서 판단한다. 부모의 삶에 영향을 주는 환경적 요인들은 부모의 시그티피케이터에 애스펙트를 이루는 플래닛이 위치한 하우스를 살펴 어떤 환경에서 영향을 받는지를 판단한다.

출생차트(Nativity)에서 네이티브가 부모의 재산을 상속받을 수 있을 것인가?

낮의 네이탈 차트에서 ☉이 2nd나 4th에 위치하고, 밤의 네이탈 차트에서는 ♄과 ☽가 2nd나 4th에 위치할 때 또는 4th의 로드가 포춘인 ♃나 ♀와 ☌을 이루거나 ✶또는 △애스펙트를 이루면 네이티브는 부모의 재산을 물려받아 잘 관리할 것이다. 그러나 낮의 네이탈 차트에서 ☉, 밤의 네이탈 차트에서 ♄이 인포춘인 ♂로부터 □이나 ☍애스펙트를 이루면서 포춘인 ♃나 ♀로부터 ✶이나 △애스펙트를 이루지 않는다면 네이티브는 재산을 탕진할 것이다. 밤의 네이탈 차트에서 ☉에 가까이 다가가는 ☽가 2nd의 커스프 또는 2nd의 코로드와 동시에 인포춘인 ♄과 ♂으로부터 □나 ☍애스펙트를 이루면 네이티브는 물려받은 재산을 탕진할 것이다. 또는 2nd의 로드와 4th의 로드가 동시에 인포춘인 ♄이나 ♂로부터 □나 ☍애프펙트를 이루면 네이티브는 재산을 탕진할 것이다. 디그니티를 얻지 못한 ♄과 4th의 로드가 12th안에서 ☌을 이루거나 코로드로 위치할 경우 또는 12th에 우치한 ♄이 4th의 로드와 □나 ☍애스펙트를 이루는 경우 네이티브는 재산을 탕진할 것이다. 또 4th에 위치한 인포춘인 ♄이나 ♂가 5th의 로드와 □나 ☍애스펙트를 이루는 경우 네이티브는 재산을 탕진할 것이다. ☽이 ☉과 ♂을 이루고 멀어져가는 뉴문(신월)에서 ☉과 ☽가 디그니티를 얻지 못하고 2nd의 로드나, 2nd의 코로드 또는 2nd의 커스프에 □나 ☍애스펙트를 이루면 네이티브는 재산을 탕진할 것이다.

〈차트 IV-1〉

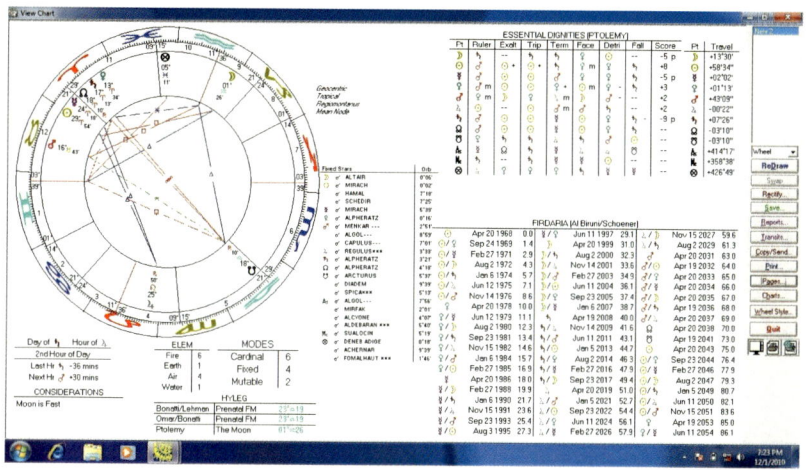

〈차트 IV-1〉 네이탈 출생차트는 ☉이 호라이즌 위에 떠 있으므로 낮의 출생 차트이다. 4th의 로드인 ☉은 10th에서 익절테이션을 얻어 디그니티가 매우 강력하다. 그리고 4th에 위치한 포춘이면서 재물의 보편적 시그니피케이터인 ♃가 코로드로 위치하여 ☉과 △애스펙트를 이루고 있다. 그러므로 네이티브는 부모로부터 유산을 상속받을 것이며 경제에 대한 해박한 지식으로 재산을 잘 관리할 것이다.

5th 하우스

5th 하우스는 네이티비티에서 네이티브의 임신, 자녀, 유흥, 유희, 연회, 술집, 파티장, 놀이, 유아교육, 향락, 게임, 도박, 투기, 취미, 극장, 술집, 카페, 유년시절의 친구, 죽마고우 등을 다스린다. 임신한 경우에 태아의 성별, 아이 밴 여자의 상태, 그리고 출산했을 때 자녀의 건강을 다스린다. 그러나 네이티브의 자녀를 판단할 때에는 1st 하우스와 11th 하우스를 함께 살핀다. 아버지의 재산, 먼데인에서는 포위된 지역에서의 군수물자 등을 다스린다.

네이티비티(Nativity)에서 네이티브의 5th 하우스를 다스리는 시그니피케이터

1. 5th의 사인
2. 5th의 로드
3. 5th에 위치한 플래닛(코-로드)

네이탈 출생차트에서 네이티브의 자녀의 수를 판단할 때 1st 하우스, 5th 하우스, 11th 하우스 커스프가 다산의 사인에 걸리고 이들 하우스에 다산의 플래닛이 로드나 코로드로 위치하면 많은 자녀를 둘 것이다. 그러나 1st 하우스, 5th 하우스, 11th 하우스 커스프가 불모의 사인에 걸리고 불모의 플래닛이 이들 하우스에 위치하면 자녀가 없거나 매우 적을 것이다. 여기서 중요한 것은 자녀에 대하여 판단할 때에는 네이티브의 배우자의 출생차트를 반드시 함께 리딩 하여야 한다.

네이티브의 자녀를 나타내는 풍요의 플래닛이 5th에 위치하고 척박한 플래닛이 11th에 위치하면 네이탈 출생차트에서 자녀의 하우스는 5th가 11th에 우선하므로 네이티브는 자녀를 갖을 수 있을 것이라고 판단한다. 1st에 척박한 플래닛이 위치하고 11th에 풍요의 플래닛이 위치하면 1st는 11th에 우선하므로 네이티브는 자녀를 얻지 못할 것이다. 1st 하우스, 5th 하우스, 11th 하우스에 어떤 플래닛도 위치하지 않을 때 1st의 로드의 상태를 살펴서 판단한다. 1st의 로드가 풍요의 플래닛이면 자녀가 있을 것이고, 척박한 플래닛이면 자녀가 있다고 하더라도 수명이 짧을 것이다. 라고 판단한다. ☿는 속성이 없는 중성의 플래닛이므로 ☿가 ♂하는 플래닛 이나 애스펙트 하는 플래닛의 속성을 따라 판단한다. ☿는 오리엔트 쿼터에서 포춘인 ♃나 ♀와 애스펙트를 이루면 네이티브의 자녀에 관해서도 행운의 좋은 속성을 반영한다. 그러나 ☿가 옥시덴트 쿼터에 위치하여 인포춘인 ♄이나 ♂로부터 애스펙트를 이루는 경우 척박한 속성을 반영하여 판단한다.

5th에 ☽와 ☿가 위치하고 5th의 로드와 5th에 인터셉터한 사인의 로드가 다른 플래닛으로부터 □나 ☍애스펙트를 이루지 않는다면 네이티브는 많은 자녀를 둘 것이다. 5th에 위치한 ☽는 자녀가 있음을 나타내지만 ♄과 애스펙트를 이루면 자녀를 갖기가 어려울 수 있음을 나타낸다. 5th가 다산의 사인이면서 5th에 ☽와 ♀가 위치할 경우 네이티브는 많은 자녀를 둘 것이다. 1st 하우스, 5th 하우스, 11th 하우스가 더블바디 사인이고, 1st 하우스, 5th 하우스, 11th 하우스의 로드도 더블바디 사인에 위치하면 쌍둥이를 둘 것이다. 배우자의 네이탈 차트도 그러하다면 쌍둥이를 얻을 확률이 더욱 확실할 것이다. 5th의 코로드가 3개 이상이면 네이티브의 자녀는 한 어머니 또는 한 아버지에게서 출생하지 않을 것이다. 1st 하우스, 5th 하우스, 11th 하우스에 인포춘이 위치하여 디그니티를 얻지 못하면 자녀를 갖기 어려울 것이며 자녀를 얻는 다하여도 상태가 좋지 못하여 단명하거나 장애를 입을 수 있을 것이다. 5th에 인포춘인 ♄과 ♂가 위치하며 11th에 위치한 ♃로부터 ☍애스펙트를 이루면 자녀가 없을 것이며 네이티브에게 힘든 고난의 시기가 연속해서 일어날 것이다. 5th의 로드나 코로드가 ℞하거나 ☉으로부터 컴버스트를 당하면 자녀를 갖기가 어려울 것이다.

네이티비티(Nativity)에서 네이티브의 자녀의 상태에 대한 판단

1st의 로드와 5th의 로드가 하늘의 좋은 위치에서 ✶이나 △애스펙트를 이루면 부모와 자녀는 좋은 사이를 유지할 것이다. 자녀를 나타내는 시그니피케이터들이 하늘의 좋은 위치에서 포춘인 ♃나 ♀로부터 ✶이나 △애스펙트를 이루면 자녀는 오래 살 것이며 좋은 사회적 지위를 누릴 것이다. 그러나 자녀를 나타내는 시그니피케이터들이 하늘의 좋지 않은 위치에서 인포춘인 ♄이나 ☊로부터 □나 ☍애스펙트를 이루면 자녀는 단명하거나 부모에게 불효를 할 것이다. 질병의 하우스인 6th에 위치한 플래닛으로부터 5th의 로드나 코로드를 □나 ☍애스펙트를 이루면 네이티브의 자녀는 병약하여 잔병치레를 하거나 상태가 안 좋아 장애를 입을 수도 있다. ♄이나 ☊가 5th나 11th에 위치하여 서로 ☍애스펙트를 이루면 네이티브의 자녀는 오래 살지 못할 것이다. 10th에 위치한 ☉이나 ♄ 또는 ☿가 ☽와 ☍애스펙트를 이루면 네이티브의 자녀는 단명할 것이다. ☉과 ♃가 □애스펙트를 이루면서 ♄이 1st나 5th에 위치하게 되면 자녀는 없다. ♃가 ♄이나 ☊와 ☍애스펙트를 이루게 되면 자녀를 갖기 어렵거나 자녀가 있다고 하여도 일찍 죽을 것이다. 5th의 로드가 죽음의 하우스인 8th에 위치할 경우 자녀는 네이티브보다 먼저 죽을 것이다. 5th의 로드가 인포춘인 ♄이나 ☊와 ♂을 이루거나 □ 또는 ☍애스펙트를 이루면 자녀는 일찍 죽을 것이다. 5th의 로드가 죽음을 다스리는 8th의 로드와 ♂을 이루거나 □ 또는 ☍애스펙트를 이루면 자녀는 일찍 죽을 것이다. 1st 또는 7th에서 ♀가 디그니티를 얻어 강한 ♄과 ♂을

하거나 □또는 ∞애스펙트를 이루면 네이티브는 불임이거나 자녀를 갖기 어려울 것이다. 7th와 1st에서 ♀와 ♄서로 리셉션을 하면서 □나 ∞애스펙트를 이루면 네이티브는 불임이거나 임신을 했어도 낙태를 할 것이다. 5th의 로드나 코로드가 많은 플래닛으로부터 □나 ∞애스펙트를 이루면 사산을 할 것이다.

네이티비티(Nativity)에서 네이티브의 자녀의 성별에 대한 판단

남성의 플래닛 및 포인트	여성의 플래닛 및 포인트
♄, ♃, ☊, ☉, ☋	♀, ☽, ☋

☿는 중성이므로 ☌하거나 애스펙트하는 플래닛을 따라 남녀의 성별을 판단한다.

자녀에 대한 성별은 남성의 플래닛 및 남성의 포인터가 남성의 사인, 남성의 디그리, 또는 오리엔탈 쿼터에 위치하면 남자아이라고 판단한다. 여성의 플래닛 및 여성의 포인터가 여성의 사인 여성의 디그리 또는 옥시덴탈 쿼터에 위치하면 여자아이라고 판단한다. 일반적으로 자녀를 나타내는 시그니피케이터의 디그니티가 강하면 남자아이, 디그니티가 약하면 여자아이로 판단한다. 결국 중요한 것은 디그니티이다.

〈차트 V-1〉

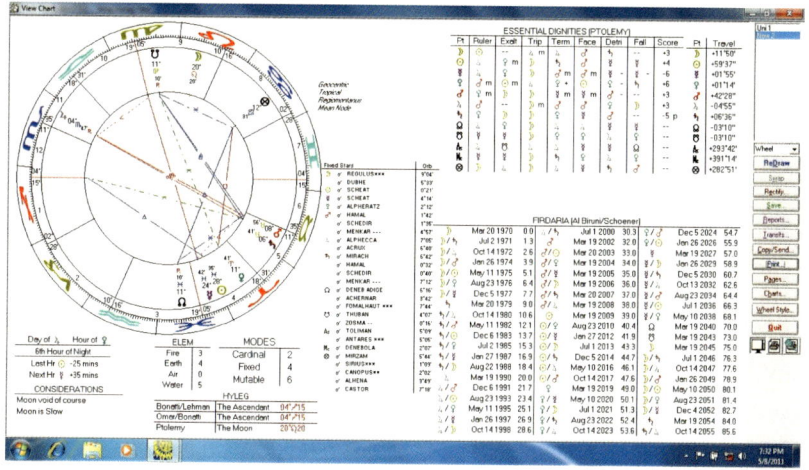

〈차트 V-1〉 네이탈 출생차트에서 자녀의 하우스를 다스리는 5th 하우스의 커스프는 불모의 사인 ♈에 걸려 있다. 그리고 5th에 인포춘인 ♄과 ♎가 코로드로 위치해 있으며 11th에서 ♃와 ☍애스펙트를 이루고 있다. 그러므로 이 차트의 네이티브는 결혼생활 10년이 넘도록 자녀를 갖지 못하고 있다.

네이티비티(Nativity)에서 네이티브의 도박과 주식에 대한 판단

1st 하우스의 로드와 5th 하우스의 로드가 ✶이나 △애스펙트를 이루면 네이티브는 도박을 통하여 재물을 모을 것이다. 또한 5th에 1st의 로드가 있고 2nd의 로드와 ✶이나 △애스펙트를 이루면 네이티브는 도박을 통해서 재물을 모을 것이다. 또한 1st의 로드와 5th의 로드가 리셉션하고 포춘인 ♃나 ☉로부터 ✶또는 △애스펙트를 이루면 네이티브는 도박이나 주식으로 부를 축적할 것이다. 8th가 강하고 5th에 재물의 시그니피케이터가 있으면 네이티브는 재물을 빠르게 모을 수 있다. 또한 5th나 1st에 ⊗가 위치하면 네이티브는 도박이나 주식에 의해 재산을 모으기도 하고 잃기도 한다. 1st의 로드와 5th의 로드가 □나 ☍애스펙트를 이루거나 5th에 인포춘인 ♄이나 ♂가 있으면 네이티브는 도박이나 주식으로 재산을 탕진할 것이다.

6th 하우스

   6th 하우스는 네이티비티에서 네이티브가 타인의 지배를 받는 하우스이며, 네이티브의 질병과 원인, 위생, 식이요법, 힘으로 다스리는 것들, 노동과 봉사, 기술과 솜씨, 도구, 연장, 생산직 직원, 비서, 사무직, 경리, 종업원과 하인 등의 피 고용인, 노동자, 농부, 양치기, 군인, 전사, 말사육사, 상업과 상품, 중개업, 주택이나 부동산의 임차인, 제자, 돼지나 양, 염소 같은 작은 가축, 개나 고양이 같은 작은 애완동물 등을 다스린다. 일반적으로 6th에서 ♀♂♃하면 네이티브는 외과의사로서의 삶을 살게 될 것이다.

일곱 플래닛이 담당하는 네이티브의 질병

♄	오른쪽 귀의 이명, 난청(청력상실), 탈모증, 치통, 뼈의 통증, 치아, 비장, 방광의 질병, 체액 상실로 인한 한증, 통풍, 중풍으로 인한 마비, 옴, 우울증, 나병, 결핵, 황달, 말라리아, 수종, 장골 주위의 통증, 식사량 감소, 부종, 폐와 흉부의 점 만성질환, 백일해, 식사량 감소, 한성(寒性)의 질병
♃	폐, 폐의 염증, 늑골, 연골, 간, 맥, 정액과 애액, 동맥, 뇌졸중, 늑막염, 심계항진, 경련, 간염, 두부의 질병, 코뼈 주위의 통증, 혈맥과 몸 전체의 풍사, 후두염, 경기
♂	왼쪽 귀, 담낭, 신장, 생식기, 결석, 전염병, 얼굴 부위의 상처, 고름, 고열, 농양, 급성 열병, 황달, 등창, 열사병, 담즙질이 과하여 생기는 모든 피부질환, 천연두, 간질, 설사, 얼굴의 상처와 흉터, 열병, 누관이 형성되는 질병
☉	뇌, 심장, 시력, 남성의 오른쪽 눈, 여성의 왼쪽 눈, 심한 복통, 졸도, 염증, 심통(화병), 담즙질 과잉으로 인한 눈의 염증, 눈 질환
♀	자궁, 성기, 유두, 인후, 간, 정액과 애액, 자궁기능이상, 소변과 관련된 질병, 임질, 성적 불능, 배뇨관란, 젖가슴, 허리, 지속 발기증, 매독, 만성구토, 소화불량, 오심구토
☿	뇌, 정신, 사고, 사고력, 기억력, 정신질환, 신경성 질환, 혀, 손, 발, 언변, 졸도, 광기, 기면증, 말더듬이, 목쉼, 기침, 간질, 폐결핵, 타액분비과다
☽	남성의 왼쪽 눈, 여성의 오른쪽 눈, 뇌, 소장, 방광, 미각, 간질, 마비, 심한 복통, 여성의 월경, 종기, 설사, 생리통, 병리적 체액에서 비롯된 모든 질병, 소화기관의 질환

인체에 상응하는 12사인과 사인별 질병부위

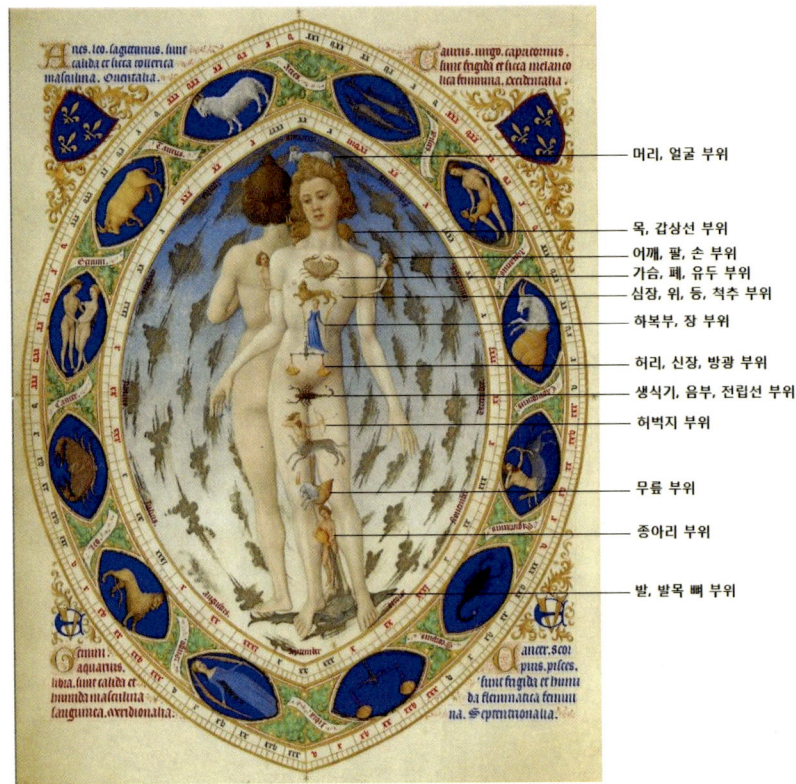

'베리공작의 매우 풍요로운 시간'에 수록된 '별자리 인간'
세밀화(1410~16) 프랑스 꽁데 미술관

12사인이 의미하는 네이티브의 신체부위 및 질병

♈	머리, 눈, 귀, 얼굴, 치아, 수염, 귀머거리, 치통, 얼굴의 흉터, 기미, 사마귀, 버짐, 백선, 머리나 얼굴의 가려움증, 피진, 천연두, 얼굴의 피부병, 담즙질이 과하여 생기는 질병
♉	목의 질환, 갑상선 질병, 인후, 음성, 우울질이 과하여 생기는 질병
♊	어깨, 팔, 혈액의 질환, 손, 견갑골
♋	가슴, 폐, 유두, 늑골, 유방암, 흉통, 옴, 간, 비장, 소화불량, 과식, 점액질이 과하여 생기는 질병
♌	심장, 위, 등, 옆구리, 횡경막(위쪽), 척추, 명치, 담즙질이 과하여 생기는 질병
♍	하복부, 장, 복통, 설사, 횡경막(아래쪽), 생식기의 기능 장애, 변동이 심한 복통, 장에서 발생하는 우울질 속성의 모든 질병
♎	허리, 신장, 신장결석, 방광, 골반주위, 엉덩이와 허벅지 다리 위쪽, 과음 및 과식.
♏	음부, 방광, 항문, 서혜부와 생식기, 치질, 방광결석, 배뇨곤란, 방광염, 요도염, 전립선 질환
♐	허벅지 전체, 가려움증 좌골신경통.
♑	무릎, 우울질 과다로 인한 비듬과 무릎 주위의 가려움증.
♒	종아리 전체, 경골, 발목
♓	발, 발목 뼈, 통풍, 족부 부종

12하우스가 의미하는 네이티브의 신체부위와 질병

1st	머리, 눈, 얼굴, 귀, 구취, 구내염, 악성궤양
2nd	인후, 목 앞 뒤, 연주창, 갑상선
3rd	어깨, 팔,
4th	위, 가슴, 폐,
5th	등, 어깨 아래쪽, 위, 간, 심장, 옆구리
6th	하복부, 장, 간, 신장
7th	허벅지, 아래쪽 옆구리, 소장, 방광, 자궁, 생식기
8th	척추, 항문, 서혜부
9th	대퇴골, 엉덩이
10th	무릎, 무릎주위의 근육
11th	정강이, 무릎부터 발목사이, 경골
12th	발가락, 발과 발에서 생기는 모든 질병, 무좀

네이티비티(Nativity)에서 네이티브의 건강과 질병을 다스리는 시그니피케이터

1. ASC 사인
2. 1st의 로드
3. 6th의 사인
4. 6th의 로드
5. 6th의 코로드
7. 7th의 사인
8. 7th의 로드

네이탈 출생차트에서 네이티브의 건강과 질병에 대하여 판단하려면 네이티브의 건강과 질병을 다스리는 시그니피케이터들이 디그니티가 강한지 약한지를 살핀다. 그리고 포춘인 ♃나 ♀로부터 ✶이나 △애스펙트를 이루는지를 살핀다. 또한 시그니피케이터들이 인포춘인 ♄과 ♂로부터 □나 ☍애스펙트를 이루는지를 살핀다. 마지막으로 불, 흙, 공기, 물 4원소의 트리플리시티가 기질적으로 균형을 이루었는지를 살핀다.

ASC의 사인이 포춘인 ♃와 ♀가 다스리는 사인(♉, ♎, ♐, ♓)이며 그 로드가 인포춘인 ♄이나 ♂로부터 □나 ☍애스펙트를 이루지 않는다면 네이티브는 질병이 없을 것이라고 판단한다. 네이티브의 건강을 다스리는 시그니피케이터들이 디그니티를 얻어 강하고 인포춘인 ♄과 ♂로부터 □나 ☍애스펙트를 이루지 않는다면 네이티브는 건강할 것이다. 네이티브의 건강을 다스리는 시그니피케이터들이 인포춘의 의미를 가진 픽스트

스타와 ♂을 하지 않으면 네이티브는 건강할 것이다. 라고 판단한다. 그러나 네이티브의 건강을 다스리는 시그니피케이터들이 인포춘의 의미를 가진 픽스트 스타와 ♂을 할 경우 네이티브는 중한질병으로 고통을 받을 것이다. 네이티브의 건강을 다스리는 시그니피케이터들이 페러그라인(Peregrine)하여 디그니티를 잃거나 ☉으로부터 컴버스트를 당하거나 하늘의 좋지 않은 위치인 6th, 8th, 12th에 빠져 갇히거나 인포춘인 ♄과 ♂로부터 ♂이나 □또는 ☍애스펙트를 이루면 네이티브는 치료하기 어려운 질병으로 고생할 것이다.

ASC사인과 일곱 플래닛 모두가 불, 흙, 공기, 물 4원소 중 한 종류의 트리플리시티 원소에 속하는 사인에 위치할 때 네이티브는 하나의 원소에 치우친 과도한 속성으로 인하여 발생하는 질병에 시달리게 될 것이다. 예를 들면 물의 사인(♋, ♏, ♓)에 일곱 플래닛이 몰려 있을 때 차갑고 축축한 점액질로 인한 질병에 시달릴 것이며, 흙의 사인(♉, ♍, ♑)에 일곱 플래닛이 대부분 위치할 경우 차갑고 건조한 우울질로 인한 질병에 시달릴 것이며, 공기의 사인(♊, ♎, ♒)에 일곱플래닛이 대부분 위치할 경우 다혈질로 인한 혈액의 이상 등의 질병에 시달릴 것이며, 불의 사인(♈, ♌, ♐)에 일곱 플래닛이 대부분 위치할 경우 담즙질에 기인한 분노, 화, 고열, 여드름을 비롯한 각종 피부병 등의 질병으로 고생할 것이다.

뉴문에 태어난 네이티브는 안색이 좋지 않으며 몸이 수척하고 오랫동안 잔병치레를 하게 되는데, 정신병이나 지능장애, 병의 원인이 나타나지 않는 질병으로 인하여 고통 받는 삶을 살 것이다.

루미너리중의 하나인 ☽가 1st나 2nd에 위치하여 인포춘인 ♄이나 ♂로부터 □나 ☍애스펙트를 이루거나 ♅과 □나 ☍애스펙트를 이루면 네이티브는 평생 병에 시달리며 살 것이다. 루미너리인 ☉과 ☽가 인포춘인 ♄의 속성을 가진 픽스트스타와 ♂을 하면 네이티브는 몸이 몹시 마르고 야윌 것이며 잦은 병으로 고생할 것이다.

ASC의 커스프가 위치하는 사인과 1st의 로드 또는 1st가 인터셉트하는 사인의 로드가 디그니티가 낮거나 인포춘인 ♄이나 ♂로부터 □나 ☍애스펙트를 이루는 경우 네이티브의 신체는 약하고 잦은 병에 시달릴 것이다. 또는 1st의 로드가 6th나 12th에 위치하는 경우 네이티브는 병약할 것이다.

루미너리중의 하나인 ☉이 1st나 10th에 위치하며 ♋사인에 위치할 경우 네이티브는 건강하며 장수할 것이다. 그러나 ☉이 하늘의 좋지 않은 위치인 6th, 7th, 8th, 12th하우스에 코로드로 위치할 경우 네이티브는 잦은 질병으로 고통 받으며 오래 살지 못할 것이다.

♂가 6th에 위치하면 네이티브는 갑작스럽게 발병하는 질병으로 고생할 것이다. ♂가 12th에 위치하면 네이티브는 치명적인 심각한 질병으로 고생할 것이다. 네이탈 출생차트에서 인포춘인 ♄과 ♂가 남성의 사인(♈, ♊, ♌, ♎, ♐, ♒)에 위치하면 네이티브는 급성 질병으로 고생하거나 갑작스런 사고로 인하여 고생할 것이다. 네이탈 출생차트에서 인포춘인 ♄과 ♂가 여성의 사인(♉, ♋, ♍, ♏, ♑, ♓)에 위치할 경우 네이티브는 만성질병으로 인하여 오랫동안 고생하게 될 것이다. ♂가 1st에 위치하게 될 때 네이티브는 얼굴에 상처를 입어 흉터가 남거나 성형수술을 하게 될 것이다. 또는 질병으로 인한 수술 흉터가 남을 것이다. 10th에 위치한 ♄은 네이티브가 갑작스러운 사회적 지위를 잃고 몰락하여 화병으로 고생할 것이다.

점성학을 공부하는 사람들이 여기서 오해하기 쉬운 것은 인포춘인 ♄과 ♂를 질병의 시그니피케이터로만 생각할 수 있다는 것이다. 그러나 인포춘인 ♄과 ♂가 1st에서 룰러를 얻거나 코로드로 위치하게 될 때 네이티브의 건강을 다스리는 시그니피케이터가 될 수 있다는 것을 알아야 한다.

루미너리인 ☉과 ☽가 인포춘인 ♄과 ♂로부터 □나 ☍애프렉트를 이루면 네이티브는 시력이 약해지거나 시력을 잃게 될 것이다. 루미너리인 ☉과 ☽가 은하수의 북쪽 ♊ 21°~♋ 1°사이, 은하수의 남쪽 ♐ 7°~17°사이에 위치하게 되면 네이티브의 시력은 저하될 것이다. 또한 루미너리가 은하수 남쪽에 위치한 ♐ 9°에 위치한 안타레스와 ☌을 하도 시력을 저해하는 역할로 작용할 것이다. 시력에 문제가 없다면 네이티브의 눈동자 흰자위에 점이라도 있을 것이다. 루미너리중 ☉이 인포춘인 ♄에 의하여 □나 ☍애스펙트를 이루면 네이티브가 남자이면 오른쪽 눈, 여자이면 왼쪽 눈이 눈의 점막을 손상시키는 질병으로 고통을 받을 것이다. 루미너리중 ☉이 ♂에 의하여 □나 ☍애스펙트를 이루면 네이티브는 창상이나 칼과 같은 외상에 의하여 남자는 오른쪽 눈 여자는 왼쪽 눈이 실명을 하거나 시력에 이상이 생길 것이다. ☽가 ☉과 ☍애스펙트를 이루면서 시력을 저해하는 픽스트 스타 안타레스나 은하수에 위치하는 픽스트 스타와 ☌을 이루게 되면 네이티브는 시력에 장애가 생길 것이다.

공기나 음파, 전파의 흐름과 작용을 주관하는 ☿가 다스리는 사인(♊, ♍)에 인포춘인 ♄이 위치할 경우 네이티브는 귀에 질병이 발생하거나 발생할 확률이 높다. 이때 ♄이 6th나 8th에 위치하게 되면 청력의 문제나 귀의 질병을 더욱 확신할 수 있다. 6th의 로드인 ☿가 1st에 위치하여 인포춘인 ♄과 □나 ☍애스펙트를 이루거나 6th의 커스프와 인포춘인 ♄이 ☍애스펙트를 이루면 네이티브는 청력에 손상을 입거나 청력을 잃을 수 있다. ♄과 ☿가 옥시덴트 쿼터에서 앵글 하우스에 위치하여 ☉으로부터 컴버스트를 당하거나 언더썬빔을 당하면서 ♃나 ♂으로부터 ✶이나 △을 이루지 못하면 네이티브는 말이 어눌하거나 발성에 장애가 생길 수 있다. 말이 없는 뮤트 사인(♋, ♏, ♓)에서 ☿가 ☉으로부터 컴버스트를 당하거나 언더썬빔을 당하면서 ☽와 어떤 애스펙트도 이루지 못한 다면 네이티브는 과묵하여 말이 없고 말을 하더라도 서툴러서 잘 못할 것이다. 1st의 로드와 1st의 로드가 익절테이션을 얻는 사인의 로드, ☿가 위치한 사인의 트리플리시티의 로드, ☽가 모두 말이 없는 뮤트 사인(♋, ♏, ♓)에 위치하면 네이티브는 확실하게 말을 더듬을 것이다.

ASC의 사인이 ♏이며 ♂가 1st에 우치할 경우 네이티브는 앞니를 모두 잃게 될 것이다. ♏를 비롯한 물의 사인(♋, ♓)에 ♂가 코로드로 위치해도 네이티브는 앞니를 잃는 경우가 많을 것이다. 물의 사인(♏, ♋, ♓)에서 ♄이 ☉으로부터 컴버스트를 당하면 네이티브는 치통으로 고생하게 될 것이다. 이때 ♄과 ☉이 1st나 6th에서 컴버스트를 이루게 되면 치통이 더욱 심할 것이다.

간질은 입에 거품을 물고 갑자기 쓰러져서 한 참 동안 경련을 일으키다가 다시 정신이 제대로 돌아오는 질환이다. 점성학에서는 네이티브가 광기에 사로잡혀 제정신이 아닌 상태나 지능이 떨어지는 정신지체 등은 매우 비슷한 구조를 이룬다. 1st에 ☽가 위치하여 ♄과 ☿으로부터 동시에 ∞애스펙트를 이루거나 앵글 하우스에서 인포춘인 ♄과 ☊가 서로 ∞을 이루면 네이티브는 간질을 앓기 쉽다고 판단한다. 4th에 위치한 ☉과 ☊가 ☽와 ♂을 이루거나 ∞애스펙트를 이루면서 ♄이 ☉과 ☊와 ♂을 이루거나 □또는 ∞애스펙트를 이루고 또는 ♄이 ☽와 ♂을 이루거나 □또는 ∞애스펙트를 이루게 되면 네이티브는 정신이 나간상태가 되어 미쳐버리거나 광기에 사로잡히게 될 것이다. 또는 간질을 앓게 될 것이다. 언쟁을 하거나 부부싸움이라도 하게 되면 완전히 이성을 잃어 미쳐 날뛸 것이다. ☽가 다른 플래닛으로부터 □나 ∞애스펙트를 이루면서 7th에 위치하면 네이티브는 간질을 앓게 될 것이며 1st에 위치하게 되면 정신이상 증세를 경험하게 될 것이다.

물의 사인과 흙의 사인에서 ♃와 ♄ 또는 ☊와 ∞애스펙트를 이루게 되면 네이티브는 결석으로 고생할 것이다.

10th 하우스에 ♄이나 ☊또는 ☋또는 ☉이 위치하여 인포춘의 의미를 지닌 픽스트 스타와 ♂을 하게 되면 추락이나 낙상을 당할 수 있다. 12th에서 공기의 사인이 위치하고 ☊가 코로드로 위치할 때 네발달린 큰 짐승인 말이나 소 등을 타다가 떨어지는 사고를 당할 수 있으며 자동차 등의 추락사고 위험도 있다.

<차트 VI-1>

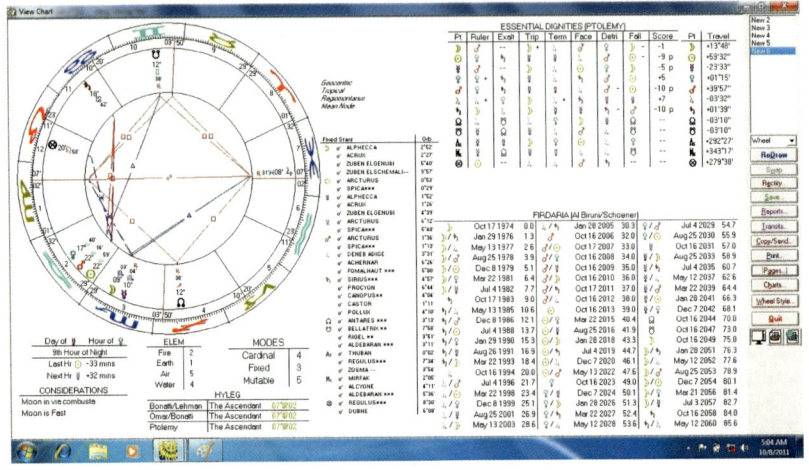

　〈차트 VI-1〉 여성의 네이탈 출생차트에서 네이티브의 질병을 다스리는 6th의 사인♒의 룰러인 ♄이 사인♋에 위치한 11th에 코로드로 위치해 있다. ♄은 체액 유출 및 손실로 인한 질병을 다스리며 사인 ♋는 신체부위에서 가슴부위를 다스리고, ♀는 생식기, 젖가슴을 다스린다. 그런데 피르다리에서 2008년도 10월 16일 마이너로 ♀가 들어온다. ♀는 1st ♎에서 룰러를 얻어 매우 강력하다. 강력한 ♀가 사인 ♋에 위치한 ♄과 □ 애스펙트를 이루고 있다. 그러므로 위 네이티브는 2009년도에 유방암 판정을 받고 투병생활을 하였다. 위 차트에서 질병을 다스리는 6th의 룰러인 ♄이 카디날 사인 ♋에 위치하고 있으므로 네이티브는 유방암 판정을 받았지만 2009년 10월 16일 피르다리 마이너가 ☿로 바뀌는 기간을 전후하여 유방암이 쉽게 완치되었다.
　네이탈 출생차트에서 네이티브의 건강을 다스리는 시그니피케이터들이 포춘인 ♃나 ♀로부터 ✶이나 △애스펙트를 이루며 그 시그니피케이터들이 카디날 사인(♈, ♋, ♎, ♑)에 위치할 경우 네이티브가 앓고 있는 질병은 어려움 없이 빨리 치료가 될 것이다. 그러나 네이티브의 건강을 다스리는 시그니피케이터들이 디그니티가 낮고 픽스트 사인(♉, ♌, ♏, ♒)에 위치하여 포춘인 ♃나 ♀로부터 ✷이나 △애스펙트를 이루지 않으면 네이티브가 앓고 있는 질병은 치료가 불가능 하거나 오랫동안 치료해야하는 만성질병이 될 것이다.

네이티비티(Nativity)에서 네이티브의 고용인과 아랫사람에 대하여

1. 6th 하우스
2. 6th의 로드
3. 6th의 코로드
4. 하인과 아랫사람의 보편적 시그니피케이터 ☿

고용인(아랫사람)과 작은 동물 및 애완동물들에 대한 판단은 위 시그니피케이터를 근거로 판단한다. 6th의 로드가 앵글에 위치하여 룰러를 얻거나 익절테이션을 얻어 디그니티가 강하면 네이티브에게는 훌륭한 고용인 도는 아랫사람이 있을 것이다. 6th의 로드가 10th에 위치할 경우 네이티브가 고용한 사람들이나 자신의 밑에서 일하는 사람들에 대한 신뢰와 믿음이 있어 그들에 대한 승진이나 보다 높은 지위로 승격할 수 있도록 노력할 것이다.

아랫사람의 보편적 시그니피케이터인 ☿가 카디날 사인(♈, ♋, ♎, ♑)이나 뮤터블 사인(♊, ♍, ♐, ♓)에 위치한 1st나 6th 또는 10th, 또는 12th에서 디그니티를 얻고 ♃에 어플라이할 경우 네이티브에게는 훌륭한 직원이 많을 것이다. 그러나 아랫사람을 다스리는 보편적 시그니피케이터인 ☿가 R하거나 ☉으로부터 컴버스트를 당한 상태에서 픽스트 사인(♉, ♌, ♏, ♒)에 갇힌 인포춘 ♄과 ♂에 접근할 경우 네이티브는 고용인이나 아랫사람에게 배신을 당할 것이다. 네이탈 출생차트에서 6th나 12th에 포춘인 ♃나 ♀가 코로드로 위치할 경우 네이티브는 고용인이나 아랫사람으로부터 이로움이나 덕을 볼 것이다. 그러나 디그니티를 잃어 페러그라인한 ♄이나 ♂또는 ☋이 불의 사인(♈, ♌, ♐)에 위치한 6th에 코로드로 위치하면 네이티브는 자신이 고용한 사람들로부터 특별한 이로움을 보지 못할 것이며 보다 나은 조건의 직장으로 이직할 마음을 갖는 등 성실한 자세로 임하지 않을 것이다.

〈차트 VI-2〉

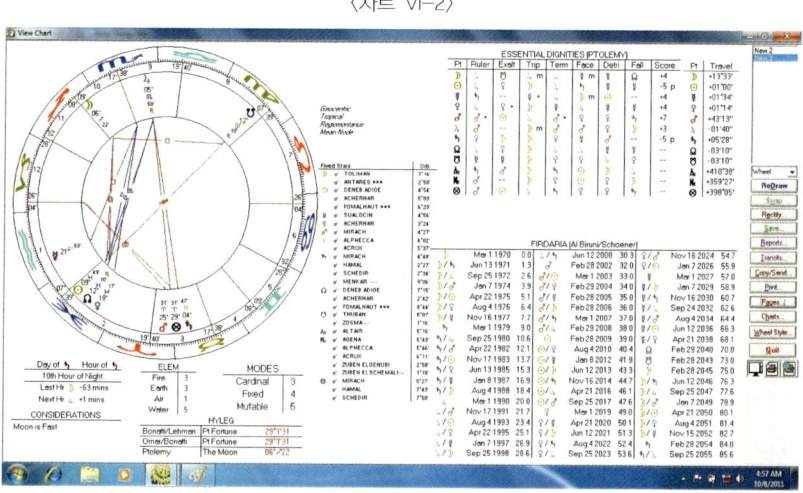

〈차트 VI-2〉 네이탈 출생차트에서 6th의 로드인 ☿가 1st에 위치하여 직업의 하우스인 10th의 커스프를 □애스펙트를 이루고 있다. 그리고 ☿의 디스포지터인 ♄이 3rd에서 디그니티를 잃어 페러그라인한 상태에서 재물의 보편적 시그니피케이터인 ♃를 ☍애스펙트를 이루고 있다. 네이티브는 강남 번화가에서 작은 가게를 운영하고 있었다. 그런데 네이티브가 데리고 있던 직원이 자신이 운영하는 가게 옆에 같은 업종의 새로운 가게를 개업하여 단골손님들을 빼내어 갔다. 종업원을 다스리는 보편적 시그니피케이터인 ☿가 10th의 커스프를 □애스펙트를 이룬다는 것은 네이티브가 고용하고 있는 종업원이 어떤 식으로든 네이티브의 직업에 좋지 않은 영향을 준다는 의미이며, ☿의 디스포지터인 ♄이 재물의 보편적 시그니피케이터인 ♃를 ∞애스펙트를 이룬다는 것은 네이티브가 고용한 종업원으로 인하여 재물에 손상을 입는다는 것을 의미한다.

7th 하우스

7th 하우스는 네이티비티에서 네이티브의 사회적 활동영역과 대인관계를 다스리며 그들의 외모와 상태, 지위 고하를 보여준다. 파트너, 동업자, 라이벌, 네이티브를 제외한 모든 제 3자, 배우자, 연인, 애인, 결혼, 이혼, 분쟁, 타협, 소송, 도둑, 강도, 남편, 아내, 알려진 반대자, 법적 소송에서 피고인, 전쟁에서 반대편, 모든 다툼, 결투, 법적인 소송, 점성술에서 점성가 자신, 의료에서 의사 자신을 다스린다.

네이티비티(Nativity)에서 네이티브의 결혼을 다스리는 시그니피케이터

1. 남성 결혼의 보편적 시그니피케이터는 ♀와 ☽이며 여성결혼의 보편적 시그니피케이터는 ☉과 ♂이다.
2. 7th 커스프
3. 7th 하우스
4. 7th의 로드
5. 7th의 코로드
6. 7th 로드의 디스포지터

남성의 결혼에 관하여

DSC(7th의 커스프)가 다산의 사인(♋, ♏, ♓)에 위치하는 경우 네이티브는 결혼을 할 수 있을 것이다. 7th의 로드가 디그니티를 얻어 강하면 결혼을 할 수 있을 것이다. 7th에 포춘인 ♃나 ♀가 위치하는 경우 역시 결혼을 할 수 있을 것이다. 1st, 5th, 10th, 11th의 커스프가 다산의 사인에 걸리고 이들 하우스에 ♀와 ☽가 코로드로 위치하면 네이티브는 결혼을 할 수 있을 것이다. 그리고 1st의 로드가 7th의 로드에 어플라이 ✶이나 △애스펙트를 이루면 네이티브는 결혼을 하고 싶은 욕망이 매우 강할 것이다.

네이탈 출생차트에서 네이티브의 결혼의 시그니피케이터들과 ♀ 그리고 ☽가 불모의 사인(♊, ♌, ♍)이 걸린 케이던트 하우스 6th, 8th(8th는 케이던트는 아니지만 죽음을 다스리는 죽음의 하우스이므로 케이던트와 마찬가지로 안 좋게 본다.), 12th에 위치하면 네이티브는 결혼을 하지 않거나 혼자 살거나 결혼이 하기 싫어서 계속하여 피하려고 할 것이다. 결혼의 시그니피케이터인 ♀나 ☽는 네이티브의 합법적인 결혼을 나타내는데 ♄으로부터 □나 ☍애스펙트를 이루게 되면 네이티브는 결혼하고자하는 마음이 사라져 독신으로 지낼 것이다. 왜냐하면 ♄은 수도원생활과 같은 고독한 삶을 상징하기 때문이다.

남성의 결혼시기

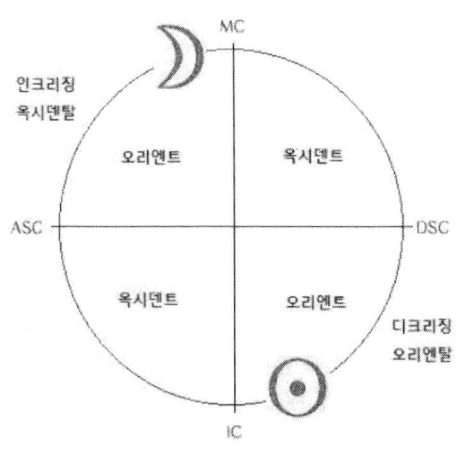

남성의 결혼을 다스리는 시그니피케이터들 대부분이 ☽가 풀문에서 ☉을 향하여 다가가는 디크리징할 때 오리엔탈 한다고 하며 이 오리엔탈 범위에서 오리엔트 쿼터에 속하는 4th, 5th, 6th, 10th, 11th, 12th 하우스에 위치할 경우 네이티브는 일찍 결혼할 것이며, 비록 늦게 결혼을 하더라도 어린 신부를 맞이하게 될 것이다.

그러나 남성의 결혼을 다스리는 시그니피케이터들 대부분이 ☽가 ☉으로부터 멀어져서 풀문으로 운행하는 인크리징할 때 옥시덴탈 한다고 하며 이 옥시덴탈 범위에서 옥시덴트 쿼터에 속하는 1st, 2nd, 3rd, 7th, 8th, 9th 하우스에 위치할 때 네이티브는 매우 늦게 결혼하게 될 것이며, 일찍 결혼한다고 하더라도 나이 차이가 많이 나는 연상의 여인과 결혼을 하게 될 것이다. 7th의 로드가 ♀또는 ☽ 또는 ☿이고 이 플래닛들이 오리엔트 쿼터에 위치하면 네이티브는 확실히 일찍 결혼한다. 그러나 7th의 로드가 ♄이나 ♎이면 네이티브는 결혼하기 힘들거나 늦은 나이에 결혼을 하게 될 것이다.

7th의 로드나 ☽ 또는 ♀의 운행속도가 빠르거나 ☽나 ♀에 어플라이 애스펙트를 이루는 플래닛의 운행속도가 빠르면 네이티브는 일찍 결혼하거나 결혼의 시기가 앞당겨질 것이다. 그러나 이 플래닛들이 R하거나 Slow하거나 stationary하면 결혼의 시기는 늦어지게 될 것이다. 남성의 결혼을 다스리는 시그니피케이터 ♀와 ☽중에서 ♀보다는 ☽를 우선하여 판단한다.

네이티비티(Nativity)에서 결혼의 회수 또는 배우자의 수에 대하여

네이탈 출생차트의 네이티브가 남자인 경우에 ♀와 ☽를 가장 우선하여 판단한다. 네이티브가 남성인 경우 ☽가 ☉이나 ♄으로부터 컴버스트나 □나 ☍애스펙트를 이루어 심하게 디그니티가 손상을 당하거나 ☽가 7th에서 룰러를 얻어 디그니티가 매우 강하고 두 번 이상의 결혼을 의미하는 다산의 사인(♋, ♏, ♓)이나 더블바디 사인(♊, ♐, ♓)위 위치하여 네이티브가 두 번 이상 결혼을 하거나 두 명 이상의 배우자를 두는 차트구조를 보이지 않는 이상 네이티브는 한 명의 배우자 또는 한 명의 여인으로 만족할 것이다. 그러나 모든 결혼의 시그니피케이터들이 다산의 사인(♋, ♏, ♓) 즉 물의 사인에 위치하면 네이티브는 두 번 이상 결혼을 하게 될 것이다. 또한 ☽가 7th에 위치할 경우 남성의 네이티브는 애인이 많고 바람기가 농후할 것이다.

배우자의 수나 관계에 대하여 판단하는 일반적 법칙은 결혼을 다스리는 시그니피케이터들이 디그니티가 낮을 경우 그 플래닛이 나타내는 여성은 네이티브가 자유롭게 사귀는 연인일 것이며 처음부터 결혼을 전제로 사귀는 사람은 아닐 것이다. 그리고 ☽가 뮤터블 사인에 위치한 시그니피케이터에 ✶이나 △애스펙트를 이루는 경우 네이티브의 배우자는 두 명일 것이다. 또한 다산의 사인에 위치한 ☽가 더블바디 사인이나 다산의 사인에 위치한 시그니피케이터에 ✶이나 △애스펙트를 이루는 경우 배우자는 3명 이상일 것이다. 7th의 커스피가 다산의 사인에 위치하고 7th의 룰러도 다산의 사인이나 뮤터블 사인에 위치할 경우 확실하게 네이티브의 배우자는 3명 이상일 것이다.

〈차트 VII-1〉

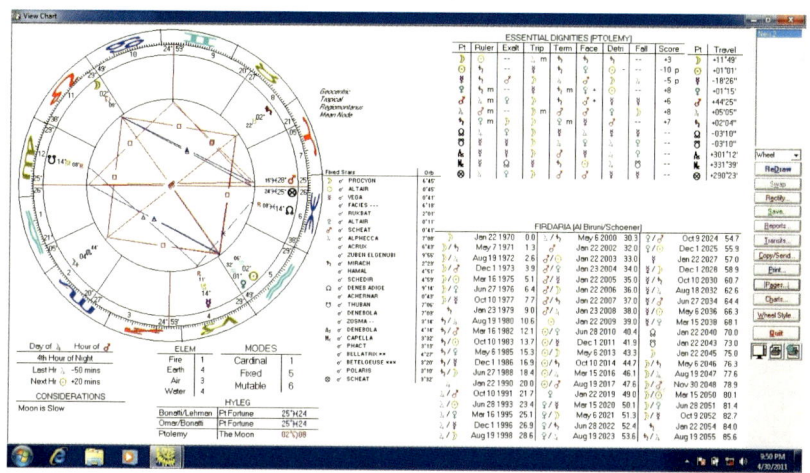

〈차트 VII-1〉 네이탈 출생차트에서 7th의 커스프는 더블바디 사인이며, 물의 사인이고, 다산의 사인인 ♓ 25°에 걸려 있다. 7th에 위치한 코로드는 ♃가 ♓ 28°에 위치하고 있으며 ☽는 11th 사인 ♌ 2°에 코로드로 위치하고 있다. ☽와 ♃는 △애스펙트를 이루는데 ☽의 모이티는 6° 15′이며 ♃의 모이티는 4°이다. 이 플래닛들의 모이티의 합이 10° 15′이므로 ☽ △ ♃=124°이다. 파틸 △ 120°를 지나온 4°는 ☽와 ♃의 모이티의 합 10° 15′내에 있으므로 △애스트를 이루고 있다. 그러므로 위 출생차트이 주인공인 네이티브는 한 번 결혼에 실패하고 두 번째 결혼하여 살고 있다.

파틸애스펙트를 이루는 애스펙트를 찾는 것도 중요하지만 차트 자체가 디그니티가 약할 때는 세퍼레이션 애스펙트까지 포함하여 차트를 해석하는 것이 중요하다.

네이티비티(Nativity)에서 네이티브의 배우자를 만나는 곳

남성의 네이티브의 경우에는 7th의 커스프가 위치하는 사인 7th의 로드가 위치하는 사인과 쿼터, ☽와 ♀가 위치한 사인과 쿼터를 종합하여 판단한다. 여성의 네이브인 경우에는 ☽와 ♀대신 ☉과 ♂가 위치한 사인과 쿼터를 종합하여 판단한다. 결혼의 시그니피케이터가 3rd나 9th에 우치하게 되면 네이티브가 결혼하고자 하는 사람은 다른 지역 사람일 것이라고 판단한다. 배우자를 다스리는 7rh의 로드가 9th에 위치하거나 9th의 로드가 7th에 위치하는 경우에 네이티브가 결혼하고자 하는 사람은 외국인일 가능성이 크다.

네이티비티(Nativity)에서 네이티브의 배우자 모습에 대하여

배우자를 다스리는 7th 하우스의 커스프가 위치하는 사인과 결혼의 시그니피케이터 그리고 ☽와 파틸 애스펙트를 이루는 플래닛과 ☽와 ♂하는 플래닛을 중심으로 판단한다. ♃와 ♀ 그리고 ☽가 서로 ♂을 이루거나 ✶또는 △애스펙트를 이루면 네이티브가 결혼하고자 하는 여인의 모습은 아름다울 것이다. 결혼의 시그니피케이터가 포춘인 ♃와 ♀가 ♂을 이루거나 ✶또는 △애스펙트를 이루면 역시 배우자는 아름다울 것이다. 결혼의 시그니피케이터가 ♄으로부터 □나 ☍애스펙트를 이루면 배우자의 외모는 추할 것이다. 또한 결혼의 시그니피케이터가 ☉으로부터 컴버스트를 당하게 되면 아름다움이 일그러져 외모는 추할 것이다. 7th의 커스프에 ♊, ♍, ♎, ♐(15° 7th의 커스프가 이전에 걸릴 때) 사인이 걸리게 되면 배우자의 외모는 아름다울 것이다. 7th의 커스프가 ♏, ♒, ♓ 사인에 걸리면 배우자의 외모는 중간정도일 것이며, 짐승의 사인 ♈, ♉, ♋, ♌, ♑, ♐(15° 이후에 7th의 커스프가 걸릴 때)에 걸리게 되면 배우자의 외모는 추할 것이다.

네이티비티(Nativity)에서 네이티브의 배우자의 인품에 대하여

남성의 결혼의 시그니피케이터에서 가장 중요한 플래닛은 ☽와 ♀이다. 이 중에서 ☽와 어플라이 애스펙트를 이루는 플래닛을 기준으로 배우자의 인품을 판단한다.

플래닛에 따른 배우자의 인품에 대하여	
디그니티를 얻은 ♄	아내는 말이 없고 신중하며, 생각이 깊고, 성실하고 함부로 재산을 낭비하지 않는 여인일 것이다.
디그니티를 잃은 ♄	아내는 매우 까다롭고 완고하며 게으르고 의심과 질투심이 많아 항상 분란을 일으키는 여인일 것이다.
디그니티를 얻은 ♃	아내는 정숙하며 고결하고 친절하며 신의가 있는 여인일 것이다.
디그니티를 잃은 ♃	아내는 낭비가 심하고 감사할 줄 모르는 위선적인 여인일 것이다.
디그니티를 얻은 ♂	아내는 소탈하고 구속되기 싫어하며 자신의 주장이 매우 강한 여인일 것이다.
디그니티를 잃은 ♂	아내는 성격이 난폭하고 괴팍하여 싸움이 끊이지 않을 것이며 오만무례하고 쓸데없는 일들을 벌려 조용한 날이 없을 것이다.
디그니티를 얻은 ♀	아내는 아름답고 예의바르며 정숙한 여인일 것이다.
디그니티를 잃은 ♀	눈이 높고 말이 많으며 사치스러워 재산을 낭비하는 여인일 것이다.
디그니티를 얻은 ☿	영리하고 머리가 좋으며 언변이 유창하고 매우 명랑한 여인이며 가정생활에 충실한 여인일 것이다.
디그니티를 잃은 ☿	말이 많고 수다스러우며 쉽게 소문을 퍼트리고 이간질을 하여 싸움을 일으키고, 거짓말을 쉽게 하는 변덕스러운 여인일 것이다.

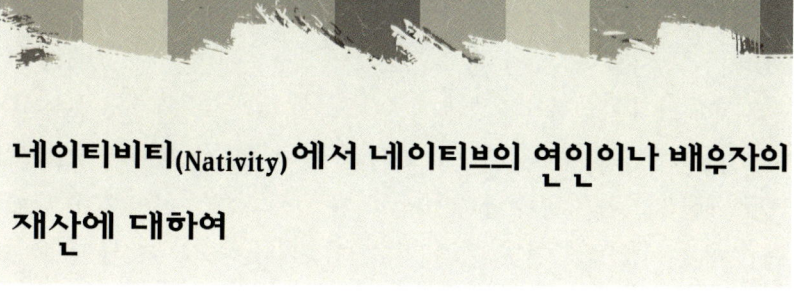

네이티비티(Nativity)에서 네이티브의 연인이나 배우자의 재산에 대하여

연인이나 배우자의 재산을 나타내는 시그니피케이터들이 하늘의 좋은 위치인 앵글에 떠 있고 디그니티가 강하면 부유한 배우자를 만날 것이다. 그러나 8th가 약하면 재산이 없거나 사회활동이 활발하지 않은 배우자를 만날 것이다. 8th의 커스프에 포춘인 ♃나 ♀의 ✶ 또는 △애스펙트를 이루면 재산이 많은 배우자를 만날 것이다. 또한 8th에 ⊗가 위치하거나 포춘의 의미를 가진 픽스트 스타가 ♂을 하게 되면 역시 재산이 많은 배우자를 만날 것이다. 8th의 로드가 룰러를 얻거나 하늘의 좋은 위치인 앵글이나 석시던트에서 룰러를 얻으면 배우자는 부유할 것이다.

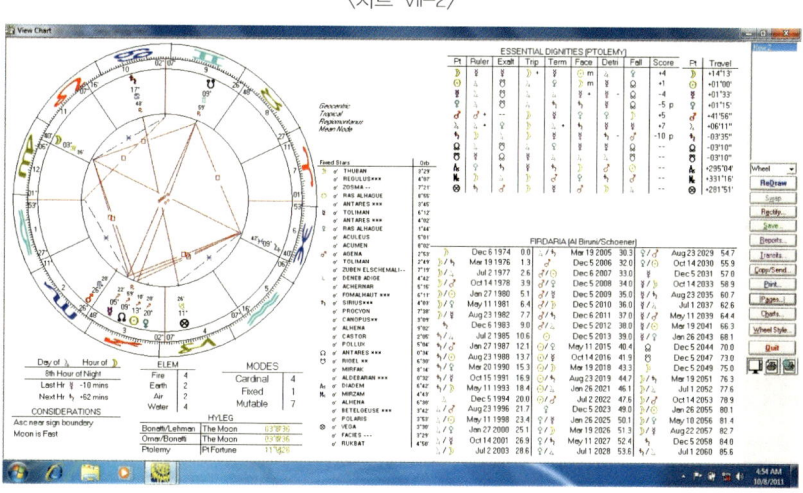

〈차트 VII-2〉

그러나 나의 개인적인 경험에 비추어 보면 7th의 로드가 2nd에 위치할 때 아내가 남편의 재산을 모두 갖고 나간다. 즉 이혼할 때 아내가 남편의 모든 재산을 가지고 나가 남편은 방 한 칸 얻을 돈도 없이 쫓겨난다. 4th에 ☽가 위치할 때 남편보다 아내가 일찍 죽거나 이혼을 하여 부모 중에 한 쪽이 없다.

〈차트 VII-2〉 차트에서 아내의 하우스를 의미하는 7th 하우스 커스프는 ♈에 걸려 있다. 7th의 로드는 ♂이다. ♂는 배우자의 죽음을 다스리는 8th를 의미하는 2nd 하우스에 위치해있다. 그러므로 결혼이 오랜 세월 유지된다면 아내는 남편보다 먼저 죽음을 맞이하거나 고질병으로 고생하게 될 것이다. 그러나 〈차트 VII-2〉 네이탈 출생차트의 네이티브는 이혼을 하게 되고 아내는 네이티브의 모든 재산을 가지고 나갔다. 네이티브는 방 한 칸 얻을 보증금 단 돈 오백만원도 없이 쫓겨났다. 자신의 몸 하나 누울 공간도 없어 친구의 집을 전전하고 있었다.

7th의 로드가 2nd에 위치하게 될 때 일반적으로 점성가들은 재산이 많은 배우자를 만난다고 하지만 본인의 경험에 비추어볼 때 비록 배우자가 재산이 많을 지라도 결국에는 모든 재산을 네이티브로부터 빼앗아 가버리고 만다.

네이탈 출생차트에서 네이티브의 배우자의 죽음에 대하여 그러나 보편적인 죽음과 죽음의 원인은 8th 하우스가 다스린다.

1. 8th 하우스의 커스프
2. 8th 사인
3. 8th 로드
4. 8th의 코로드

아내의 죽음에 대해서는 일반적으로 아내의 네이탈 출생차트를 보고 판단하여야 하나 여기서는 간단하게 남자의 네이탈 출생차트를 통해서 살펴보기로 하겠다. 8th의 커스프가 걸린 사인이 불의 사인이며 그 로드가 불의 플래닛이면 배우자는 칼이나 기계 또는 교통사고 또는 화재에 의한 죽음을 의미한다. 8th의 커스프가 걸린 사인이 흙의 사인이며, 그 로드가 흙의 플래닛이면 배우자는 산사태나 건물의 붕괴, 생매장 등에 의한 죽음을 의미한다. 8th의 커스프가 걸린 사인이 공기의 사인이며, 그 로드가 공기의 플래닛이면 배우자는 추락이나 교량의 붕괴 또는 사람에 의한 죽음을 의미한다. 8th의 커스프가 걸린 사인이 물의 사인이며, 물의 프래닛이면 익사나 약물중동, 알코올 중독에 의한 죽음을 의미한다. 아내의 시그니피케이터나 7th의 로드가 인포춘으로부터 □나 ∞애스펙트를 이루거나 하늘의 좋지 않은 위치인 케이던트에 빠지면 아내는 일찍 죽거나 병으로 고생하게 될 것이다. 특히 7th 하우스인 DSC를 아내의 ASC로 놓고 시계 방향으로 8th 하우스가 되는 2nd 하우스가 아내의 죽음을 다스리는 8th 하우스가 되므로 7th의 로드가 2nd에 위치하게 되면 아내는 일찍 죽거나 고질병으로 고생하게 될 것이다.

네이티비티(Nativity)에서 여성의 결혼에 대하여

1. ☉
2. ♐(Asc)
3. 7th의 커스프
4. 7th의 로드
5. 7th의 코로드

　여성의 네이탈 출생차트에서 남성의 네이탈 출생차트를 판단할 때와 동일한 방법으로 판단한다. 다만 남자의 출생차트에서 ☽ 대신 ☉을 ♀대신 ♐를 위치시킨다는 점이 차이가 있다.

　결혼의 시그니피케이터들이 다산의 사인(♋, ♏, ♓)에 위치하고 하늘의 좋은 위치인 앵글이나 석시던트에 위치하여 디그니티를 얻고 포춘인 ♃나 ♀로부터 △애스펙트를 이루면 여성의 네이티브는 결혼을 할 것이다. 그러나 여성의 결혼의 시기니피케이터들이 불모의 사인(♊♌♍)에서 하늘의 좋지 않은 위치인 케이던트에 빠져서 디그니티가 낮고 인포춘인 ♄과 ♐로부터 □나 ☍애스펙트를 이루게 되면 여성의 네이티브는 결혼을 할 수 없을 것이다. ♀가 옥시덴트 쿼터의 7th에 위치하고 ♄이 4th에 위치하게 되면 여성의 네이티브는 결혼에 대한 생각이 없으며 섹스에 대한 즐거움도 모를 것이다. 만일 여성의 네이탈 출생차트 구조에서 결혼을 하더라도 이혼을 하게 될 것이다. 여성의 네이탈 출생차트에서 ☉과 ☽ 모두 오리엔트 쿼터에 위치하여 남성의 사인에 위치할 때 여성의 네이티브는 남자와 같은 남성스러운 성격의 소유자로서 남자에게 별 흥미가 없는 여성이며, 결혼을 한다고 해도 성격이 드세서 함께하기 힘든 여성일 것이다. 특히 ♀와 ☊가 □나 ☍애스펙트를 이루면 결혼이 힘들 것이다.

네이티비티(Nativity)에서 여성의 결혼시기에 대하여

 여성의 결혼 시기는 ☉이 위치한 쿼터와 사인을 보고 판단할 수 있다. ☉이 오리엔트 쿼터에 위치해 있으면 젊어서 일찍 결혼하거나 결혼의 시기를 놓쳐 나이든 후에 결혼을 하게 되면 연하의 남성을 만나 결혼하게 될 것이다. ☉이 옥시덴트 쿼터에 위치하게 되면 여성의 네이티브는 늦은 나이에 결혼을 하게 되는 데 이때는 연상의 나이든 남자와 결혼을 하게 될 것이다. ☉, 7th의 커스프, 7th의 로드 등 모두 뮤터블 사인(Ⅱ, ♍, ♐, ♓)에 위치하게 되면 여성의 네이티브는 두 명 이상의 남성과 결혼을 하게 될 것이다. 또한 ☉이나 ☾가 더블바디 사인(Ⅱ, ♐, ♓)에 위치할 경우 두 명이상의 남성과 결혼하게 될 것이다.

네이티비티(Nativity)에서 여성의 배우자를 만나는 곳에 대하여

결혼의 시그니피케이터들이 나타내는 방위를 종합하여 판단하며, 특히 디그니티가 강한 플래닛을 따라 판단한다. 그리고 ⊗가 3rd에 위치하거나 결혼의 시그니피케이터들이 디그니티를 잃어 페러그라인하면 배우자인 남성은 타향사람이거나 타향에서 만나게 될 것이다.

네이티비티(Nativity)에서 배우자의 경제력에 대하여

 연인이나 배우자의 경제력 또는 지참금 등은 네이티비티(Nativity)에서 네이티브의 8th를 보고 판단한다.

1. 8th의 커스프
2. 8th의 로드
3. 8th의 코로드
4. 8th의 시그니피케이터와 애스펙트를 이루는 플래닛과 ⊗
5. 8th의 시그니피케이터와 ⊗에 ♂하는 픽스트 스타

 연인이나 배우자의 경제력을 나타내는 시그니피케이터들이 하늘의 좋은 위치인 앵글이나 석시던트에 위치하고 디그니티를 얻어 강하면 재산이 많고 부유한 배우자를 만날 것이다. 그러나 8th가 약하면 사회활동을 하지 못하거나 재산이 없는 배우자나 연인을 만날 것이다. 8th에 ⊗가 위치하거나 8th의 로드가 그 자신의 사인에 위치하면서 하늘의 좋은 위치에 있으면 배우자는 부유할 것이다. 또한 8th의 커스프에 포춘인 ♃나 ♀가 ✶이나 △애스펙트를 이루거나 강력한 픽스트 스타가 ♂하면 네이티브는 부유한 배우자를 만날 것이다.

시나스트리 I(Synastry I)

남자와 여자가 마음에 드는 배우자를 찾아 좋은 인연을 맺고 인생을 살아가면서 일어날 수 있는 부부관계에서의 문제점들을 알아보기 위한 것이다. 네이탈 출생차트에서 7th 하우스는 결혼과 이혼, 남편과 아내를 다스린다. 반대편에 위치한 1st 하우스는 상호 보완적이거나 대립적인 의미를 지닌다. 보완적 입장에서는 서로 협력하고 노력하는 모습을 보여주며 좋은 일과 좋지 않은 일들을 함께 공유하는 사람을 의미한다. 대립적인 의미로는 서로의 생활에 대하여 방해하거나 경쟁의식을 느껴 서로 경쟁하며 대항하는 행동들을 의미한다. 5th는 유흥과 섹스 등 육체적인 측면을 다스리므로 연애하는 기간이나 신혼기간 등을 다스린다.

7th 하우스에 위치한 플래닛의 의미

플래닛	의미
☉	배우자는 독립적이고 자부심이 강하다. 야심이 있고 관대하고 너그러우며 고결하고 기품이 있다. 네이티브보다 더 좋은 사회적 배경의 배우자를 만나 사회적 성취를 이룰 수 있다. 다른 플래닛으로부터 □나 ∞애스펙트를 이루게 되면 사치스러우며 이기적이고 허영심이 가득하며, 낭비벽이 심하다.
☽	배우자는 마음이 곱고 부드러우나 까다롭고 우유부단하며 변덕스러운 기질이 있다. 네이탈 출생차트에서 7th에 ☽가 있으면 낭만적인 결혼을 의미하지만 배우자는 감성적이고 감정적이어서 애정과 사랑에 쉽게 흔들릴 수 있으므로 한 번 이상의 결혼을 의미하기도 한다. 다른 플래닛으로부터 □나 ∞애스펙트를 이루게 되면 욕심이 많고 탐욕스러우며 제멋대로이고 음울하고 단정하지 못하다.
☿	배우자는 똑똑하고 영리하며 재치가 있다. 다른 플래닛으로부터 □나 ∞애스펙트를 이루게 되면 비판적이고 쉽게 잔소리를 늘어놓으며 말다툼을 하며 거짓말을 하고 정신적으로 문제가 있는 신뢰할 수 없는 사람일 것이다.
♃	결혼을 통한 번영을 의미하며 배우자는 낙천적이고 종교적 성향이 강하며 전통적인 것을 중요시한다. 또한 배우자는 미앙인 이거나 홀아비 또는 부유한 중년을 의미하기도 한다. 다른 플래닛으로부터 □나 ∞애스펙트를 이루게 되면 허풍과 과장이 심하고, 사치와 낭비가 심하며 방탕한 생활을 하기 쉽다. ♃가 뮤터블 사인(Ⅱ, ♍, ♐, ♓)에 위치할 경우 한 번 이상 결혼을 하거나 부적절한 관계를 맺게 되는 데 ☽와 ♀ 또는 5th와 5th의 로드를 살펴 그 관계를 파악한다.
♀	세련되고 단정하며 상냥하고 예술적인 이미지를 풍긴다. 사랑스러우며 애정이 넘친다. 다른 플래닛으로부터 □나 ∞애스펙트를 이루게 되면 게으르고 나약하며 낭비가 심하고 품행이 단정하지 못하고 자기 멋대로 행동한다. 또한 매우 사치스럽다.

플래닛	의미
♄	♄이 7th에 위치한 네이티브는 서로의 사랑보다는 의무에 가까운 것이기 때문에 애정관계에 있어서 위태롭다. 그래서 늦게 결혼하는 것이 좋다. 부부간의 나이차이가 많이 나고 연상의 배우자를 의미하며 사회적 지위의 차이가 크다. ♄이 보통 훌륭한 배우자는 아니다. 다른 플래닛으로부터 □나 ∞애스펙트를 이루게 되면 냉정하고 탐욕적이며 쉽게 분노하고 비열하며 자기중심적이고 똥고집이 강하다. 결국 네이티브는 비극적인 결혼을 의미하며 훌륭한 배우자를 의미하지는 않는다.
♂	♂가 디그니티를 얻어 7th에서 강하면 야심만만하고 권위적이며 자기의 주장이 강하다. 열정적인 사랑과 애정을 의미하기도 하지만 어떤 비판이나 비난의 행동에도 매우 민감하게 반응하여 공격적이며 화를 잘 낼 수 있다. 그리고 보통은 결혼생활에서 배우자에게 폭력적이거나 폭행을 하여 별거를 하거나 이혼을 할 수 있다.

네이티비티(Nativity)에서 시나스트리의 시그니피케이터

1. 7th의 커스프
2. 7th의 사인
3. 7th의 로드
4. 7th의 코로드
4. 5th의 커스프
5. 5th의 사인
6. 5th의 로드
8. 5th의 코로드
9. 남성 : ☽, ♀
10. 여성 : ☉, ♂

네이탈 출생차트에서 네이티브의 7th나 5th의 로드나 코로드가 남성의 경우에는 ☽, ♀와 애스펙트를 살피고 여성의 경우에는 ☉, ♂와의 애스펙트를 살핀다. ♄의 고리는 시간의 한계 또는 숙명적인 끈을 의미하므로 디그니티를 얻은 ♄과의 애스펙트는 카르마의 법칙에 따라 맺어진 전생에서의 인연이 매우 깊음을 의미한다.

시나스트리에서 일반적 애스펙트 의미

플래닛	애스펙트 의미	
☉	✶, △	□, ☍
☽	남성의 ☽, 여성의 ☉ 내면의 화합	사소한 원인으로 인하여 별거를 함
☿	공부 중 또는 사업상 유대관계	정신적 공감대가 좋지 않은, 곤란한
♀	남성의 ♀, 여성의 ☉ 조화로운 애정, 결혼을 통한 물질적 이득	성적인 쾌락이나 간통, 사치로 인한 불화
♂	남성의 ♂, 여성의 ☉ 열정적인 사랑	분쟁이나 다툼
♃	결혼을 통한 행운이나 돈, 사회적 지위 획득, 편안한 환경	낭비로 인한 불행, 법적인 다툼
♄	성공적인 결혼생활	결혼 후 재산의 손실
☽	✶, △	□, ☍
☿	정신적인 공통점, 여행 등	신경쇠약, 잔소리, 수다, 성급함
♀	애정, 가정의 화목, 결혼 후 예술에 대한 관심, 재산상의 이익	사치, 방종, 남편의 외도, 배신
♂	육체적 관계가 좋은	동물적 본능, 폭력
♃	종교적 인연, 재산상 이익, 화목	사치, 위선, 종교적 갈등, 불행한 결혼
♄	애정은 없으나 한결같이 충실한	식어버린 애정, 고독, 가정불화, 고역
☿	✶, △	□, ☍
♀	조화로운 애정	애정의 불화
♂	정신적인 자극, 두뇌의 총명함	수다, 잔소리, 조급한 행동과 언행
♃	정신적 유대와 조화	불화나 사기, 위선
♄	침착함, 사업상의 조언	정신적 장벽, 실망, 잘못된 조언
♀	✶, △	□, ☍
♂	깊은 사랑과 애정, 성적인 쾌락	과도한 성욕, 간통
♃	화목한 가정, 금전적 안정	사치, 낭비, 별거, 법적인 분쟁, 이혼
♄	만혼, 영원한 사랑, 섹스리스	사랑의 구속, 의무적인 결혼생활
♂	✶, △	□, ☍
♃	결혼생활의 편안함, 성공, 번영	사치, 종교적 갈등, 방종
♄	결혼생활의 심각한 위험	냉담, 증오로 인한 살인

〈차트 Ⅶ-3〉

〈차트 VII-3〉 시나스트리 차트에서 가로 남성, 세로 여성을 의미하며, 남성의 시나스트리에서 ☽를 가장 중요하게 보고 그 다음으로 ♀를 살핀다. 여성의 시나스트리에서는 ☉을 가장 중요하게 보고 그 다음 ♂를 살핀다. 남성의 시나트스트리 차트에서 ☽와 여성의 시나스트리 차트에서 ☉과 ♂가 △애스펙트를 이루므로 결혼생활에서의 화합과 정열적인 육체적 사랑도 서로에게 만족을 줄 수 있을 것으로 판단한다.

그러나 남성의 시나스트리 차트에서 ♀가 여성의 시나스트리 차트의 ☉과 ♂와 □애스펙트를 이루므로 남성으로 인한 가정불화 사치나 외도 등은 있을 것으로 판단한다. 결혼생활에서 가장 중요한 것 중의 하나는 법적인 분쟁의 발생으로 인한 이혼의 가능성이다. 〈차트 VII-3〉 시나스트리 차트에서는 법적인 분쟁이 발생할 수 있는 ♃는 서로 어떤 애스펙트로 이루고 있지 않으므로 결혼생활을 하는 동안 이혼이나 법적인 별거 등은 없을 것으로 판단한다. 그러므로 남성으로 인하여 약간의 가정불화는 겪을 수 있겠으나 법적인 분쟁 없이 안정적인 결혼생활을 영위할 수 있을 것으로 판단된다.

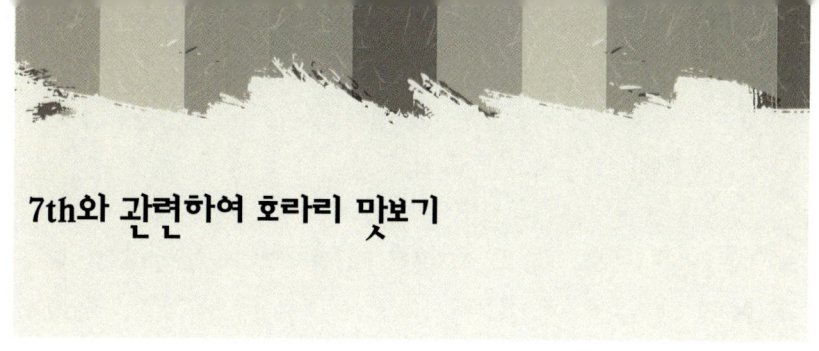

7th와 관련하여 호라리 맛보기

퀘런트 : 여성

퀘시티드 : 헤어진 애인을 다시 만날 수 있을 까요?

〈차트 VII-4〉

1. ☽ is fast. 레디컬하다. 즉 판단이 가능하다.
2. ASC 23°, DSC 23° 레디컬하다. 즉, 판단이 가능하다.
3. ♄ 10th 앵글에서 익절테이션을 얻음. 레디컬하다. 즉, 판단이 가능하다.
4. 1st의 로드
5. 7th의 로드

6. ⊗의 위치

〈차트 VII-4〉에서 ☽가 ☉으로부터 막 컴버스트를 벗어났다. 이것은 최근에 약 한 달 남짓한 기간에 쿼런트는 매우 안 좋은 일을 겪었음을 의미한다. ♄이 10th 앵글에서 익절테이션을 얻어 강하고, 7th의 로드 ☿가 ☽와 ♂을 이루고 ♀와도 ♂을 이룬다. 그러므로 쿼런트는 헤어진 애인과 다시 만날 수 있다고 판단 한다. 그런데 ☊가 8th에서 ☿와 ♀에 □애스펙트를 이루고 있다. 쿼런트는 헤어진 애인을 만날 수는 있으나 그 과정에서 방해하는 세력이나 장애가 있을 수 있음을 의미한다. 이것은 ☊가 의미하는 사고 즉 창상이나 교통사고 등으로 인하여 돈과 관련이 있을 것이며, 1st의 로드 ♃가 ☉과 ☍애스펙트를 이루고 있다는 것은 법적인 부분과 관련해서도 자유롭지 못함을 의미한다. 또한 퀘시티드의 플래닛 ☿가 픽스트 사인 ♏에 위치하므로 돈과 관련된 문제와 법적으로 발생할 가능성이 있는 문제가 해결되지 않는 한 애인과 헤어진 상황은 장기간 지속될 것으로 판단된다.

이 문제를 해결하기 위해서는 1st에 위치한 ⊗가 10th의 커스프와 □ 애스펙트를 이루고 4th에 위치하며 5th의 사인 ♉에 위치한 ♃에 △애스펙트를 이루므로 ⊗와 애스펙트를 이룬 플래닛들의 디스포지들은 ♄과 ♀이다. 그러므로 쿼런트는 자존심과 이기심을 버리고 인내심을 가지고 기다리면서 자신의 마음을 표현할 수 있는 작은 선물을 준비하여 전한다면 상대방의 마음을 움직일 수 있을 것이다. 여기까지가 점성가 본인이 해석한 것이다.

그러나 쿼런트는 "그냥 헤어진 애인과 다시 만날 수 있는 지만 봐주세요!!!" 더 이상 어떤 정보도 주지 않았다.

호라리 차트를 해석하고 나서 쿼런트로부터 자세한 이야기를 들을 수 있었다. 한 달 전에 쿼런트가 애인과 헤어지고 나서 애인을 만나러 갔다가 애인이 운전하는 차에 발을 밟혀서 경찰까지 출동한 사건이 있었다고 하였다. 그리고 쿼런트는 치료비나 합의금 등을 이야기 하지 못한 채 한 달 가까이 병원에 다니면서 물리치료를 받고 자신의 돈으로 치료비를 지출하고 있다고 하였다.

 헤어진 애인은 교통사고로 인한 합의금 문제와 법적인 문제 등으로 인하여 자신에게 부담이 될까봐 쿼런트를 피하고 있는 것이다. 따라서 헤어진 애인을 안심시키고 자동차 사고로 인한 문제를 잘 해결한다면 차트는 레디컬 하므로 한 번은 다시 만날 수 있을 것이다. 그 이후는 쿼런트가 하기에 달렸다.

8th 하우스

8th 하우스는 네이티비티에서 네이티브의 유동적 재산, 은행과 제 2금융권에 대한 부채, 사채, 투자, 증권, 증권시장, 보험, 공유재산, 유산, 위기, 죽음, 수술, 치료, 심령능력, 상속받은 재산, 유언, 배우자의 재산, 논쟁에서 두 번째 변호인, 법적 소송에서 피고인에게 우호적인 인물, 상속받을 수 있는 인물 등을 다스린다.

네이티비티(Nativity)에서 네이티브의 8th 하우스를 다스리는 시그니피케이터

1. 8th의 커스프
2. 8th에 걸린 사인
3. 8th의 로드
4. 1st의 로드
5. 8th의 코로드
6. 루미너리 ☉과 ☽
7. 인포춘 ♄과 ☋
8. 인포춘 ♄과 ☋의 의미를 갖는 픽스트 스타(알골, 알데바란, 폴룩스, 베텔게우스, 안타레스, 주벤 엘게누비 등)
9. 네이티브의 죽음을 의미하는 사인(♈, ♑, ♏, ♒, ♎)
10. 8th의 시그니피케이터에 ♂하는 픽스트 스타

네이티비티(Nativity)에서 네이티브의 죽음에 대한 12사인의 의미

4원소	사 인	의 미
불	♈, ♌, ♐	총상, 폭발물, 테러, 칼, 창, 교통사고, 화재, 천둥번개와 같은 자연재해
흙	♉, ♍, ♑	지진, 폭우로 인한 산사태.
공기	♊, ♎, ♒	낙석, 추락, 낙상, 참수, 교수형, 교살, 교량붕괴, 건물의 붕괴 등
물	♋, ♏, ♓	익사 사고, 홍수, 물난리 등
휴먼	♊, ♍, ♎, ♐(0°~15°), ♒	타인의 의한 죽음, 무기나 폭력 등에 의해 살해당하는 것.
독	♏	약물중독이나 독에 의한 중독 및 독살

네이티비티(Nativity)에서 네이티브의 죽음에 대한 하우스의 의미

하우스	의 미
1st	외모에 대한 비관 자살
2nd	돈에 대한 중압감, 돈을 잘 벌지 못하는 것에 대한 비관으로 인한 죽음
3rd	친척, 형제, 자매, 이웃에 의한 죽음, 여행에서의 죽음
4th	아버지에 의한 죽음, 부동산문제와 상속으로 인한 죽음
5th	유흥비, 도박빚, 약물중독, 자식에 의한 죽음
6th	이웃사람이나 종업원, 하인, 노예 등에 의한 죽음, 개나 애완동물에 물려죽음
7th	애인, 연인, 동업자, 드러난 적에 의한 죽음
8th	의료과실로 인한 죽음, 유산상속 다툼으로 인한 죽음, 사채로 인한 중압감에 의한 죽음
9th	시험성적 비관, 입시 불합격에 대한 비관, 시험 압박에 의한 죽음, 장거리 여행에서의 죽음
10th	법이나 군법, 통치자에 의한 죽음 즉 사형, 취업에 대한 중압감에 의한 죽음
12th	보이지 않는 적에 의한 암살, 청부살인, 큰 짐승에 의한 죽음

네이티비티(Nativity)에서 네이티브의 갑작스러운 죽음과 자연사에 대하여

루미너리 ☉과 ☽가 모두 인포춘 ♄과 ♂의 의미를 갖는 픽스트 스타와 ♂을 하면 네이티브는 갑작스러운 죽음을 맞이하게 된다. 픽스트 스타 알데바란과 ♂하는 ☽가 ☉과 ∞애스펙트를 이루면 네이티브는 갑작스러운 죽음을 맞이하게 된다. 인포춘 ♄은 익사, 독살, 난파, 건물의 붕괴로 인한 죽음을 다스리며, ♂는 불과 칼 총상, 폭파사고, 자동차 사고, 번개 등으로 인한 죽음을 다스린다. 물의 사인(♋, ♏, ♓)에 위치한 ♄이 ☽와 ∞애스펙트를 이루면 네이티브는 익사에 의한 죽음이나 약물중독 또는 알코올 중독에 의한 죽음을 의미한다. 7th에 위치한 ♄이 루미너리(☉과 ☽)와 ∞애스펙트를 이루면 네이티브는 감금이나 가난, 공포, 고문, 갑작스러운 붕괴 동굴에 갇히는 등의 사건에 의한 죽음을 맞이하게 될 것이다.

물의 사인(♋, ♌, ♍)에 걸쳐 분포하는 **아르고호 별자리**(아르고호의 선원들이 황금양피를 찾기 위해 테살리아에서 코르키스까지 항해하는데 이용했던 배이다. 18세기 중엽 프랑스 천문학자 라까이으(Lacaille, 1713-1762)가 용골자리, 고물자리, 나침반자리, 그리고 돛자리의 네 별자리로 나누었다.)에서 ♄과 ☽애스펙트를 이루는 경우 네이티브는 해상이나 강에서 조난이나 난파당하여 사망에 이를 것이다.

흙의 사인(♉, ♍, ♑)에서 ☿가 ♄과 ♂을 하거나 □ 또는 ∞애스펙트를 이루면 네이티브는 광견병에 걸려 날 뛰는 미친개나 독사에 물려 죽든가 아니면 독침이나 독이 묻은 칼이나 무기에 찔려 죽게 될 것이다. 여기에 ♀가 애스펙트를 이루게 되면 네이티브는 여성에 의해 죽음을 당하거나 최음제의 복용이나 부작용으로 인해 죽음을 당하게 될 것이다.

픽스트 사인(♉, ♌, ♏, ♒)에서 ♄이 위치하여 ☉과 ♂을 하거나 □ 또는 ∞애스펙트를 이루면 네이티브는 돌에 맞아 죽임을 당하거나 투석형에 처해지는 형벌을 당하거나 화재, 가스폭발사고, 자동차 사고, 총상이나 기계에 의한 죽음, 질식으로 인한 사망, 교수형이나 참수형 등으로 인한 죽음을 맞이하게 될 것이다.

흙의 사인(♉, ♍, ♑)에서 10th에 ♄이 위치하여 시간의 로드 즉 낮의 출생차트에서 ☉, 밤의 출생차트에서 ☽와 ∞애스펙트를 이루는 경우 네이티브는 건물의 붕괴에 의해 죽음을 맞이하게 될 것이다.

물의 사인(♋, ♏, ♓)에서 4th에 위치한 ♄이 시간의 로드 즉 낮의 출생차트에서 ☉, 밤의 출생차트에서 ☽와 ∞애스펙트를 이루는 경우 네이티브는 목욕탕이나 수영장 또는 계곡 물가에서 또는 해수욕장에서 물에 빠져 죽거나 물과 관련되어 죽음을 맞이하게 될 것이다. ♄과 ☊이 12th에 위치할 경우 네이티브는 큰 짐승 즉, 곰이나 호랑이, 사자와 같은 동물 등에 의해 죽음을 맞이하게 될 것이다.

루미너리 ☉과 ☽중에서 반드시 ☊와 □나 ∞애스펙트를 이룬 상태에서 휴먼사인(♊, ♍, ♎, ♐(0°~15°), ♒)에 위치한 ☊가 ☽와 □나 ∞애스펙트를 이루는 경우 네이티브는 전쟁이나 폭동에 휘말려서 죽거나 자살을 통한 죽음을 맞이하게 될 것이다. 루미너리 ☉과 ☽중에서 반드시 ☊와 □나 ∞애스펙트를 이룬 상태에서 동시에 ♀와 □나 ∞애스펙트를 이루는 경우 네이티브는 여성에 의해서 죽음을 맞이하게 될 것이다. 루미너리 ☉과 ☽중에서 반드시 ☊와 □나 ∞애스펙트를 이룬 상태에서 ☊가 알골(Algol) 또는 알페라츠(Alpheratz)와 ♂을 이루는 경우 네이티브는 목이 잘려 죽을 것이다. ♏이나 ♐에 위치한 ☊가 루미너리 ☉또는 ☽와 □나 ∞애스펙트를 이루는 경우 네이티브는 화재로 인한 화상이나 의사의 실수나 부주의로 인한 의료사고로 죽게 될 것이다.

1st의 로드나 8th의 로드가 어센던트 커스프와 ∞애스펙트를 이루는

경우 네이티브는 갑작스러운 죽음을 맞이하게 될 것이다. 1st의 로드가 8th에 위치한 ☉이나 ASC으로부터 □나 ☍애스펙트를 이루는 경우 네이티브는 화재로 인한 죽음을 맞이하게 될 것이다. 8th에서 ☉과 알골(Algol)이 ☌을 이루는 경우 네이티브는 목이 잘려 죽을 것이다. 시간의 로드 즉, 낮의 출생차트에서는 ☉이 밤의 출생차트에서는 ☽가 다른 플래닛으로부터 ✶이나 △을 이루지 못한 상태에서 ASC와 □나 ☍애스펙트를 이루게 되면 네이티브는 역시 목이 잘려 죽을 것이다. ♄이나 ASC가 안타레스(Antares)와 ☌을 이루고 ☽가 알데바란(Aldebaran)과 ☌을 이루는 경우 네이티브는 교수형을 당하거나 흉기에 찔려 죽게 될 것이다. ♄이나 ASC가 레굴루스(Regulus)와 ☌을 이루고 ☽가 플레이아데스(Pleiades)와 ☌을 이루게 되면 네이티브는 양쪽 눈이나 또는 한 쪽 눈을 잃게 될 것이다. ASC이 플레이아데스(Pleiades)와 ☌을 이루고 ♄이 레굴루스(Regulus)와 ☌을 이루면 네이티브는 폭동이나 반란에 휩쓸려 죽음을 당하게 될 것이다.

여기에서 언급한 것 이외에도 네이티브가 죽음을 맞이하는 경우는 다양하다. 그러나 네이티브의 죽음을 상징하는 대표적인 것들과 언론이나 인터넷 뉴스에서 접할 수 있는 테러에 의한 죽음 또는 소말리아 해적에 의한 납치 또는 폭동이나 반란 또는 분쟁으로 인한 죽음 등을 예측할 수 있도록 기본적인 것들을 기록하였다. 출생차트에서 이와 같은 구조가 없는 네이티브는 주어진 수명을 다하고 죽음을 맞이하게 되는 경우가 많을 것이다. 주어진 수명을 다하고 죽음을 맞이하는 구조는 순수하게 8th와 관련한 사인과 로드 및 코로드를 살피는 데 이중에서 디그니티를 얻어 강한 플래닛을 위주로 판단한다.

9th 하우스

9th 하우스는 네이티비티에서 네이티브의 생각, 의식의 확장, 정신세계, 종교, 율법, 교리, 순례, 철학, 유학, 도덕, 윤리, 고등교육, 장거리 여행, 해외여행, 항해, 꿈, 비전, 외국, 책들과 배움에 대하여, 성직자들과 교회의 삶, 성직자들의 봉급, 교회와 성직자의 추천권에 대하여, 배우자의 친척에 대하여 살펴볼 수 있다.

네이티비티(Nativity)에서 네이티브의 9th 하우스를 다스리는 시그니피케이터

1. 9th의 커스프
2. 9th에 커스프에 걸린 사인
3. 9th의 로드
4. 9th의 로드의 디스포지터
5. 9th의 코로드
6. 방랑의 플래닛 ☽, 여행의 플래닛 ☿

네이탈 출생차트에서 카디날 사인(♈, ♋, ♎, ♑)에 많은 플래닛이 몰려 있으면 네이티브는 피르다리에서 그 플래닛에 해당하는 운이 들어올 때 여행을 가고자 하는 마음이 강하게 일어나게 될 것이다. 또한 ☽가 옥시덴트 쿼터에 위치할 경우 여행을 자주 다니거나 집을 나가게 되는 방랑벽이 있다.

네이탈 출생차트에서 보편적 여행의 플래닛인 ☽와 ☿가 ☌을 하거나 리셉션을 이루거나 ☽ 또는 ☿가 1st의 로드나 9th의 로드와 ☌을 하거나 리셉션을 이루게 되면 네이티브는 장거리 여행을 떠나게 될 것이다. ☽ 또는 ☿가 9th나 3rd 또는 1st에 위치하거나 이들 하우스에서 룰러를 얻거나 익절테이션을 얻어 디그니티가 강하면 네이티브는 장거리 여행을 떠나게 될 것이라고 판단한다. 9th의 로드가 1st에 위치하거나 1st의 로드가 9th에 위치하거나 9th의 로드와 1st의 로드가 ☌을 이루는 경우 네이티브는 장기간 여행을 떠날 것이다. ☉이 ☽가 다스리는 사인 ♋에 위치하거나 ☿가 다스리는 사인 Ⅱ나 ♍에 위치 할 경우 네이티브는 장거리 여행을 떠나게 될 것이다. 또한 ☉이 ☽와 ♂을 이루거나 ☉이 ☿와 ♂을 이루거나 ☉이 ☽와 리셉션을 이루거나 ☉이 ☿와 리셉션을 이루게 되면 네이티브는 장거리 여행을 떠나게 될 것이다. ☽가 다스리는 사인 ♋에 ☿가 위치하거나 ☿가 다스리는 사인 Ⅱ나 ♍에 ☽가 위치하게 되면 네이티브는 장거리 여행을 떠나게 될 것이다.

네이탈 출생차트에서 네이티브가 어느 곳을 여행하게 될 것인지를 판단하고자 할 때 여행의 시그니피케이터들이 어떤 플래닛들인지를 확인하고 그 플래닛이 위치하고 있는 하우스와 사인의 트리플리시티에 따른 방위를 살펴 판단한다.

일곱 플래닛과 12 하우스, 12 사인에 따른 방위

열두 하우스	방위	열두 사인	방위	일곱 플래닛	방위
1st	동쪽	♈	동쪽	♄	동쪽
2nd	동북쪽	♉	남동쪽	♃	북쪽
3rd	북동쪽	♊	서남쪽	♂	서쪽
4th	북쪽	♋	북쪽	☉	동쪽
5th	북서쪽	♌	동북쪽	♀	남쪽
6th	서북쪽	♍	남서쪽	☿	애스펙트 하는 플래닛을 따른 방위
7th	서쪽	♎	서쪽	☽	서쪽
8th	서남쪽	♏	북동쪽		
9th	남서쪽	♐	동남쪽		
10th	남쪽	♑	남쪽		
11th	남동쪽	♒	서북쪽		
12th	동남쪽	♓	북서쪽		

4원소 트리플리시티의 사인과 방위 그리고 쿼터의 방위

트리플리시티	사인	방위
불	♈, ♌, ♐	동쪽
흙	♉, ♍, ♑	남쪽
공기	♊, ♎, ♒	서쪽
물	♊, ♋, ♏	북쪽

제 1쿼터(12th, 11th, 10th)는 동쪽, 제 2 쿼터(9th, 8th, 7th)는 남쪽, 제 3 쿼터(6th, 5th, 4th)는 서쪽, 제 4쿼터(3rd, 2nd, 1st)는 북쪽을 나타낸다.

네이티비티(Nativity)에서 네이티브의 여행의 수단에 대하여

 네이탈 출생차트에서 여행의 시그니피케이터들이 불이나 흙의 사인에 위치하면 네이티브는 육로로 여행을 할 것이며, 물의 사인에 위치하면 강이나 바다를 통한 여행이 될 것이며, 공기의 사인에 위치하게 되면 항공편을 이용한 여행이 될 것이다. 한편 여행의 시그니피케이터가 짐승의 사인에 우치하면 탈것을 이용한 여행을 의미하며 휴먼사인에 위치하면 도보여행을 하게 될 것이다.

네이티비티(Nativity)에서 네이티브가 여행을 하게 된 원인에 대하여

네이탈 출생차트에서 네이티브의 여행의 원인을 판단하고자 할 때 먼저 여행의 시그니피케이터가 어떤 플래닛인지를 살피고 그 다음 그 플래닛이 위치한 하우스를 살펴서 판단한다. 플래닛은 네이티브가 여행을 하게 되는 사항 중에 인물을 나타내며 하우스는 네이티브 여행을 하게 되는 원인을 다스린다.

하우스	네이티브가 여행을 하게 된 원인
1st	단순한 관광이나 자신의 욕망으로 인한 여행
2nd	사업이나 비즈니스를 통한 여행, 돈과 관련된 여행
3rd	형제나 친척, 이웃을 방문하기 위한 여행
4th	부모나 가족 또는 성묘를 위한 여행
5th	자녀의 유희를 위한 여행이나 도박을 위한 여행
6th	질병으로 인한 여행이나 종업원으로서의 여행이나 출장
7th	결혼을 위한 맞선여행 또는 신혼여행 또는 동업을 위한 여행
8th	유산상속을 위한 여행이나 죽음과 관련된 여행
9th	유학을 위한 여행이나 종교와 관련된 여행, 성지순례
10th	직업과 관련한 여행, 비즈니스 여행
11th	사교모임을 위한 여행, 친구나 동료와 관련된 여행
12th	납치나 감금으로 인한 여행 또는 우울과 고독으로 인한 여행

네이탈 출생차트에서 여행의 시그니피케이터가 디그니티를 얻어 강하고 포춘인 ♃나 ♀의 ✶또는 △애스펙트를 이룬다면 네이티브는 보람 있고 즐거운 여행을 할 수 있을 것이며 여행하는 동안 새로운 사람들을 사귀고 그들로 인하여 금전적 이득과 명예를 높이게 될 것이다. 반면에 여행의 시그니피케이터가 페러그라인 하여 디그니티가 약하거나 디스포지터가 인포춘인 ♄이나 ♂이거나 인포춘과 □또는 ☍애스펙트를 이루면 네이티브는 여행을 하면서 많은 어려움을 만나게 될 것이다. ♄은 궁핍함을 뜻하는 플래닛이므로 여행하는 도중에 돈이 떨어져 어려움을 겪게 될 것이며 ♂은 강도나 테러리스트에의한 약탈을 의미한다. 여행의 시그니피케이터가 12th에 위치하거나 인포춘인 ♄이나 ♂가 12th에 위치하여 애스펙트를 이룰 때 네이티브는 여행 중에 슬픈 일을 경험 하던가 어딘가에 감금을 당하는 일을 겪게 될 것이다.

우리나라 여행객들이 위험지역을 여행할 때 테러리스트들에게 납치되어 죽임을 당하거나 몸값을 지불하고 풀려나는 경우에 해당될 것이다. 2nd라면 돈을 잃어 곤궁한 처지에 놓이게 될 것이며, 3rd이면 형제나 친척 또는 이웃으로부터 배신을 당하여 곤란을 겪게 될 것이며 5th라면 여행도중 도박 빚으로 인하여 귀국하지 못하는 상황이 벌어질 수도 있다. 6th라면 여행 중 병에 걸려 고생을 하게 될 것이며, 8th라면 여행 중에 네이티브는 죽음을 당할 수도 있을 것이다. 여행의 시그니피케이터인 9th의 로드가 12th에서 ♄과 에스펙트를 이루게 되면 네이티브는 여행 중에 살해당하게 될 것이다. 9th의 로드가 12th에서 룰러를 얻으면 강도에게 약탈을 당할 수도 있을 것이다.

그러므로 네이티브는 여행하기 전에 1st, 2nd, 10th, 11th의 하우스가 위치한 사인 및 포춘 ♃와 ♀ 그리고 ☊과 ⊗가 위치한 사인을 확인하여 여행을 떠나는 것이 좋다. 여행의 시그니피케이터가 4th, 6th, 7th, 8th의 하우스에 위치하는 사인은 여행을 하지 않는 것이 좋으며, 인포춘 ♄과 ♂, ☋이 위치한 하우스의 사인은 피한다. 특히 인포춘 ♄과 ♂가 7th,

8th, 12th의 로드인 경우 그 로드가 위치한 사인에 관련한 지역과 방위는 반드시 피하는 것이 이로울 것이다.

네이티비티(Nativity)에서 여행의 시그니피케이터가 각각의 사인에 위치할 경우 여행 도중에 네이티브가 겪을 수 있는 위험한 사건들

구분	사인	내용
카디날 사인	♈, ♋, ♎, ♑	천둥이나 번개 등 갑작스러운 기후변화로 인한 피해를 당할 수 있다.
픽스트 사인	♉, ♌, ♒	갑작스러운 낙상이나, 돌풍, 건물이나 다리의 붕괴로 인한 피해를 당할 수 있다.
뮤터블 사인	♊, ♍, ♐, ♓	폭풍우나 물에 의한 피해를 당할 수 있다.
휴먼 사인	♊, ♍, ♎, ♐(0°~15°), ♒	절도, 사기, 소매치기, 약탈, 테러리스트에 의한 피해를 당할 수 있다.
짐승의 사인	♈, ♉, ♌, ♐(15°~30°), ♑	짐승으로 인한 피해나 공격으로 인한 위험, 교통사고 등으로 인한 피해
약물중독 사인	♏	독살이나 약물중독, 뱀이나 전갈 등 독이 있는 것들로부터의 피해, 폭우로 인한 물의 범람으로 인한 피해
불 (건조한 사인)	♈, ♌, ♐	천둥, 번개로 인한 피해, 항공기의 지연 등
흙 (건조한 사인)	♉, ♍, ♑	지진이나 건축물의 붕괴로 인한 피해
공기 (축축한 사인)	♊, ♎, ♒	여행도중 돌풍으로 인한 항공기의 지연 등으로 인한 피해나 손실
물 (축축한 사인)	♋, ♏, ♓	여행도중 폭우로 인한 피해 및 항해중의 피해나 손실 등

네이탈 출생차트에서 네이티브의 입시와 시험에 대하여

9th의 로드가 룰러를 얻어 디그니티가 강하거나 코드로 포춘 ♃나 ♀가 우치하여 익절테이션 이상의 디그니티를 얻으면 시험을 잘 보고 좋은 결과를 얻을 수 있을 것이다. 그러나 9th의 로드가 하늘의 좋지 않은 우치인 케이던트에 빠지고 R하거나 인포춘인 ♄이나 ♂로부터 □나 ☍ 애스펙트를 이루면 시험에 대한 결과는 좋지 않을 것이다. 또한 9th에 ☋이 우치하고 있으면 9th는 발현이 되지 않는다. 즉 시험에 대한 결과가 좋지 않을 것이다.

네이티비티(Nativity)에서 네이티브의 종교에 대하여

9th에 포춘인 ♃나 ♀또는 ☊이 위치하고 신실한 종교인이다. 9th에 ☉이나 ☽또는 ☿가 코로드로 위치하고 디그니티가 강하면 좋은 종교인이다. 9th가 비어 있으면서 9th의 로드가 포춘인 ♃와 ✶또는 △애스펙트를 이루면 종교가 있거나 적어도 종교에 대하여 적대감을 가지거나 배척하지는 않는다. 그러나 9th에 인포춘 ♄이나 ♂또는 ☋이 위치하면 신의 존재를 부정하는 무신론자이다. 3rd에 코로드로 위치한 인포춘 ♄이나 ♂가 9th의 커스프에 ☍애스펙트를 이루어도 무신론자이다.

10th 하우스

10th는 하우스는 네이티비티에서 네이티브의 물질적 활동과 관련하여 사회적인 이미지, 명예, 지위, 권위, 경력, 직업, 성공, 야망, 번영, 존경, 공직, 천직, 고용주, 어머니, 왕, 왕자, 공작, 후작, 남작, 판사, 장군, 지휘관 등을 다스린다. 루미너리 ☉, ☾ 중에서 네이티브의 사회적 지위, 사회적 명성, 사회 계층은 ☉이 다스린다. 그러나 ♄이나 ☋는 네이티브의 명예를 부정하고 삶의 질이나 가치를 떨어뜨린다.

네이티비티(Nativity)에서 네이티브(Native)의 10th를 다스리는 시그니피케이터

1. ☉
2. ☽
3. ☉과 애스펙트하는 플래닛
4. 10th의 로드
5. 10th에 위치한 코로드
6. ASC ♂ 픽스트 스타(명예를 뜻하는)
7. MC ♂ 픽스트 스타(명예를 뜻하는)

명예를 뜻하는 픽스트 스타 중 로열 스타

◆ 알데바란(제미니 9° 47′)

◆ 스피카(리브라 23° 23′)

◆ 폴룩스(캔서 23° 13′)

◆ 루시다란시스=노스 스케일(스콜피오 19° 23′)

◆ 레굴루스(리오 29° 53′)

◆ 안타레스(새지태리 9° 46′)

네이티비티(Nativity)에서 네이티브의 사회적 성공과 지위 명예에 대하여

　　10th와 관련한 시그니피케이터들이 룰러십이나 익절테이션 또는 리셉션을 얻으면 네이티브는 사회적 지위가 높거나 명예를 얻거나 높은 지위의 사람들로부터 인정을 받을 것이다. 1st의 로드가 10th에 위치하거나 10th의 로드가 1st에 위치하는 경우 네이티브는 사회적으로 높은 지위와 명예를 얻고 존경을 받을 것이다. 10th의 로드가 앵글에 위치하거나 ☉이 앵글에 위치하거나 또는 ☉과 애스펙트하는 플래닛이 앵글에 위치하면 네이티브는 매우 높은 지위를 얻거나 사회적 명예를 얻을 것이다. 석시던트 하우스에 위치하게 되면 보통수준의 사회적 지위나 명예를 얻게 될 것이며 케이던트 하우스나 8th에 빠지게 되면 네이티브에게는 사회적 지위나 명예는 찾아볼 수 없을 것이다. 10th와 관련한 시그니피케이터들이 앞, 뒤로 2° 30′이내에서 명예를 뜻하는 픽스트 스타와 ♂을 하면 네이티브는 사회적으로 높은 지위와 명예를 얻고 존경을 받을 것이다.

　　루미너리 ☉과 ☽ 모두 익절테이션을 얻는 도수(☉은 ♈ 19° ☽는 ♉ 3°)에 위치하고 ♄이나 ♂로부터 □나 ☍애스펙트를 이루지 않는다면 네이티브는 국가의 원수나 유엔사무총장 또는 대기업의 오너 나 어떤 단체의 장이 될 수 있을 것이다. 네이탈 출생차트에서 시간의 로드 ☉과 ☽중에서 낮의 출생차트는 ☉, 밤의 출생차트는 ☽가 익절테이션을 얻은 상태에서 미드해븐(MC)에 떠있으며, ASC가 로열 사인(♈, ♌, ♐)에 위치하고 루미너리 ☉과 ☽의 디스포지터가 모두 1st나 10th에 위치할 경우에 네이티브는 자신이 속한 단체나 회사나 그룹 내에서 최고의 위치에 오를 것이다. 왕이 다스리는 나라나 입헌 군주국 또는 북한과 같은 세습체제에서는 왕위를 계승하거나 왕과 같은 지위에 오를 수 있을 것이다. 시간의 로드인 ⊙과 ☽ 낮의 출생차트에서 ⊙ 밤의 출생차트에서 ☽가 MC커스프와 ♂을 이루고 다른 플래닛들과 ✶또는 △애스펙트를 이루면 네이티브는 큰 권력이나 힘을 얻게 될 것이다. 시간의 로드가 MC커스프와 ♂을 이루나 다른 플래닛들로부터 ✶또는 △애스펙트를 이루지 못할 경우 네이티브는 권력이나 세력 또는 힘을 얻지는 못하겠지만 윗사람이나 권력자로부터 인정을 받을 것이다. 시간의 로드, 루미너리, 포춘 등 모든 플래닛이 하늘의 좋지 않은 위치인 케이던트에 빠져버리면 네이티브는 천한 신분으로 태어날 것이며 천한 사람들과 어울리면서 초라한 인생을 살아갈 것이다.

⊙과 ☽ 그리고 ASC의 디스포지터들이 모두 오리엔트에 위치하게 될 경우 네이티브는 자신의 출신에서 벗어나 끈기와 인내 끊임없는 노력으로 신분상승을 통해 상류 사회에 진입하게 될 것이다.

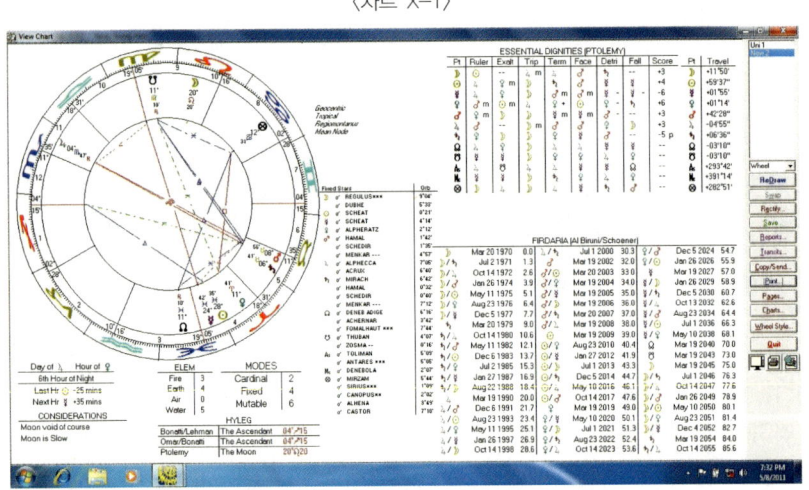

〈차트 X-1〉

〈차트 X-1〉 네이탈 출생차트에서 ASC의 ♃의 디스포지터 ☿는 5th 오리엔트 쿼터에 위치하고 ☉의 디스포지터 ♃는 11th 오리엔트 쿼터에 위치하며 ☽의 디스포지터 ☉은 4th 오리엔트 쿼터에 위치하고 있다. 그러므로 위 네이티브는 자신의 끊임없는 노력과 인내로 상위 20%의 사회로 진입할 것이다. 이 차트는 ♀와 ☿가 뮤츄얼 리셉션을 하여 매우 강하고 ☉은 칼데안 오더의 하우스인 4th에 위치하며 ⊗는 8th에서 재물의 별 시리우스 픽스트 스타와 ☌한다.

네이탈 밤의 출생차트에서 풀문의 ☽가 디그니티를 얻고 1st에 위치하는 경우 네이티브는 높은 사회적 지위와 명예를 얻을 것이다. ASC의 사인이 ♉이며 ☽가 ASC커스프와 ☌을 이루고 ☉이 사인 ♌에서 룰러를 얻을 때 네이티브는 명예가 높아질 것이다. 1st나 10th에서 ☽가 사인 ♋에서 ♃와 ☌을 이루면 네이티브는 우두머리나 그룹의 회장 또는 회사의 사장이나 정치적으로 지위가 높은 사람들로부터 신임을 받을 것이다. ☽가 1st에 위치하고 ☉이 ♀과 △ 또는 ✱애스펙트를 이루게 되면 네이티브는 성직자가 되거나 종교와 관련된 단체에서 일을 하게 될 것이다.

MC(Medium coeli) = 미드해븐(Midheaven)

MC는 네이티브가 사회적인 성공과 성취, 권위, 사회에 기여할 수 있는 가능성과 직업 그리고 소명이 무엇이며 세상에서의 위치가 어떻게 전개되고 발전될 것인지 알 수 있도록 해준다.

낮의 네이탈 출생차트에서 ♃가 10th에 위치하게 되면 네이티브는 공무원으로서 직업을 갖게 되는 경우가 많다. 이때 인포춘 ♄이나 ☊가 ♃에 □나 ☍애스펙트를 이루게 되면 네이티브는 공직에서 물러날 수밖에 없는 일이 생기게 된다.

밤의 네이탈 출생차트에서 MC에 사인 ♐가 위치하고 10th 사인 ♐에 ☊가 코로드로 위치하면 이 네이티브는 매우 위험한 인물을 나타낸다. 이런 네이티브에게는 다른 사람들로부터 배신을 당하는 일이 자주 일어나며, 어떤 단체의 우두머리나 지역의 장으로서 가혹한 지배자가 될 것이다.

윌리엄 릴리는 ☉이 10th에서 룰러를 얻으면 한 나라를 얻을 수 있다고 말했을 정도로 10th에 ☉이 있으면 네이티브에게는 매우 좋은 것이다. ☉이 10th에 위치하고 ♃가 룰러를 얻거나 익절테이션을 얻으면 네이티브는 부모로부터 부모의 자리를 물려받게 될 것이다. 오리엔트 쿼터에서 익절테이션을 얻은 10th의 로드가 오리엔트 쿼터에서 익절테이션을 얻은 1st의 로드에게 어플라이 하는 경우 네이티브는 그룹 총수나 회사의 사장, 어떤 단체의 장 또는 정치권의 수장으로부터 인정을 받게 될 것이다.

ASC(Ascendant)

네이티브가 태어날 때 동쪽 지평선에 떠오르고 있는 사인을 ASC사인이라고 하며 동쪽 지평선 또는 수평선과 만나는 바로 그 지점을 어센던트(Ascendant) ASC라고 한다. ASC는 네이티브의 성격과 수명, 외모, 인품, 기질 등을 다스린다.

1st의 로드인 ♌가 MC와 ✶ 또는 △애스펙트를 이루면 네이티브는 권력이나 힘을 갖게 되는데 그 힘과 권력을 잔인하고 혹독하게 행사할 것이다. 1st의 로드가 ☉과 ✶ 또는 △애스펙트를 이루거나 오리엔트 쿼터에서 ☉과 1° 이내에서 ☌하는 카지미 상태에 놓이거나 10th의 로드와 ☌을 이루는 경우 네이티브는 그룹 총수나 회사의 사장 또는 어떤 단체의 장으로부터 또는 정치권의 우두머리로부터 인정을 받을 것이다. 1st의 로드가 하늘의 좋은 위치인 앵글 하우스에서 익절테이션을 얻은 플래닛에 어플라이 ✶ 또는 △애스펙트를 이루는 경우 네이티브는 자신의 노력과 능력으로 높은 지위에 올라가게 될 것이다. 그리고 1st의 로드가 1st에 위치하여 룰러를 얻을 경우 네이티브는 자신의 힘으로 지위와 명예를 얻을 것이다.

1st 또는 10th에 위치한 루미너리 ☉또는 ☽가 픽스트 스타 플레이아데스나 히아데스와 ☌할 경우 네이티브는 장교, 장군, 경찰, 경찰청장, 통치자가 될 수 있을 것이다. 1st 또는 10th에 위치한 루미너리 ☉또는 ☽가 픽스트 스타 알데바란(Aldebaran)이나 안타레스(Antares)와 ☌을 이루게 되면 네이티브는 어려움과 희생이 따르는 치열한 경쟁과 험한 일을 통해

서 명예와 권세를 얻을 것이다. 1st 또는 10th에 위치한 루미너리 ☉또는 ☽가 ☉과 ♄의 의미를 지닌 픽스트 스타와 ♂하는 경우 네이티브는 벗어나기 어려운 힘든 재난들을 경험하게 될 것이다. 1st 또는 10th에 위치한 루미너리 ☉또는 ☽가 포말하우트(Fomalhaut), 리겔(Rigel)픽스트 스타와 ♂하는 경우 네이티브는 이름을 길이 남길 것이다. 10th에 위치한 루미너리 ☉또는 ☽, ♃가 레굴루스(Regulus), 악투루스, 베텔게우스(Betelgeuse), 카펠라(Capella)와 ♂하는 경우 네이티브는 부와 명예, 명성을 얻게 될 것이다. 1st 또는 10th에 위치한 ☉이 시리우스(Sirius), 또는 프로키온(Procyon)과 ♂을 이루면 네이티브는 대통령에 당선이 되거나 한 나라의 지도자가 되는 영예를 누리게 될 것이다. ♃과 ♀, ☿과 ♀의 의미를 지닌 픽스트 스타는 ASC나 MC 또는 루미너리 ☉이나 ☽와 ✶또는 △애스펙트를 이루면 네이티브는 부와 명예를 얻게 될 것이다. ☉, ☽, ♎, ☿의 의미를 지닌 픽스트 스타는 명성과 영광을 나타낸다. 10th에 위치한 루미너리인 ☉이나 ☽ 또는 ♃와 알골(Algol)과 ♂을 이루게 되면 타인에게 칼이나 총을 겨누는 일 즉 경찰이나 군에서 권력과 권위를 얻게 될 것이다. 스피카는 명예를 높여주는 픽스트 스타로써 10th에 위치하면 사법고시에 합격하거나 종교지도자로서 높은 지위에 오를 것이다.

정통점성학에서 네이티브가 겪게 되는 순간적인 흥망성쇠는 태양계에 존재하는 일곱 플래닛이 가지고 있지 않은 엄청난 힘인 바로 픽스트 스타가 내뿜고 있는 자기장 때문이다. 베텔게우스는 태양의 900배 크기이다. 이 엄청난 크기에서 내뿜는 자기장은 우리 인간에게 매우 강력한 영향력을 행사한다. 픽스트 스타가 내뿜는 자기장의 성질에 따라서 네이티브에게 좋은 의미로 발현이 될 수도 있으며, 나쁜 의미로도 발현이 될 수 있는 것이다.

네이티비티(Nativity)에서 네이티브가 사회생활을 통해 얻게 되는 지위에 대하여

루미터리 ☉과 ☽에 파틸 애스펙트를 이루는 디그니티를 얻어 강한 플래닛과 그 플래닛이 위치한 하우스로 판단한다.

플래닛	루미너리 ☉과 ☽에 파틸 애스펙트를 이루는 디그니티가 높은 플래닛
♄	조상, 손윗사람, 시골스러운 사람, 검소한 사람, 신중하고 사려 깊은 사람, 재산 상속 또는 증여와 관련된 일 등을 통하여 네이티브는 사회적 지위를 얻게 될 것이다.
♃ & ♀	네이티브 자신의 인품 즉 정직함과 신중함, 공정함으로 사회적 지위를 얻게 될 것이다.
♂	군인이나 경찰, 검찰, 수사기관과 관련하여 네이티브는 사회적 지위를 얻게 될 것이다.
☿	경제인, 학식, 연설가, 언론인, 학자, 법관 등에 의하여 네이티브는 사회적 지위를 얻게 될 것이다.

네이탈 출생차트에서 루미너리 ☉이나 ☽와 파틸 ♂이나 파틸 애스펙트를 이루는 플래닛이 없을 경우에는 10th에 위치하는 로드 중에서 디그니티가 가장 높은 플래닛이 상징하는 사람으로 하여금 네이티브는 사회적 지위를 얻을 수 있을 것이다. 만일 10th에 어떤 플래닛도 위치하지 않을 경우에는 10th의 로드와 그 로드가 위치한 하우스의 의미를 살펴서 네이티브가 얻을 수 있는 사회적 지위를 판단한다.

하우스	루미터리 ☉과 ☾에 파틸 애스펙트를 이루는 디그니티가 높은 플래닛이 위치한 하우스
1st	네이티브는 자신의 노력과 능력 그리고 재능으로 사회적 지위를 얻을 것이다.
2nd	네이티브는 자신이 가지고 있는 재물을 통하여 사회적 지위를 얻을 것이다.
3rd	네이티브는 친척이나 이웃의 추천으로 사회적 지위를 얻을 것이다.
4th	네이티브는 부동산이나 아버지의 덕으로 사회적 지위를 얻을 것이다.
5th	네이티브는 취미나 자녀의 덕으로 사회적 지위를 얻을 것이다.
6th	네이티브는 종업원이나 고용인 또는 아랫사람을 통하여 사회적 지위를 얻을 것이다.
7th	네이티브는 배우자나 동업자를 통하여 사회적 지위를 얻을 것이다.
8th	네이티브는 부모로부터 물려받은 유산이나 배우자의 재산 또는 동업자의 재산을 통하여 사회적 지위를 얻을 것이다.
9th	네이티브는 학식이나 학벌 또는 종교를 통하여 사회적 지위를 얻을 것이다.
10th	네이티브는 직업이나 경력 또는 어머니의 덕을 통하여 사회적 지위를 얻을 것이다.
11th	네이티브는 친구나 사교모임, 연예계, 사회단체를 통하여 사회적 지위를 얻을 것이다.
12th	네이티브는 무료봉사, 이상에 대한 헌신을 통하여 사회적 지위를 얻을 것이다.

네이티비티(Nativity)에서 네이티브의 직업과 재능에 대하여

정통점성학에서 직업이라 함은 생계유지를 위하여 자신의 적성과 능력에 따라 일정한 기간 동안 계속하여 종사하는 일을 의미하며 재능이라 함은 어떤 일을 하는데 필요한 재주와 능력 그리고 개인이 타고난 능력과 훈련에 의하여 획득된 능력을 의미한다. 네이티브는 이 능력을 사용하면서 사회적 지위와 명성을 얻는 데 인생에서 가장 많은 시간을 투자하게 되는 것이다.

네이탈 출생차트에서 네이티브의 직업과 재능에 대하여 판단하고자 할 때 ☿, ♁, ♀를 보고 판단한다. ☿는 지식과 두뇌를 활용하는 일을 의미하며, ♁는 노동일과 환경 미화원과 같은 체력과 힘을 쓰는 일을 의미하며, ♀는 일을 즐기며 삶의 낙으로 삼을 수 있는 일을 의미한다. 1st, 7th, 10th에서 ☿, ♁, ♀가 ☉으로부터 컴버스트나 언더 썬 빔을 당하지 않으면 네이티브의 재능을 다스리는 시그니피케이터로 본다. ☿, ♁, ♀중 어느 플래닛도 1st, 7th, 10th에 위치하고 있지 않을 때 10th의 로드 중에 ☿나 ♁ 또는 ♀가 있는 지를 확인하고 이중에 10th의 로드가 있다면 디그니티를 얻었는지를 확인하여 재능의 시그니피케이터로 삼는다. 만일 이와 같은 조건을 충족하는 플래닛이 없다면 네이탈 출생차트 왼쪽에서 ☿, ♁, ♀중 ☽와 파틸 ✶이나 △애스펙트를 이루는 플래닛이 있는 지를 확인하고 애스펙트를 이루는 플래닛중 디그니티가 가장 높은 플래닛의 의미를 취한다. 이마저도 없을 때는 오른쪽에서 애스펙트를 이루는 플래닛을 취한다. 이와 같은 조건을 충족하는 플래닛이 없을 때 ☽의 모이티(6° 15')이내에서 ✶이나 △애스펙트를 이루는 플래닛이 있는 지를 확인한다. 이때 ☽와 애스펙트를 이루는 플래닛은 인포춘 ♄이나 ☊로부터 □나 ☍애스펙트를 이루지 않아야 한다. 이와 같은 조건마저 충족하는 플래닛이 없는 경우에는 ☿, ☊, ♀중에서 ☉으로부터 제일 먼저 컴버스트나 언더썬빔을 벗어나는 플래닛을 직업과 재능의 시그니피케이터로 삼는다. 이 조건마저도 충족시키지 못하는 네이티브는 평생을 무직자로 살거나 미용실 셔터맨으로 살거나, 약국 셔터맨으로 살거나 빌어먹거나 노숙자로서의 삶을 살 것이다.

네이탈 출생차트에서 네이티브의 직업과 재능에 대한 시그니피케이터가 플래닛 ☿, ☊, ♀중 오직 하나뿐일 때 네이티브의 직업과 재능은 그 플래닛의 고유한 속성과 의미를 따라 판단한다. 네이티브의 직업과 재능의 시그니피케이터 플래닛 둘 이상이 애스펙트로 연결된 경우 직업의 속성과 의미는 서로 섞이게 된다. 직업의 시그니피케이터 ☿와 ☊가 ✶또는 △애스펙트를 이루는 경우 ☊가 위치한 하우스와 사인의 의미가 표면으로 드러나게 된다. 네이티브의 직업과 재능을 나태내는 시그니피케이터가 아닌 플래닛들 ☉, ☽, ♃, ♄이 직업과 재능의 시그티피케이터와 애스펙트를 이룰 때 직업과 재능을 나타내는 시그티피케이터의 의미를 강화시키거나 약화시키는 역할을 한다.

플래닛	직업과 재능을 나타내는 플래닛 ☿또는 ☊또는 ♀와 애스펙트를 이룰 때
☉	네이티브의 직업과 재능에 권위를 부여해준다.
☽	네이티브의 직업과 재능에 사람들의 신뢰를 얻도록 해준다.
♃	네이티브의 신앙심, 신실함, 공평함, 정직함, 너그러움 등이 직업과 재능을 도와준다.
♄	네이티브의 나태, 탐욕, 오래시간 끄는 상담, 슬픔, 비참함, 모자람, 궁핍함 등이 직업과 재능을 가로막는 장애가 된다.

네이티비티(Nativity)에서 네이티브의 직업과 재능의 시그니피케이터가 ☿일 때

☿는 네이탈 출생차트에서 네이티브의 정신과 지성을 다스린다. ☿는 주로 네이티브가 머리를 쓰는 일을 나타내며 신문기사, 글자, 숫자, 작문, 시, 소설, 학습, 계산, 변론, 점성술, 철학적 사색, 상업, 장사, 운문, 기계 및 도구의 설계, 자동차, 항공기, 배 등의 설계에 관련한 일을 하게 될 것이다. 네이티브는 고위 관료, 언어학자, 수학자, 철학자, 기하학자, 시인, 작가, 무역업자, 유통업자, 대 상인, 전문 기술자 등에 종사할 것이다.

네이탈 출생차트에서 ☿가 ♃로부터 ✶이나 △애스펙트를 이루는 경우 네이티브는 훌륭한 연설가나 아나운서 대변인 웅변가, 판사 예언가 고귀한 인물 등이 될 수 있으며, 법관으로서 법을 집행할 때에도 공정하고 사려 깊으며 정당한 판결을 내릴 것이다. 그러나 ☿가 ♃로부터 □나 ☍애스펙트를 이루면 네이티브는 노력한 만큼 좋은 결과를 얻지 못할 것이다.

☿가 ♄과 ♂을 이루거나 ✶이나 △애스펙트를 이루는 경우에 네이티브는 다른 사람의 밑에서 보조로 일을 하거 나 재주가 없는 기술자 등 단순한 일을 처리하는 삶을 살 것이다.

☿가 ♄과 □나 ☍애스펙트를 이루게 되면 네이티브는 말을 더듬거나 말을 어눌하게 하는 등 언변에 문제가 있을 것이다.

☿가 ☊와 ♂을 이루거나 ✶이나 △애스펙트를 이루는 경우에 네이티브는 농사를 짓는 농부나 물고기를 잡는 어부나 원양어선을 타는 선원이나 양치기 또는 소몰이꾼, 정육업자, 조각가, 석수쟁이, 기계를 다루는 기술자나 마술사 등의 직업을 가지고 살아갈 것이다.

☿가 ⊙과 ♂을 이루거나 ✱이나 △애스펙트를 이루는 경우에 네이티브는 정재계에서 인맥이 넓은 로비스트로서의 삶을 살거나 서기 또는 속기사나 재산관리인, 또는 회계사로서의 삶을 살 것이다. ☿과 ⊙의 관계에서 ☿가 ✱이나 △애스펙트를 이루는 경우에 네이티브는 조폐공사에서 일을 하거나 은행에서 돈을 만지는 직업 또는 그 밖의 금융기관에서 일하는 직업을 가지게 될 것이다.

☿가 ☽과 ♂을 이루거나 ✱또는 △애스펙트를 이루는 경우 네이티브는 미래를 예측하거나 예지할 수 있는 지력이 매우 뛰어날 것이다. 사인 ♉, ♋, ♑에 위치한 ☿에 ☽가 어플라이 하는 경우 네에티브는 증권, 금융, 외환시장, 선물시장에서 미래를 예측한 결과를 매우 중요하게 여길 것이며 ☿가 ♍나 ♏에 위치할 경우 네이티브는 점성가나 명리학을 비롯한 동양 역리학자가 될 것이다. ☿가 사인 ♈, ♌, ♎에 위치할 경우 네이티브는 동양철학이나 점성학 등의 학문을 배우지 않고도 신점과 같은 직감으로 예언을 하는 등의 능력을 발휘할 것이다. ☿가 사인 ♐나 ♓에 위치하게 될 경우에 네이티브는 마법사나 마술사 또는 최면 등의 기예를 배워 삶을 살아갈 것이다.

☿가 ♀와 ♂을 이루거나 ✱애스펙트를 이루는 경우 네이티브는 말을 유창하게 하는 달변가이고 아름다운 목소리를 지녔으며 상대방에게 무례하지 않으며 예의바른 사람일 것이다.

☿와 ♀ 둘 다 비너스가 다스리는 사인 ♉나 ♎에 위치하게 되면 네이티브는 음악가가 되기 쉬우며 시인이나 연설가 대변인, 작가, 기자, 무용수, 서커스 곡예사, 화가, 화장품 제조자나 판매원, 양초제조인, 비누제조인, 시나리오 작가, 극작가, 교사 등의 직업을 갖게 될 것이다.

☿와 ♀가 3rd, 5th, 11th에 위치하여 9th에 위치한 ♃로부터 ✱이나 △애스펙트를 이루게 되면 네이티브는 자신의 종교를 전파하는 사람 또는 전도사나 변호사로서의 삶을 살아갈 것이다,

☿와 ♀가 3rd, 5th, 11th에 위치하여 12th에 위치한 ♃로부터 ✱이나

△애스펙트를 이루게 되면 네이티브는 법관이나 공직자로서의 삶을 살아갈 것이다.

☿와 ♀는 ☉을 공전하는 속도가 비슷하고 빠르므로 ＊애스펙트를 이루는 디그리 이상으로 거리가 벌어지지 않는다.

네이티비티(Nativity)에서 네이티브의 직업과 재능의 시그니피케이터가 ♀일 때

♀는 유희, 쾌락, 유흥, 연회, 접대, 예술적인 감각, 예술, 친절함, 우아함 등 네이티브의 감각적인 즐거움을 나타내는 모든 것들을 의미한다. ♀가 룰러를 얻거나 익절테이션을 얻어 디그니티가 강하면 네이티브는 어떤 것들을 배우고 훈련하는 것은 적성에 맞지 않을 것이다. ♀가 지구력과 인내력을 의미하는 ♄과 ✳또는 △애스펙트를 이루게 되면 네이티브는 매우 엄하고 가혹한 성격의 소유자가 될 것이며 어떤 학문과 기술을 배우고 익히기에 알맞은 성향을 갖추게 될 것이다. 다른 플래닛들의 애스펙트를 이루지 않고 ♀ 단독으로 디그니티를 얻을 때 네이티브는 약제사, 약사, 식료품 업자, 잡화상, 향수업자, 화장품 판매업자, 양조업자, 술집주인, 카페주인, 화가, 보석상인, 악세사리 업자, 의상 관이인, 음악가, 작곡가, 댄서 등의 직업을 갖게 될 것이다.

♀가 ♄과 ✳또는 △애스펙트를 이루는 경우 네이티브는 차(茶)류와 같은 기호식품이나 물품 등을 취급하는 상인이 될 것이다. 애스펙트를 이루는 ♀와 ♄의 디그니티가 낮을 경우 네이티브는 광대나 댄서, 교활한 조폭, 술집 관리인, 룸싸롱 매니저, 매춘부, 마술사, 가난한 화가, 재능이 없는 사람 등이 될 것이다.

♀가 ♃와 ✳또는 △애스펙트를 이루는 경우 네이티브는 내과의사, 포목상, 모직물 상인, 비단업자, 섬유산업 종사자, 재봉사, 잡화상, 예언자 등 종교나 여성을 통하여 지위와 명예를 얻게 될 것이다.

♀가 ☉과 1° 이내에서 카지미 상태일 때 매우 큰 부를 축적할 것이다.

네이티비티(Nativity)에서 네이티브의 직업과 재능의 시그니피케이터가 ♂일 때

♂는 몸을 쓰는 육체노동의 힘들고 거친 일을 하는 직업을 의미한다. 주로 몸 전체를 쓰는 고단한 직업이나 불을 다루는 직업을 가지기 쉽다. 네이탈 출생차트에서 ♂이 ☉과 ✱또는 △애스펙트를 이루는 경우 네이티브는 불을 다루는 직업 예를 들면 철공소나 대장간 또는 주방에서 불을 다루는 사람일 것이다. 밤의 네이탈 출생차트에서 ♂는 전쟁과 전투, 투쟁을 의미하며 네이티브는 전쟁에서의 공훈과 명성 얻게 될 것이다.

♂가 룰러를 얻어 디그니티가 매우 강할 경우 네이티브는 지휘관이나 장교 또는 유능한 사냥꾼이 될 수 있을 것이다. ♂가 중간 정도의 디그니티를 가질 경우 네이티브는 병사, 부사관, 제철소에서 일하는 사람, 대장장이, 주물공, 철을 다루는 기술자, 배관공과 같은 설비제작자, 기계제작 조립하는 기술자, 석수, 목수, 건축가, 내과의사, 외과의사 등이 될 수 있을 것이다.

♂의 디그니티가 매우 낮을 경우 네이티브는 요리사, 벌목꾼, 짐꾼, 일용직 노동자, 노가다꾼, 환경미화원, 도둑, 해적 등의 삶을 살아갈 것이다.

♂가 ♄으로부터 □나 ☍ 애스펙트를 이루는 경우 네이티브는 하수도 청소하는 사람, 일용직 노동자, 광부, 숯 굽는 사람, 제분업자, 노예병, 노예, 파출부, 물장수, 뚫어뻥, 구두수선공, 협잡꾼, 야간일 하는 사람으로서의 삶을 살아 갈 것이다.

♂가 디그니티를 얻고 ♃와 ✱또는 △애스펙트를 이루는 경우 네이티

브는 지휘관, 장교, 지도자, 관료가 되거나 고위 공직자가 될 것이다.

☉가 ♃와 □또는 ☌애스펙트를 이루면 동네 수퍼마켓이나 문지기, 아파트 관리인, 상류층을 상대로 하는 서비스업 종사자 등이 될 것이다.

☉가 ⊙과 ✶이나 △애스펙트를 이루는 경우 네이티브는 고위 공직자나 일반 회사에서의 관리직이나 그룹에서 회장이나 사장을 의미하며 ☉가 ⊙과 □나 ☌애스펙트를 이루게 되면 네이티브는 금세공인 이나, 화폐제조인, 조폐공사에서 일하는 사람, 금광에서 금을 캐는 광부 등의 삶을 살아 갈 것이다.

☉가 ☽와 애스펙트를 이루게 되면 네이티브는 도축업자나 정육업자가 되기 쉬우며 여기에 ♄이 애스펙트를 이루면 어부나 뱃사공, 양조업자, 염색업자, 일용직 노동자 등의 삶을 살아갈 것이다.

☉가 디그니티가 높고 ☿와 ✶또는 △애스펙트를 이루는 경우 네이티브는 기계나 자동차 또는 컴퓨터 등의 설계제작에 매우 뛰어난 재능을 발휘하게 될 것이다. 또한 내과의사, 외과의사, 조각가, 무기설계 제작자, 공중인, 검사관, 인쇄업자 등의 직업을 갖고 살아가게 될 것이다. ☉의 디그니티가 낮을 경우 네이티브는 증거를 조작하거나 위조하는 자, 누명을 씌우는 자, 소문을 퍼뜨리는 자, 아첨꾼, 간신, 매춘업자, 포주 등의 삶을 살아갈 것이다. 여기에 ♄의 애스펙트가 가미될 경우 네이티브는 도둑질을 하거나, 화폐를 위조하거나 독극물을 다루는 자나, 놀음꾼으로서의 삶을 살아 갈 것이다. ♃의 애스펙트가 가미 될 경우 네이티브는 고문관이나 변호사, 법무사 등의 삶을 살아갈 것이다. ☽의 애스펙트가 가미될 경우 네이티브는 도둑이나 강도, 사기꾼으로서의 삶을 살아갈 것이며 여기에 ♄이 7th에 위치하면 네이티브는 형장의 이슬로 살아 질 것이다.

☉와 ♀가 △또는 ✶애스펙트를 이루는 경우 네이티브는 몸을 써서 사람들을 즐겁게 해주는 직업을 갖게 될 것이다. 요리사, 이발사. 미용사. 피부 관리사, 외과의사, 약제사, 정원사, 염색업자, 또는 매춘업이나 포주

또는 몸을 파는 사람 등의 삶을 살아 갈 것이다. 여기에 ♄의 애스펙트가 가미되면 네이티브는 가난한 병자를 치료하는 의사, 가난한 사람들을 돌보는 성직자, 조각을 하거나 묘비를 세기는 사람 등의 삶을 살아갈 것이다. 여기에 ♃의 애스펙트가 가미되면 네이티브는 헌신적이고 정열적으로 신앙생활을 하는 성직자나 신앙인, 훌륭한 교사로서의 삶을 살아 갈 것이다.

네이티브의 직업을 판단하는 데 있어서 네이탈 출생차트에서 직업과 재능의 시그니피케이터가 위치한 사인의 속성들을 살펴보는 것도 많은 도움이 될 것이다.

사인에 따른 직업의 의미

사인		직업적 의미
Cardinal	♈, ♋, ♎, ♑	기하학, 물리학, 점성학처럼 머리를 쓰는 직업
Fixed	♉, ♌, ♒	교육과 학습을 요하는 직업
Mutable	♊, ♍, ♐, ♓	커뮤니케이션과 여행, 탐험 등을 통한 봉사활동
Human	♊, ♍, ♒, ♎	인간의 감정과 감성을 뜻하며 문화와 예술적인 교양을 갖춘 사람들 사이의 영향력을 행사하는 사람으로서 권위 있는 기관에서 재능을 발휘할 수 있는 직업
Animal	♈, ♉, ♌, ♐(15°~30°), ♑	목축업, 도축업, 정육업, 건축업, 석공, 광산, 모직물제조, 전문적인 제조 기술을 요하는 직업.
Fire	♈, ♌, ♐	불을 다루는 직업, 금세공, 제과 제빵, 유리 제조, 요리사, 대장장이, 철공소 등
Earth	♉, ♍, ♑	흙에서 작업하거나 땅의 산물을 쓰는 도자기 제조, 벽돌 제조, 채굴, 광부, 페인트를 칠하는 일, 농사일, 가축 치는 일, 목장 일, 약초, 장의사 등의 직업을 갖게 될 것이다.
Air	♊, ♎, ♒	광대, 가수, 기자, 사냥꾼, 포수, 통신, 비행기 조종사, 고층빌딩 유리 닦기 등의 직업
Water	♋, ♏, ♓	어부, 항해사, 뱃사공, 세탁소, 주류운반업자.

사인과 관련한 인간의 보편적 직업의 종류

번호	사인	직업의 종류
1	♈	군인, 전사, 경찰, 교정직, 소방직
2	♉	농부, 조각가, 건축가, 은행가
3	♊	교사, 전달자, 운송업자, 여행가, 발명가
4	♋	어머니, 부녀자, 여자, 영양사, 서민, 일반 국민
5	♌	대통령, 총리, 국회의장, 고위 공직자, 아버지,
6	♍	기술자, 사회봉사, 손재주가 뛰어난 사람
7	♎	예술가, 동반자, 중재자, 재판관,
8	♏	수사관, 외과의사, 장의사, 최면술사, 마술사
9	♐	종교지도자, 법률가, 철학자, 전도사, 교육자
10	♑	청치인, 은둔자, 수도자,
11	♒	과학자, 발명가, 정치인,
12	♓	영매, 예술가, 종교인, 오컬트

직종의 분류와 플래닛, 사인과의 일반적 관계

번호	직종 대분류	플래닛	사인
1	관리직	♃, ☉	♐, ♑
2	경영, 회계, 사무관련 직업	☿	♊
3	금융, 보험관련 직업	☉, ☿	♊
4	교육 및 자연과학, 사회과학 연구관련 직업	☿	♌, ♐
5	법률, 경찰, 소방, 교도관련 직업	♃, ♂	♈, ♐
6	보건, 의료관련 직업	♂, ☽	♈, ♋
7	사회복지 및 종교관련 직업	☿, ♃	♓
8	문화, 예술, 디자인, 방송관련 직업	♀, ☿	♎, ♓
9	운전 및 운송관련 직업	♄, ☿	♊, ♑
10	영업 및 판매관련 직업	☿	♊
11	경비 및 청소관련 직업	♂, ♄	♑
12	미용, 숙박, 여행, 오락, 스포츠 관리직	♂, ☿, ♀	♍, ♎
13	음식 서비스관련 직업	☿, ☽	♋
14	건설관련 직업	♄	♉
15	기계관련 직업	♂, ☿	♍, ♒
16	재료관련 직업(금속, 유리, 점토, 시멘트)	♂, ☉	♊, ♍
17	화학관련 직업	♂, ♀	♊, ♒
18	섬유 및 의복관련 직업	♀, ♂	♋
19	전기, 전자관련 직업	♂, ☿	♊
20	정보통신관련 직업	☿	♊
21	식품가공관련 직업	♂, ☽	♋
22	환경, 인쇄, 목재, 가구, 공예 및 생산 단순직	☿, ♀	♒
23	농림어업 직업	♄	♉
24	군인 및 군무원관련 직업	☉, ♂	♈, ♌

네이티비티(Nativity)에서 네이티브가 선택 할 수 있는 직업의 종류

한국고용정보원 등에서 제작한 [한국고용직업분류]는 총 24개 직종에 758가지의 세부 직업으로 분류 되며 현재 1만 3천여 개 이상의 직업이 존재하며 계속해서 새로운 직업이 생겨나고 있다.

번호	직종 분류	세부직업 종류
1	관리직	고위 공무원, 기업 고위임원, 의회의원, 영영, 행정, 금융, 교육, 연구, 문화예술, 법률, 영업, 건설 등 모든 산업분류관련 관리자
2	경영, 회계, 사무관련 직업	경영행정, 인사노사, 회계 및 세무, 감정평가, 광고홍보 등의 전문가, 행정, 조세, 관세, 무역 등의 사무원, 비서, 통계
3	금융, 보험관련 직업	금융, 보험, 투자자문, 자산운용, 증권관련 전문가, 손해사정인, 보험영업, 신용추심, 금융관련 사무 등
4	교육 및 자연과학, 사회과학 연구관련 직업	유치원 교사, 초중고 교사, 대학교수, 학습지 교사, 관련 분야 연구원들
5	법률, 경찰, 소방, 교도관련 직업	법률전문가, 판사, 검사, 변호사, 법무사, 소방관, 경찰관, 교도관 등
6	보건, 의료관련 직업	의사, 치과의사, 한의사, 수의사, 약사, 간호사 등
7	사회복지 및 종교관련 직업	사회복지, 상담가, 직업상담사, 청소년 상담사, 보육교사, 육아도우미, 성직자, 가사도우미 등
8	문화, 예술, 디자인, 방송관련 직업	작가, 출판, 기자, 사진가, 디자이너, 영화, 연극, 방송, 모델, 배우, 영상, 녹화, 편집기사, 마술사, 무용가, 성악가, 만화가, 공연기획자
9	운전 및 운송관련 직업	선박, 항공, 조종, 관재, 도선사, 화물, 자동차, 버스, 택시, 택배기사, 집배원, 하역업무 등

번호	직종 분류	세부직업 종류
10	영업 및 판매관련 직업	기술, 해외, 자동차, 부동산, 인터넷 마케팅, 텔레마케팅, 방문 판매원, 노점상, 주유원, 홍보
11	경비 및 청소관련 직업	경호원, 청원경찰, 보안, 경비원, 구두미화원, 수금원, 세탁소, 검표원, 주차관리 등
12	미용, 숙박, 여행, 오락, 스포츠 관리직	미용, 피부미용, 결혼웨딩 플래너, 장례 상담원, 여행사, 숙박시설, 레크레이션시설, 직업운동선수, 승무원, 경기 심판 및 기록원, 프로게이머, 오락시설 등
13	음식 서비스관련 직업	주방장, 조리사, 바텐더, 웨이터, 음식 배달원 등
14	건설관련 직업	건축, 토목, 조경, 건축공학 관련 전문 기술자, 도시설계, 측량 전문가, 건축 석공, 배관공, 건설 및 채굴 기계 등의 운전기사, 철로 설치 등
15	기계관련 직업	기계공학, 전기전자 연구원, 공업기계, 보일러, 농업기계, 항공기, 선박정비원, 운송차량, 냉난방기 조립원 등
16	재료관련 직업(금속, 유리, 점토, 시멘트)	금속 및 재료공학 기술자, 연구원, 판금, 용접, 도장, 금속기계, 유리, 점토 등 조작원
17	화학관련 직업	화학공학 기술자 및 연구원, 화학제품, 석유, 고무, 타이어 조립원 등
18	섬유 및 의복관련 직업	섬유공학 기술자, 섬유제조 기계 조작원, 표백, 한복, 의복제조, 재단, 제화원, 세탁관련 기계조작
19	전기, 전자관련 직업	전기공학 관련 기술자 및 연구원, 컴퓨터 사무기기 설치기사, 전자부품 조작원 등
20	정보통신관련 직업	컴퓨터 프로그래밍, 데이터 베이스, 시스템 개발, 영상, 통신, 방송, 인터넷 케이블 설치 및 수리기사 등
21	식품가공관련 직업	식품공학 기술자 및 연구원, 제빵, 제과, 떡 제조원, 정육점 및 도축업, 김치, 기타 식품의 가공관련
22	환경, 인쇄, 목재, 가구, 공예 및 생산 단순직	환경공학 기술자 및 연구원, 인쇄기, 사진인화, 악기, 귀금속, 간판, 가구제작 등
23	농림어업 직업	과수, 원예, 곡식, 낙농, 어업, 영림관련 종사원 등
24	군인직업	영관급, 위관급, 부사관, 군인, 군무원 등

11th 하우스

    11th 하우스는 네이티비티에서 네이티브의 친구, 우정, 신뢰, 희망, 믿음, 확신, 칭찬, 친구의 호의와 비난, 선망과 불신, 휴머니즘, 사회단체, 미래, 계획, 그룹, 동지, 학교 동창들, 사회에서 사귄 사람들, 사교 등을 다스리며 호라리에서는 국고와 공금, 교우관계 등을 다스린다. 먼데인에서는 왕의 호의, 섭정왕과 그들의 재산, 결속, 연합 등을 보여주며, 전쟁에서는 군인과 군수품을 다스리고, 한 나라 수도의 시장과 시의회를 다스리며, ASC는 시의원을 다스린다.

네이티비티(Nativity)에서 네이티브의 11th 하우스를 다스리는 시그니피케이터

1. 11th에 위치한 사인
2. 11th의 커스프
3. 11th의 로드
4, 11th의 코로드
5. 11th의 로드 또는 코로드와 애스펙트를 이루는 플래닛

11th에 포춘인 ♃와 ♀가 위치하고 룰러나 익절테이션을 얻어 디그니티가 높으면 네이티브는 자신에게 이로움이 되는 많은 친구들과 교우들을 두게 될 것이며 그들의 우정은 진실할 것이다. 아나비바존 ☊도 포춘인 ♃와 ♀의 의미를 지녔으므로 사인 ♉, ♊, ♌, ♋, ♎, ♓에 위치하게 되면 네이티브와 친구들과의 우정을 더욱 돈독하게 할 것이다. 반대로 포춘인 ♃와 ♀가 11th에 위치하고 디그니티가 낮을 경우에 네이티브와 친구들과의 우정은 진실하지만은 않을 것이며 그들에게 기대할 것도 별로 없을 것이다. 카타비바존 ☋도 사인 ♈, ♍, ♏, ♐, ♑, ♒에 위치할 경우에도 마찬가지로 해석한다.

11th에 인포춘 ♄과 ♂가 룰러나 익절테이션을 얻어 디그니티가 높으면 네이티브는 친구들 또는 교우들이 많을 것이나 그들 중 많은 사람들이 우정을 가장하고 있을 것이며 신뢰와 성의를 쉽게 드러내지 않을 것이다. 인포춘 ♄과 ♂가 11th에서 페러그란인 하거나 디그니티가 낮을 경우 네이티브는 신뢰하거나 믿을 만한 친구들이 거의 없을 것이며 카타

비바존 ☋도 이와 유사하게 해석한다. 우정이나 친분을 가장하여 네이티브를 속이는 가장 나쁜 사람들은 인포춘 ♄과 ☋가 페러그란인하여 디그니티를 잃은 상태로 카디날 사인(♈, ♋, ♎, ♑)또는 뮤터블 사인(♊, ♐, ♍, ♓)에 코로드로 위치할 때이다.

포춘과 인포춘을 제외한 플래닛들(☉, ☽, ☿, ⊗)은 룰러나 익절테이션을 얻어 디그니티가 강한 상태로 11th나 1st에 위치할 경우 네이티브는 친구들은 많을 것이다. 그러나 군중속의 고독이라는 말이 있듯이 네이트브는 믿을 만한 진정한 친구들은 없을 것이다. 진정 친구가 필요할 때 네이티브는 결국 혼자일수밖에 없을 것이다. 위 플래닛들이 디그니티가 약하다면 네이티브의 친구들은 언제라도 등을 돌리고 배신할 수 있으며, 신뢰와 신의가 부족한 친구들일 것이다. 11th에 위치한 ☉은 네이티브에게 힘이 있는 친구들을 의미하며, 11th에 위치한 ☿는 그저 많은 친구들을 의미하고, 11th에 위치한 ☽는 네이티브가 많은 사람들에게 알려지게 되지만 결국 진정한 친구는 없을 것임을 시사한다.

네이탈 출생차트에서 11th와 1st에 어떤 플래닛도 위치하고 있지 않다면 11th의 로드가 위치한 하우스와 사인, 디그니티로 네이티브의 교우관계를 판단한다. 포춘 ♃ 또는 ♀가 1st, 5th, 7th, 9th, 11th에 위치하는 경우 네이티브는 죽마고우를 비롯한 학교동문들과 사회친구들이 많을 것이다. 11th의 로드가 1st로드로부터 세퍼레이션하는 경우 네이티브에게는 친하게 지내는 친구들은 없을 것이다. ☽가 사인 ♒나 ♓에 위치하게 되면 네이티브는 직장상사나 선배들 또는 윗사람들에게 사랑받기 힘들 것이라고 판단한다. 10th의 로드가 ℞하면서 1st의 로드로부터 세퍼레이션하는 경우 직장 상사나 선배 또는 윗사람 등은 네이티브의 상황을 배려해주지 않을 것이다. 1st의 로드가 10th의 로드로부터 세퍼레이션하면 네이티브가 직장 상사나 선배 또는 윗사람들을 멀리하거나 꺼릴 것이다. 네이탈 출생차트에서 사인 ♋에 ASC커스프가 걸린 네이티브는 친구들을 사귀고 어울리는데 있어서 매우 큰 어려움을 겪게 될 것이다. 인포춘 ♄

이나 ☊가 12th나 앵글 하우스에 위치하게 되면 네이티브에게는 보이지 않는 적들이 많을 것이며 이로 인하여 견디기 힘든 일들이 많이 일어 날 것이다.

네이탈 출생차트에서 네이티브가 인생을 살아가면서 어떤 친구들과 교제하며 어떤 사람들을 만나면서 살아가는지에 대한 판단은 11th나 1st에 위치한 로드나 코로드가 어떤 플래닛인지를 보고 판단한다. 11th의 커스프가 픽스트 사인(♉, ♌, ♏, ♒)에 위치할 경우 네이티브의 교우관계를 비롯한 인간관계는 오래도록 굳건하게 유지될 것이다. 그러나 11th의 커스프가 카디날 사인(♈, ♋, ♎, ♑)이나 뮤터블 사인(♊, ♍, ♐, ♓)에 위치할 경우 네이티브의 교우관계나 인간관계는 그리 돈독하지 않을 것이다.

플래닛이 의미하는 네이티브의 친구 또는 만나게 될 사람들

플래닛	의미
♄	네이티브보다 나이가 많은 사람, 농부, 노가다 꾼, 일용직 노동자, 석공, 금속을 다루는 사람, 3D업종 종사자, 비천한 직업을 가진 사람, 환경 미화원, 잡다한 물건을 취급하는 상인.
♃	고위 성직자, 종교계 종사자, 법관, 귀족, 고위 공직자, 정치인, 판사, 부유한 사람, 그룹의 회장, 회사의 사장, 상류층 사람, 예의범절을 지킬 줄 아는 사람.
♂	군인, 군대 지휘관, 외과의사, 자만심과 자부심이 강한 사람, 장사꾼.
☉	대통령, 국왕, 총리, 수상, 장관, 고위 공무원, 시장, 권위가 높은 사람.
♀	예술가, 음악가, 시인, 약제사, 화장품 가게주인 및 판매원, 가수, 예의바른 사람, 사치스럽고 요란한 사람, 화가, 여성, 매춘부, 술집 주인 및 종업원, 목소리가 아름다운 사람, 도박사, 헤어 디자이너, 보석 디자이너, 노래방 주인, 룸싸롱 주인, 요정 주인, 술집 종업원 등
☿	대변인, 논쟁을 즐기는 사람, 두뇌가 매우 뛰어난 사람, 손기술이 뛰어난 기술자, 학자, 변호사, 수학자, 서기, 속기사, 상인, 비서, 사무원, 교활한 사람, 금속 세공인 등
☽	아줌마, 과부, 아내, 여자, 주부, 애인, 대사, 어부, 선원, 서민, 불안정한 사람들.

Synastry II(시나스트리 II)

네이탈 출생차트에서 네이티브의 교우관계나 인간관계에서 관계가 좋은지 아니면 계속 유지해야할지를 판단하기 위해서는 두 사람의 출생차트를 비교하여 판단한다.

1. ASC 사인
2. ASC의 코로드
3. ASC의 로드

ASC에 위치한 사인이 서로 같거나 1st에 위치한 코로드가 서로 같으면 인품과 기질이 비슷하여 두 사람과의 인간관계 및 교우관계는 좋을 것이다. 서로의 네이탈 출생차트를 겹쳐놓고 볼때 1st에 위치한 플래닛이 서로 리셉션을 하거나 ✽또는 △애스펙트를 이루면 서로의 인간관계는 좋을 것이라고 판단한다. 서로의 네이탈 출생차트에서 1st에 위치한 플래닛들이 서로 기뻐하는 플래닛이면 역시 두 사람의 인간관계나 교우관계는 좋을 것이라고 판단한다.

우호적인 플래닛과 적대적인 플래닛 그리고 그 의미

플래닛	우호적인 플래닛	적대적인 플래닛	의미
♄	☉, ☽, ♃	♂, ♀	♎에서 익절테이션을 얻은♄은 ♀과 기질이 차갑다는 면에서 서로 일치하는 면이 있으나 ♄은 우울함과 슬픔을 주관하고, ♀는 즐거움과 유쾌함을 주관하기 때문에 성격적으로 서로 화합할 수 없다.
♃	♄, ☿, ♀, ☉, ☽	♂	♃는 ♂에게만 적대적이며 나머지 플래닛들에게는 우호적이다.
♂	♀	♄, ♃, ☉, ☿, ☽	♂의 우호적인 플래닛은 ♀뿐인데 ♀의 따뜻한 말 한 마디와 부드러운 태도는 ♂의 성마른 성격과 행동을 포용해 줄 수 있기 때문이다. 그러나 ♂는 뜨거운 플래닛이고 ♀는 차갑고 축축한 플래닛이기 때문에 ♀는 ♂를 꺼려하는 경향이 있다.
☉	♃, ♀	♄, ♂, ☿, ☽	☉은 ♃와 ♀에게만 우호적이며 나머지 플래닛들에게는 적대적이다.
♀	♂, ☉, ☽, ☿	♄	♀는 ♄에게만 적대적이며 나머지 플래닛들에게는 우호적이다.
☿	♄, ♃, ♀	☉, ♂, ☽	☿는 ♄, ♃, ♀에 우호적이고 ☉, ♂, ☽에는 적대적이다.
☽	♄, ♃, ♀	☉, ♂, ☿	☽는 ♄, ♃, ♀에 우호적이고 ☉, ♂, ☿에는 적대적이다.
☊	♃, ♀	♄, ♂, ☉, ☿, ☽	☊는 ♃와 ♀에게만 우호적이며 나머지 플래닛들에게는 적대적이다.
☋	♄, ♂	♃, ☉, ♀, ☿, ☽	☋는 ♄과 ♂에게만 우호적이며 나머지 플래닛들에게는 적대적이다.

두 개의 네이탈 출생차트를 겹쳐놓고 볼 때 포춘 ♃나 ♀ 또는 루미너리 ☉과 ☽가 위치한 사인과 디그리(도수)가 같아서 ☌을 이룰 때 두 사람의 교우관계나 인간관계는 좋을 것이다. 두 네이탈 차트를 겹쳐놓고 볼 때 포춘 ♃, ♀와 인포춘 ♄, ☊가 ☌을 이룰 때 두 사람의 교우관계나 인간관계는 호의와 불화가 섞일 것이다. 두 네이탈 출생차트에서 ♃와 ♄이 ☌을 이룰 때 두 사람이 서로 욕심을 채우기 위해서 관계를 맺고 유지할 것이다. 두 네이탈 출생차트에서 ☊와 ♀가 ☌을 이루면 두 사람은 부적절한 관계 또는 부정한 관계를 위해 서로의 관계를 유지하고 있을 것이다.

두 네이탈 출생차트를 겹쳐놓고 볼 때 한쪽의 ☉과 ☊가 다른 쪽의 ☿와 ☽에 □나 ☍애스펙트를 이루면 두 사람의 교우관계나 인간관계에서 서로 피해를 입히는 관계가 될 것이며 인포춘 ♄과 ☊가 다스리는 사인 ♑이나 ♒에 위치하면 서로 피해를 주고받는 정도가 매우 심각할 것이다. 두 네이탈 출생차트를 겹쳐놓고 볼 때 각자의 차트에서 인포춘 ♄과 ☊가 서로 □나 ☍애스펙트를 이루면 두 사람의 교우관계나 인간관계에서 서로 각자의 이익을 위해서 싸우는 관계로 발전하게 될 것이다. 두 네이탈 출생차트를 겹쳐놓고 볼 때 각자의 차트에서 인포춘 ♄ 또는 ☊가 서로 리셉션을 이루거나 ✶이나 △애스펙트를 이루게 되면 옳지 못한 일을 하기 위하여 서로 협력할 것이지만 신뢰를 바탕으로 관계를 유지 발전시키는 사이는 아닐 것이다.

두 네이탈 출생차트를 겹쳐놓고 볼 때 한쪽의 ☉이 다른 한쪽의 임의의 플래닛과 ☌을 이룰 때 두 사람 사이의 교우관계나 인간관계는 정직과 미덕, 영예로움을 통하여 이루어 질 것이다. ♃가 다른 한쪽의 임의의 플래닛과 ☌을 이룰 때 두 사람 사이의 교우관계나 인간관계는 협동과 협력을 통하여 이루어 질 것이며 ♀가 다른 한쪽의 임의의 플래닛과 ☌을 이룰 때 두 사람 사이의 교우관계나 인간관계는 즐거움을 통하여 이루어 질 것이며 ☽인 경우에는 그때그때 편의에 따라 또는 시시때때로

마음의 변화에 따라서 교우관계나 인간관계가 이루어질 것이다.

두 사람사이의 교우관계 및 인간관계에서 서로의 네이탈 출생차트를 겹쳐놓고 볼 때 ☉♂☉, ☽♂☽, ⊗♂⊗, 1st의 로드♂1st의 로드일 경우 매우 좋은 관계로 발전될 가능성이 있을 것이라고 확신할 수 있다. 1st의 로드가 포춘인 ♃나 ♀인 경우와 1st에 위치한 코로드가 포춘인 ♃나 ♀인 경우에 1st의 로드가 포춘인 ♃나 ♀인 쪽이 다른 네이탈 출생차트의 1st의 로드에게 ✱이나 △ 애스펙트를 이루는 경우에 믿음과 신뢰도가 더욱 높을 것이다. 그러니 1st의 로드가 인포춘 ♄과 ♂인 경우와 1st의 로드가 인포춘 ♄과 ♂인 경우 상대방에 대한 적대감이 더욱 클 것이다. 네이탈 출생차트의 ASC에 걸린 사인이 상대방의 네이탈 출생차트에서 6th, 8th, 12th의 커스프에 걸린 사인과 같으면 두 사람은 교우관계나 인간관계에서 좀처럼 믿음과 신뢰를 바탕으로 한 관계의 발전은 어려울 것이다.

〈차트 XI-1〉

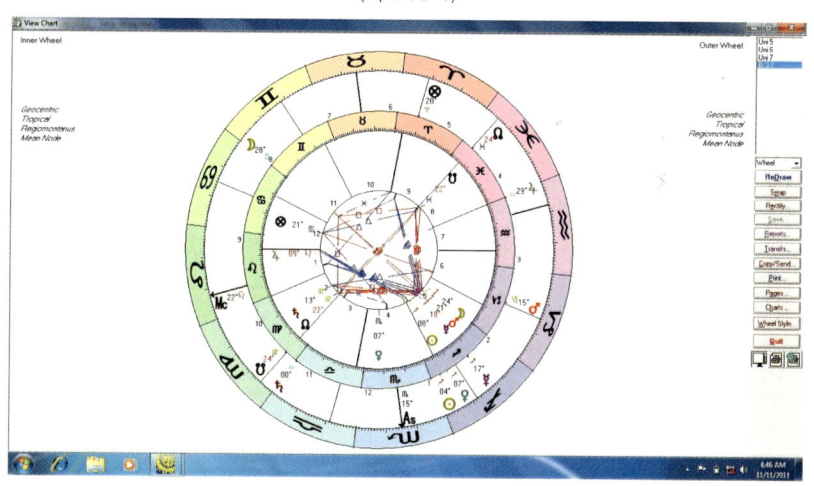

〈차트 XI-1〉 두 개의 네이탈 출생차트를 겹쳐놓고 보았을 때 Inner wheel의 ☉과 Outer wheel의 ☉이 사인 ♐에서 ☌을 하고 있다, 그러므로 두 사람의 인간관계는 신뢰와 믿음을 바탕으로 한 매우 좋은 관계로 발전할 수 있을 것이다.

〈차트 XI-2〉

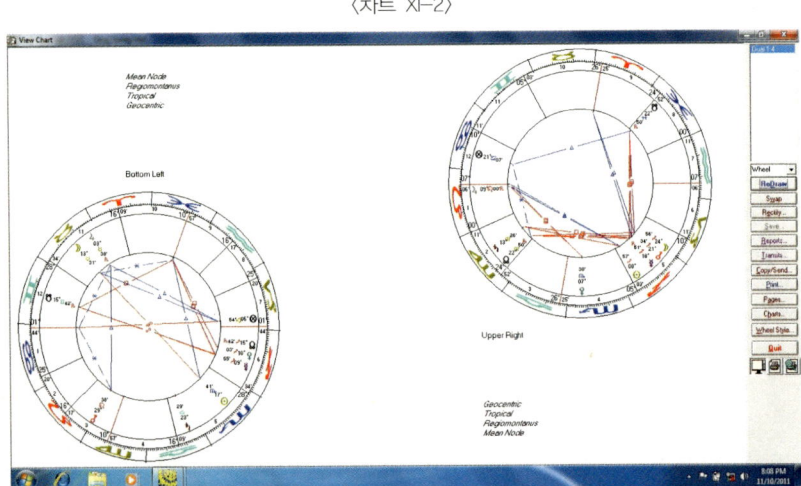

〈차트 XI-2〉 차트에서 두 네이탈 출생차트를 비교하여볼 때 왼쪽 차트에서 ASC 커스프에 걸린 사인이 ♋이다. 왼쪽 ASC에 걸린 사인♋가 오른쪽 차트에서 12th 커스프에 걸려있다. 그러므로 이 두 사람은 교우관계를 비롯한 인간관계에 있어서 신뢰와 믿음을 가지고 친밀한 관계로 발전하기는 어려울 것이라고 판단한다.

12th 하우스

　12th 하우스는 네이티비티에서 네이티브 자신을 지배하는 것들 잠재의식, 강박관념, 억압되고 감추어진 것들, 자기파괴, 숨은 적, 보이지 않는 적, 사적인 적들, 우명한 마음과 수단을 통하여 이웃을 해하는 모든 자들, 폐쇄된 곳, 수용소, 교도소, 소년원, 감금, 구속, 고통의 모든 것들, 정신병원, 요양원, 양로원, 병원, 아쉬람, 무료봉사, 은거지, 자기포기, 제물, 명상, 연민, 비애, 슬픔, 환난, 마법, 마녀, 큰 가축들, 소, 말, 코끼리 등을 다스린다.

네이티비티(Nativity)에서 네이티브(Native)의 적에 대하여

1. 12th 하우스
2. 12th의 로드
3. 12th의 코로드
4. 7th 하우스
5. 7th의 로드
6. 7th의 코로드
7. 1st 하우스
8. 1st의 로드
9. 1st의 코로드
10. 11th의 로드
11. 루미너리 ☉, ☽
12. ☊
13. ☋

네이탈 출생차트에서 네이티브의 적에 대하여 판단하고자 할 때에는 7th와 12th에 위치한 코로드 또는 루미너리 ☉, ☽와 ∞에스펙트를 이루는 플래닛을 보고 판단하며 이와 같은 플래닛이 많을 경우 네이티브에게는 많은 적들이 존재할 것이다. 12th의 로드가 1st에 위치하거나 1st의 로드가 12th에 위치하는 경우 네이티브에게는 인생을 살아가면서 많은 적이 존재할 것이다. ☊은 포춘인 ♃와 ♀의 기능으로, ☋은 ♄과 ♂의 기능으로 네이티브에게 작용할 것이다. 7th에 위치한 플래닛이나 루미너리 ☉, ☽와 ∞에스트를 이루는 플래닛은 네이티브에 대한 적의나 방해공작을 숨기지 않고 겉으로 드러내는 경향이 있다. 그러나 12th에 위치한 플래닛은 겉으로는 네이티브에게 친절하고 호의적이며 친한척하지만 네이티브가 없는 곳에서는 신의를 저버리고 험담을 하며 배신을 일삼는 자이다. 네이티브는 이들의 배신행위를 쉽게 알아차리지 못할 것이다. 11th의 로드가 7th에 위치하는 경우에 상대방은 자신에게 이로울 때에는 호의적인 태도로 네이티브를 대하다가 자신의 이익에 반하면 적으로 돌변하는 사람을 나타낸다.

네이티비티(Nativity)에서 네이티브(Native)의 적에 대한 사회적 지위

1. 12th하우스
2. 12th의 로드
3. 12th의 코로드
4. 7th하우스 및
5. 7th의 로드
6. 7th의 코로드
7. 적의 시그니피케이터의 속성
8. 적의 시그니피케이터가 위치한 하우스
9. 적의 시그니피케이터의 디그니티

적의 시그니피케이터가 포춘♃또는 ♀인 경우에 네이티브의 적은 권력과 권위를 지니고 있는 사람일 것이다. 적의 시그니피케이터가 인포춘 ♄이나 ♂인 경우 힘도 없고 권세도 없는 그저 폭력배 정도의 미천한 자일 것이다. 적의 시그니피케이터가 룰러나 익절테이션을 얻는 경우 네이티브의 적은 사회적으로 미치는 영향력이 매우 강력할 것이다. 또한 적의 시그니피케이터들이 포춘이든 인포춘이든 상관없이 네이탈 출생차트에서 앵글하우스에 위치하며 디그니티가 높을 때 네이티브의 적은 지위가 높고 강력한 권력의 소유자일 것이다. 적의 시그니피케이터가 트리플리시티나 텀 또는 페이스를 얻은 경우에는 네이티브의 적은 일반 시민이나 서민수준 정도 될 것이다. 적의 시그니피케이터가 포춘이든 인포춘이든 상관없이 디그니티가 높고 석시던트 하우스에 위치한 경우 네이티브의 적은 중간수준의 권력과 권세를 가진 사람일 것이다. 적의 시그니피케이터가 디그니티를 잃어 페러그라인(Peregrine) 하거나 디트리먼트(Detriment) 하거나 폴(Fall) 상태에 빠진 경우 네이티브의 적은 지위가 낮거나 조직폭력배와 같은 천한 신분의 사람들일 것이다. 적의 시그니피케이터가 포춘이든 인포춘이든 상관없이 케이던트에 빠진 경우 네이티브의 적은 디그니티를 얻어 강하다고 하더라도 비천한 신분의 사람일 것이다.

〈차트 XII-1〉

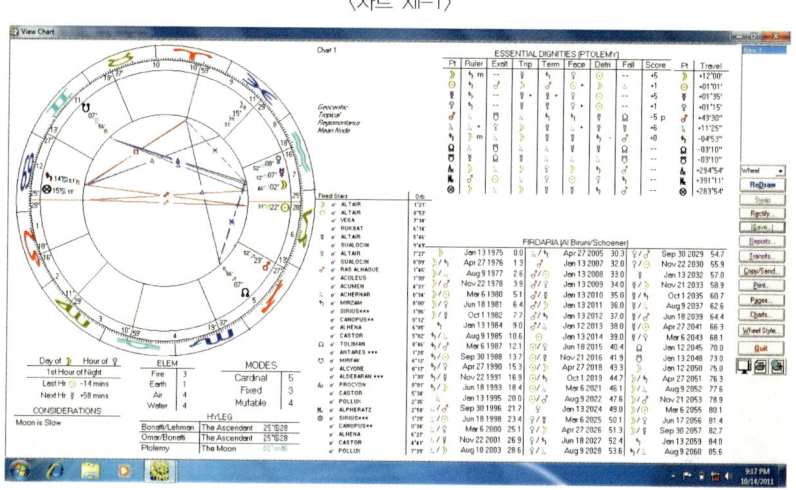

〈차트 XII-1〉 네이탈 차트에서 네이티브의 적을 다스리는 12th와 7th를 살펴보자. 네이티브의 숨겨진 적을 다스리는 12th에 인포춘의 ♄이 코로드로 위치하고 있고, 네이티브의 공개적으로 드러난 적을 다스리는 7th에 ☽, ♀, ☿가 코로드로 위치하고 있다. ☿는 11th의 로드이기도 하다.

〈차트 XII-1〉 네이탈 출생차트에서 네이티브의 드러나지 않는 숨은 적을 다스리는 12th의 ♄은 공개적으로 드러난 적 7th의 로드이다. 7th의 로드가 케이던트에 빠져있고 11th의 로드인 ☿가 7th에 위치하고 있으며 포춘 우 역시 7th에 위치하고 있다. 이 의미를 종합하여 판단하면 드러나지 않은 적은 네이티브보다 나이가 많은 사람일 것이다. 11th의 로드가 7th에 위치하고 있는 것으로 보아 네이티브 앞에서는 매우 친밀하고 친한 척을 하는 사람일 것이며, ☽가 7th에 위치하고 있는 것으로 보아 네이티브의 적은 여자일 가능성이 높다. 우는 포춘이기는 하지만 특별히 앵글에서 디그니티를 얻지 못하였으므로 특별한 의미를 부여할 필요가 없다.

네이티브는 30대 후반의 사람으로서 종업원이 5명 정도가 일하는 가게에서 일하고 있다. 그런데 나이가 네이티브보다 15세 정도 많은 여자가 사람들 앞에서는 매우 친절한척 하고 온갖 아양은 다 떨면서 뒤에서는 갖은 험담을 하여 미치겠다고 하였다. 심지어는 네이티브 자신이 하지도 않은 이야기를 했다고 만들어내어 사장한테까지 고하여 직원들과 사장한테 이간질하는 것 때문에 스트레스를 받아 미칠 지경이라고 하였다. 특히 7th의 코로드가 ☿라서 말로 지능적으로 네이티브를 괴롭혔다. 처음에는 누가 사람들 사이에서 이간질을 하는지 알 수가 없었지만 시간이 흘러 알게 되었다고 하였다. 즉 공개적으로 드러난 적 7th의 로드가 12th에 코로드로 위치하므로 결국 숨은 적은 시간이 지나면 드러나게 마련이다.

네이티비티(Nativity)에서 네이티브(Native)의 적과의 싸움에 대하여

12th의 로드가 10th에 위치하거나 10th의 로드가 12th에 위치하는 경우 또는 7th의 로드가 10th에 위치하거나, 10th의 로드가 7th에 위치하는 경우 네이티브는 적을 이길 것이다. 12th의 로드가 6th에서 디트리먼트하거나 폴에 빠진 상태에서 ℞하는 경우에도 네이티브는 적을 이길 것이다.

루미너리 ☉과 ☽중 시간의 로드 즉 낮의 네이탈 출생차트에서 ☉이, 밤의 네이탈 출생차트에서 ☽가, ⚼가 디그니티를 얻는 디그리 ♈, ♏, ♑0°~28°에 위치하면 네이티브는 적을 이길 것이다. 8th 하우스를 제외하고 시간의 로드가 ⚼와 리셉션을 이루는 경우에 네이티브는 적을 이길 것이며 디그니티가 높은 ⚼와 루미너리 ☉또는 ☽와 ☌을 이루는 경우에도 네이티브는 적을 이길 것이다. 12th에 위치한 인포춘 ♄ 또는 ⚼가 디그니티가 높으면 네이티브는 적이 죽거나 패하여 네이티브의 눈앞에서 사라지는 것을 보게 될 것이다. 그러나 12th에 위치한 인포춘인 ♄ 또는 ⚼가 디그니티가 약하면 오히려 네이티브가 위험에 빠지거나 심각한 궁지로 몰리게 될 것이다. 인포춘인 ♄과 ⚼중 한 쪽은 12th에 또 다른 한 쪽은 6th에 위치하게 되면 네이티브는 적에게 죽임을 당하거나 죽임을 당하지 않더라도 올드보이처럼 어딘가에 오랫동안 감금되어 있거나 심각한 질병에 시달리게 될 것이다. 12th의 로드가 포춘인 ♃나 ♀인 경우 적은 네이티브를 공격하는 대신 알아서 네이티브를 피할 것이다. 12th의 커스프가 사인 ♌나 ♐에 걸려 있으며 디그니티가 낮은 플래닛이 코로드로 위치하게 되면 네이티브는 낙마하거나 자동차가 절벽이나 비탈길 또는 언덕에서 추락하거나 비행기 또는 행글라이더 추락사고등으로 목숨을 잃을 수도 있을 것이다.

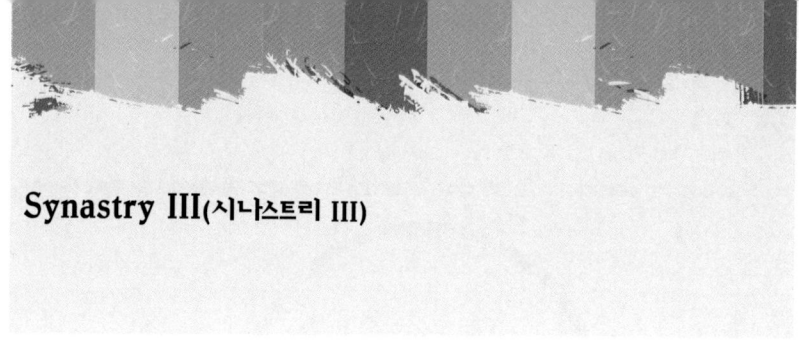

Synastry III(시나스트리 III)

네이티브의 교우관계나 인간관계 또는 사회생활에서 만나는 모든 사람들에 대하여 어떤 사람들과의 관계를 유지하고 어떤 사람들을 멀리해야 하며 어떤 사람들을 정리해야 하는지는 네이티브의 인생에서 매우 중요한 문제이다. 적을 만들지 아니하고 적이 될 만한 사람들을 멀리해야하며 있는 적을 피할 수 있어야 네이티브의 인생에서 피해를 최소화 할 수 있기 때문이다. 네이탈 출생차트에서 1st의 로드인 인포춘인 ♄ 또는 ⚷가 ☋과 애스펙트를 이루거나 인포춘 의미의 픽스트 스타와 ♂을 이루는 사람은 멀리하는 것이 인생에서 이롭다. 서로의 네이탈 출생차트에서 시나스트리가 맞지 않는 사람과도 적당한 거리를 유지하는 것이 서로에게 좋을 것이다. 왜냐하면 이와 같은 차트의 소유자들은 사이가 가까워지면 고의든 고의가 아니든 서로에게 피해를 줄 수 있기 때문이다. 서로의 네이탈 출생차트에서 루미너리(☉또는 ☽)끼리 □나 ☍애스펙트를 이루면 해결하기 어려운 일들이 계속될 것이다. 그리고 네이탈 출생차트에서 적의 시그니피케이터가 적은 쪽이 많은 쪽보다 싸움에서 이길 수 있는 확률이 높다.

〈차트 XII-2〉

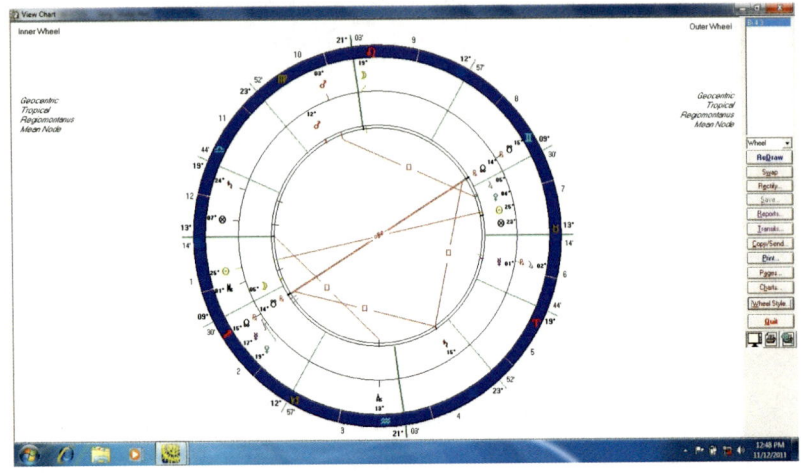

〈차트 XII-2〉 차트에서 inner wheel의 ♉☉과 outer wheel의 ♏☉이 ∞애스펙트를 이루고 있다. 두 네이탈 출생차트에서 루미너리끼리 ∞애스펙트를 이루므로 이들이 가까운 인간관계를 맺게 되면 반드시 해결하기 힘든 불화가 이어질 것이다. 그러므로 서로를 위해서라도 이들은 금전거래와 신용을 바탕으로 한 거래는 가능하면 하지 않는 것이 좋을 것이다.

네이티비티(Nativity)에서 네이티브(Native)의 구속과 감금에 대하여

네이탈 출생차트에서 네이티브의 구속과 감금을 다스리는 시그니피케이터는 다음과 같은 것들이 있다.

1. 12th 하우스
2. 12th의 사인
3. 12th의 로드
4. 12th의 코로드
5. 7th 하우스
6. 7th의 사인
7. 7th의 로드
8. 7th의 코로드
9. 루미너리 ☉, ☽
10. 인포춘 ♄, ♂

12th 하우스와 ♄은 구속, 감금, 노동, 드러나지 않는 숨은 적을 의미하며 7th 하우스와 ♂는 다툼, 싸움, 대립, 공개적으로 드러난 적을 의미한다. 네이탈 출생차트에서 네이티브가 감금되는 기간은 12th 하우스와 관련한 인포춘 ♄과 ♂의 디그니티로 알 수 있다. 인포춘의 디그니티가 강하면 네이티브는 구속되거나 감금되어 있는 기간이 길어질 것이며 12th 하우스와 관련한 인포춘이 포춘 ♃나 ♀로부터 애스펙트를 이루어

인포춘의 기운을 억제하는 경우 네이티브의 구속이나 감금의 기간은 짧아질 것이다.

네이탈 출생차트에서 인포춘 ♄과 ⊕가 다스리는 사인 ♈, ♏, ♑, ♒에 위치한 루미너리 ☉또는 ☽를 사인 ♋, ♌에 위치한 ♄과 ⊕가 ☌또는 □ 또는 ☍애스펙트를 이루는 경우 네이티브는 구속되거나 어딘가에 감금될 것임을 암시한다. 12th에서 인포춘 ♄과 ⊕가 디그니티를 잃은 루미너리 ☉또는 ☽와 ☌을 이루고 있는 경우에 네이티브는 구속되거나 어딘가에 감금될 것임을 암시한다. 사인 ♈, ♋, ♌, ♏, ♑, ♒에 위치한 루미너리 ☉또는 ☽에게 12th나 7th에 위치한 ⊕가 □나 ☍애스펙트를 이룰 때 네이티브는 구속되거나 어딘가에 감금될 것임을 암시한다. 또는 ⊕가 사인 ♈, ♋, ♌, ♏, ♑, ♒중에 한 사인에 위치하고 ♄이 루미너리 ☉이나 ☽에게 □나 ☍애스펙트를 이루는 경우 네이티브는 구속되거나 어딘가에 감금될 것임을 암시한다. 인포춘 ♄과 ⊕가 리셉션을 이루고 이중 하나가 12th의 로드이면서 7th나 8th에 위치하고 리셉션한 다른 인포춘이 1st나 2nd에서 ☍애스펙트를 이룰 때 네이티브는 감되거나 구속될 것임을 암시한다. 인포춘 ♄과 ⊕와 ☽가 4th에서 ☌을 이루면 네이티브는 구속되거나 어딘가에 감금될 것임을 암시한다. ♀와 ♂하는 ⊕가 ♄과 ☍애스펙트를 이루거나 6th위치한 ♄과 ✱애스펙트를 이루는 경우 네이티브는 구속되거나 어딘가에 오랫동안 감금되어 신체적인 자유를 제한받는 일을 겪게 될 것이다. 12th의 로드가 디그니티가 약한 1st의 로드와 4th또는 6th또는 12th에서 ☌을 이루는 경우 네이티브는 구속되거나 어딘가에 감금될 것임을 암시한다. 1st의 로드가 ℞하거나 ☉으로부터 컴버스트를 당하는 1st의 로드가 앵글 하우스에서 12th의 로드로부터 □나 ☍애스펙트를 이루면 네이티브는 구속되거나 어딘가에 감금될 것임을 암시한다. 12th의 로드가 디트리먼트 하거나 폴에 빠져서 인포춘인 ♄이나 ⊕로부터 □나 ☍애스펙트를 이루는 경우 네이티브는 구속되거나 어딘가에 감금될 것임을 암시한다.

국왕이나 대통령 또는 총리 등 한 나라의 국가원수를 섬기거나 보좌하는 사람의 네이탈 출생차트에서 10th 하우스의 커스프가 ♈나 ♌의 사인을 제외한 다른 사인에 걸리고 1st의 로드가 10th 하우스에서 ☉으로부터 컴버스트나 언더썬빔을 당하면 네이티브는 국가원수로부터 구속이나 감금을 당할 수 있다. 이 상황에서 ☉이 인포춘인 ♄이나 ♂로부터 □나 ☍ 애스펙트를 이루면 네이티브는 국가원수로부터 죽임을 당할 수도 있다.

일곱 플래닛이 각 하우스에 위치할 때 부여되는 일반적 의미

플래닛	1st 하우스
♄	부담, 두려움, 핸디캡, 강박관념, 냉정함, 우울한 인상, 똥고집, 융통성 없음
♃	리더십, 법률준수, 도덕적 의식, 낙천적 성격, 행운, 성공, 발전, 신앙심
♂	용기, 모험심, 정복욕, 야심, 독선, 성급함, 화, 호전적인
☉	활기찬 성격, 대담성, 자유의지, 창조정신, 빠른 출세, 부와 명예, 권력
♀	친밀함, 은총, 사교적, 매력, 예술적 감각, 아름다움, 교양, 안락한 분위기
☿	커뮤니케이션을 즐김, 합리주의적인 성향, 분석적인 성향, 지혜, 지식
☽	대중의 인기, 여성에 대한 호의, 정서적 불안, 변덕, 공상적, 부드러운 성향
	2nd 하우스
♄	가난, 인색함, 재물의 상실, 가난에 대한 두려움, 노고와 오랜 세월에 걸친 재산 축적
♃	부와 물질적 안정, 사회적 신용, 행운, 뛰어난 지적능력
♂	투기나 도박, 재물의 손실, 가난, 재물로 인한 상해
☉	재정적 안정, 사회적 지위나 직업으로부터의 수입,
♀	사교적 수완 및 재력 있는 사람 또는 이성과의 교재를 통한 재물의 획득
☿	재물을 다루는 뛰어난 솜씨, 저술이나 강연을 통한 수입, 아이디어를 통한 수입, 자주 움직이는 일이나 대리인 또는 중개업을 통한 수입
☽	재정문제의 잦은 변화, 여성이나 서민 대중을 상대하는 일 즉 요식업이나 부동산 등을 통한 수입, 골동품이나 기념품을 사고파는 수입
	3rd 하우스
♄	형제자매 사이의 불화, 친척이나 이웃과의 불화, 시련과 고난,
♃	친인척 사이의 조화 행운, 이도학문의 지식습득,
♂	공부를 위한 노력, 형제자매 또는 친인척, 이웃과의 경쟁, 논쟁, 독선
☉	지식의 습득, 문학 활동, 정보통신, 운송, 공무상의 여행이나 출장, 저술 등 문필 활동
♀	세련된 지성, 아름다운 커뮤니케이션, 예술 활동과 관심, 형제자매, 친인척간의 우애, 이웃과의 조화, 질투심
☿	영리하며 뛰어난 언변, 지식과 기술의 습득, 문서작성, 외국어 능력, 정보통신, 방송활동, 기자, 리포터, MC, 사기, 문서사기
☽	기억력, 이도학문, 형제자매의 변덕, 친인척이나 이웃의 변심. 잦은 여행

	4th 하우스
♄	가정의 불화, 고독함, 구속, 물질적 곤란, 부모의 이른 죽음, 유산 상속의 상실, 엄격한 가정, 보수적 성향, 고독한 인생
♃	종교적 분위기, 풍요로운 생활, 높은 교육열, 부모로부터의 정신적, 물질적 원조, 유산상속, 땅에서의 이득, 이복형제
♂	가정의 분쟁, 부모와 가족에 대한 애증, 가족 간의 다툼, 가족간의 피흘림, 인생의 슬픈 종결, 살인, 사고 및 화재
☉	가정생활, 토지개발, 부동산 중개사, 맏아들, 장남의 역할, 훌륭한 가정환경, 권위, 묻힌 보물
♀	가족에 대한 사랑과 평화, 물질적 풍요, 실연의 아픔, 아름답고 세련된 집안 분위기 조성
☿	부동산에 대한 지식습득, 여러 가지 기술습득, 요리실습, 빠른 적응력, 심리적 고통, 연구나 저술
☽	가족과 헤어짐, 슬픔, 타향살이, 거주지의 잦은 변화, 가정의 변화, 골동품 과 옛 것에 대한 집착, 관습에 얽매임
	5th 하우스
♄	서툰 애정표현, 연애의 고통, 연애문제의 두려움, 건축이나 토지 및 광산투자, 불임, 난산, 자녀의 파멸과 죽음
♃	연애, 오락, 취미, 도박, 투기, 자식, 예술 등의 분야에서의 행운, 여가와 오락을 통한 사업의 번창, 많은 수의 반듯한 자녀들, 교육, 연애업무를 통한 인기와 성공, 연예기획사
♂	관능적 매력, 육체적인 사랑, 자극적인 취미, 격렬한 육체적 행위를 요하는 오락이나 스릴과 흥분을 일으키는 스포츠, 승부욕, 난산, 유산 자식을 잃은 슬픔, 배다른 자녀
☉	지위 있는 자녀, 자녀의 효도, 모든 즐거움과 감동
♀	연애를 통한 기쁨과 쾌락, 매력, 사교, 연극, 영화, 예능 등 예술적 취미, 유흥, 섹스, 유아교육, 어린이집
☿	문예 감상이나, 창작, 독서 등과 같은 지적이고 세련된 취미
☽	감상적 분위기, 유희, 즐거움, 서민이나 대중을 상대로 한 예술, 감상적인 연애, 변덕, 유흥, 물장사, 술집, 많은 자녀들
	6th 하우스
♄	노력과 인내, 힘든 노동, 천한 일, 불안과 근심, 단조롭고 고된 일, 우울증, 난치병, 불순종하는 고용인들, 질병
♃	고용주에 의한 신임, 아래 사람에 의한 존경, 고용인에 의한 존경, 고용인에 의한 행운, 병에 잘 걸리지 않는, 작은 동물들, 가축에 의한 행운
♂	솔선수범, 금속가공, 모든 공업기술 분야, 남 밑에서 일하기에 적합하지 않은, 고용인에 의한 노략질, 악한 고용인들, 과로에 의한 질병, 염증이나 발열과 통증을 수반한 질병

일곱 플래닛이 각 하우스에 위치할 때 부여되는 일반적 의미

6th 하우스

☉	종업원, 월급쟁이, 책임의 완수, 기술력, 기술의 습득, 명인, 명장, 질병, 상사의 질투나 반대, 아랫사람의 방해나 비협조.
♀	자신의 취미나 기호를 살린 직업, 응용미술, 화장품, 장식업, 간호 보육업무, 사회사업, 사회복지사, 자연치유력, 여성으로 인한 질병.
☿	숙련된 솜씨, 기술력, 두뇌 노동을 하는 직업, 뛰어난 분석력, 특수기술 분야 종사자, 금속세공기술, 헤어디자이너, 정신 신경성 질환, 우울증, 노이로제, 정신분열증. 여성으로 인해 속임이나 꼬임에 빠지는
☽	봉사정신, 고용인의 잦은 변동, 부하직원의 잦은 변동, 서비스나 일반 대중과 접촉하는 직업에서의 안정, 환경의 영향을 쉽게 받는, 근심과 걱정이 많음, 쉽게 긴장함, 신경성 소화불량.

7th 하우스

♄	독신, 나이든 사람의 배우자, 신중한 사람, 배우자로부터 재산의 상실, 결혼에서의 슬픔, 결혼생활의 흉한 결말, 냉혹하고 교활한 동업자, 불리한 입장의 소송
♃	배우자로부터의 기쁨, 행복한 결혼생활, 관대한 성품의 배우자, 상대방으로부터의 정신적, 물질적 원조, 재정상의 문제로 인한 분쟁과 이혼의 가능성, 협력자나 동업자로부터의 이득.
♂	부부생활에서의 갈등과 분쟁, 호전적인 동업자, 다툼, 성급한 결혼, 욕정의 결혼, 사나운 아내, 성격이 급한 남편, 상실, 슬픔, 장애
☉	유명인이나 권력자와의 동업 또는 협력관계, 사회적신분이 높은 사람들과의 교제를 통한 성공, 사회적 신분이 높은 배우자와의 결혼, 자기중심적인 배우자
♀	자산가나 예술가, 사교성이 풍부한 사람들과 교류, 상대방에 대한 배려, 행복한 결혼생활, 아름답고 예쁜 배우자, 여성으로부터의 기쁨, 정절을 지키지 않는 결혼생활
☿	지식인이나 저술가 등 방송관련 분야의 사람들과 교류, 정신적 교류, 정보교환, 현실적인 결혼, 이지적이고 현실감각이 발달한 배우자, 구설수
☽	사회적으로 인정받고 싶은 욕구, 여성으로부터 오는 것들, 두 번 이상의 결혼, 배우자의 바람기

8th 하우스

♄	유산상속이나 이권취득의 장애, 긴 슬픔, 죽음에 대한 강박관념, 성생활에 대한 강박관념, 가난, 풍족하지 못한 배우자의 재산, 공급이나 동업자의 재산 배우자의 재산에 대한 책임, 신비에 대한 통찰력
♃	유산상속, 결혼을 통한 재정적 이득, 타인 소유물에 대한 이권취득, 배우자나 동업자 또는 협력자의 원조
♂	강렬한 성적인 충동, 유산상속, 배우자나 동업자의 재산 증식, 흉한 죽음, 수술, 교통사고, 총상, 강도, 상해, 재산의 상실, 큰 가난, 멸시
☉	유산상속, 배우자의 재산, 남편의 재산, 동업자의 재산, 권력자로부터 재산의 약탈, 상사나 지위가 높은 사람들로부터의 재산파괴 등

8th 하우스

♀	유산상속, 동업자나 협력자의 조력, 부와 안락한 생활, 사치로 인한 돈 낭비, 어머니와의 적대감, 좋은 죽음, 오랜 삶
☿	심리학자, 죽음과 성, 금전에 대한 관심, 죽음으로 인한 슬픔, 증권, 애널리스트, 자산관리, 문서교환, 서류작성, 서류위조, 사기, 점성술, 점성가
☽	유산, 보험, 공유재산문제, 어머니 또는 아내 또는 여인으로부터의 재정적 이득, 심령적 감수성, 심령학, 교령술, 미신, 무당, 고통, 가난과 슬픔

9th 하우스

♄	사상적 융통성의 부족, 규율이나 규범의 강요, 관료주의, 권위주의, 국제교역에서의 곤란, 법률이나 종교상의 문제와 장애, 나이든 외국인, 전통이 깊은 나라, 장거리 여행에서의 장애
♃	철학이나 종교 등에 대한 관심, 학문, 교육, 출판, 법률 등에서의 행운, 종교지도자, 선교사, 원거리 세일즈맨, 고귀하고 학식있는 사람, 장거리 여행에서의 기쁨, 좋은 믿음
☊	외국에서의 모험, 법률, 종교, 정치투쟁, 미지의 세계에 대한 탐험, 여행이나 외국에서의 위험 또는 재난, 우험한 여행
☉	정신적 성장, 종교, 철학 등의 학문을 통한 성찰, 외국진출, 국제교역, 무역,
♀	평화사상, 음악, 미술, 문학 등 예술 공부, 국제결혼, 외국인 친구, 종교단체 지원, 여행을 통한 기쁨과 행운,
☿	과학과 철학, 형이상학에 대한 관심, 외국에 대한 호기심, 종교에 대한 회의적 반응, 외국문헌의 번역, 외국에 대한 지식과 어학실력의 향상
☽	해외여행, 떠도는 인생, 정신적 의식의 확대, 종교에 대한 관심, 혼혈인, 외국인, 결혼을 전후하여 인생의 문이 열리다, 종교에 대한 가치관의 변화

10th 하우스

♄	야심, 끈질긴 노력, 큰 재물을 얻음, 권력자들로부터의 위험, 갑작스런 성공과 갑작스런 몰락
♃	정치, 법률, 실업, 금융에서의 성공, 높은 지위, 보수적 성향, 행운, 부유함
☊	군인, 경찰, 청원경찰, 경비, 공격적 마인드, 리더십, 공명심, 명예욕, 슬픔, 가난, 전쟁, 적대적 행위, 강력한 권력의 사람들로 인한 구속
☉	명예와 권력, 명성, 권위, 명예, 권력자들의 조력이나 개인의 믿음과 신뢰에 의한 야망의 실현
♀	외교관, 연애, 패션, 미용, 예술, 장식 등 세련미를 요구하는 직업, 접대능력, 술상무, 사교성을 이용한 지위상승, 지위가 높은 여성으로부터의 기쁨과 이득
☿	두뇌노동, 택배, 운송직업, 집배원, 방송국 직원, 뉴스 내레이터, 통역사, 교육, 저술활동, 커뮤니케이션과 관련된 직업, 뉴스진행자, 기자
☽	부녀자와 서민 대중에 대한 인기, 일시적 유행, 잦은 직업의 이동, 늦은 사회적 안정 후 내리막 인생, 변하기 쉬운 행운, 권위를 내세우지 않는 일이나 직업

	11th 하우스
♄	실속 있는 친구, 연상의 교우관계, 봉사단체, 친구의 상실, 미래목표의 상실, 친구로부터의 거절 근심, 친구로부터 도움의 거절
♃	믿음직한 친구, 법률가, 종교지도자 등의 친구, 지식인 친구, 성실한 친구, 단체 행도의 리더, 부유한 친구, 자선단체, 기부자, 미래의 희망, 정치적 성공한 친구, 친구로부터의 행운, 위선적인 우정, 실속 없는 친구
♂	성급하고 성격이 급한 친구, 의리로 맺어진 친구, 폭력서클, 폭력조직, 폭력단체의 리더, 투쟁을 일삼는 친구, 집단이기주의, 친구들로부터의 적대감, 친구의 상실, 독선적인 친구 등
☉	미래의 이상, 따뜻한 친구들, 정치, 문화단체의 책임자, 오락모임의 책임자, 고귀한 사람들과의 교제를 통한 사회적 지위의 이득과 경제적 이득
♀	우정, 교양과 세련된 취미를 지닌 사람들의 모임, 사교모임, 동문회, 동창회, 파티, 사교클럽, 친구들로부터의 행운, 예술가들의 모임, 교우간의 질투와 편애 등
☿	지적인 대화, 젊은 지식인과의 교류, 지식인들과의 대화에서 오는 기쁨, 교우관계를 통한 아이디어, 토론의 기술, 비평, 비평가, 비판적 태도,
☽	대중 그리고 부녀자들과의 친분, 의리보다는 감정적인 친구, 교우관계가 쉽게 변하는 친구, 유부녀와의 스켄들, 사교활동의 핵심역할보다는 주변의 사람들
	12th 하우스
♄	정신적 두려움, 의심과 불안, 고통과 죄의식, 고독한 은둔자, 배은망덕, 신용하락, 고발, 감금, 걱정, 모든 일에서의 장애
♃	숨은 자비심, 영적인 성장과 믿음, 기대하지 않은 원조, 비현실적, 낭비벽, 구속, 속박, 가난, 고용인으로 인한 슬픔
♂	억압된 욕망과 분노, 정신적 콤플렉스, 부적절한 관계, 알코올 중독, 올바르지 못한 성생활, 교통사고로 인한 고통, 늦은 밤 귀가 길의 폭행, 섹스나 약물중독에 의지한 현실도피, 마음의 분노, 드러나지 않은 적으로부터의 해악
☉	속박이나 장애가 많은 인생, 가족과의 이별, 부와 명성에 관심이 없는, 내면의 평화와 자기향상, 고독한 평화, 권력자의 음해, 국가원수의 적대, 명예의 상실, 고용인의 재난, 낮은 지위의 사람에 의한 해악, 곤란
♀	비밀스런 연애, 플라토닉 사랑, 기묘하고 신비스런 매력, 남모르게 하는 희생과 봉사정신, 수도원이나 개인적 욕망이 억눌려지는 곳에서의 생활, 이성관계로 인한 감정의 고통, 나쁜 여성으로부터 오는 혼란과 불행
☿	고립된 장소에서의 지적인 작업, 철학적인, 열등감, 편협한 사람, 험담, 모략, 밀고, 정신착란,
☽	사생활의 비밀, 감정, 고독, 병원이나 수용소 또는 형무소 등 격리된 장소에서의 생활, 요양이나 병간호를 위한 가족과 이별, 어머니 또는 아내 또는 여성들로부터의 원조, 가정의 불화, 여성의 음해에 의한 불운, 적으로부터의 장애, 가난에 의한 속박과 구속, 입과 몸에서 나는 고약한 냄새

인도 베딕 점성술에서 사용하는 ⊗의 위치에 따른 네이티브의 전생

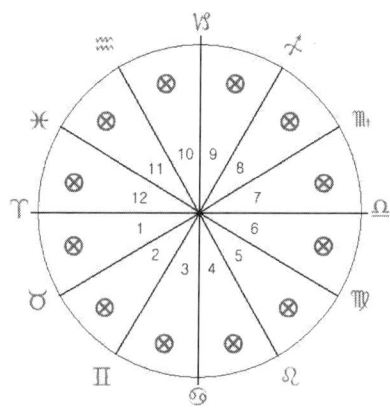

1. ⊗가 7th에 있는 사람은 반드시 전생에 만났던 사람과 결혼을 한다. ⊗가 7th에 있는 사람들의 결혼생활은 매우 결속력이 강하다. 그래서 7th에 ⊗가 있는 사람들은 연애가 잘 안 된다. 전생의 인연을 만나기 위하여 태어났기 때문에 그러한 인연이 나타날 때까지 연애가 잘 이루어지지 않는 것이다.

그러므로 7th에 ⊗가 위치한 네이티브는 아무하고나 잠자리를 하지 않는다. ⊗가 1st나 7th에 위치한 네이티브는 현생에 태어날 때 인연의 법칙에 의하여 성별이 바뀌어서 태어난 것이다. 이러한 네이티브는 인생을 살아가면서 어려서부터 정신세계에 관심을 가지고 삶의 목적이나 삶의 이유 등을 매우 심각하게 생각하며 네이탈 출생차트에서 픽스트 스타 우눅 알하이가 없더라도 진정한 인생의 목적을 찾기 위해 몸부림친다.

2. ⊗가 2nd에 위치해 있으면 돈 때문에 또는 재물과 관련하여 살해당했을 것이며 ⊗가 8th에 위치해 있으면 유산 상속과 관련하여 또는 배우자나 동업자의 재산과 관련하여 또는 사회주위 체제하에서 영매나 무속신앙 또는 손금 등을 보아주므로 인하여 미신으로 사람들을 미혹하였다

는 이유로 죽임을 당했을 것이다.

3. ⊗가 3rd나 9th에 위치해 있으면 전생에 네이티브는 외국인이었을 것이다.

4. ⊗가 4th나 10th에 위치해 있으면 네이티브는 전생에 바로 이곳 즉 네이티브가 현생에 살고 있는 곳에 인연이 있을 것이다.

5. ⊗가 5th나 11th에 위치하고 있으면 네이티브는 현생에서 부모와 자식의 관계가 뒤바뀐 것이다.

6. ⊗가 6th나 12th에 위치하고 있는 네이티브는 전생에 천한 사람이었을 것이다.

먼데인 맛보기

 정통점성학은 일반 인스턴트 점성술인 썬-사인 심리점성술과 달리 3000년 이상의 역사를 가지고 있으며 그리스의 철학자 플라톤과 아리스토 텔레스를 거쳐 이집트의 천문학자이며 지리학자인 클라우디우스 프톨레마이오스에 이르러 고전 점성학이 정립되었다. 그리고 영국의 점성가이자 정치가인 윌리엄 릴리는 고대로부터 내려온 점성학을 체계화 하여 1647년 『크리스천 아스트랄러지』라는 이름으로 정통 점성학 책을 출판하여 오늘에 이르고 있으며 정통점성학은 통계적 접근방법에 의하여 사건을 예측하여 미리 준비하고 대비하는데 그 목적이 있다.
 아래의 차트는 정통점성학에서 2011년에 일어날 수 있는 사건에 대하여 국가의 운을 보는 인그레스 차트(Ingress chart) 이다. 2010년 12월 16일 자로 작성하여 저자의 홈페이지 '자미아스트랄러지'와 네이버 블로그에 올린 글이다.
 ☉(태양)을 기준으로 하여 ☉(태양)은 5하우스의 사인 ♈(양자리)의 영향하에 우리의 영토를 나타내는 4하우스에 위치하고 있으면서 ☉(태양)은 ♈(양자리)에서 익절테이션을 얻어 매우 강하다. 그리고 서쪽을 나타내는 ♎(천칭자리)와 ♄(토성)을 상징하는 나라 중국이 이웃한 국가를 나타내는 11하우스에서 4하우스에 위치한 ☉(태양)과 5하우스에 위치한 ♃(목성)을 어포지션으로 애스펙트를 이루고 있다. 이 의미를 해석하면 중국과 우리나라와의 관계는 천안함 사건과 연평도 사건에서도 알 수 있듯이 중국은 외교적 결례를 범하면서까지 북한의 입장을 비호하는 행태에 대하여 우

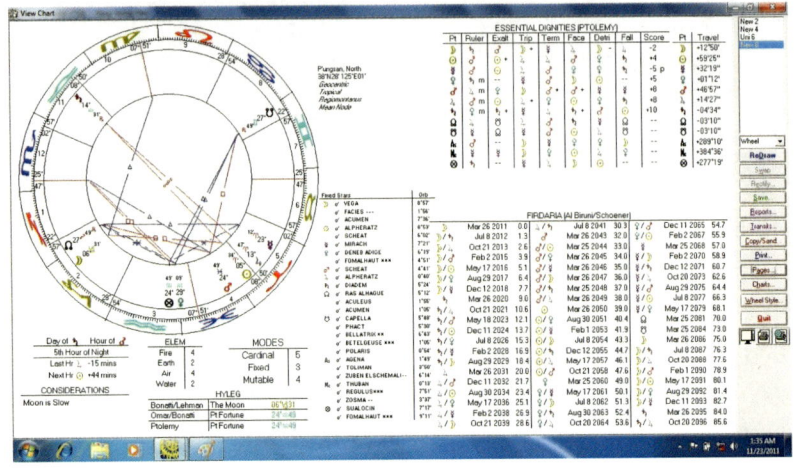

리 국민의 분노를 샀으며 이에 우리는 자주권과 주권의 차원에서 강력하게 대응하였다. 우리나라는 ☉(태양)은 ♈(양자리)에서 익절테이션을 얻어 매우 강력하므로 앞으로 자주권과 주권의 차원에서 강경한 기조가 이어질 것이다. 그러나 ♄(토성)도 ♎(천칭자리)에서 익절테이션을 얻어 매우 강력하므로 중국도 북한의 도발에 대하여 쉽게 인정하고 받아들이지 않을 것이며 자신의 주장을 쉽게 굽히려들지 않을 것이다. 이 과정에서 중국과의 외교적 불신과 골이 깊어졌으며 이로 인하여 소원한 관계는 당분간 지속될 것으로 보여 진다. 그런데 익절테이션을 얻어 강한 ♄(토성)이 R(리트로그레이드)를 함으로 인하여 결국에는 자신의 주장을 누그러뜨릴 것이다. 중국은 나름대로 중국의 역할이 있기 때문에 중국과의 소원한 관계가 지속되면 우리에게도 이로울 것이 없으므로 이러한 시점을 잘 이용하여 우리는 관계를 회복할 수 있도록 노력하는 것이 중요하다.

4하우스에 있는 전쟁의 별이며 폭력과 투쟁의 별인 ♂(화성)은 2하우스에 위치한☊(아나비바존)과 8하우스에 위치한☋(카타비바존)에 □(스퀘어) 애스펙트를 이루고 있다. 또한 5하우스에 위치한 ♃(목성)이 ♄(토성)으로부터 어포지션 애스펙트를 이루고 있다. 이 사실을 종합하여 판단하면 전쟁과 폭력 투쟁을 상징하는 ♂(화성)은 4하우스 내부에 있으므로 2011년에는 외부로부터의 물리적 사건은 일어나지 않을 것이다. 다만 전쟁에 대한 불안감과 공포가 사라지지 않고 있음을 나타내며 폭력이나 물리적 충돌을 야기하는 시위나 집회가 있을 수 있음을 나타낸다. 이로 인하여 우리나라를 방문하는 여행객의 수가 감소할 수 있으며 우리의 문화적인 활동이 전반에 걸쳐 위축될 수 있다. 이러한 사회 불안요소는 국제회의나 국제경기 등을 유치하는데 상당히 어려울 수 있음을 나타내고 있다.

♂(화성)이 2하우스와 8하우스에 걸쳐 □(스퀘어) 애스펙트를 이루고 있다는 것은 폭력시위나 물리적 충돌에 의하여 금융과 주식시장이 내외적으로 불안할 수 있음을 의미하며 ☽(달)이 2하우스에서 ☉(태양)과 □(스퀘어) 애스펙트를 이루고 있다는 것은 실업자 수가 늘어나고 일반 서민들이 경제적 어려움으로 인하여 힘들어질 수 있음을 의미한다.

2011년 우리나라의 돈의 흐름을 나타내는 ⊗(포르투나)는 정보통신과 전자기기를 다스리는 3하우스에 위치하여 5하우스의 ☿(수성)과 ✷(섹스타일) 애스펙트를 이루면서 8하우스에 위치한 ☊(카타비바존)과 트레인 애스펙트를 이루고 2하우스에 위치한 ☋(아나비바존)과도 ✷(섹스타일) 애스펙트를 이루고 있다. 따라서 지식을 기반으로 하는 정보통신사업은 문화콘텐츠와 결합하여 새로운 수익을 창출하며 기대이상의 수익을 거둘 것이다.

실제로 유럽의 금융위기 그리스와 이탈리아 그리고 스페인 등 경제적 불안요인들로 인하여 환율시장과 주식시장이 요동을 쳤다. 그리고 ♂(화성)는 바빌로니아의 전쟁과 질병의 신인 **네르갈**(Nergal)이며 네르갈의 이름에는 "**시체들이 지긋지긋한**"이라는 의미가 내포되어 있다. 본인은 여기서 우리나라의 영토에 ♂가 위치하고 있어 전쟁으로 인한 인간의 죽음과 시체라고 생각하여 중요한 부분을 놓쳤다. 그래서 그 문제에 관해서는 언급하지 않았지만 사건은 가축분야에서 발생하였다. 이 글을 쓰고 난 다음해 1월부터 구제역이 발생하여 소를 비롯한 돼지들 수백만 마리가 매몰되고 구제역 방제작업 중 과로로 인하여 순직한 공무원들도 다수 발생하였다.

♒의 의미를 좀 더 넓은 의미로 짐승이나 가축의 시체까지 확대하여 해석해 보았더라면 구제역의 발생까지도 예측할 수 있지 않았을까 하는 아쉬움이 남는다.

DIRECTION

Direction(진행)⇒Transit(흐름)⇒Firdaria(시간)

　디렉션을 네이탈 출행차트에 적용시킬 때는 '언제' 네이티브에게 사건이 발생하는 가에 대한 개념이다. 디렉션을 호라리에 적용시킬 때는 쿼런트에게 일어난 사건이 또는 앞으로 일어날 사건이 '어떻게' 될 것인가에 초점을 맞추어서 해석하는 개념이다.

디렉션의 종류

쿼터	조디악을 4개의 쿼터로 나누어 보는 법		
트리플리시티	도로시안 트리플리시티를 이용하여 3단계로 인생을 보는 법		
파트	조디악의 하우스를 5년씩 보는 법		
Firdaria (피르다리)	Major	Sub Major	칼데안 오더를 따라 보는 법
		Major Sub Major	
	Minor	Sub Minor	
		Minor Sub Minor	
Diurnal	네이티브의 출생시간을 고정시켜 놓고 매일 매일 날짜만 바꾸어 가면서 24시간이 지나는 네이티브의 출생 시간에 일 운이 바뀌는 것을 분석하는 것이다.(지구의 자전에 따른 천체의 겉보기운동)		
Transit	일 운을 볼 때 실제 하늘의 별들의 움직임을 차트에 반영하여 해석하는 기법		
Revolution (Return Chart)	Solar Return	Sol이나 Luna가 네이탈 출생차트의 위치에 왔을 때를 기준으로 하여 일 년이나 한 달의 운을 보는 기법	
	Luna Return		
Profection	네이탈 출생차트에서 열두 사인 중 하나의 사인을 일 년으로 보는 기법		
Direction (디렉션)	Solar arc direction (Primary Direction)	Mundo	하우스의 1도를 1년으로 계산하여 보는 기법
		Zodiacal	
Progression	Secondary Progression	네이티비티 네이탈 출생차트에서 네이티브가 태어난 날부터 계산하여 1일을 1년으로 변환해서 운의 흐름을 분서하는 방법이다.	
	Solar Arc Progression	1일을 1년으로 계산하여 보는 기법	
Moon Phase	"Eclipse"를 중심으로 운의 흐름을 보는 기법		

디렉션의 기본원리는 시계 방향으로 가는 플래닛과 시계 반대방향으로 가는 하우스 커스프의 움직임과 칼데안 오더에 의한 플래닛의 움직임을 파악하는 것이 중요하다. 그리고 디렉션상에서 플래닛과 컨정션하는 픽스트 스타를 파악하여 해석해야한다.

I. QUARTER(쿼터)

남성(양)	낮	⊙이 호라이즌 위에 위치할 때	시계방향으로 돌아가면서 네이티브의 운의 흐름을 해석한다.
	밤	⊙이 호라이즌 아래에 위치할 때	시계 반대방향으로 돌아가면서 네이티브의 운의 흐름을 해석한다.
여성(음)	낮	⊙이 호라이즌 위에 위치할 때	시계 반대방향으로 돌아가면서 네이티브의 운의 흐름을 해석한다.
	밤	⊙이 호라이즌 아래에 위치할 때	시계방향으로 돌아가면서 네이티브의 운의 흐름을 해석한다.

1. Quarter는 열두 하우스를 시계방향으로 돌면서 1Quarter, 2Quarter, 3Quarter, 4Quarter로 4등분하여 쿼터별로 네이티브 인생의 운의 흐름을 분석하는 것이다.

1 Quarter	12th, 11th, 10th	1쿼터는 네이티브가 태어나면서 25세까지 약 25년을 지배한다.
2 Quarter	9th, 8th, 7th	2쿼터는 네이티브의 인생을 26세부터 40세까지 약 15년 지배한다.
3 Quarter	6th, 5th, 4th	3쿼터는 네이티브의 인생을 41세부터 55세까지 약 15년 지배한다.
4 Quarter	3th, 2nd, 1st	4쿼터는 네이티브의 인생을 56세부터 말년까지 지배한다.

2. 2nd, 5th, 10th, 11th 하우스의 로드가 있는 쿼터는 긍정적인 인생의 시기이며 6th, 8th, 12th 하우스의 로드가 있는 쿼터는 부정적인 시기이다. 이 하우스의 로드가 포춘이든 인포춘이든 쿼터에서는 의미를 부여하지 않는다.

3. 네이티브의 초년의 운은 부모와 유산상속을 다스리며, 네이티브의 말년의 운은 자녀의 운을 본다는 의미가 있다. 그러므로 쿼터로 네이티브의 인생의 운의 흐름을 분석할 때 2쿼터와 3쿼터가 네이티브의 인생을 26세부터 55세까지 다스리므로 가장 중요하다.

4. 네이티브의 운의 흐름을 쿼터로 분석할 때 □나 ∞애스펙트를 많이 받는 쿼터는 인생에서 부정적인 의미가 더해진다.

5. 네이티브의 운의 흐름을 쿼터로 분석할 때 ☉, ☽, ♃, ♀, ☊, ⊗가 한 쿼터에 몰려 있으면 네이티브는 그 쿼터에 해당하는 운의 흐름이 올 때 일생에서 한 번은 잘 될 것이다.

6. 네이티브의 운의 흐름을 쿼터로 분석할 때 ♄, ♂, ☋, 6th, 8th, 12th의 로드가 한 쿼터에 몰려 있으면 네이티브는 그 쿼터에 해당하는 운의 흐름이 올 때 일생에 엄청난 고생을 하게 될 것이다.

7. ♄ ☌ ♂ 하면 네이티브는 일생에서 한 번은 죽을 고생을 한다.

♄과 ♂가 8th에서 ☌을 하면 네이티브는 급살을 한다.

♄과 ♂가 6th에서 ☌을 하면 네이티브는 불치의 병이 발생한다.

♄과 ♂가 4th에서 ☌을 하면 네이티브의 부모는 요절한다.

♄과 ♂가 10th에서 ☌을 하면 네이티브의 직업과 사회적 지위, 명예를 다스리는 하우스이므로 네이티브에게 가장 불리하다.

네이티브의 운의 흐름을 전체적으로 가장 크게 보는 것이 쿼터이다.

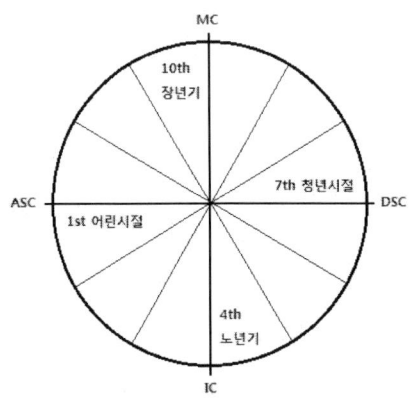

쿼터는 앵글의 강, 약만 보고 그 시기의 네이티브 운의 전체적인 흐름을 파악한다. 1st 어린 시절은 0세~25세까지, 7th 청년시절은 26세부터 40세까지, 10th 장년기는 41세부터 65세까지, 4th 노년기는 66세부터 말년까지를 다스리므로 앵글만을 파악하여 네이티브의 운의 흐름을 분석한다.

쿼터에서 진실로 중요한 것은 1st, 7th, 10th, 4th 하우스 앵글이다. 앵글은 네이티브가 태어나면서부터 어린 시절을 거쳐 30세까지의 운을 다스린다. 2nd, 5th, 8th, 11th 하우스 석시던트는 네이티브의 나이 26세부터 60세까지의 운을 다스린다. 3rd, 6th, 9th, 12th 하우스 케이던트는 네이티브의 말년의 운을 다스린다. 이것이 네이티브의 운의 흐름을 파악하고 분석하여 판단하는 진정한 쿼터 이다.

네이탈 출생차트에서 앵글에 플래닛이 많이 몰려 있으면 네이티브는 어린시절에 또는 청년시절에 일찍 성공하여 부와 명예를 얻게 된다. 석시던트에 플래닛이 많이 몰려 있는 네이티브는 초년에 고생을 하고 그 삶이 밑거름이 되어서 중년의 나이에 성공하여 안정된 삶을 살게 된다. 케이던트에 플래닛이 많이 몰려있는 네이티브는 늙어서 말년에 잘 될 것이라고 판단한다. 그러나 말년에 운이 좋다고 하여도 어린 시절에 운이 너무 안 좋아 공부도 제대로 할 수 없어 학벌도 좋지 않을 뿐만 아니라 인생의 좋은 시절 고생만하다가 말년의 운을 맞이하는 것이기 때문에 큰 의미가 없다. 네이탈 출생차트에서 앵글에 플래닛이 많고 하우스가 강하면 네이티브의 어린 시절에 운이 좋아 훌륭한 부모의 뒷바라지를 받으며 어려움 없이 공부를 할 수 있고 아이돌 스타처럼 인기를 끌 수 있다. 그러나 앵글에 플래닛이 많은 네이티브는 석시던트와 케이던트가 강할 수 없다. 그러므로 대부분의 아이돌 스타가 오래가지 못하는 이유는 플래닛이 앵글에 많이 몰려있어 앵글만 강하기 때문이며 석시던트와 케이던트가 약하여 그 운이 오래 갈 수 없기 때문이다.

석시던트인 8th에 행성이 많으면 30대부터 60대까지는 잘 산다. 8th에 별이 많이 몰려 있다는 것은 타인의 원조를 받고 유산을 많이 물려받는다는 의미도 있지만 네에티브의 인생의 시기로 볼 때 중년의 시기이기 때문에 그 중년의 운의 흐름이 좋아 성공적인 삶을 사는 것이다.

그러나 네이탈 출생차트에서 쿼터로 네이티브의 운의 흐름을 분석할 때 약한 플래닛이 많이 몰려 있으면 오히려 안 좋다. 차트에서 앵글에 디그니티를 잃어 페러그라인한 약한 플래닛이 많이 몰려 있으면 어린 시절 뼈빠지게 고생하게 되는 것이다.

네이탈 출생차트에서 쿼터로 네이티브의 운의 흐름을 파악할 때 코로드와 커스프만을 중심으로 분석한다. 로드는 보지 않는다. 쿼터는 네이티브가 처한 현실보다는 네이티브가 경험하는 현실의 만족도를 다스린다. 절대로 현실을 보고 판단하지 않는다. 그러나 네이탈 차트에서 쿼터가 강하면 강한 쿼터의 삶이 주는 만족도는 높아진다. 어느 쿼터이든지 코로드가 없을 때 커스프와 컨정선하는 픽스트 스타는 그 시기에 해당하는 네이티브의 인생에서 기억에 남는 좋은 사건이나 불행한 사건을 경험하게 된다.

II. TRIPLICITY(트리플리시티; 三宮; 12하우스 중)

트리프리시티는 네이탈 출생차트에서 1st에서 12th 하우스까지 네이티브의 인생의 뚜렷한 사안을 시기별로 보여준다. 정통점성학 Christian Astrology에서는 도로시안 트리플리시티를 사용한다.

네이탈 출생차트에서 네이티브의 운의 흐름을 도로시안 트리플리시티로 분석할 경우에 남성과 여성, 낮과 밤에 따라 도로시안 트리플리시티의 낮과 밤의 순서가 달라진다. 네이탈 출생차트에서 분석하고자하는 네이티브의 운의 흐름과 관련하여 플래닛과 사인의 트리플리시티를 찾은 다음 각 플래닛이 위치한 하우스와 디그니티를 종합하여 운의 흐름을 파악하고 분석한다.

1. 도로시안 트리플리시티

원소	성질	사인	낮	밤	공통
불	Choleric (뜨겁고 건조함)	♈, ♌, ♐	☉	♃	♄
흙	Melancholic (차갑고 건조함)	♉, ♍, ♑	♀	☽	♂
공기	Sanguine (뜨겁고 축축함)[Human]	♊, ♎, ♒	♄	☿	♃
물	Plagmatic (차갑고 축축함)[Mute]	♋, ♏, ♓	♀	♂	☽

2. 네이탈 출생차트에서 남성의 낮의 차트와 여성의 밤의 차트

원소	사인	낮	밤	공통
불	♈, ♌, ♐	☉	♃	♄
흙	♉, ♍, ♑	♀	☽	♂
공기	♊, ♎, ♒	♄	☿	♃
물	♋, ♏, ♓	♀	♂	☽

1Quarter는 10대, 20대, 30대 초년을 의미 하며 2Quarter와 3Quarter는 40대, 50대, 60대 중년을 의미 하고 4Quarter는 70대, 80대, 90대 이후 말년을 의미한다.

3. 네이탈 출생차트에서 남성의 밤의 차트와 여성의 낮의 차트

원소	사인	낮	밤	공통
불	♈, ♌, ♐	♃	☉	♄
흙	♉, ♍, ♑	☽	♀	♂
공기	♊, ♎, ♒	☿	♄	♃
물	♋, ♏, ♓	♂	♀	☽

1Quarter는 10대, 20대, 30대 초년을 의미 하며 2Quarter와 3Quarter는 40대, 50대, 60대 중년을 의미 하고 4Quarter는 70대, 80대, 90대 이후 말년을 의미한다.

4. 네이탈 출생차트에서 Triplicity와 Quarter를 이용한 네이티브의 인생의 흐름

Quarter 낮 : 시계방향 밤 : 반시계방향	1Quarter			2Quarter		3Quarter		4Quarter		
Age	10	20	30	40	50	60	70	80	90	100
Tripliccity	초년			중년				말년		
음,양 / 공통	낮			밤		낮		밤	공통	
불	플래닛	☉			♃		♃		☉	♄	
흙	플래닛	♀			☽		☽		♀	♁	
공기	플래닛	♄			☿		☿		♄	♃	
물	플래닛	♀			♁		♁		♀	☽	

　　Quarter와 Triplicity를 이용하여 네이탈 출생차트에서 네이티브의 인생의 큰 흐름을 파악하고자 할 때 초년 운, 중년 운, 말년 운 등 3단계로 나누어 각각 30년씩 파악하여 분석한다.

　　예를 들어 네이티비티 남성의 네이탈 낮의 출생차트에서 ☉이 공기의 사인에 위치하고 있다면 네이티브의 초년의 운은 ♄이 다스리며, 중년의 운은 ☿가 다스리고 말년의 운은 ♃가 다스린다. 이때 ♄이 강해서 ♄의 시기에 재물이 들어온다면 ♄이 위치하고 있는 하우스와 ♄이 로드로 있는 사인이 지배하고 있는 하우스의 의미가 그 시기에 네이티브가 재물을 습득하는 방법과 원인이 되는 것이다.

III. PART

Part는 네이탈 출생차트에서 네이티브의 운의 흐름을 파악하고 분석할 때 Pirdaria 와 함께 큰 축을 이룬다. part는 하우스의 넓이에 상관없이, 네이티브의 수명이 길든 짧든 상관없이 하나의 하우스를 무조건 다섯 등분하여 분석하며 하나의 하우스를 5년씩 계산한다. 하우스를 세밀하게 분석하면 월 단위까지의 운의 흐름을 확인할 수 있다.

1. 네이탈 출생차트에서 파트에 있는 플래닛의 디그니티의 강, 약과 그 플래닛의 로드로 있는 사인이 지배하는 하우스의 의미를 취한다.
2. 파트에서 들어오는 운의 흐름은 네이티브가 몸으로 체감할 정도로 강력하게 들어온다.
3. 파트와 피르다리를 비교하였을 때 파트는 피르다리보다 더욱 강력하게 운이 흐르므로 피르다리에서 흐르는 운이 아무리 좋아도 파트에서 흐르는 운이 나쁘면 네이티브의 운은 전체적으로 나쁘게 흐른다.
4. 파트는 순간 폭발하는 제트엔진의 추진력과 같아서 파트에서 들어온 운은 네이티브의 삶을 한 번은 크게 변화시켜 놓는다. 피르다리는 파트로 인한 네이티브의 변화된 삶을 계속 유지시킬 것인지의 여부에 대하여 영향을 미친다.
5. 네이탈 출생차트에서 파트가 들어오는 시기에 네이티브는 운이 크게 바뀌며 다음 파트가 운으로 들어올 때까지 그 파트의 영향력을 지속된다.
6. 네이탈 출생차트에서 파트는 쿼터와 트리플리시티에 비하여 플래닛

과 플래닛간의 애스펙트에 매우 민감하게 반응하며 네이티브의 운의 흐름에 대하여 매우 강하고 입체적으로 영향을 미치며 플래닛간의 작용도 예민하게 반응한다.

7. 네이탈 출생차트에서 강력한 픽스트 스타와 컨정선한 플래닛이 있으면 그 시기에 픽스트 스타의 의미가 네이티브에게 발현이 된다.

8. 네이탈 출생차트에서 10th의 로드, 코로드, 포르투나, 포르투나의 디스포지터가 2nd와 애스펙트를 이루는 시기에 네이티브는 직업의 변동이나 재물, 사회적 지위, 명예에 변동이 생긴다. 쿠너터나 트리플리시티는 네이티브의 운의 큰 흐름을 나타내는 반면 파트는 네이티브의 운의 흐름이 구체적으로 나타난다.

9. 네이탈 출생차트에서 파트의 플래닛들이 많이 몰려 있는 시기에 집중해서 그 시기에 네이티브의 인생에서 가장 좋은 시기이거나 가장 나쁜 시기일 수 있으므로 정확하게 파악하고 분석해야 한다.

10. 네이탈 출생차트에서 파트를 읽는 방법

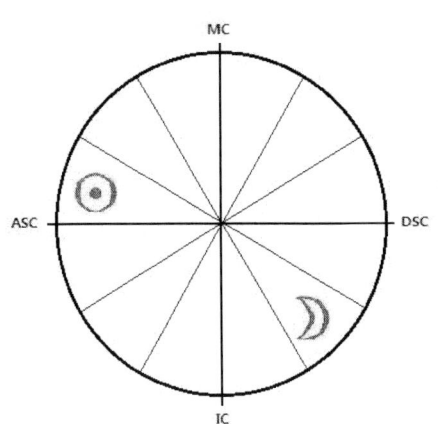

네이탈 출생차트에서 ☉이 호라이즌 위에 위치하므로 낮에 출생한 네이티브의 차트이다. 이렇게 ☉이 호라이즌 위에 위치하면 하우스를 시계방향으로 돌면서 ☽가 위치한 쿼터의 앵글에서 파트를 읽어나간다.

☉이 호라이즌 위 12th 하우스에 위치하므로 낮의 차트이며 ☽는 3쿼터의 5하우스에 위치하고 있다. 그러므로 ☽가 위치한 3쿼터의 앵글은 4th 하우스가 되므로 4th 하우스부터 시작하여 시계방향으로 읽어 나간다.

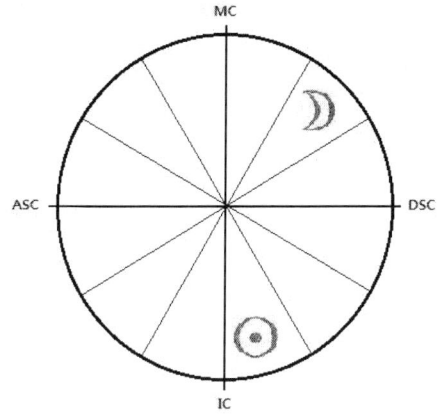

네이탈 출생차트에서 ☉이 호라이즌 아래에 위치하므로 밤에 출생한 네이티브의 차트이다. 이렇게 ☉이 호라이즌 아래에 위치하면 하우스를 시계반대방향으로 돌면서 ☽가 위치한 쿼터의 앵글에서 파트를 읽어나간다.

☉이 호라이즌 아래 4th 하우스에 위치하므로 밤의 차트이며 ☽는 3쿼터의 8하우스에 위치하고 있다. 그러므로 ☽가 위치한 2쿼터의 앵글은 7th 하우스가 되므로 7th 하우스부터 시작하여 시계반대방향으로 읽어 나간다.

IV. FIRDARIA

　네이티비티 네이탈 출생차트에서 피르다리는 운의 흐름을 보는 디렉션의 핵심기법이다. 피르다리아는 칼데안 오더의 플래닛 정렬 순서에 따라 네이탈 출생차트에서 낮에 출생한 네이티브는 ☉부터 운의 흐름이 시작되며 네이탈 출생차트에서 밤에 출생한 네이티브는 ☽부터 운의 흐름이 시작 된다.

네이티비티(Nativity)에서 낮에 출생한 네이티브의 피르다리아

Major	Minor					
☉	♀	☿	☽	♄	♃	♂
♀	☿	☽	♄	♃	♂	☉
☿	☽	♄	♃	♂	☉	♀
☽	♄	♃	♂	☉	♀	☿
♄	♃	♂	☉	♀	☿	☽
♃	♂	☉	♀	☿	☽	♄
♂	☉	♀	♀	☽	♄	♃

네이티비티(Nativity)에서 밤에 출생한 네이티브의 피르다리아

Major	Minor					
☽	♄	♃	♂	☉	♀	☿
♄	♃	♂	☉	♀	☿	☽
♃	♂	☉	♀	☿	☽	♄
♂	☉	♀	☿	☽	♄	♃
☉	♀	☿	☽	♄	♃	♂
♀	☿	☽	♄	♃	♂	☉
☿	☽	♄	♃	♂	☉	♀

네이티비티 네이탈 출생차트에서 메이저 피르다리아는 강, 약과 함께 마이너의 체감 크기를 조절하는 역할을 하며 네이티브에게 10년 동안에 일어날 전체적인 사건의 크기와 종류를 결정한다. 즉 네이티브에게 발생할 10년 동안의 일과 사건에 대한 전체적인 틀과 분위기를 메이저가 다스리며 매년 들어오는 마이너가 보조를 맞출 때 비로소 운의 흐름에 맞춰 사건은 발현된다. 그러므로 메이저 플래닛과 마이너 플래닛 그리고 디스포지터들이 애스펙트를 이루고 있을 때 그 운이 피르다리아에 들어오면 네이티브의 삶에서 반드시 발현된다.

예를 들어 ♃☍♀할 때 네이티브의 삶에서 잠복해 있다가 피르다리아에서 마이너로 ♀가 운으로 들어올 때 결국 네이티브의 삶에서 발현된다. 메이저 피르다리는 디스포지터의 프래닛의 강약만 끌어다 쓰기 때문에 메이저가 다스리는 네이티브의 삶 전체적인 분위기와 잠복되어 있는 사건들을 10년 동안 지배하게 된다.

네이티비티 네이탈 출생차트에서 피르다리아는 네이티브의 운의 흐름에서 메이저 플래닛의 디스포지터의 강, 약만을 끌어와서 쓴다.

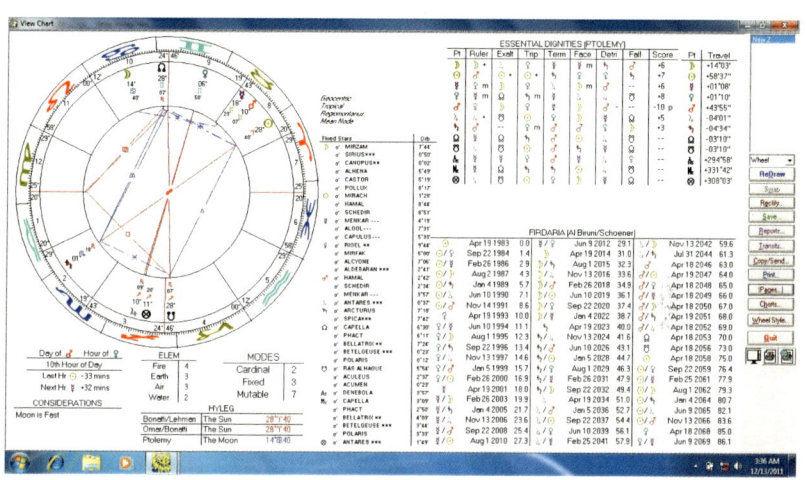

위 네이티비티 네이탈 출생차트에서 2011년의 메이저 플래닛은 ☿이며 메이저 플래닛 ☿는 8th 하우스 사인 ♉에 위치하므로 메이저 피르다리 플래닛 ☿의 디스포지터는 ♀가 되므로 9th의 사인 ♊에 위치한 코로드로 우의 강약을 끌어다 쓴다. 이때 사인 ♊에 위치한 ♀역시 디스포지터가 8th에 위치한 ☿이므로 8th와 9th는 매우 밀접하게 연관되어 있다. 이시기에 네이티브는 의대에 진학하기 위하여 열심히 공부하였고 의대에 진학할 수 있었다. 현재 정신과 의사가 되기 위하여 열심히 공부하면서 메이저 플래닛 ☿가 위치한 8th에서 많은 학비를 끌어다 쓰고 있다.

네이티비티 네 탈 출생차트에서 네이티브의 구체적인 사건을 다스리는 것은 피르다리아에서 현재의 메이저 플래닛이추이한 하우스와 디스포지터가 위치한 하우스와 마이너 플래닛이 위치한 하우스에서의 애스펙트

네이티비티(Nativity)에서 밤에 출생한 네이티브의 피르다리아 **393**

와 플리닛의 의미를 보고 판단한다.

위 네이탈 출생차트에서 네이티브의 2011년 피르다리아에서 마이너 플래닛은 ☉이며 ☉은 8th의 코로드이며 7th하우스의 사인 ♈에 위치하고 있으면서 2nd의 코로드 ♄과 ∞애스펙트를 이루고 있다. 현재 네이티브는 7th의 이성문제와 네이티브의 금전을 다스리는 8th와 2nd와의 좋지 않은 관계로 인하여 매우 힘들어 하고 있는 상황이다. 즉 이성문제가 돈 문제로 발생하는 것이다. 메이저 플래닛 ☿의 디스포지터 플래닛 ♀가 위치한 9th 네이티브는 공부를 하기 위하여 오국으로 나가고 싶어 하지만 그 역시도 3rd의 코로드 ♃가 9th의 코로드 ♀를 ∞애스펙트를 이루므로 인하여 법적인 문제가 걸려 현재 해외로 나갈 수도 없는 상황에 놓여 있다.

네이티비티(Nativity)에서 피르다리아가 네이티브에게 발휘하는 영향력과 시기

1. 피르다리아는 메이저 플래닛, 마이너 플래닛, 동일하게 시작하는 시점과 끝나는 시점에서 강하게 네이티브에게 영향력을 발휘한다.
2. 피르다리아에서 메이저와 마이너가 네이티브에게 영향력을 발휘하는 시점에서는 메이저와 마이너 플래닛이 위치한 하우스의 의미로 발현이 된다.
3. 네이탈 출생차트에서 네이티브에게 있어 피르다리아의 운의 흐름이 중반에 접어들 때 메이저와 마이너 플래닛이 애스펙트하는 플래닛의 의미를 따라 삶에서 어떤 사건이나 현상이 발현이 되며 메이저 플래닛과 마이너 플래닛을 룰러로 있는 사인이 지배하는 하우스의 의미를 따라 네이티브의 삶에서 발현이 된다. 그리고 피르다리가 끝나가는 시점에서는 플래닛 자신의 의미를 따라 네이티브의 삶에서 발현된다.
4. 네이티비티 네이탈 출생차트에서 메이저 피르다리아의 시작 시점과 끝나는 시점은 각각 앞, 뒤로 2~3년 정도를 보며 마이너 피르다리아의 시작 시점과 끝나는 시점은 각각 앞, 뒤로 2~3개월 정도로 본다.
5. 네이티비티 네이탈 출생차트에서 네이티브에게 인생에서 가장 중요한 것은 메이저 피르다리아와 마이너 피르다리아가 시작되는 시점과 끝나는 시점이 가장 중요하다. 이 시점에서 네이티브에게 발생하는 사건이나 현상들이 10년 동안 네이티브의 인생의 흐름을 지배하기 때문이다. 그러므로 이 시점에서 네이티브에게 어떤 사건이 발생

하고 종료될 것인지 정확히 분석하고 파악하여 예측하여야 한다.
6. 네이티비티 네이탈 출생차트에서 피르다리아에서 픽스트 스타를 끌어다 쓰는 법

   메이저 피르다리의 시기가 플래닛 우인 경우 우는 사인 ♉와 사인 ♎의 룰러 이므로 두 사인에 우치한 픽스트 스타를 끌어다 쓴다. 이때 두 사인이 위치한 하우스 커스프 앞, 뒤로 2.5°이내에서 픽스트 스타와 컨정션을 하고 있어야 한다. 그래야만 픽스트 스타의 힘을 끌어다 쓸 수 있다. 이 경우 우가 룰러를 얻거나 익절테이션을 얻어 디그니티가 매우 강하다면 네이티브의 피르다리아가 시작되는 시점과 끝나는 시점에서 스피카를 끌어다 쓰며 피르다리아 중간 시점에서는 흉한 픽스트 스타인 알골의 의미를 끌어다 쓴다.

7. 네이티비티 네이탈 출생차트에서 픽스트 스타가 제대로 힘을 발휘하려면 피르다리아에서 마이너로 들어오는 것보다는 메이저로 들어와야 한다. 픽스트 스타와 컨정션한 사인이 앵글에 위치하든 석시던트에 위치하든 케이던트에 위치하든 상관없이 픽스트 스타는 발현된다. 여기서 중요한 것은 네이티비티 네이탈 출생차트에서 디그니티가 매우 강한 플래닛이 앵글에 위치하고 있다면 그 플래닛이 픽스트 스타와 직접 컨정션을 하지 않아도 피르다리아에서 그 플래닛이 들어오는 시기에 픽스트 스타가 발현이 된다. 또한 ⊗가 알골과 컨정션한 경우에 네이탈 출생차트에서 2nd의 로드가 피르다리아로 들어오면 2nd의 로드가 ⊗또는 알골과 직접 관련이 없어도 네이티브는 그 피르다리아 시기에 쫄딱 망하는 것이다.

8. 네이티비티 네이탈 출생차트에서 픽스트 스타를 끌어오는 플래닛이 ☉으로부터 컴버스트를 당하면 그 플래닛은 다 타버리므로 픽스트 스타를 끌어올 수 있는 힘이 사라진다. 그러므로 피르다리아에서 들어오는 플래닛이 로열스타와 컨정션을 했다고 하더라도 ☉과 컴버스트를 이루면 로열스타의 힘을 제대로 발휘할 수 없다.

9. 네이티비티 네이탈 출생차트에서 플래닛 ☿가 7th에서 픽스트 스타 알골과 컨정션한 경우와 7th커스프에서 픽스트 스타 알골이 컨전선한 경우의 차이점에 대하여 이 두 가지의 경우를 비교하여 보면 플래닛 ☿과 플래닛 ♀의 시기에 네이티브에게 발현되는 픽스트 스타 알골의 규모는 같지만 발현되는 의미와 가해지는 힘은 다르다. 피르다리아에서 플래닛 ☿의 시기에 ☿가 7th에서 픽스트 스타 알골과 컨정션한 경우 ☿와 픽스트 스타 알골의 의미가 7th의 의미와 함께 발현이 되고 7th커스프에서 픽스트 스타 알골이 컨전선한 경우 ♀의 시기에 픽스트 스타 알골 고유의 의미가 7th의 의미와 함께 발현이 된다. 그러므로 피르다리아에서 플래닛 ♀의 시기는 플래닛 ☿의 시기보다 매우 명확하게 픽스트 스타 알골의 힘을 네이티브에게 보여주며 플래닛 ☿의 시기에는 픽스트 스타 알골의 흉한 힘을 여과시켜 발현시킨다. 그러나 이 두 경우 모두 공통적으로 7th의 의미가 가미되어 픽스트 스타 알골의 힘이 발현된다는 것이다.

V. DIURNAL

　Diurnal Chart는 네이티비티 네이탈 출생차트에서 네이티브의 일 운을 보는 것으로서 네이탈 차트를 다이어널 차트와 비교하는 것이다. 네이티브의 출생시간을 고정시켜 놓고 매일 매일 날짜만 바꾸어 가면서 24시간이 지나는 네이티브의 출생 시간에 일 운이 바뀌는 것을 분석하는 것이다. 예를 들어 네이탈 출생차트에서 네이트브가 1978년 9월 27일 저녁 9시에 태어났다면 네이티브의 출생시간인 저녁 9시만 고정시켜놓고 매일 매일 날짜만 바꾸어가면서 그날그날 하루의 일 운이 바뀌어 가는 것을 관찰하고 분석하는 기법이다.

VI. TRANSIT

　네이티비티 네이탈 출생차트와 트랜짓 차트를 비교하면서 네이티브의 운의 흐름을 분석하는 기법이다. 트랜짓은 호라리 차트를 보는 것과 똑같다. 실제로 움직이는 하늘의 별들의 배치를 네이탈 출생차트 바깥쪽에 붙어놓고 트랜짓 차트를 돌려가면서 네이탈 출생차트와 비교하여 네이티브에게 일어날 사건이 '언제' 발생할지 그 '날짜'와 '시간'을 분석하는 기법이다. 트랜짓은 네이티브의 일 운을 보는 것이므로 메이저 사건을 보려고 해서는 안 된다.

　트랜짓 차트에서 하우스 커스프의 움직임은 의미가 없으므로 무시한다. 플래닛 중에서 ♃, ♄, ☊는 트랜짓의 운의 흐름을 파악할 때 메이저와 같은 역할을 한다. 트랜짓에서는 ☽의 움직임으로 네이티브의 일 운을 살피기 때문에 ☽의 움직임이 가장 중요하다. 네이탈 출생차트에서 하우스 커스프나 플래닛과 애스펙트를 이루는 트랜짓 상의 ☽가 지나갈 때 네이티브에게는 그날그날에 미묘한 변화가 생긴다. 그리고 트랜짓 상에서 ☽와 컨정션하는 픽스트 스타는 매우 중요하다. 그러므로 네이티브의 일 운을 보고 분석하는 것은 트랜짓 상의 ☽의 움직임과 네이탈 차트의 비교와 다이어널 차트와 네이탈 차트의 비교를 통해서 정확히 판단할 수 있다.

다음의 차트는 네이티비티 네이탈 출생차트와 트랜짓 차트를 결합하여 시간을 변화시켜가면서 ☽와 다른 플래닛들과의 애스펙트 관계를 살펴본 것이다.

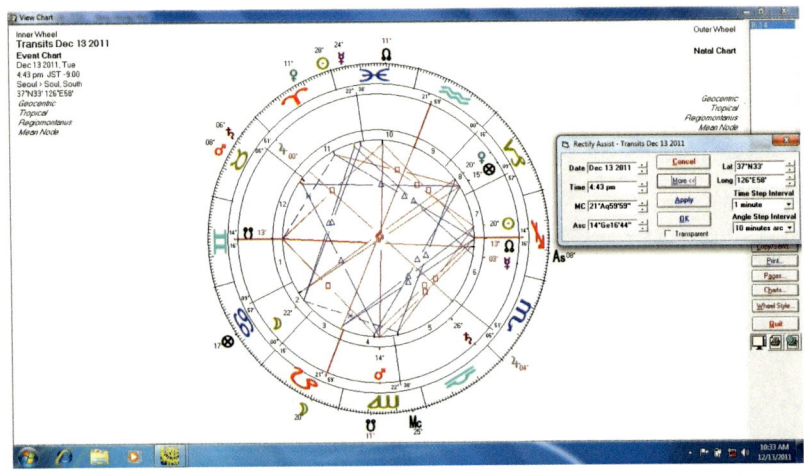

VII. REVOLUTION(Solar Return & Luna Return)

Solar Return

네이티비티 네이탈 출생차트에서 네이티브가 태어난 시점의 ☉의 위치를 고정시키고 알고자 하는 해의 시점을 찾아 ☉의 위치를 파악하여 1년의 운의 흐름을 분석하는 방법이다. 솔라 리턴은 매년 ☉의 위치를 기준으로 파악한다. ☉의 위치는 고정되지만 매년 날짜는 조금씩 다르다.

리턴 차트는 자체만으로 해석하는 방법이 있고 네이티비티에서 네이탈 출생차트와 비교하여 분석하는 방법이 있다. 솔라 리턴차트의 핵심은 ☉이 어느 하우스에 위치하고 있는 지를 보는 것이다. 왜냐하면 솔라 리턴 차트는 ☉이 있는 하우스의 의미가 네이티브의 한해를 다스리는 전체적인 운을 나타내기 때문이다. 네이탈 차트의 디그니티는 고정되어 있으므로 솔라 리턴차트에서 네이탈 출생차트와 비교할 때 애스펙트의 관계로 한 해의 운을 분석하여 판단할 수 있지만 ☉이 위치한 하우스만큼 중요하지 않다.

Luna Return

네이티비티 네이탈 출생차트에서 Luna return을 보는 방식은 Solar Return을 보는 방식과 동일하다. 솔라리턴이 네이탈 출생차트에서 네이티브의 1년의 운의 흐름을 보는 것이라면 루나리턴은 네이탈 출생차트에서 네이티브의 한 달의 운의 흐름을 보는 것이다.

VIII. PROFECTION

ASC에서 출발하여 시계 반대방향으로 운의 흐름을 살피는 기법이다. ASC사인은 1st 하우스가 되고 그 다음 사인은 2nd 하우스가 되며 그 다음 사인은 3rd 하우스가 되는 것이다. 예를 들어 ASC 어센던트에 ♐가 떠오르면 0° 이든 25° 이든 디그리에 상관없이 무조건 사인 ♐가 1st 하우스가 되는 것이며 다음 사인 ♑이 2nd 하우스가 되는 것이고 그다음 사인 ♒가 3rd 하우스가 되는 것이다. 즉 ASC 사인 1st 하우스는 네이티비티 네이탈 출생차트에서 네이티브가 만으로 1살 2nd 하우스는 2살, 3rd 하우스는 3살이 되는 것이다.

	Profection											
사인	♐	♑	♒	♓	♈	♉	♊	♋	♌	♍	♎	♏
하우스	1st	2nd	3rd	4th	5th	6th	7th	8th	9th	10th	11th	12th
나이 (만)	1세	2세	3세	4세	5세	6세	7세	8세	9세	10세	11세	12세
	13세	14세	15세	16세	17세	18세	19세	20세	21세	22세	23세	24세

Solar Return Chart

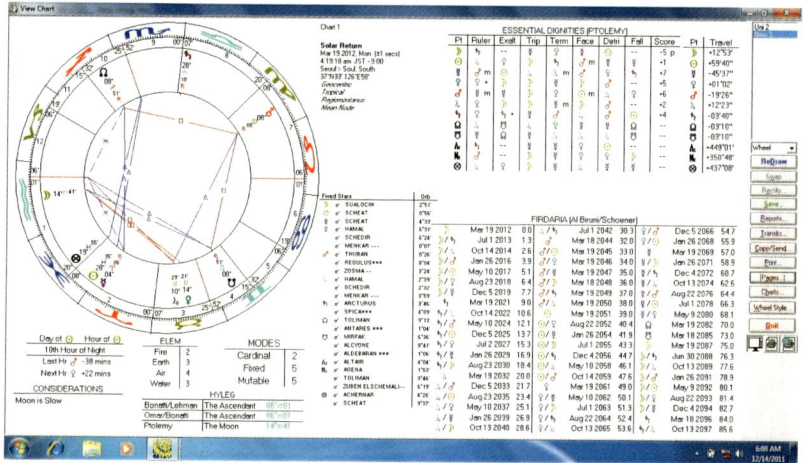

위 차트는 순수하게 솔라 리턴차트만을 출력한 것이다. 다음의 차트는 솔라 리턴 차트와 네이티비티 네이탈 출생차트를 결합하여 살펴 본 것이다. 네이탈 출생차트와 솔라 리턴 차트를 비교 분석해보면 네이티브의 1년의 운의 흐름을 더욱 확실하게 알 수 있을 것이다.

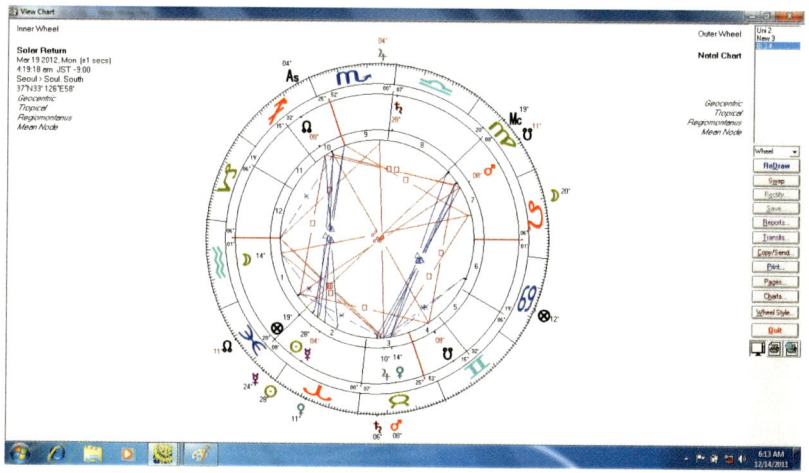

솔라 리턴차트는 네이티비티 네이탈 출생차트에서 순수하게 네이티브의 1년의 운의 흐름을 살펴서 분석하는 것이다. 위 차트에서 ☉은 2nd에 위치하고 있다. ☉이 2nd에서 10th 커스프와 애스펙트를 이루므로 위 네이티브는 돈을 벌고자 일을 할 것이며 또는 직장에서 승진이나 인센티브를 통해서 추가적인 수입을 얻게 될 것이다.

솔라 리턴에서 메이저 역할을 하는 플래닛 ♃는 3rd에 위치하여 네이티브는 글을 쓰거나 교육을 하거나 커뮤니케이션과 관련된 일을 하게 될 것이며 ♄은 8th에서 익절테이션을 얻어 디그니티가 매우 강력하다. 그러므로 네이티브는 유산을 상속받을 가능성이 있고 또는 익절테이션을 얻은 ♄이 9th 커스프 근처에 매우 가깝게 위치하므로 교육과 관련하여 큰돈이 들어 올 것이라고 판단한다. 다만 ☊가 7th위치하면서 8th의 사인 영향력 하에 있으면서 10th에 위치한 ☊과 4th에 위치한 ☋ □애스펙트를 이르므로 이성문제로 인하여 직장과 가정에 영향을 미칠 수 있으며 교통사고나 수술로 인하여 큰돈이 나갈 수 있음을 의미한다. 실제로 위 네이티브는 코에 물혹이 생겨서 수술을 받고 한 달 이상 치료를 받으러 병원에 다녀야 했으므로 운전을 하고 영업을 해야 하는 개인 사업을 하는 데 있어서 막대한 지장을 받았다.

네이티비티 네이탈 출생차트와 솔라 리턴 차트를 결합하여 분석할 때 네이티브의 2nd 하우스에 모두 ☉이 위치하며 10th 커스프와 모두 △ 애스펙트를 이르므로 네이티브는 직장이나 직업관 관련하여 승진이나 인센티브로 인하여 수입이 증가할 것이고 만일 직장을 얻고자 한다면 확실히 금전적인 보상이 좋은 직장을 구하게 될 것이다. 이러한 사실을 더욱 확실하게 뒷받침하는 것을 알 수 있다.

☉은 Solar Return chart에서 12하우스를 한 바퀴 도는데 1년이 걸린다. 그 다음 다시 차트를 한 바퀴 돌아오는데 1년이 걸린다. 그렇기 때문에 솔라 리턴 차트에서 ☉이 10th에 위치하고 있다. 그러면 이 네이티브는 그 해에 1년 동안 인생을 움직이는 핵심은 '직업'이 되는 것이다.

☉ Return은 ☉가 12 하우스를 한 바퀴 도는데 2년이 걸리므로 네이티브의 2년 뒤의 삶의 흐름을 알고 싶다면 ☉ 리턴을 보면 된다.

♃ Return은 ♃가 12 하우스를 한 바퀴 도는데 12년이 걸리므로 네이티브가 12년 뒤의 삶이 어떻게 흘러갈 것인가? 운의 흐름을 파악해 보려면 ♃리턴을 보는 것이다.

♄ Return은 12 하우스를 한 바퀴 도는데 29년 반이 걸리므로 네이티비티 네이탈 차트에서 ♄이 12th에 위치하고 있다면 네이티브가 30세가 될 때 까지 12th 하우스가 네이티브의 인생을 움직이는 것이다. 고독과 슬픔의 하우스 12th 하우스 고립되고, 감금되고, 아무리 노력해도 안 되고 현실로 나가기 힘든 시기를 보내게 되는 것이다.

리턴은 네이티비티 네이탈 출생차트를 한 바퀴 돌려서 그 플래닛이 돌아온 날을 찾으면 되는데 대부분 생일 앞뒤로 2틀 정도의 오차가 생긴다. 이것은 플래닛의 속도가 달라지기 때문이다. 그래서 플래닛이 차트를 한 바퀴 돌아 왔을 때 몇 번째 하우스에 멈추었는지를 살피고 사인은 보지 아니하고 그 하우스의 의미만을 살피는 것이다. 리턴 차트에서는 플래닛의 디그니티는 보지 않는다.

Luna Return Chart

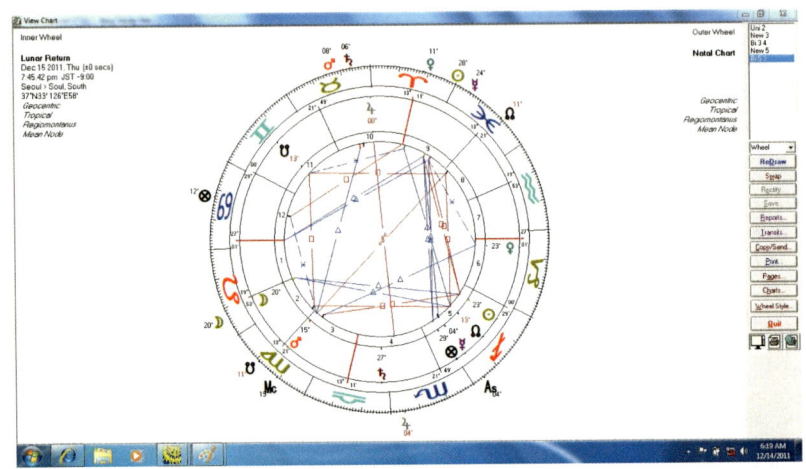

위 차트는 네이탈 출생차트와 루나 리턴차트를 결합한 차트이다. 루나 리턴차트는 네이티비티 네이탈 출생차트에서 네이티브의 한 달의 운의 흐름을 보는 것이다.

루나가 위치한 하우스를 중심으로 네이티브에게 한 달 동안 일어날 수 있는 일을 파악하고 분석하는 것이다. 루나 리턴차트에서 ☽는 2nd에 위치하고 있으며 ☽의 디스포지터는 ☉으로써 5th에서 △애스펙트를 이루고 있다. 그리고 그 ☉은 9th의 ☿와 ☉과 □애스펙트를 이루고 있다. 또한 2nd에 위치한 ☽는 5th에 위치한 ☊과 △애스펙트를 이루고 있고 ☊의 디스포지터는 10th에 위치하고 있다. 이것을 종합하여 해석하면 그 달에 네이티브에게 발생할 수 있는 사건들을 알 수 있을 것이다.

IX. DIRECTION

Solar Arc Direction

Solar Arc Direction은 네이티비티 네이탈 출생차트에서 모든 플래닛들이 1년에 1°씩 움직였다고 보고 네이탈 출생차트와 비교하는 것이다. 하우스 커스프와 모든 애스펙트를 비교해야 하는데 이때는 하우스와 플래닛의 디그니티는 보지 않는다. 네이탈 차트와 솔라 아크 디렉션차트를 비교하여 파틸로 애스펙트를 이루는 것만 의미를 부여한다. 솔라 아크 디렉션은 디렉션과 프로그레션과 마찬가지로 네이티브에게 특정한 시기를 중심으로 일어날 수 있는 사건을 위주로 판단할 때 사용한다.

예를 들어 네이티비티 네이탈 출생차트에서 ☉이 11°에 위치하고 ☿가 15°에 위치하고 있다면 솔라 아크 디렉션에서는 ☉이 11°에서 ☿가 있는 15°까지 가는데 4°가 걸린다. 그러면 4°는 4년이 걸린다는 것이다. 안쪽에 Natal Chart를 붙이고 바깥쪽에 Solar Arc Direction Chart를 붙여서 1년에 1°씩 시계 반대방향으로 모든 플래닛의 움직임을 관찰하고 분석한다. ☉이 ☿가 있는 위치까지 가는 데 ☉이 ☿가 있는 15°에 오면 솔라 아크 디렉션상의 ☉이 네이탈 차트에 있는 ☿를 4년 후에 만나는 것이다. 그러면 ☉☌☿하는 효과가 발생하여 네이티브가 4살이 되는 해에 또는 4년 뒤에 ☉과 ☿가 만나는 효과의 사건이 발생하게 되는 것이다. 이것이 솔라 아크 디렉션의 원리이다.

아래의 차트는 솔라 아크 디렉션 차트와 네이탈 출생차트를 결합한 차트이다.

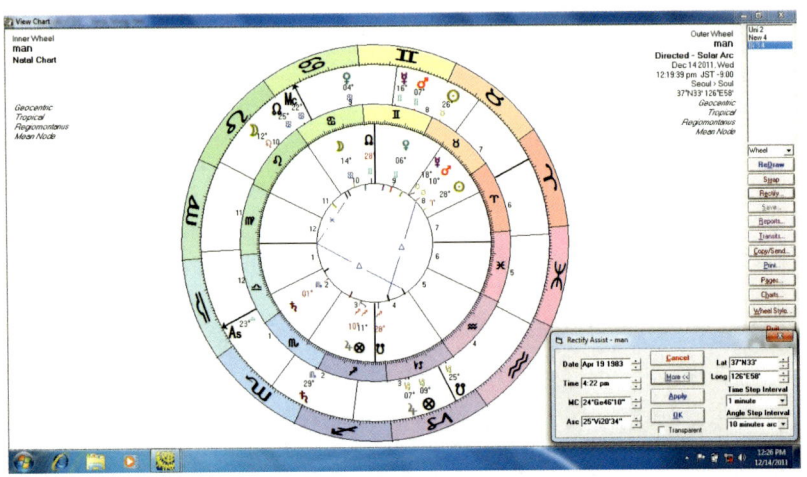

X. PROGRESSION

Secondary Progression

Secondary Progression은 네이티비티 네이탈 출생차트에서 네이티브가 태어난 날부터 계산하여 1일을 1년으로 변환해서 운의 흐름을 분석하는 방법이다. 예를 들어 네이티브가 만 24세라고 한다면 태어난 지 24일째 되는 날의 출생차트를 출력하여 운의 흐름을 분석하고 그때의 출생차트가 네이티브의 26세의 인생을 다스린다고 보는 기법이다.

Solar Arc Progression

네이티비티 네이탈 출생차트에서 1일을 1년으로 보는 Secondary Progression과 유사하지만 ☉이 진행한 디그리를 다른 플래닛들 에게도 똑같이 더해서 운의 흐름을 적용하는 방식이다. Secondary Progression과 마찬가지로 하루에 1°씩 진행하는 ☉의 움직임을 1년으로 간주한다. 그러나 플래닛의 디그리에 ☉이 움직인 디그리와 같은 디그리를 더하기 때문에 Secondary Progression과 완전히 다른 플래닛의 배치가 이루어진다. ♃와 ♄ 대하여 운의 흐름에 대한 정밀도가 매우 높은 것으로 평가받고 있다.

다음의 이미지는 네이티비티 네이탈 출생차트를 세컨더리 프로그레션
으로 변환하는 과정을 보여주는 것이다. 솔라 아크 프로그션으로 변환할
수도 있으며 점성가 자신에게 가장 적합한 방법을 취하면 될 것이다.

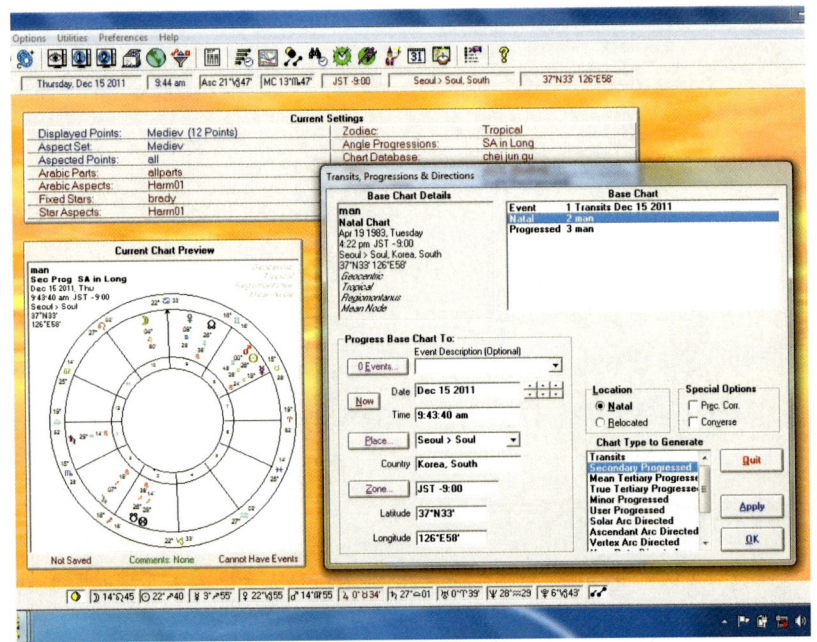

호라리 고급

Nativity(네이티비티)가 Native(네이티브)의 출생차트에 의해 인생을 조감한다면 Horary(호라리)는 Querent(쿼런트)의 질문이 나온 시간의 차트를 보고 질문에 대한 결과를 도출해 낸다. Horary(호라리)는 Querent(쿼런트)에게 어떤 질문에 대한 생각이 떠오르거나 질문이 입 밖으로 나온 순간의 하늘의 별의 배치를 보고 그 문제에 대한 결과를 판단한다. 윌리엄 릴리의 가르침을 따르는 점성가들은 Querent(쿼런트)가 Astrologer(점성가)에게 전화를 한 시간이나 e-mail(이메일)을 보낸 시간을 기준으로 하는 것이 아니라 그 문제에 대하여 판단하는 점성가와 하늘과의 교감이 더 중요하다고 생각한다. 그러므로 점성가는 Querent(쿼런트)의 문제를 인지하고 이메일을 열어보고 Horary(호라리) 차트를 띄워 하늘의 배치를 살핀 시간을 기준으로 판단을 한다.

호라리 차트를 해석할 때 Astrologer(점성가)는 쿼런트와 쿼시티드에 알맞은 하우스와 플래닛을 찾아야 한다. 쿼런트 즉 질문을 한 의뢰인은 항상 1st에 속하고 Luna는 항상 코룰러로서 공동주관자이다. 1st에 위치한 코룰러 또한 공동 주관자이다. 만일 사인 ♌가 ASC 커스프에 걸리고 ♃와 ♂가 1st에 위치하고 있다면 쿼런트는 ☉, ☽, ♃, ♂에 의해 다스려진다. 쿼런트가 제기한 쿼시티드에 대한 보다 정확한 해석을 하기 위해서는 쿼시티드 자체가 몇 번째 하우스에 속하는지 판단할 수 있어야 한다. 예를 들어 케시티드가 재물에 대한 것이라면 2nd를 보고 판단하며 형제, 자매, 친척, 이웃, 단거리 여행, 커뮤니케이션, 집필, 소문, 통신 등에 관한 것이면 3rd를 보고 판단한다. 직업과 명예에 대한 것이라면 10th를 보고 판단한다. 만일 쿼런트와 퀘시티드를 다스리는 플래닛이 같은 플래닛이라면 쿼런트를 위하여 코룰러에 더 큰 비중을 두고 해석을 한다.

CBJ란 무엇인가?

CBJ란 Consideration Before Judgement의 약자를 따서 이름 지은 것이다. 즉 Horary(호라리) 차트를 판단하기 전에 신중하게 생각하라는 의미에서 Astrologer(점성가)에게 안전장치와 같은 역할을 한다. CBJ는 Astrologer(점성가)가 쿼런트의 Nativity(출생차트)를 정확하게 알지 못하는 상황에서 쿼런트가 제기한 퀘시티드를 Horary(호라리)차트 자체만으로 분석하여 판단할 때 사용하는 방법이다. Horary(호라리)차트에서 Querent(쿼런트)의 질문이 CBJ에 걸리게 되면 Geniture(하늘의 별의 배치)의 판단이 불가능하거나 Quesited(의뢰 대상) 자체가 무효가 된다. 많은 점성가들이 이러한 사실을 모르거나 무시하는 경향이 있지만 Horary(호라리)의 많은 저서들 중에 공통적으로 기록되어 있듯이 Horary(호라리)의 Significator(시그니피케이터)가 CBJ에 위치하면 Horary(호라리)차트는 Querent(쿼런트)에게 그릇된 답을 줄 수 있다는 사실을 명심해야 한다.

1. Ascendant(상승점)의 Ruler(룰러)와 Planetary Hour Of Lord(행성 시간의 로드)의 Triplicity(트리플리시티)가 일치할 때 Horary(호라리)의 차트는 Redical(레디컬) 즉, 판단이 가능하다. 예를 들어 Hour of Lord(시간의 로드)가 ♂이고 Ascendant(상승점)의 Sign(사인)이 ♋, ♏, ♓이면 Querent(쿼런트)의 Quesited(의뢰 대상)는 Redical(레디컬)하다. 즉 판단이 가능하다. 아래의 도로시안 트리플리시티에서 보면 Hour of Lord(시간의 로드) ♂와 Ascendant(상승점)의 Sign(사인) ♋, ♏, ♓를 다스리는 원소는 모두 "물" 원소로써 같기 때문이다.

도로시안 트리플리시티				
원소	사인	낮	밤	공통
불	♈, ♌, ♐	☉	♃	♄
흙	♉, ♍, ♑	♀	☽	♂
공기	♊, ♎, ♒	♄	☿	♃
물	♋, ♏, ♓	♀	♂	☽

그렇다면 Hour of Lord(시간의 로드)가 ♂이고 Ascendant(상승점)의 Sign(사인)이 ♈라면 어떻게 판단할까? Redical(레디컬)하다. 즉 판단이 가능하다고 본다. 왜냐하면 Planet(행성) ♂가 Hour of Lord(시간의 로드)이면서 동시에 Ascendant(상승점)의 Sign(사인) ♈의 로드이기 때문에 Planet(행성) ♂가 Hour of Lord(시간의 로드)와 Ascendant(상승점)의 Sign(사인) ♈를 동시에 다스리기 때문이다. 만일 Planet(행성) ♂가 Hour of Lord(시간의 로드)이고 Ascendant(상승점)의 Sign(사인)이 ♌일 때 점성가는 어떻게 판단해야 할까? 체액설에 따르면 Hour of Lord(시간의 로드)인 Planet(행성) ♂와 Ascendant(상승점)의 Sign(사인) ♌는 Hot Dry(뜨겁고 건조하다.)로써 공통적이다. 그러므로 차트는 Redical(레디컬)하다. 즉 판단이 가능하다고 본다.

다음의 Horary(호라리) 차트는 Hour of Lord(시간의 로드)가 ☉이며 Ascendant(상승점)의 Sign(사인)은 ♐이다. 체액설에 근거하여 Hour of Lord(시간의 로드) ☉과 Ascendant(상승점)의 Sign(사인) ♐는 Hot Dry(뜨겁고 건조하다.)로써 공통적이다. 그러므로 차트는 Redical(레디컬)하다. 즉, 판단이 가능하다.

Horary(호라리) 차트와 Natal(네이탈)차트를 겹쳐서 분석할 때 Horary(호라리) 차트의 Ascendant(상승점)의 Sign(사인)과 Natal(네이탈)차트의 Ascendant(상승점)의 Sign(사인)이 일치할 때도 차트는 Redical(레디컬)하다. 즉 판단이 가능하다고 본다. 또한 Natal(네이탈)차트의 Planet(Planet(행성))과 Horary(호라리) 차트의 Ascendant(상승점)의 Sign(사인)이 ♂할 때도 차트는 Redical(레디컬)하다. 즉 판단이 가능하다고 본다.

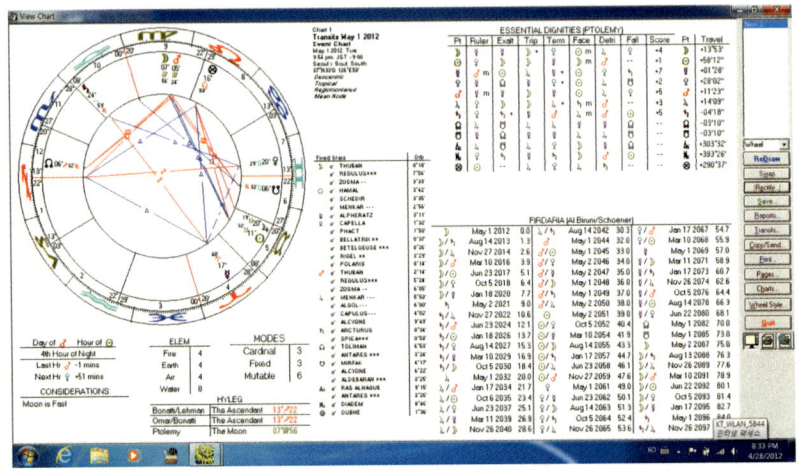

아래의 차트는 Horary(호라리) 차트와 Natal(네이탈)차트를 겹쳐서 분석한 것이다. Horary(호라리) 차트의 Ascendant(상승점)의 Sign(사인)과 Natal(네이탈)차트의 Ascendant(상승점)의 Sign(사인)이 일치할 때도 차트는 Redical(레

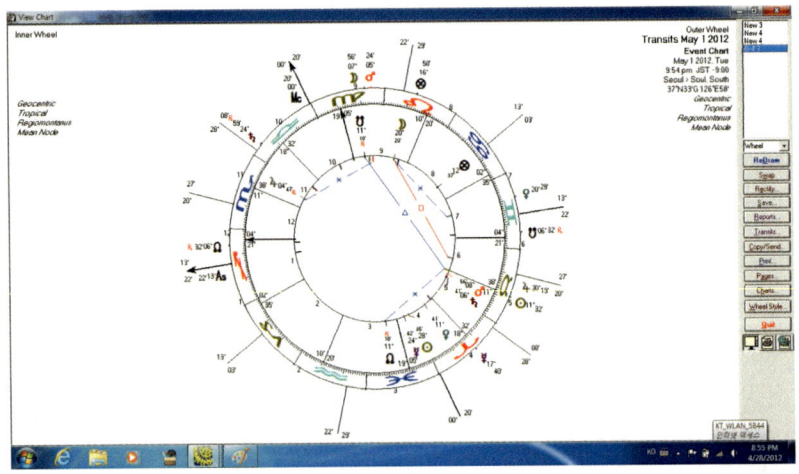

디컬)하다. 호라리 차트의 어센던트 사인이 ♐에 위치하고 네이탈 차트의 어센던트 사인 역시 ♐에 위치하고 있다. 그러므로 판단이 가능하다.

2. Boundary(바운더리: 한 지역의 끝, 경계선) William Lilly(윌리엄 릴리)에 따르면 Ascendant(상승점)의 Cusp(커스프: 하우스와 하우스의 경계선)가 어떤 사인의 0°, 1°, 2°, 3°에 위치하면 사인이 상징하는 쿼런트의 외모와 일치하지 않거나 쿼런트의 나이가 매우 젊지 않는 한 쿼런트가 제기한 퀘시티드를 판단하기에는 너무 이르다. 반면에 어센던트 커스프의 위치가 라이징 사인의 27°, 28°, 29°, 30° 이면 쿼런트가 제기한 퀘시티드는 판단하기에 너무 늦은 것이다.

아래의 차트는 솔라파이어 프로그램에서 CBJ가 ASC near sign boundary라고 알려주고 있으며 ASC(어센던트)의 커스프가 사인 ♐의 29° 10′에 걸려 있으므로 쿼런트가 제기한 퀘시티드는 판단하기에는 너무 늦었음을 나타낸다.

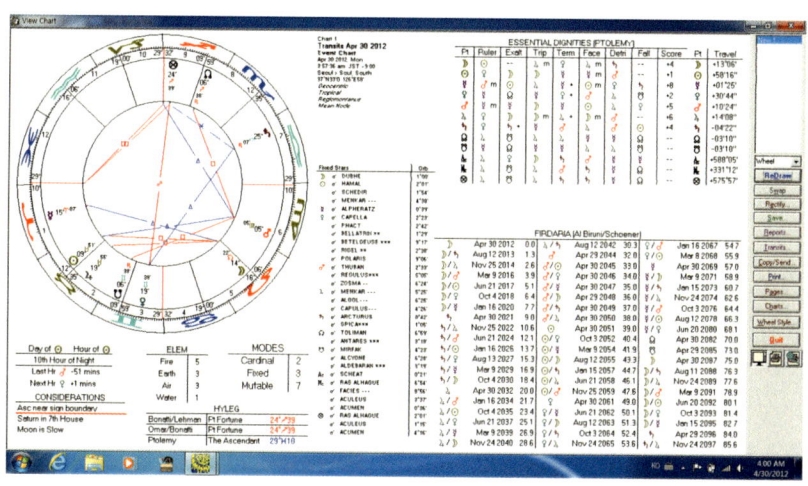

3. Luna void of course : 호라리 차트에서 루나가 보이드 오브 코스할

때 릴리는 퀘시티드를 판단을 함에 있어 희망이 없다고 말했다. 그러나 호라리 차트가 비록 Luna void of course 하더라도 차트가 매우 강력하거나 ☽가 ♉나 ♋ 또는 ♐나 ♓에 위치할 때 퀘시티드에 대한 판단의 여유가 생긴다고 하였다. 릴리는 Luna void of course를 Luna가 메이저 애스펙트를 이루지 않았을 때라고 정의하고 있다. 그러나 많은 보편적인 점성가는 Void of course의 개념을 '어떤 플래닛이 자신이 머무는 사인을 완전히 벗어날 때까지 파틸 애스펙트를 이루기 위해 어플라이 하지 않는 상태'로 이해하며 본인은 개인적으로 후자를 따라 판단한다.

4. Luna의 위치 : 호라리 차트에서 ☽가 어디에 위치하는지를 본다. 릴리는 ☽가 사인의 뒤쪽 디그리에 위치하고 있을 경우 퀘시티드에 대한 판단은 불가능하다고 말하였다. 특히 ☽가 사인 ♊, ♏, ♑의 뒤쪽 디그리에 위치하고 있을 경우 퀘시티드에 대한 판단은 더욱 불가능하다고 했다. 그리고 ☽가 Via combusta(불타는 길 Fire Way ♎ 15°~♏15°까지 30° & 사인 ♈15°~♉15°까지 30°사이)에 위치한 경우 퀘시티드에 대한 결과는 부정적이다.

5. 컴버스트(Combust) : 호라리 차트에서 ASC의 로드가 컴버스트하는지를 살핀다. 그리고 ☽가 컴버스트하느지도 살핀다. 둘 중에 하나라도 해당이 되면 쿼런트가 제기한 퀘시티드는 판단이 불가능하다.

6. 호라리 차트에서 ☽가 세퍼레이션하는 플래닛이 쿼런트가 최근에 겪은 일을 보여준다면 이 차트는 판단이 가능하다. ☽가 ASC의 로드를 세퍼레이션 함으로써 최근에 쿼런트가 겪은 일을 보여준다면 이 호라리 차트는 레디컬하다. 그리고 쿼런트가 제기한 퀘시티드의 하우스에 플래닛 ☉이나 ☽가 위치하고 있다면 이 호라리 차트 역시 레디컬하므로 판단이 가능하다.

7. ☽나 알무텐이 호라리 차트에서 쿼런트가 제기한 퀘시티드를 반영하는 하우스에 위치하지 않으면 이 호라리 차트는 판단이 불가능하다.

8. 비씨쥐드(Besieged) : 호라리 차트에서 ♄과 ☊사이에 어떤 플래닛이 위치하면 그 플래닛은 ♄과 ☊의 좋지 않은 영향력을 받아서 디그니티가 약해진다. ♄과 ☊사이에 위치한 플래닛이 퀘시티드와 관련이 있는 시그니피케이터라면 호라리 차트의 판단은 불가능하거나 부정적으로 결론이 난다.

9. 앵글(1st, 10th, 7th, 4th)에 떠있는 인포춘(♄과 ☊) : 호라리 차트에서 앵글에 ♄이 약하게 뜨거나 ☊가 약하게 떠 있으면 쿼런트가 제기한 퀘시티드는 판단이 불가능하다.

10. 7th를 살핀다. 쿼런트가 제기한 퀘시티드가 7th에 속하지 않을 때 7th는 Astrologer(점성가) 자신을 의미한다. 따라서 7th에 플래닛 ♄이 위치하거나 7th의 로드가 R(리트로그레이드)하거나 7th의 커스프나 코로드가 어플릭티드를 받으면 판단이 불가능하다. 이때는 Astrologer(점성가)는 컨디션이 좋지 않거나 호라리 차트를 판단하게 되면 잘못된 판단을 내릴 수 있으므로 절대로 호라리 차트에 대한 판단을 내리면 안 된다. 이와 같은 경우 쿼런트는 Astrologer(점성가)를 시험하러 온 것이다. CBJ 중에서 2번 Boundary(바운더리: 한 지역의 끝, 경계선)가 대표적인 경우이다.

11. 호라리 차트에서 ♄이 어느 하우스에 위치하고 있는지 살핀다. 만일 ♄이 1st에 위치해 있으면 쿼런트는 자신이 제기한 퀘시티드에 대한 희망을 잃는 일이 자주 발생하게 된다. 1st에서 ♄이 R하면 쿼런트가 제기한 퀘시티드는 자주 연기되거나 지체된다.

11. 호라리 차트에서 쿼런트가 제기한 퀘시티드의 긍정적인 부분과 부정적인 부분의 비중이 같다면 이 호라리 차트는 판단이 불가능하다.

12. 호라리 차트에서 질문의 하우스가 인터셉터 하거나 쿼런트가 제기한 퀘시티드의 하우스에 플래닛이 3개 이상 위치하고 있지 않는다면 호라리 차트에서 질문을 보여주는 다른 증거가 존재하지 않는 한 그 호라리 차트는 판단을 하면 안 된다. 왜냐하면 호라리 차트

는 차트 자체에서 질문이 반영되어야 하기 때문이다.

Bi-Wheel Chart

호라리 차트를 올바로 뽑기 위해서는 네이탈 차트를 정확하게 알아야 한다. 호라리차트는 질문을 한 시간의 차트이지만 실제로는 그 시간의 하늘에 실제 하는 별들을 나타내는 것이므로 호라리차트는 트랜짓 차트이다. 여기서의 트랜짓 차트는 네이탈차트에서 운의 흐름을 보는 방식중에 트랜짓이 있는데 그 트랜짓이라고 생각하면 안 되는 것이다. 쿼런트가 의뢰한 쿼시티드를 뽑은 시간의 차트를 말하는 것이다.

호라리 상담을 하다보면 분명 CBJ에 걸렸고, ☽가 보이드 함에도 불구하고 일이 이루어진 경우가 많다. 왜 그럴까? 그 시간에 호라리 차트는 나하고만 상응하는 것이 아니라 나 이외의 다른 사람들도 그 시간에 질문을 던지면 모두 해당이 된다. 그러므로 호라리 차트를 정확히 판단하기 위해서는 "나"라고 하는 유일한 존재가 들어가야 한다. 이러한 방법을 사용하는 것이 호라리 차트와 네이탈 차트를 겹쳐서 사용하는 방법이다.

에반젤린 애덤스가 주로 사용하던 차트 방식

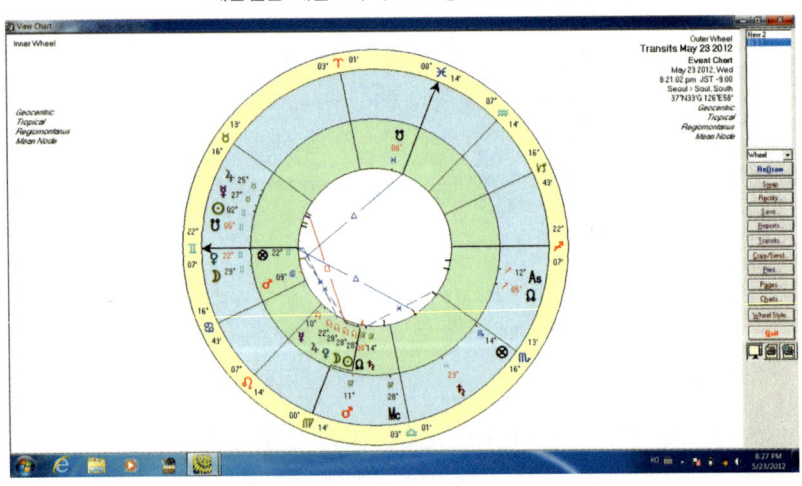

Mirror(거울)

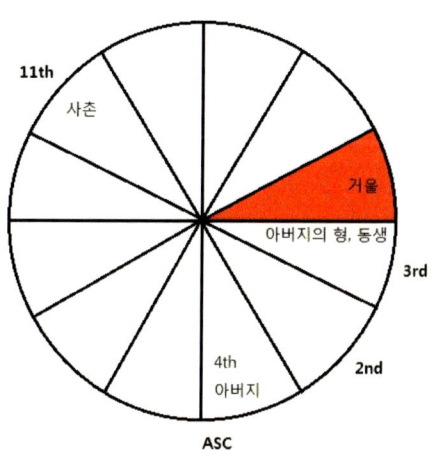

　　Mirror는 쿼런트의 아버지의 형(큰 아버지), 아버지의 동생(작은 아버지), 사촌들을 호라리로 볼 때 쿼런트의 아버지를 통해서 아버지의 형, 동생을 본다는 의미가 있다.

　　그러므로 아버지의 하우스인 4th를 ASC로 놓는다. 아버지의 하우스인 4th로부터 3하우스인 6th가 아버지의 형제를 다스리는 3rd가 되는 것이다. 그리고 바로 인접한 다음의 하우스 7th가 Mirror가 되는 것이다.

　　4th(ASC)+5th+6th(아버지의 형제)+7th Mirror(거울) 따라서 Mirror(거울)를 통하여 아버지의 형제에 대하여 판단한다.

　　사촌은 아버지 형제의 자식들이다. 사촌은 아버지 형제의 자식들이므로 아버지의 형, 동생의 하우스인 6th를 ASC로 놓고 6th로부터 거울을 의미하는 7th를 제외하고 다섯 하우스를 돌아서 11th가 사촌을 다스리는 하우스가 된다.

쿼런트가 제기한 쿼시티드가 성취될 때 차트의 패턴

1. 고대의 점성가에 따르면 쿼런트가 제기한 쿼시티드는 다양한 방식으로 이루어진다. 문제를 제기한 쿼런트에 속한 플래닛들과 쿼시티드에 속한 플래닛들이 하늘의 좋은 위치(앵글)에서 ♂하거나 서로 △ 또는 ✷애스펙트를 이루면서 어플라이(Applying)하거나 트랜스레이션(Translation)하거나 콜렉션 오브 라이트(Collection of light)하거나 의문에 속한 쿼시티드의 하우스에 위치할 때 쿼런트가 제기한 쿼시티드는 이루어진다.

2. 쿼런트가 제기한 쿼시티드의 시그니피케이터들이 하늘의 좋은 하우스(앵글)에서 ♂하면 쿼시티드는 이루어진다. 더구나 시그니피케이터들이 이센셜 디그니티를 얻고 ASC의 로드에 어플라이(Apply)하면 쿼런트가 제기한 쿼시티드는 완전히 성취된다.

3. 쿼런트가 제기한 쿼시티드의 시그니피케이터들이 그 플래닛들(Planets)이 좋아하는 하우스와 사인에 걸린 커스프와 △ 또는 ✷을 이루면 쿼런트가 제기한 쿼시티드는 완전히 이루어진다.

4. 쿼런트가 제기한 쿼시티드의 시그니피케이터들이 서로 애스펙트를 이루지 않아 관계가 없어 보일지라도 포춘이 트랜스레이션(Translation)하거나 콜렉션 오브 라이트(Collection of light)하면 쿼런트가 제기한 쿼시티드는 좋게 끝날 가능성이 있다.

5. 쿼런트가 제기한 쿼시티드의 시그니피케이터들이 그 플래닛들이 알맞은 하우스와 사인에 위치할 때 쿼런트가 제기한 쿼시티드는 이루

어진다. 특히 Luna가 플래닛으로부터 ✱또는 △애스펙트를 이룰 때 쿼런트가 제기한 퀘시티드는 이루어진다.

쿼런트가 제기한 퀘시티드가 성취되지 않을 때 차트의 패턴

1. 쿼런트의 시그티피케이터와 쿼런트가 제기한 퀘시티드의 시그니피케이터가 서로 애스펙트를 이루지 않을 때 쿼런트가 제기한 퀘시티드는 이루어지지 않는다. 그러므로 애스펙트가 없으면 사건도 없다.
2. 쿼런트와 퀘시티드의 시그니피케이터들이 하늘에서 서로를 쿼타일(Quartile)하거나 하늘의 좋지 않은 위치에서 서로 ∞애스펙트를 이루거나 인포춘으로부터 □ 또는 ∞애스펙트를 이루면 쿼런트가 제기한 퀘시티드는 좀처럼 이루어지지 않는다.
3. 쿼런트와 쿼런트가 제기한 퀘시티드의 시그니피케이터들이 뮤츄얼 리셉션 하지 않거나 ☉으로부터 컴버스트를 당하거나 하늘의 좋지 않은 위치인 케이던트에 빠져있으면 쿼런트기 제기한 퀘시티드는 이루어지지 않는다.
4. 쿼런트가 제기한 퀘시티드의 하우스에 인포춘인 ♄이나 ♂ 또는 카타비바존 ☋이 위치하거나 쿼런트와 퀘시티드의 시그니피케이터에 어플릭티드 애스펙트를 이루면 쿼런트가 제게한 퀘시티드는 절망적인 결론에 도달한다.

쿼런트가 제기한 퀘시티드를 방해하는 사람이나 문제에 대하여

호라리 차트에서 제기된 퀘시티드나 사람에 대하여 방해하는 플래닛이 어떤 하우스에 위치하는지 그리고 몇 번 째 하우스의 로드인지를 살핀다.

예를 들어 방해하는 플래닛이 ☿이고 ☿가 7th의 로드이면 쿼런트나 퀘시티드를 방해하는 인물은 부인이나 애인 또는 동업자, 또는 드러난 적에 의해서 방해를 받을 것이다. 방해하는 플래닛이 ♀이고 2nd의 로드이면 쿼런트는 재물의 부족에 시달리거나 자금의 압박을 받을 받음으로써 재물이 쿼런트의 장애물이 될 것이다. 호라리 차트가 이와 같을 때 쿼런트가 제기한 퀘시티드에 대하여 판단하고자 할 때 좋은 결론에 도달하기 어려울 것이라고 본다.

호라리 차트에서 퀘런트가 제기한 퀘시티드가 이루어지는 시간에 대하여

1. 호라리 차트에서 시간은 도(Degrees,°)와 분(Minutes,′)을 취한다.

	무버블	커먼	픽스트
앵글	일	주	주/월
석시던트	주	주/월	월/년
케이던트	주/월	월/년	년

2. 시그니피케이터들이 무버블 사인에 위치하면 퀘시티드가 완성되는 때는 각 디그리가 주(week)와 날(day)이다. 커먼사인에 위치하면 달(month)과 주(week)이다. 픽스트 사인에 위치하면 년(year)와 월(month)이다. 이때 반드시 각 디그리의 거리를 따라 계산해야 한다.

3. 앵글(Angles)은 무버블(Movable)사인과 일치한다. 석시던트(Succedent)는 커먼(Common)/더블바디(Double body)사인과 일치한다. 픽스트(Fixed)사인은 케이던트(Cadent)사인과 일치한다. 퀘런트가 제기한 퀘시티드의 시그니피케이터들이 무버블사인의 앵글에 위치하면 날짜는 더욱 빠르고 확실하게 예측할 수 있는 것이다. 그리고 시그니피케이터들이 어플릭티드 애스펙트를 받는 것이 없이 ☆나 △애스펙트를 이루면 퀘런트가 제기한 퀘시티드는 정확한 날짜에 이루어진다.

호라리 차트의 디라이브(Derive)

쿼런트가 다른 사람에 대하여 질문을 할 때 점성가는 차트를 돌려보는 방법을 사용하여 정확하게 예측할 수 있다. 쿼런트가 할아버지에 관하여 질문을 했다면 할아버지는 아버지의 아버지이므로 아버지는 4th이다. 아버지의 하우스인 4th로부터 네 번째 하우스인 7th가 할아버지의 하우스가 되는 것이다. 쿼런트의 배우자의 어머니에 대하여 질문을 했다면 쿼런트의 배우자는 7th이므로 7th로부터 열 번째 하우스인 4th가 쿼런트의 배우자의 어머니가 되므로 4th를 보고 판단을 한다.

쿼런트와 관계있는 사람이나 사물의 하우스에 대한 판단

　쿼런트가 제기한 퀘시티드가 쿼런트 자신과 직접적인 관련이 있는 문제일 때는 차트를 세 개의 하우스씩 뛰어넘어 리딩한다. 가령 A씨에게 세 명의 자식이 있는데 A씨가 세 명의 자식에 대한 호라리 판단을 의뢰했다고 했을 때 호라리 차트에서 자식은 5th가 다스리므로 첫 째는 5th를 보고 판단한다. 그리고 두 째는 5th로부터 세 번째 하우스인 7th가 되고 마지막 세 째는 7th로부터 다시 세 번째 하우스인 9th가 되는 것이다.

쿼런트와 관계없는 사람이나 사물의 하우스에 대한 판단

쿼런트가 강원도에 있는 별장을 팔고 행정수도인 세종시에 집을 사려고 하는데 괜찮은지 의뢰를 해왔다면 어떻게 리딩할 것인가?

현재 살고 있는 집이 4th이므로 별장은 4th로부터 세 번째 하우스인 6th가 된다. 왜냐하면 별장은 쿼런트가 현재 거주하고 있는 집이 아니라 2차적인 집이기 때문이다. 그러나 행정수도에 있는 집은 아직 쿼런트의 소유가 아니기 때문에 쿼런트가 팔려고 하는 강원도에 있는 별장 6th로부터 여섯 번째 하우스인 11th에 속한다. 이렇게 판단하는 것이 호라리에서 일반적인 디라이브 해석이다.

그러나 이와 같은 방식도 있음을 점성가는 알아야 한다.

쿼런트가 자신이 사랑하는 사람에 대하여 묻는다면 7th에 해당한다. 그런데 같이 온 사람이 자신도 보고 싶다고 하면서 자신이 사랑하는 사람에 대하여 같은 질문을 한다면 어떻게 호라리 차트를 리딩해야 할까? 이와 같은 상황에서는 호라리 차트를 다른 방식으로 리딩할 수 있다. 두 번째 질문한 쿼런트 즉, 같이 온 사람은 자신의 네이탈 차트에서 알무텐이나 ASC의 로드를 찾아 호라리에서 차트를 리딩한다. 예를 들면 두 번째 질문한 쿼런트의 네이탈 차트에서 알무텐이 ☉라면 호라리 차트에서 ☉를 찾아 ☉의 상황을 보고 차트를 리딩한다. 이렇게 리딩하는 것은 Planets의 Natural Nature를 따라 판단하는 것이다. 이 같은 호라리 차트 리딩은 쿼런트와 관계있는 질문일 때에도 응용하여 리딩할 수 있다.

A씨에게 세 명의 자식이 있는데 그 세 명의 자식에 대하여 호라리 차

트를 의뢰했다면 첫 째 자식은 5th를 보고 판단하며 두 번째 자식과 세 번째 자식은 그들의 네이탈 차트에서 알무텐이나 ASC의 로드를 보고 호라리 차트에서 그 플래닛과 일치하는 플래닛을 찾아 판단할 수 있는 것이다.

디라이브 차트에서 각 하우스의 의미

하우스	의미
1st	쿼런트, 마음, 기질, 육체적 외모, 건강, 모리, 사고, 탈것(이동수단), 얼굴, 쿼런트와 관계없는 부재중인 사람, 대중
디라이브	아버지의 할머니, 어머니의 할아버지, 배우자의 조카, 어머니의 하우스의 문제의 결론, 작은 동물의 죽음
2nd	유동적 재산, 돈, 대출, 이득, 쿼런트의 원조나 원조물품, 쿼런트의 자원, 잃어버린 물건, 수입, 가치, 내일, 가까운 미래, 쿼런트의 증권 중개인
디라이브	배우자나 애인의 죽음, 자녀의 직업
3rd	짧은 여행, 자동차나 이동수단, 커뮤니케이션, 메시지, 편지, 책, 방문, 말, 교사, 집필, 잡담, 친척, 사교육, 이웃, 형제 자매, 인접한 환경
디라이브	배우자나 애인의 고등교육, 친구의 자녀, 자녀의 친구, 애인이나 배우자의 장거리 여행, 의붓아버지.
4th	아버지, 부모, 가족, 가정, 문제의 끝, 땅, 흙, 부동산, 우물, 들판, 광물, 농사, 잘못 둔 물건, 건물, 재정출자, 무덤, 자궁, 안전한 장소.
디라이브	사촌, 사촌의 재물, 배우자나 애인의 일, 명예나 직업, 경력 등
5th	자녀, 게임, 도박, 임신, 데이트, 호색적 관계, 댄스, 놀이, 섹스, 복권, 스포츠, 유흥, 창조적인 활동, 취미, 시, 그림, 영화감상, 이차적 교육, 유아교육, 쿼런트를 대신한 어떤 사람의 활동.
디라이브	아버지의 유동적 재산, 어머니의 죽음
6th	건강, 질병, 작은 짐승, 일, 고용인, 간호사, 의사, 비전통적인 치료사, 애완동물, 음식.
디라이브	아버지의 형제, 자녀의 돈, 친척이 소유한 집이나 땅.

하우스	의미
7th	타인들, 동업자, 결혼, 이혼, 도둑, 공개적인 반대자들, 들러난 적, 경쟁자, 법정소송에서 상대방, 도망자, 사랑행위, 다른 지역, 동의와 비동의, 법률가, 의사
디라이브	형제의 자녀, 할아버지, 옮겨갈 장소.
8th	성, 수술, 잘림, 죽음, 세금, 쓰레기, 하수도 오물, 비밀, 창고, 죽은 사람, 오컬트, 독약, 폭력, 강간, 정신분석.
디라이브	별거수당, 대출, 타인의 돈, 애인이나 배우자의 재산, 배우자나 애인의 자기가치, 의지, 유산, 자녀의 보조
9th	고등교육, 종교, 교수, 대학, 법, 법률가, 철학, 철학자, 출판, 출판사, 결혼의식, 장거리 여행, 규율과 기준.
디라이브	손자 등
10th	직업, 명예, 왕, 대통령, 수장, 대표, 사장, 명예, 명성, 위신, 공직, 성공, 승진.
디라이브	형제의 죽음, 쿼런트의 자녀의 죽음과 불행, 형제의 재산.
11th	친구, 사회적 관계, 동창, 직장동기, 희망, 목적, 바람, 클럽, 일반적인 환경, 연예, 친구의 거짓과 진실
디라이브	아버지의 죽음, 일로부터 오는 돈, 어머니의 재산, 사장의 재산, 회사의 재산, 자녀의 결혼, 아버지의 형제의 질병과 건강 그리고 애완동물, 며느리, 사위, 양자.
12th	자자선, 자애와 관용, 개인의 파멸, 협회, 병원, 공공시설화, 감옥, 감금, 두려움, 귀신, 유령, 불행, 검은 마법, 약물, 술, 알콜, 탐닉, 중독, 정신병, 정신질환, 숨은 적, 드러나지 않은 경쟁자, 자살, 격리, 은퇴, 숨은 것들, 미스테리, 범죄, 거짓, 과거, 어제, 옛 것들.
디라이브	배우자나 동업자 또는 파트너의 건강과 질병, 어머니의 형제

Christian Astrology와 Vedic 점성술 Jyodish의 차이

인도 점성술을 베딕 점성술이라고 하는데 베딕 점성술의 정식 명칭은 Jyodish(죠티쉬)라고 한다. Christian Astrology의 12사인에 해당하는 것이 Jyodish에서는 Naksatra라고 한다. 바빌로니아는 태양이 지나는 길인 황도를 기준으로 하늘을 12개의 하우스로 나누었다. 그러나 바빌론의 점성술이 인도로 넘어가면서 달이 지나는 길을 기준으로 하늘을 27개로 쪼갠다. 이것이 Christian Astrology의 12사인에 해당하는 Jyodish의 Nakshatra이다. 한 개의 Nashatra는 13°10′~13°20′정도를 차지한다.

인도 점성술인 Jyodish가 중국으로 넘어가서 "숙요"가 된다. 그리고 27개의 Nashatra 명칭이 한국으로 넘어와서 천상분야 열차지도로 만들어진다. Christian Astrology는 점성술은 네이티브가 출생할 때 네이티비티 출생차트 12하우스에 위치한 플래닛들을 조합하여 네이티브의 인생을 조망하지만 Jyodish는 이미 큰 틀이 짜여져 있다. 인간이 출생하면서 정해져 있는 모든 운명을 기록해 놓았다. 그래서 이미 짜여진 틀을 찾아 들어가 차트를 해석하는 것이다.

Naksatra는 ☽데칸 기법(Luna decan) 즉 한 하우스를 10°씩 쪼개어 3등분한 것인데 ☽가 있는 위치를 기준으로 하여 차트의 의미가 각각 달라지는 것을 묘사했다. Naksatra에는 인간의 출생에서부터 성향, 직업, 건강, 삶의 흐름 등 인생의 모습들이 모두 기록되어 있다. 그러한 큰 틀의 하늘을 27개로 쪼개어 놓았다. 그리고 각각의 Naksatra는 다시 더 세부적으로 쪼개어 진다. 각각의 naksatra는 3~4개로 쪼개어 지는데 이것을 Pada라고 한다.

그러므로 인도 점성술 Jyodish에서는 인간의 출생에서 각자에게 주어진 Naksatra를 찾아야 한다. Zodiac은 27개의 Naksatra로 나뉘는데 ☽는 대략 하루에 하나의 Naksatra를 통과하는데 이 ☽의 위치에 의하여 자신의 Naksatra를 찾는데 이것을 Janma Naksatra라고 한다. Janma Naksatra에 의해 인간은 자신의 Naksatra가 무엇인지 앎으로 인하여 자신의 삶의 모습을 미리 조망하여 볼 수 있다.

인도에서는 카르마라는 말을 자주 사용한다. 인도 점성술 Jyodish에서는 카르마의 의미를 인간의 삶에 반영하여 해석을 시도한다. Dasa는 '성인 또는 신성을 지닌 사람'이라는 뜻인데 이것은 Christian Astrology에서 Pirdaria와 같은 역할하며 인간이 출생하면서 카르마에 의하여 삶이 어떻게 흘러 갈 것인지 운의 흐름을 보여준다. 이것이 ☉을 중심으로 발전한 서양 점성학과 ☽를 중심으로 발전한 동양 점성학의 차이점인 것이다. 그래서 서양은 양이고 밝고 활달하며 동양은 음이고 정적인 분위기가 강하게 흐르는 것이다.

Tropical과 Sidreal의 차이

　　Tropical은 지구의 세차운동을 고려하지 않고 차트를 보는 것이고, Sidreal은 지구의 세차운동을 고려하여 차트를 보는 것이다. 우리가 공부하는 Christian Astrology는 Sign들을 좌표로만 사용한다. 또한 픽스트 스타들이 있는 좌표로만 사용한다. 실제로 Sign자체는 중요하지 않다. 그러나 Sidreal은 실제로 존재하는 Sign자체를 사용하기 때문에 중요하다. Sidreal은 실제로 천문학적으로 관찰했을 때 나타나는 별자리이다. 그러나 Tropical은 천문학적으로 관측이 안 된다. 다시 말하면 Tropical과 Sidreal은 세차운동을 고려하느냐 안하느냐의 차이기 때문에 약 30°정도의 오차가 생긴다.

　　Christian Astrology는 2천 년 전에 천문학적으로 관측되었던 별자리이기 Tropical을 사용한다. Sidreal기법으로 차트를 바꾸면 ☽의 위치가 달라진다. 30°의 오차가 나기 때문에 Sign 한 개가 넘어가 버린다. 거의 24°~27°의 오차가 생긴다. 왜냐하면 하늘의 별자리가 정확하게 30°씩 끊어지는 것이 아니기 때문이다. 그래서 Tropical과 Sidreal의 간격 차이를 Ayanansa라고 한다. 이것은 자신의 Naksatra를 찾는데 제일 중요하다. Solar Fire 프로그램에 네이티브의 생년, 월, 일, 시, 분을 입력하고 메뉴에서 Sidreal을 클릭하면 Tropical Chart에서 실제 존재하는 Sign인 Sidreal Chart로 바꾼다. 그렇게 해서 출력된 ☽의 위치를 파악하고 분석하여 본인의 Naksatra를 찾는다. 이것이 Naksatra를 읽는 가장 올바른 방법이다.

아래의 이미지는 솔라 파이어 프로그램에서 실제 존재하는 별자리인 Sidreal 차트로 변환하는 과정을 보여준다.

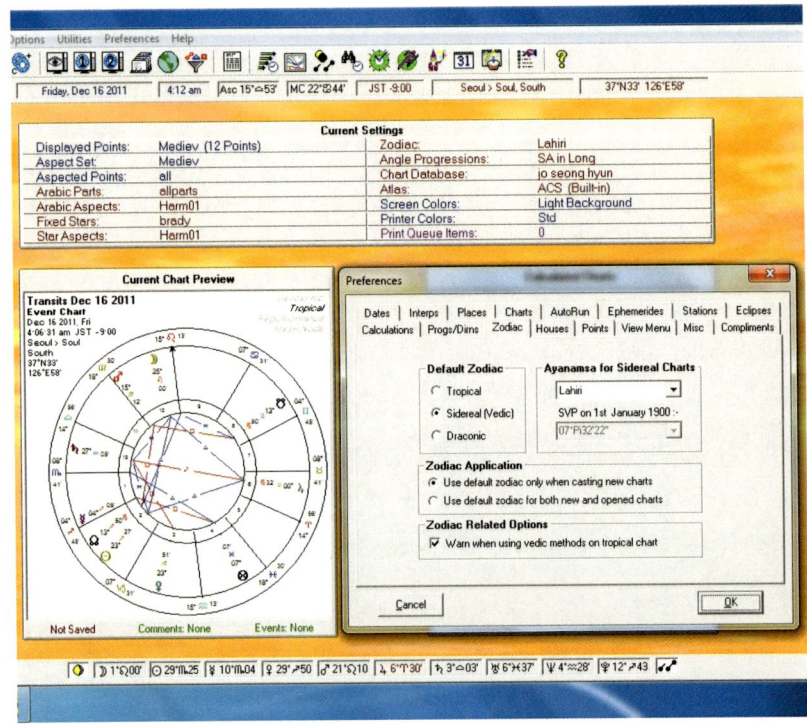

Tropical Chart와 Sidreal Chart에서의 ☽의 위치

다음의 차트는 케플러 프로그램을 통해서 Christian Astrology 고전 점성학 방식인 트로피칼로 출력한 차트이다. ☽의 위치가 사인 ♍ 23°에 위치하고 있다.

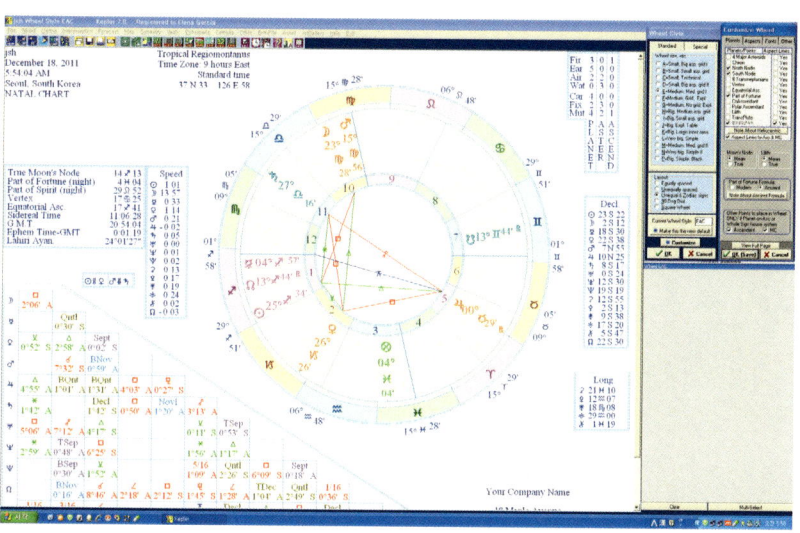

다음의 차트는 베딕 점성학에서 사용하고 있는 사이드리얼 방식으로 출력한 차트이다. ☽의 위치가 사인 ♌ 29°에 위치하고 있으며 트로피칼 방식과 비교하여 약 24°의 오차가 생기는 것을 알 수 있다. 평균 약 30°가 앞 당겨진다.

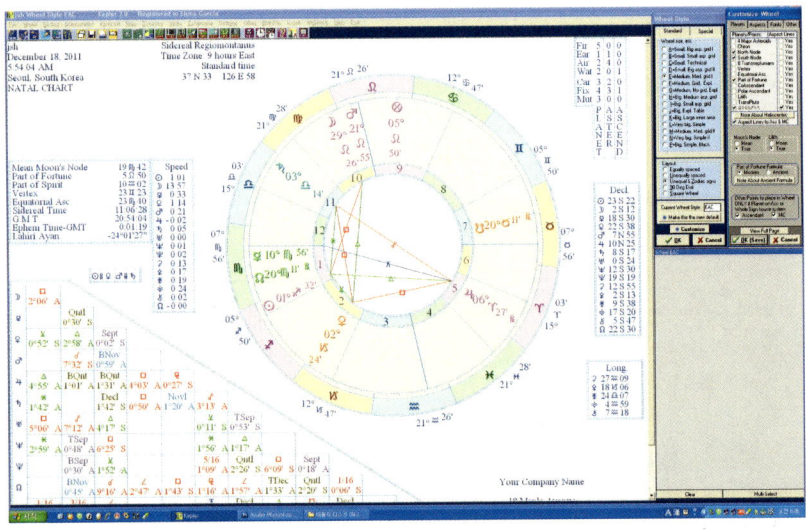

Naksatra와 대표하는 Planets

번호	Naksatra	Planets
1	아쉬니 Aswini	베타 에어리즈 (Beta Arietis)
2	바라니 Bharani 35	에어리즈 35 Arietis
3	크리티카 Kritika	에타 토러스 Eta Tauri
4	로히니 Rohini	알데바란 Aldebaran
5	므리가쉬라 Mrigasira	람다오리온 Lambda Orionis
6	아리드라 Aridra	알파 오리온 Alpha Orionis
7	푸르나바수 Punarvasu	베타 제미니 Beta Geminorium
8	푸쉬야미 Pushyami	델타 켄서 Delta Cancri
9	아쉬레샤 Ashre놈	알파 히드라 Alpha Hydroe
10	마가 Magha	레굴루스 Regulus
11	푸르바 팔구니 Purva Phalguni	델타 레오니스 Delta Leonis

번호	Naksatra	Planets
12	웃타라 팔구니 Uttara Phalguni	베타 레오니스 Beta Leonis
13	하스타 Hasta	델타 코르비 Delta Corvi
14	키트라 Chitra	스피카 버진 비너스 Spica Virginis Vegus
15	스와티 Swati	악투루스 Arcturus
16	비샤카 Vishakha	알파 리브라 Alpha Libroe
17	아누라다 Anuradha	델타 스콜피오 Delta Scorpio
18	지에쉬타 Jyehsta	안타레스 Antares
19	물라 Moola	람다 스콜피오 Lambda Scorpio
20	푸르바 아샤다 Purv Ashadha	델타 새지태리 Delta Sagittari
21	웃타라 아샤다 Uttar Ashadha	시그마 새지태리 Sigma Sagittari
22	쉬라바나 Shravana	알파 아쿠아 Alpha Aquiloe
23	다니스타 Dhanshita	베타 돌핀 Beta Delphinum
24	사타비사 Satabisha	람다 아쿠아 Lambda Aquarius
25	푸르바 바드라파다 Purva Bhdrapada	알파 페가시 Alpha Pegasi
26	웃타라 바드라파다 Uttara Bhadrapada	감마 페가시 Gamma Pegasi
27	레바티 Revati	제타 파이시즈 Zeta Piscum

Naksatra

번호	Naksatra	뜻	Ruler	위치	상징	신성
1	아쉬니	말, 여신	☋	♈ 0° ~13° 19′	말, 머리	아쉬니 쿠마르스
2	바라니	나르는 자	♀	♈ 13° 20′ ~26° 39′	여성의 질	야마
3	크리티카	재단사	☉	♈ 26° ′ ~♉ 9° 9′	면도날	아그니
4	로히니	붉은	☽	♉ 10° ~♉ 23° 19′	전차	브라마
5	므리가쉬라	사슴의 머리	♂	♉ 23° 20′ ~♊ 6° 39′	사슴 머리	달(moon)
6	아리드라	축축한	☊	♊ 6° 40′ ~♊ 19° 59′	머리	루드라
7	푸르나바수	번영	♃	♊ 20° ~♋ 3° 19′	활	아다티
8	푸쉬야미	꽃	♄	♋ 3° 20′~ ♋ 16° 39′	꽃	브리하스파티
9	아쉬레샤	포옹	☿	♋ 16° 40′ ~♋ 29° 59′	뱀	사르파스
10	마가	강력	☋	♌ 0° ~13° 39′	팔라퀸	피트리스
11	푸르바팔구니	앞의 붉은 자	♀	♌ 13° 40′ ~26° 39′	부부의 앞발	바가
12	웃타라팔구니	뒤의 붉은 자	☉	♌ 26° 40′ ~♍ 9° 59′	부부의 뒷발	아리아만
13	하스타	손	☽	♍ 10° ~23° 19′	손	사비트라
14	키트라	빛나는	♂	♍ 23° 20′ ~♎ 6° 39′	진주	티야쉬트리

Naksatra 439

번호	Naksatra	뜻	Ruler	위치				상징	신성
15	스와티	독립	♎	♎ 6°	40′	~19°	59′	싹트는 밀	바유
16	비샤카	갈라진	♃	♎ 20°		~♏ 3°	19′	승리의 아치	인드라그니
17	아누라다	라다를 따르는	♄	♏ 3°	20′	~16°	39′	로터스	미트라
18	지에쉬타	연장자	☿	♏ 16°	40′	~29°	59′	우산	인드라
19	물라	뿌리	☋	♐ 0°		~13°	19′	웅크린 사자	니리티
20	푸르바샤다	이전 승리자	♀	♐ 13°	20′	~26°	39′	부채	아파
21	웃타라샤다	나중 승리자	☉	♐ 26°	40′	~♑ 9°	59′	코끼리 엄니	비쉬야
22	쉬라바나	귀	☽	♑ 10°		~23°	19′	화살	비쉬누
23	다니스타	풍부	☊	♑ 23°	20′	~♒ 6°	38′	피리	바수누
24	사타비샤	의사	☋	♒ 6°	40′	~19°	59′	빈원	바루나
25	푸르바바드라파다	선한 앞발	♃	♒ 20°		~♓ 3°	19′	죽음의 앞발	아이아이카피다
26	웃타라바드라파다	선한 뒷발	♄	♓ 3°	20′	~16°	19′	죽음의 뒷발	아히르브드니아
27	레바티	부유	☿	♓ 16°	40′	~29°	59′	북	푸산

자신의 Naksatra를 찾는 방법

☽의 위치로 자신의 Naksatra를 찾는다. 아래의 테이블에서 자신의 Naksatra를 찾을 때 주의할 점은 자신의 Nakstra를 찾은 다음에는 앞 뒤에 있는 Naksatra를 함께 참고하여 자신의 인생에서 중심이 되는 쪽으로 적절하게 종합하여 분석하고 판단을 하여야 자신의 Naksatra 결과를 올바로 볼 수 있다.

Naksatra는 자신이 태어난 년도는 생략하고 자신의 음력 생일을 기준으로 찾는다. 예를 들어 음력 2월 12일 출생이라 하면 가로로 기록된 2월을 찾은 다음 세로로 기록된 날짜를 찾아 내려가면서 12일 날짜에 해당하는 숫자 8을 찾으면 '아쉬레샤'가 자신의 Naksatra가 되는 것이다. 이렇게 자신의 낙사트라를 찾으면 앞의 7번 '푸시아' 뒤의 9번 '마가' 낙사트라를 종합하여 자신의 낙사트라를 분석한다.

Naksatra는 자신의 인생에서 구체적으로 언제 무슨 일이 일어날 지 보다는 내 인생의 현실적 목적, 영적인 목적 등이 무엇인지 자신의 인생의 목적을 찾아 고민하는 사람들에게 인생의 큰 흐름에 관하여 조망하여 볼 수 있는 기회를 제공해 줄 것이다. Naksatra는 크리스천 아스트랄러지처럼 네이티브의 출생전반에 걸쳐서 자세하고 세밀하게 접근해가지는 못하지만 인생의 큰 틀을 잡고 흐름을 볼 수 있는 기회를 제공해 줄 것이다.

일 \ 월	1	2	3	4	5	6	7	8	9	10	11	12
1	22	24	26	1	3	5	8	11	13	15	18	20
2	23	25	27	2	4	6	9	12	14	16	19	21
3	24	26	1	3	5	7	10	13	15	17	20	22
4	25	27	2	4	6	8	11	14	16	18	21	23
5	26	1	3	5	7	9	11	15	17	19	22	24
6	27	2	4	6	8	10	13	16	18	20	23	25
7	1	3	5	7	9	11	14	17	19	21	24	26
8	2	4	6	8	10	12	15	18	20	22	25	27
9	3	5	7	9	11	13	16	19	21	23	26	1
10	4	6	8	10	12	14	17	20	22	24	27	2
11	5	7	9	11	13	15	18	21	23	25	1	3
12	6	8	10	12	14	16	19	22	24	26	2	4
13	7	9	11	13	15	17	20	23	25	27	3	5
14	8	10	12	14	16	18	21	24	26	1	4	6
15	9	11	13	15	17	19	22	25	27	2	5	7
16	10	12	14	16	18	20	23	26	1	3	6	8
17	11	13	15	17	19	21	24	27	2	4	7	9
18	12	14	16	18	20	22	25	1	3	5	8	10
19	13	15	17	19	21	23	26	2	4	6	9	11
20	14	16	18	20	22	24	27	3	5	7	10	12
21	15	17	19	21	23	25	1	4	6	8	11	13
22	16	18	20	22	24	26	2	5	7	9	12	14
23	17	19	21	23	25	27	3	6	8	10	13	15
24	18	20	22	24	26	1	4	7	9	11	14	16
25	19	21	23	25	27	2	5	8	10	12	15	17
26	20	22	24	26	1	3	6	9	11	13	16	18
27	21	23	25	27	2	4	7	10	12	14	17	19
28	22	24	26	1	3	5	8	11	13	15	18	20
29	23	25	27	2	4	6	9	12	14	16	19	21
30	24	26	1	3	5	7	10	13	15	17	20	22

27개의 Naksatra 해석

1. 아쉬니(Ashwini)

- 뜻: 말탄 사람(Horseman)
- 신성: 아쉬니스(Ashwinis)

당신의 고결한 성품은 사람들에게 신뢰와 믿음을 주며 고요하고 조용한 성격의 외모는 사람들을 끌어 모으는 매력을 지녔다. 이러한 매력은 사람들을 위로하고 용기를 주며 삶의 의지에 동기부여를 하는 안내자로서의 역할을 충실히 실행할 수 있는 훌륭한 인품의 소유자이다. 그리도 당신은 머리가 좋고 배움을 남들보다 빨리 익히고 행동하는 면에 있어서 남들보다 빠른 편이다. 그러나 어떤 일을 시작함에 있어 시작은 있으나 끝마무리를 하기 어려운 경우가 많다. 아쉬나 낙사트라를 뽑은 사실에서 알 수 있듯이 당신은 주로 오토바이나 자동차 등 주로 탈 것을 통해 이동하는 것이 삶에서 주를 이루게 된다.

당신은 원하는 것을 얻기 위해 빠르게 움직이는 것에 자신의 능력을 발휘하게 되는데 사람들은 이러한 당신의 능력에 존경과 부러움을 표하게 될 것이다.

아쉬나 낙사트라에서 알맞은 당신의 직업은 탈 것이라는 도구를 통하여 항상 끊임없이 이동하면서 분주히 움직이는 삶을 사는 모습이기에 '건축이나 인테리어, 항공기 조종사나 운전기사 레이싱기사, 택배기사, 승마, 스포츠, 의학 등이다.

  당신은 문학이나 음악과 같은 예술적인 분야에도 소질을 보이며 많은 관심을 가지고 있다. 그러나 30세 까지는 많은 어려움과 곤란함에 처하게 될 것이다. 그러나 30세 이후부터는 조금씩 꾸준히 성장하여 55세까지 지속적인 성장과 삶의 안정을 누리게 될 것이다.

2. 바라니(Bharani)

- 뜻: 나르는 자(The Bearer)
- 신성: 야마(Yama)

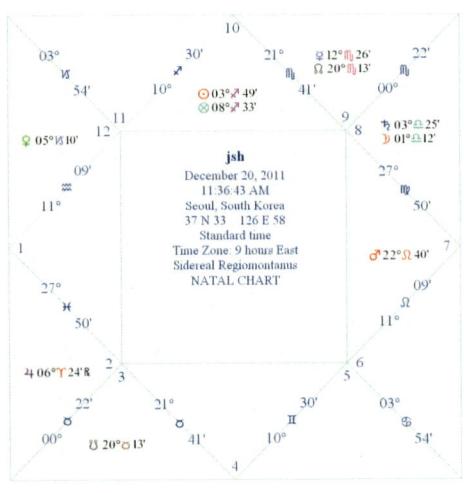

  당신은 매우 지적이며 마음의 움직임이 매우 민감하여 즉흥적인 위트와 유머로써 사람들의 마음을 즐겁게 해주는 융통성을 지닌 낙천적인 성격의 소유자이다. 당신은 즐겁고 낙천적인 삶을 사는 사람으로서 긴 인생의 삶의 축복을 타고 났다.

  당신의 낙샤트라의 의미는 '나르는 자'의 뜻을 지녔다. 이것은 당신이 인생에서 어떤 짐을 지고 있다는 뜻이다. 그러므로 자신의 일을 함에 있어 책임의 무게로 인하여 때로는 다른 사람에 대하여 이기적인 모습을 보일 수도 있다. 이러한 당신의 모습은 통제를 받거나 구속을 받거나 함부로 다루어지는 것을 매우 싫어할 수 있다.

당신은 지적인 면과 기민한 마음 등 순간적인 위트 등의 재능을 살려 창조적이고 특별한 예술 활동을 할 때 즉 그림을 그리는 화가로서 또는 사진작가로서 또는 페인팅과 관련된 예술 활동을 할 때 당신이 가진 창조적인 능력을 충분히 발휘할 수 있다.

당신에게 있어 가장 알맞은 직업은 군인, 경찰, 검사, 변호사, 건축가, 의학 분야이다.

당신은 어떤 면에서 이기적인 마음 때문에 연애문제와 관련하여 상대방을 오해할 수 있는 경우가 자주 발생할 수 있다. 이것은 자신의 강한 책임감에서 비롯된 상대방에 대한 맹목적인 감정일 수 있다. 자신이 모든 것을 책임져야 한다는 강박관념에서 비롯된 것일 수 있기 때문에 마음에 여유를 가지고 상대방에 대한 배려하는 마음이 좀 더 필요할 수 있다.

당신은 33세 이후에 긍정적인 삶의 변화가 일어날 것이며 당신이 태어난 곳으로부터 동쪽으로부터 삶의 발전을 위한 기회를 얻게 될 수 있을 것이다.

당신은 건강문제에 있어 비만이나 콜레스테롤, 피부질환 같은 문제가 발생할 수 있을 것이다. 그러므로 기름기가 많은 음식이나 튀김, 콜레스테롤이 많이 들어간 음식은 삼가야 할 것이다.

3. 크리티카(Kritika)

- 뜻: 재단사(The Cutter)
- 신성: 아그니(Agni)

당신은 다른 사람들이 쉽게 가지 않는 분야에서 얻어지는 성공과 명예를 이끌어내는 탁월한 능력을 지녔다. 당신은 자신의 삶에서 철옹성과 같은 인맥이나 방패 막을 구축하고 다른 사람들을 통제하고 지휘하는데 탁월한 능력을 발휘한다. 그렇게 때문에 때로는 지나치게 모든 것을 소유하고자 하는 소유욕이 강해질 수 있는 데 이것이 다른 사람들에게는 탐욕스러운 욕심으로 비춰 질 수 있는 것이다. 이러한 당신의 성향은 기대 이상으로 좋은 사회적 성공과 많은 물질적 소유를 얻도록 해준다. 당신은 다른 사람을 지휘하고 통제하는 지도자적 자질과 능력은 문제의 중심에서 정면 돌파하는 공격적 성향을 통하여 발휘된다. 그러나 정면 돌파하는 공격적 성향은 문제의 핵심을 제대로 이해하는 데 부족할 수 있으면 때로는 잘못된 판단을 내릴 수 도 있다.

크리티카(Kritika) 낙사트라에서 출생한 사람은 마음이 평화로운 성향을 지니게 된다. 그러나 때로는 감정의 기복이 심한 편이 있어 복받치는 감정을 조절하지 못해 매우 위험에 처하게 될 때가 있다.

당신은 정면 돌파와 같은 단호한 결심 등의 능력은 어떤 것을 선택하거나 결심을 하고 자르는데 탁월한 능력을 발휘한다. 그러므로 목수나 조각가, 금속공예 등과 관련된 일에서 익숙할 수 있다.

당신에게 잘 맞는 직업은 법을 다루는 분야 법관, 변호사, 법무사, 군사 분야, 의학 분야, 인테리어 디자인, 비즈니스 등이다.

당신은 고향에서 어떤 일을 하고자 한다면 환영받지 못하거나 그 뜻을 크게 펼칠 수 없을 것이다. 그러므로 타향으로 나가거나 외국을 진출할 수 있는 기회가 있다면 그러한 기회를 잘 활용하는 것이 자신의 성공을 위한 선택일 수 있다.

4. 로히니(Rohini)

- 뜻: 붉은자(The red One)
- 신성: 프라자파티(Prajapati)

당신은 중후하지는 않으나 부드러운 말씨를 사용하며 우아하고 신사적이며 정직과 충성심을 중요하게 여기는 사람이다. 당신은 매우 지적이며 부드러운 말씨는 우수한 설득력을 지니고 있다. 이러한 능력은 다른 사람들의 마음을 움직이는 능력으로 나타난다. 당신은 타인에게 목적을 달성할 수 있도록 동기 부여와 설득력을 발휘하는데 탁월한 능력을 발휘한다. 그러나 종종 가정에서는 문제의 본질을 잘 못 파악함으로 인하여 불필요한 문제가 발생하고 불화가 생길 수 있음을 경계해야 한다.

당신에게 잘 맞는 직업은 토목기사, 건축가, 조경, 화학기사, 폐기물 처리기사, 화학, 엔지니어, 비즈니스 등 경제와 관련된 분야의 일도 당신을 잘 할 수 있는 능력을 갖추고 있다.

당신은 매우 이지적이며 우수한 설득력을 지니고 있는 탁월한 능력의 소유자로서 끊임없는 지식을 추구하는 데 남다른 욕심이 있다.

당신의 연애와 결혼생활은 축복받은 삶이며 인생의 평온함이 유지될 것이다. 그러나 많은 두뇌활동의 스트레스로 인한 스트레스와 신경질환 등은 당신의 건강상의 문제를 일으키게 될 것이다. 이때 영적인 활동과 종교적인 신앙생활이 마음의 안정과 평화를 찾아 줄 수 있을 것이다.

당신은 18세부터 36세까지 삶에서 어떤 시험을 거치는 시간을 갖게 될 것이다. 그리고 38세부터 50세까지 그리고 65세부터 75세까지 인생의 전성기를 맞이하게 된다.

5. 므리가쉬라(Mrigashira)

- 뜻: 사슴의 머리 Deer's head
- 신성: 소마(Soma)

당신은 기본적으로 생기발랄하며 매우 창조적이고 완성된 기예나 예능에 관심을 기울이며 공개적으로 노래하고 말하는 것을 좋아하므로 대중의 인기를 얻을 수 있을 것이다. 당신은 예리한 지력과 많은 호기심 그리고 매우 좋은 감각을 타고났다. 그리하여 당신은 매우 고귀하고 자신의 외모에 상당한 집착을 보인다. 비록 당신은 가정생활을 평화롭고 조화롭게 유지하는데 서툴지만 낭만적인 당신의 성향은 좋은 연인을 만들 수 있을 것이다.

당신은 대중적 인기를 얻을 수 있는 발랄한 성격으로 인하여 보다 과장된 행동을 보일 수 있다. 그러한 행동은 지나친 흥분과 신경질적인 경향으로 자신을 이끌고 가므로 다른 사람들로부터 비판과 비난을 받을 수 있다. 그리고 이러한 행동들로 인하여 다른 사람들로부터 소외될 수 있음을 알아야 한다.

당신의 마음의 빚을 청산하고 운의 흐름을 좋게 해주고 창조적인 역량을 발휘할 수 있도록 해주는 직업으로는 대화를 통해 할 수 있는 모든 커뮤니케이션관련 직업, 환경관련 직업, 배우, 광고, 여행, 영업, 스포츠 등이다. 당신의 삶은 32세를 전후하여 점진적으로 좋아질 것이다. 35세부터 50세 사이에 매우 만족스러운 활동기간이 찾아올 것이다. 이 기간 동안에 당신은 기대하지 않은 행운과 이득을 얻게 될 것이다.

당신의 건강은 삶을 살아가는 동안 사소한 질병들로부터 시달림을 받게 될 것이다.

6. 아리드라(Aridra)

- 뜻: 축축함(Moist or Perspiring)
- 신성: 루드라(Rudra)

당신은 건강에 집착하며 남들 앞에서 잘생겨 보이고 싶어 하는 욕망이 강하므로 정력과 육체적인 만족을 추구하는 경향이 강하다. 당신은 지적인 삶이나 정신적인 성장을 위해 노력하기보다는 육체적인 만족과 활동에 더 신경을 쓰므로 쉽게 마음이 비뚤어 질 수 있고 빠르게 변화해가는 세상에서 적응하는 능력이 뒤쳐질 수 있다.

육체적인 만족과 정력을 추구하는 당신은 너무 완고하며 고집이 세고 남들로부터 쉽게 설득당하지 않는다. 융통성이 없다는 말을 자주 듣게 될 것이다. 이것이 다른 사람에게 고통을 줄 수 있으므로 인해 그들에게 협박을 받는 일도 생길 수 있다.

아리드라(Aridra)낙사트라에서 추생한 사람은 동물이 복종하는 힘이나 자연의 힘이 자연스럽게 주어질 것이다.

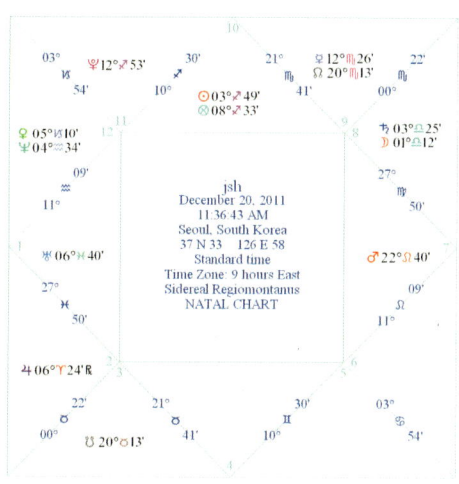

당신에게 알맞은 직업은 교도관, 무기나 쇠를 다루는 직업, 육체적 노동력을 사용하는 직업, 법 집행자, 운동과 몸을 쓰는 일 등이다. 당신은 가족과 연인사이에서 사람들을 통제하고 강제적으로 강요함으로써 만족을 느낀다. 지적인 부분과 정신적 성장이 많이 부족함으로 진실된 사랑과 남을 존중하고 배려하는 마음이 부족하여 오히려 자신에게 반항한다는 느낌이 들면 바로 제거하려 한다. 이러한 당신의 행동이 사랑하는 사람들과 주변사람들에게 고통을 주게 된다는 것을 알아야 한다.

당신은 일반적으로 32세부터 42세까지 인생의 황금기를 맞이하게 된다. 자신에게 있어 외국으로 진출하는 것이 인생에서 유리하며 항해나 무역, 경제브로커, 서점 등을 하면 자신의 카르마를 정화할 수 있는 좋은 기회가 될 것이다.

당신의 건강은 심장질환, 중풍으로 인한 마비증상, 스트레스에 의한 질병 등을 조심하여야 한다.

7. 푸르나바수(Purnavasu)

- 뜻: 다시온 좋은 것(Good Again)
- 신성: 아디타(Adita)

당신은 매우 단순하고 심플한 면이 매력적이며 밝고 열의에 찬 사람이다. 당신은 물질적인 것보다는 정신적인 것을 추구하는 사람이며 푸르나바수 낙사트라에서 출생한 사람은 종교적인 그리고 영적인 직업이 가장 잘 어울린다. 당신은 정신적인 성장과 영적인 추구를 위해 최소한의 물질만을 추구한다.

당신의 이러한 성향은 종교적이거나 정신적인 분야에서의 직업을 갖는 것이 좋다. 비록 종교적인 생활과는 관련이 없더라도 영적인 성장에 도움이 될 수 있는 직업을 갖는 다면 더 없이 좋을 것이다. 집필이나 문학활동, 여행가나 대체의학 또는 동양의학에 관심을 기울이면 좋을 것이다.

푸르나바수 낙사트라에서 출생한 사람은 연애나 결혼생활에 좀처럼 인연이 없다. 그러나 한 때나마 만족스러운 연애나 결혼생활을 할 수 있을 것이다. 당신은 신에 대한 뿌리 깊은 믿음과 높은 도덕심으로 인해 가족의 안전과 자신이 안전에 많은 관심을 기울인다.

당신의 삶은 32세까지 주된 직업을 갖지 못하며 별로 인생에서 좋은 시기는 아디다. 이시기에 영적인 성장에 노력한다면 가치 있는 시간을 보내게 될 것이다. 32세 이후에 당신의 삶은 점진적으로 나아지며 공적으로 드러나게 될 것이다.

당신의 건강은 음식에 의한 질병과 호흡기에 의한 질병에 주의하여야 하며 다이어트에 주의를 집중해야 한다.

8. 푸시야미(Pushyami)

- 뜻: 양육 Nourishing
- 신성: 브리하스파티(Brihaspati)

푸시야미는 낙사트라 중에서 최고의 낙사트라이다. 당신은 이지적이며 영적이고 사람들과의 대화에서 부드러운 말솜씨는 상대방을 편안하게 해 준다. 당신은 남을 돕고 대가를 바라지 않으며 자기 자신 스스로를 믿는다. 당신은 지적활동이 왕성하며 그로인하여 정치적인 활동영역까지 넓혀갈 수 있으며 확고한 신념의 소유자이다. 반면에 당신의 풍부한 학식과 지적 능력과 정치적 능력을 이용하려는 자들을 조심해야 한다. 언제나 항상 당신은 공평한 사람이며 올곧은 행동은 타인의 모범이 된다. 당신은 사회운동가, 약사, 건강관리와 관련된 일이 잘 맞는다.

당신의 지적이고 영적인 재능은 당신에게 폭넓은 행복을 가져다 줄 것이며 사람들의 영적인 감흥을 이끌어내는 직업인 코미디나. 파티기획, 이벤트 기획에 잘 맞을 것이다. 당신은 가정보다는 사회적인 활동과 정치적인 일에 우선순위를 둘 것이며 이것은 보이지 않는 가정에서의 트러블이 될 것이다. 그러므로 사랑하는 사람들과 또는 가정과 사회활동으로 인한 사람들과의 만남에 균형잡힌 사고와 판단이 필요하다.

당신은 15~16세까지 상대적으로 가난하지만 그 이후 32세까지 좋고 나쁨이 인생에서 반복되면서 점진적인 삶의 진전을 보이다가. 33세부터는 탄탄대로의 인생이 시작 될 것이다.

당신의 건강은 결석이나 위장 장애, 피부질환 등이 생길 수 있으므로 물을 많이 마셔야하고 음식은 짜지 않게 먹어야 할 것이다.

9. 아쉬레샤(Asheresha)

* 뜻: 얽힌 자(The entwiner)
* 신성: 사르파스(Sarpas)

　당신은 생각이 많고 기민하게 움직이며 기략이 풍부하고 영리하다. 당신은 특유의 융통성을 발휘하여 새로운 환경과 상황에 자신을 적응시키는 능력이 뛰어나다. 당신은 생각이 많음에 따라 다양한 것에 흥미를 느끼므로 직업을 자주 옮기게 된다. 아쉬레샤 낙샤트라에서 태어난 사람은 지휘자로서의 능력을 타고나며 때로는 다른 사람들의 눈에 흉포하게 보일 수 있으나 우수한 커뮤니케이션 능력으로 때로는 좋은 웅변가로서 이를 커버한다.
　당신은 지나친 욕심과 망상으로 인하여 상실의 아픔을 경험할 수도 있다. 그러므로 자신의 내면의 목소리에 귀를 기울이고 타인의 목소리를 경청할 필요가 있다.
　군중속에 고독이란 말이 있다. 당신은 다른 사람들과 그룹으로 일할 때 매우 비밀스러움을 간직하며 이러한 자신의 행동이 다른 사람들로부터 소외된 것 같은 느낌이 들기도 한다. 그러나 일단 자신이 리더가 되면 진취적인 모습으로 달라진다. 당신은 직업에 관하여 많은 다양성을 필요로 하며 여러 기회에 대하여 가능성을 열어두어야 한다. 당신의 삶은 정치, 외교, 배우, 연출, 사회운동, 문필, 기자, 교육 등에서 다양하게 활용될 수 있다.
　당신의 가정생활은 조화를 이루며 당신은 당신의 아내나 연인을 자신의 삶의 중심에 서게 하는데서 기쁨을 느낀다.

당신은 사회생활을 함에 있어 누군가로부터 발탁되어 빠르게 인생의 출세를 향해 달려갈 것이다. 그러나 35~36에 많은 돈을 잃고 인생의 쓰라린 맛을 경험하게 될 것이다. 그러나 40세가 되면 당신의 인생에서 황금기를 맞이하게 되며 아직 40세가 되지 않았다면 기다림이 필요하고 나이가 어느 정도 들었다면 현실에 눈을 떠야 한다. 당신의 삶은 재물과 직접적인 관련이 없으므로 비록 유산을 상속받았다고 할지라도 명에나 타인의 조력에 의한 협력이나 번영을 기대하는 것이 좋을 것이다.

당신의 건강은 관절의 고통과 몸의 불쾌함, 그리고 신경질적인 부조화, 사고 등에 대비하여야 할 것이다.

10. 마가(Magha)

- 뜻: 강력한 자(The Mighty One)
- 신성: 피트리스(Pitris)

당신은 매우 진실하고 정직하며 삶을 대하는 자세는 긍정적이고 균형 잡힌 시각을 유지하여 애쓰지만 어떠한 한 가지 일에 몰두하기 시작하면 무서울 정도로 강한 집념을 보인다. 당신은 다양한 사건이나 이슈에 호기심을 가지며 사람들의 리더가 되려고 한다. 당신은 타인을 존중하며 그러한 당신의 태도는 타인으로 하여금 당신을 따르게 한다. 당신은 리더가 되고자 하는 경향과 기질이 강해서 다른 사람의 말과 통제에 잘 따르지 않으려는 경향이 있다. 당신은 매우 진실하고 정직하지만 당신의 어떤 이기적인 태도는 다른 사람들과의 관계를 소원하게 만들 수 있다.

마가 낙사트라를 가지고 태어난 사람은 진실함과 정직함으로 사회에서 생활하는데 이상적으로 작용하며 자신을 높은 지위로 올려놓는데 역할을 할 것이다. 당신은 여러 면에서 유능한 잠재력을 가지고 태어났으므로 다

방면에서 이름을 날릴 것이다. 당신은 비즈니스나 공적인 일에서 어떤 문제를 해결하는 탁월한 능력을 지녔으며 재물을 모으는 자질도 지녔으나 쉽게 모은 재물은 쉽게 허비한다. 당신은 기획가이며 조직가이고 항상 리더로서 지휘자의 자리에서 능력을 발휘한다. 사회적으로는 사람들을 이끌고 부리며 재물을 축적하며 성공을 이루게 된다.

당신은 연애생활이나 결혼생활에서 조화로운 삶을 한 번쯤은 경험하게 되지만 그들에게 많은 것을 요구할 때 가족과의 불화에 직면하게 될 수 있다.

35세를 전후하여 조심하면 그 이후에는 괜찮은 삶이 주어진다.

당신의 건강은 간질이나 천식, 암 등을 주의해야 하며 여성은 자궁질환에 신경 써야 한다.

11. 푸르바 팔구니(Purva Phalguni)

* 뜻: 무화과 나무(The Fig Tree)
* 신성: 바가(Bhaga)

당신은 친구를 쉽게 사귀며 사람들을 끌어오는 매력적인 능력을 지닌 사람이다. 당신은 빈틈없는 정직함을 추구하며 불법적인 활동을 감시하는 고급스럽고 위엄 있는 태도를 지니고 있다. 당신은 한 가지 목적을 향해 달려가면 흔들리지 않는 결단력을 가지고 있다. 이러한 당신의 행동은 다른 사람의 앞길을 막는 상처를 주는 행동이 될 수도 있음을 알아야 한다. 한 가지의 목적을 향해 맹목적으로 달려가다 보면 반드시 잊고 지나가는 것이 있기 마련이다. 그러므로 당신은 재정적인 부분에 신경을 많이 써야 한다. 그렇지 않으면 큰 빚을 질 수 있음을 명심해야 한다.

당신은 다른 사람들로부터 무시당하거나 상처를 받을 때 의기소침해

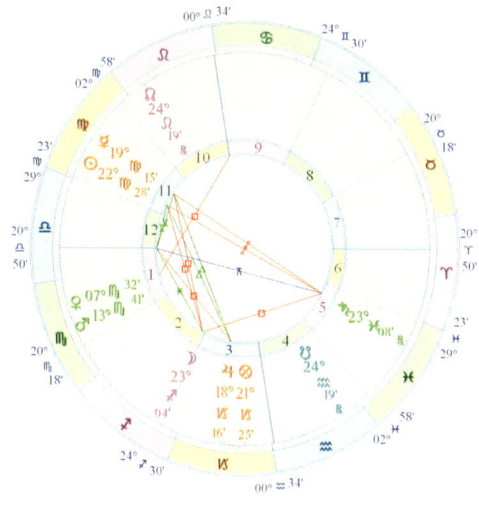

질 수 있다. 당신은 당신이 느끼는 것에 대해서 정직하고 합리적이고 조용히 논의하며 윤리적이고 도덕적인 가치를 지키기 위해 필요하면 법의 힘을 빌리기도 하는 현명한 선택을 하는 사람이다.

당신의 연애생활이나 결혼생활은 연이이나 아내로부터 지속적인 안정을 요구받음으로써 행복과 만족감을 얻게 된다.

당신은 22세, 27세, 30세, 32세, 37세, 44때 특별한 직업의 변화가 있게 될 것이며 45세 이후에는 안정된 삶을 영위하게 될 것이다.

마가 낙사트라에 출생한 사람은 천식이나 호흡기 질환, 치아, 복부의 합병증을 조심해야 한다.

12. 웃타라 팔구니(Uttara Phalguni)

- 뜻: 뒤의 붉은 자(The latter red One)
- 신성: 바가(Bhaga)

당신의 침착하고 고요하면 쉽게 동요하지 않는 마음은 사람들의 마음을 파고드는 매력이 있다. 그러나 말을 필요이상 많이 하게 되면 사람들로부터 신뢰와 인기를 잃어버린다. 당신은 비록 여러 방면으로 인기가 있고 융통성이 있지만 강한 윤리의식과 도덕심으로 무장되어 있다. 당신은 독립심이 강하여 독자적인 행동을 하기를 바라며 삶이 주는 문제들을 특유의 쾌활함으로 잘 이겨낸다. 그러나 인생에서 어느 정도는 삶이 주는 특별한 문제에 부딪히게 되고 그러한 문제로 인하여 골머리를 썩을 수 있음에 유의하여야 한다. 당신은 독립심이 강하여 독자적인 행동을 잘 할 수 있음으로 거만하고 헛된 망상을 경계하여야 하며 어떤 일을 함에 있어 자신에게 초점을 맞추면 곤란에 직면할 수 있으므로 주의하여야 한다. 그러므로 자신과 타인에게 더욱 관대한 배려가 필요하다. 당신은 일반적인 직장생활 보다는 사회사업이나 복지 관련사업 등 다른 사람들을 위해서 하는 일이 적성에 맞으며 남이 가지 않는 길을 가고자 할 때 큰 행운이 따를 것이다.

당신은 힘든 노동일을 잘 견뎌낼 수 있기 때문에 건설업이나 서비스업, 이벤트 기획, 광고기획, 광고디자인 등 새로운 것을 창작할 수 있는 곳에서 자신의 능력이 빛을 바라게 될 것이다. 그리고 공적 거래나 커미션을 챙기는 일, 중계수수료를 받는 일, 그리고 엔지니어 기술관련 분야나 수학분야에서 두각을 나타낼 수 있는 재능을 타고 났다.

당신은 다른 사람들에 비하여 쉽게 인연을 만나지 못할 것이다. 그로 인하여 과거가 있는 사람이나 그런 사람을 인연으로 맞이하게 되더라도 시간이 흐르면 당신의 결혼생활은 만족스럽게 흘러갈 것이다.

당신의 나이 32세까지는 완전한 어둠의 시기이다. 이후 38세까지 약간의 반짝 인생에서 빛이 비치다가 38세 이후에는 자신이 원하는 바를 빠르게 이루어 갈 것이다. 50세를 전후하여 명예와 부를 쌓는 행운이 따를 것이다.

웃타라 팔구미 낙사트라에서 출생한 사람은 치아, 위, 원인 없는 신체의 고통, 사고를 주의하여야 한다.

13. 하스타(Hasta)

- 뜻: 손(Hand)
- 신성: 사비트리(Savitri)

당신은 균형 잡힌 정신세계를 가지고 있지만 사람들에게 지속적인 호감을 주기에는 부족하다. 그러나 당신은 온화하고 합리적이며 다른 사람을 돕는 일에 앞장서며 그에 대한 어떠한 대가도 바라지 않는다. 당신은 손재주가 매우 뛰어나며 그러한 재능은 당신에게 명성과 안정을 가져다 준다. 당신은 근면 성실하며 긍정적인 삶의 자세는 일을 함에 있어 자신의 삶을 성공적으로 이끌어 준다. 당신은 매우 경쟁의식이 강하여 자신의 이익을 위해서라면 끝까지 성공을 추구한다. 당신의 장점은 다른 사람들의 필요에 민감하고 그들의 감각에 예민하게 작용한다는 것이다. 그러나 지나친 방임을 조심해야 한다.

하스타 낙사트라에 출생한 사람은 경영과 조직화에 능숙하며 창조적 여건이 구비되고 자신이 구하는 소원을 위하여 일할 때 우수한 결과를 낳는다.

당신의 연애생활이나 결혼생활은 만족스러울 수 있으나 노력이 요구된다.

30세까지는 가정과 사회 직업, 학업과 관련하여 예상치 않은 일들이 일어나게 된다. 30세부터 40세까지 인생의 황금기이며 가장 안정된 시기이다. 64세 이후에는 남들이 주목할 만한 부를 축적하게 된다.

당신의 건강은 호흡기 질환, 감기, 천식, 전염성 질환, 치아 등에서 문제가 발생할 수 있으며 건강에 대한 방심은 고혈압과 심장의 이상을 일으킬 수 있다.

14. 키트라(Khitra)

- 뜻: 빛나는(Brilliant)
- 신성: 트와스트리(Twastry)

당신은 옷을 잘 입고 외모를 잘 단장하므로 우아하고 고급스러우며 예술과 기예를 사랑하고 모든 아름다운 것들을 아낀다. 그렇기 때문에 이지적인 모습은 쉽게 군중들 속에서 눈에 띈다. 당신은 지식추구의 욕심이 매우 강하여 평생 지식 습득을 위해 노력한다. 그렇기 때문에 정치적이거나 사회문제에 매우 민감하게 반응하며 자신이 옳다고 여기는 것을 강력하게 힘으로 밀어 붙이는 경향이 있으며 때로는 공격적이기도 하다. 이런 모습은 자기 자신의 합리화에 빠질 우려가 있으므로 주의해야 한다.

당신에게 잘 맞는 직업은 교육, 지적인 욕구가 요구되는 일, 탐구, 조사, 비주얼 아트, 인테리어, 설계, 조경, 부동산 등

당신은 연애생활이나 결혼생활에서 민감하고 예민한 문제에 직면하여 어려움에 처할 수 있다.

32세까지 안정된 삶에 도달하지 못하거나 33세와 54세 사이에 인생의 황금기를 맞이하게 된다. 22세, 27세, 30세, 36세, 39세, 43세, 48세를 전후하여 눈에 띄는 안 좋은 일이 일어날 수 있으므로 조심하여야 하고 그런 일이 일어나더라도 지혜롭게 이겨내게 된다.

키트라 낙사트라에서 출생한 사람은 신장과 방광, 신경이상, 정신질환에 주의 해야 하며, 여성은 자궁질환에 주의해야 한다.

15. 스와티(Swati)

- 뜻: 무리를 인도하는 염소(The lead goat in a herd)

- 신성: 바유(Vayu)

당신은 예민하고 이지적인 사람으로 친절하고 타인의 걱정에 많은 관심을 가지고 도움을 주고자 노력하는 사람으로서 다른 사람의 문제에 종종 자신을 개입 시킨다. 이러한 삶의 자세는 다른 사람들을 이끌어가기에 충분하며 평화로운 좋은 성격의 당신은 다른 사람을 속이거나 타락한 행동을 하지 않는 다. 당신은 하나의 목적을 이루기 위해 멈추지 않고 끝까지 노력한다. 당신은 강한 정의로움을 지녔으면서도 조화를 이룰 수 있는 능력을 가지고 있고 아량이 넓어 배경이 다양한 사람들로부터 호감을 얻는다. 반면에 당신은 재정 관리에 소홀할 수 있으므로 재정에 신경을 써야 하며 그렇지 않으면 많을 빚을 질수도 있다.

스와티 낙사트라에서 출생한 사람은 사회사업을 하거나 종교와 관련된 사업을 하면 좋을 것이다. 당신에게 이상적인 일은 사회사업이나 복지사업과 관련된 일이다. 때로는 정치적인 조직력을 발휘하는 일에도 재능을 가지고 있다. 당신은 의약, 화학, 보석, 귀금속, 여행, 관광업, 숙박업 등과 관련하여 전문성을 갖추기도 한다.

당신은 사회사업에 관심이 많아 이러한 사업에 집중하다 보면 가정에서 불화를 초래할 수 있다. 그러므로 어느 정도 가정과 조화를 이룰 필요가 있다.

당신은 25세까지는 경제적, 정신적, 방황을 할 수 있다. 비록 부유한 가정에서 태어나고 자랐다고 할지라도 30세까지는 안정된 삶을 기대할 수 없을 것이다. 30세 이후부터 60세까지 인생의 황금기를 맞이하게 된다.

당신의 건강은 관절, 심장, 복부의 이상 등을 조심하여야 한다.

16. 비샤카(Vishakha)

- 뜻: 갈라진 가지(Forked Branch)
- 신성: 인드라와 아그니(Indra and Agni)

당신은 매우 위트와 재치가 있는 매력적인 사람으로서 특별히 이성에게 인기가 많다. 당신은 한 가지의 목적이나 취미를 공유하는 사람들의 그룹에 끼기를 좋아하며 이지적이고 정신적인 성장을 위해 노력하는 당신은 우수한 커뮤니케이터로서 말하고 글쓰기를 좋아한다. 당신은 정의로운 성격과 조화로운 성격을 가지고 있으며 공정하지 못한 일을 다루는 데 있어 매우 익숙하며 변호하기를 잘한다. 그러므로 정의로운 친구들이 많고 많은 사람들을 자신의 편으로 끌어들인다.

당신은 매우 정의로운 사람이므로 빈정거림과 부정적인 사람들에 대하여 그렇지 않음을 변호하고 막아낼 줄 아는 능력의 소유자이다.

당신에게 잘 맞는 직업은 커뮤니케이션을 다루는 저널리즘, 종교와 관련된 일, 집필활동, 교육, 교사, 수학자, 마케팅, 세일즈, 은행, 큰 책임이 수반되는 일 등 주로 홀로 하는 일이 좋다.

비샤카 낙샤트라에서 탄생한 사람은 매우 행복한 연애생활이나 결혼생활을 보내게 될 것이며 좋은 배우자를 만날 수 있을 것이다.

당신의 건강은 호르몬 저하에 따른 고통을 겪기 쉬우며, 중풍이나, 마비, 신장, 방광 등의 건강에 주의하여야 한다.

17. 아누라다(Anuradha)

- 뜻: 성공(Success)
- 신성: 미트라(Mitra)

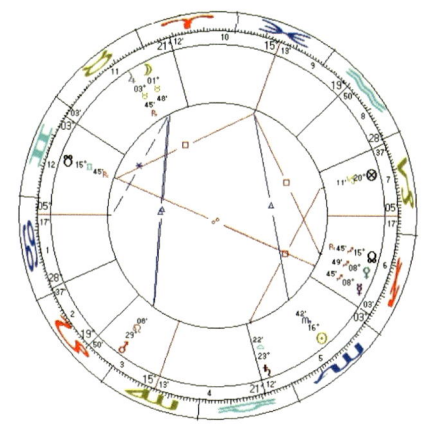

당신은 개성을 소유하고 있는 많은 친구들이 있으며 매우 박력 있고 유쾌한 사랑을 한다. 당신은 매우 강인한 정신력의 소유자로서 매우 야심이 크며 목적을 위해서는 힘들어도 끝까지 노력한다. 따라서 사회적인 환경과 정치적인 분야에서 빛을 발하기도 한다. 영적인 능력이 발달한 당신은 점성술이나 종교적인 일에 잠시나마 손댈 수 있다. 그러므로 직관이 발달하여 창조적 자질을 요구하는 예술이나 기예를 잘 다룬다.

당신은 고향을 떠났을 때 비로소 이름을 날리며 자신의 사업에 성공할 수 있다. 당신에게 잘 맞는 직업은 점성술, 영적인 안내자, 종교지도자, 상담가, 비즈니스, 마케팅 등이다.

당신은 연애와 결혼생활 모두에 있어서 만족한 삶을 누리게 될 것이다.

17~18세를 전후하여 사회활동, 또는 경제활동을 시작할 수 있으며 17세부터 48세 사이에 좋고 나쁜 문제가 일어난다. 48세 이후에 비로소 좋은 여건의 상황들이 찾아온다.

아누라다 낙사트라에 출생한 사람은 호흡기질환, 천식, 기침, 감기, 치아 등을 조심해야 한다.

18. 지에쉬타(Jyeshtha)

- 뜻: 최 연장자(Eldest)
- 신성: 인드라(Indra)

당신은 에너지와 활력이 넘치며 사람의 마음을 끄는 매력적인 사람이다. 사랑이 깊고 타인의 실수나 잘못에 대하여 관대하며 가정문제에 민감하게 반응한다. 때로는 자신이 맡은 책임으로 인하여 지워지는 무거운 짐 때문에 가정에 방해가 되는 것에 매우 속상해 하기도 한다. 당신은 삶의 초반에 성공할 수 있는 자질이 있다. 당신은 사람들로 하여금 호감이 가는 형으로서 많은 친구들을 두게 하는 원동력이다. 당신은 금속공예나 패션 등 손으로 하는 일에 전문성을 보이기도 한다.

당신은 비교적 이른 나이인 21세 이후에 성공이 찾아온다. 당신에게 잘 맞는 직업은 기계나 금속을 다루는 기술자, 화학, 건축, 건설, 인테리어, 디자인, 금속공예 등이다.

당신의 연애생활이나 결혼생활은 당신의 훌륭한 지지자가 되어주는 배우자나 연인을 만날 수 있다.

당신은 인생 전체로 볼 때 50세까지 인생의 시련과 안정이 겹친다. 18세에서 26세까지 다툼과 곤란한 일들이 일어난다. 27세부터 인생의 진전이 시작되어 50세까지 매우 느리게 삶이 진행되나 안정된 삶을 살게 된다. 50세 이후부터는 걱정하지 않아도 될 만큼 삶이 안정된 궤도에 오르게 된다.

지에쉬타 낙사트라에 출생한 사람은 관절, 기침, 감기, 불면증 등에 시달리기 쉬우며 여성은 자궁질환에 시달릴 수 있으므로 주의하여야 한다.

19. 물라(Moola)

- 뜻: 뿌리(The Root)
- 신성: 니리티(Niriti)

당신의 매혹적인 개성과 매력은 영향력 있는 사람들을 자신의 주변으로 끌어 들인다. 당신은 다른 사람의 문제를 귀담아 들어주는데 익숙하며 유연하지만 전통에 얽매이지 않는 성격의 소유자이다. 반면에 당신은 강하고 결단력이 있으며 야심이 크다. 당신의 큰 야심은 목적을 향해 다른 사람들과의 경쟁을 멈추지 않게 한다. 그러므로 당신은 직선적으로 접근하는 성격과 한 가지 목적에 몰두하는 성향을 잘 파악하여 조절하는 것이 중요하다.

당신의 경쟁심은 당신을 경제적으로 성공하고 물질적으로 풍요로운 삶을 누릴 수 있도록 해줄 것이며 외국에 나가 살게 되는 경우가 많다. 당신에게 잘 어울리는 직업은 세일즈 마케팅, 경영, 주식, 비즈니스, 공항, 항해, 정치, 종교 등이다.

당신의 연애생활과 결혼생활은 만족스러우나 경쟁에 의한 장애를 극복해야만 하는 운명에 놓여있다.

물라 낙사트라에 출생한 사람은 관절, 류마티즘, 둔부, 궁둥이, 요통을 주의하여야 한다.

20. 푸르바 아샤다(Purva Ashada)

- 뜻: 억눌리지 않는 선행자(The Former Unsubdued)
- 신성: 아파(Apa)

당신은 아량이 넓고 상대방을 배려할 줄 알며 신사적이다. 그래서 상대방에 대하여 악의를 품지 않으며 쉽게 용서하는 마음이 따뜻한 사람이다. 당신은 두뇌를 쓰는 정신노동을 할지라도 힘이 드는 노동자에 가까운 일을 하는 사람으로서 우수한 매니저이면서 중재자역할을 하는 사람이기도 하다. 당신은 책임을 떠맡는 것에 대하여 좋아하지 않지만 맡은 일에 대하여 훌륭한 매니저로서의 역할을 수행한다. 그러나 당신은 훌륭한 일처리에 대한 명성과 그에 따른 행운보다는 단순한 삶을 선호하는 사람이다.

푸르바 아샤다 낙샤트라에서 출생한 사람은 잠재된 자신의 능력을 현실로 이끌어 내는데 있어서 능력이 부족할 수 있다. 그것은 당신이 타고난 자질이나 능력이 부족해서가 아니라 세상에 대한 야심과 욕심이 없기 때문이다. 그런 면에 있어서 당신은 세상에서 양망을 실현하기위한 일보다는 교육자로서의 삶에 또는 자신이 현재 가지고 있는 직업에 충실할 필요가 있다.

당신에게 잘 맞는 직업으로는 의사, 순수 예술가, 경영자문, 사회사업, 어떤 단체의 조직가 등이다. 출세에 대한 야망이나 재물을 축적하기 위한 사업이나 벤처기업을 운영하는 것은 당신에게는 알맞지 않다.

당신의 연애생활이나 결혼생활은 일반적으로 조화롭고 만족스러운 삶이 전개될 것이다. 세상에 대한 야망이나 욕심이 없으므로 수수한 삶이 이루어질 것이다.

당신은 32세의 나이까지는 시험과 실수의 기간이 될 것이다. 이후 서서히 성공의 발판을 다져나가기 시작하여 50세까지 성공적인 삶의 기간이 지속될 것이다.

푸르바 아샤다 낙샤트라에서 출생한 사람의 건강은 결핵, 흉부질환, 근육통에 주의해야 하며 여성의 경우에는 자궁질환에 주의하여야 한다.

21. 웃타라 아샤다(Uttara Ashda)

- 뜻: 억눌리지 않는 후자(The Latter Unsubdued)
- 신성: 비쉬와데야스(Vishwadevas)

당신은 어떤 문제에 직면할 때 마음속에서 깊이 생각하는 자세로 임하며 가벼이 생각하고 판단하지 않는다. 당신은 항상 명랑하며 친절하고 즐기기를 좋아하는 균형 잡힌 정신의 소유자이다. 그리하여 사람들은 당신을 존경하며 당신에게 도움을 청하고 은혜를 갚는 다. 당신의 이런 삶이 많은 친구들을 만드는 원동력이 된다. 당신은 정의롭고 자유로우며 배움과 고등교육에 대하여 많은 관심을 가지나 어딘지 모르게 약간은 빈약한 모습이다. 이것은 자신의 필요에 따라 매우 민감한 모습으로 나타나기도 한다.

당신에게 잘 어울리는 직업은 지적활동, 카운슬링, 교육, 탐구, 은행업무, 출판업무 등이다.

당신의 애정생활과 연애생활에서 남다른 재주를 타고 났으며 결혼생활도 행복하게 유지 될 것이다. 자신은 연인이나 배우자에게 헌신적이나 때로는 한 번 이상의 결혼생활이 이루어질 것이다.

당신에게 38세 이후에는 주목할 만한 성공과 번영을 이루게 될 것이다.

웃타라 아샤다 낙사트라에서 출생한 사람은 위장을 비롯한 복부질환, 안과질환에 주의해야 한다.

22. 쉬라바나(Shravana)

- 뜻: 듣는 귀(Ear of Hearing)
- 신성: 유지자(The Maintainer)

당신은 생각이 깊고 규칙을 잘 지키며 친절하고 따뜻한 사람이다. 당신은 극단적으로 치우치는 것을 지양하며 중도의 길을 걷는 사람이다. 당신은 경제적인 안정과 물질적인 안정으로 자신의 삶을 이끌어 가는 사람이다. 어느 한 쪽으로 치우치지 않는 당신은 조직력과 지도자적 자질을 잘 개발할 수 있으며 좋은 매니저로서, 계획을 세우는 리더로서의 당신의 능력은 비즈니스에서 훌륭한 역할을 할 수 있을 것이다. 당신은 또한 많은 시간을 자선사업이나 사회사업을 하는데 보내게 되는 데 이러한 관점에서 당신은 경제력에 관한 관심을 가져야 한다. 그렇지 않으면 당신의 삶을 파산에 직면하게 할 수 있으니 조심하여야 한다.

당신에게 잘 맞는 직업은 자선사업, 사회사업, 매니지먼트, 엔지니어, 중개사, 석유사업 등이다.

당신의 연해생활과 결혼생활은 매우 행복하고 축복받은 결혼생활을 할 것이다. 경제적인 삶, 물질적인 삶을 잘 조절할 수만 있다면 좋은 결혼생활이 될 것이다.

당신은 30세까지 평균적으로 여러 가지의 변화를 겪게 될 것이다. 30세부터 45세 사이에 안정적인 삶이 주어질 것이며 65세 이후에 사회적으로 경제적으로 주목할 만한 업적을 이루게 될 것이다.

쉬라바나 낙샤트라에서 출생한 사람은 결핵, 류머티즘, 피부질환, 습진, 무좀 등에 주의하여야 한다.

23. 다니스타(Dhanishtha)

- 뜻: 부유(Wealth)
- 신성: 바수스(Vasus)

당신은 한 가지로 특정할 수 없는 여러 가지 개성을 지니고 있으며 다양한 것들에 흥미를 가진다. 여러 분야에 관련된 지식을 습득하기 위해서 다양한 것들에 관심을 가지는 것은 당신의 인생에서 많은 시간을 할애하도록 한다. 그러므로 많은 시간을 배움으로 보내고 지식을 습득하고 흥미로운 논쟁에 관심을 기울이는 성향의 소유자 이다. 비록 타인에게 상처를 입힐 지라도 입신 좋은 언변가로서 남을 것이다.

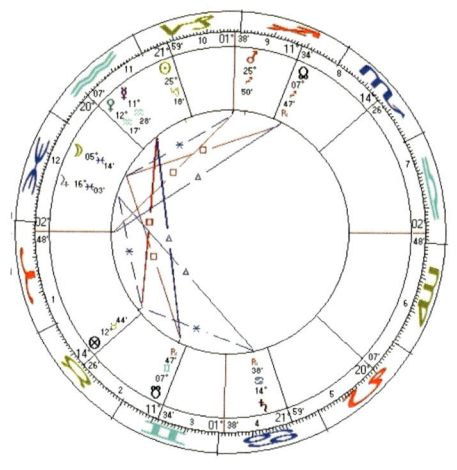

당신은 점성술이나 마법 또는 이도학문에 관심을 기울이며, 음악이나 댄스, 비즈니스에도 관심을 가지고 있다. 당신은 해박한 지식으로 과학적인 탐구활동에도 훌륭한 능력을 발휘하며 당신에게 잘 맞는 직업은 역사, 리서치, 고고학, 미술복원, 박물관학, 법률가, 대체의학 등이다. 당신의 배움에 관한 관심과 호기심은 역사나 신화 고고학, 대체의학 같은 과거의 시간과 현재를 연결하는 학문에서 탁월한 능력을 발휘할 수 있다. 그러나 당신은 기술자로서 컴퓨터산업에 관심을 가지고 능력을 발휘할 수 있다.

당신의 연애생활이나 결혼생활에 있어서 한 번의 실패가 있을 수 있지만 대체로 만족스러운 결혼생활을 할 수 있을 것이다. 24세부터 경제와 사회분야에서 활동을 인정받게 될 것이다.

다니스타 낙사트라에서 출생한 사람은 빈혈, 감기, 기침, 편도선 등을 조심하여야 한다. 여성은 자궁질환을 주의해야 한다.

24. 사타비샤(Satabisha)

- 뜻: 의사(Physicians)
- 신성: 바루나(Varuna)

당신은 진리에 매우 높은 가치를 두며 참된 지식을 추구하는 데 있어서 오랜 시간이 걸리는 철학, 심리학, 점성학, 형이상학, 기하학, 수학 등의 학문에 관심을 가지며 배우는 고상하고 귀족적인 성품의 소유자이다. 반면에 당신을 자신의 감정을 잘 통제한다고 할지라도 때로는 사람들을 혼란스럽게 하는 감정의 변화를 보이기도 한다. 그러므로 당신은 화를 낼 때 욱하는 성질이 나타날 수 있으므로 매우 위험할 사람이 될 수 있으며 이런 당신의 모습을 다른 사람들은 두려워한다.

당신에게 잘 어울리는 직업은 교수, 엔지니어, 수학자, 회계사, 과학자, 의사, 약사 등이며 의약에서도 비전통적 방식의 대체요법 등을 추구한다면 이 분야에서 유명해질 수 있다.

당신의 연애생활과 결혼생활에 있어서는 다툼이 있을 수 있다. 그러나 크게 곤란한 정도는 아니며 서로 노력하면 어느 정도 쉽게 극복할 수 있을 것이다.

사타비샤 낙샤트라에서 출생한 사람은 비뇨기 질환, 당뇨병, 호흡기 질환, 폐렴, 감기, 기침, 천식, 치아 등에 유의하여야 한다.

25. 푸르바 바드라파다(Purva Bhdrapada)

- 뜻: 아름다운 앞발(Former Beautiful Foot)
- 신성: 아이아 에카파드(Aia Ekapad)

당신은 자기 확신이 가득하고 매우 책략이 풍부한 사람으로서 위험을 떠맡고 피하지 않는 사람이며 일을 함에 있어 완벽을 꾀하는 빈틈이 없는 자세가 당신이 주는 매력이다. 당신은 부유하며 권세가 있고 많은 친구들을 사귀는 데 있어 당신이 가진 능력들이 큰 도움이 된다. 당신은 예기치 못한 상황에서도 융통성을 발휘하여 잘 적응하며 사물을 대하는 분석력과 식별력이 매우 뛰어나다.

당신에게 잘 맞는 직업은 점성가, 오컬트, 교사, 비즈니스, 은행가, 정부관료, 여행, 보석가공, 보석디자이너, 배우, 이벤트 기획자 등이다. 당신은 타고난 조직능력을 갖춘 자로서 정부로부터 기대하지 않은 이득을 얻을 수 있다. 또한 당신은 경제적으로 사회적으로도 남들보다 빠르게 독립하는 능력이 뛰어나다.

당신의 연애생활과 결혼생활은 행복할 것이고 연인은 당신에게 영감을 주고 용기를 북돋워주는 역할을 제공하게 될 것이다. 당신은 인간의 본성을 이해하고 어떤 사람이나 현상에 대해서 식변하는 능력이 탁월하다.

푸르바 바르바파다 낙사트라에 출생한 사람은 위장질환, 복부질환, 결핵, 당뇨병, 중풍, 마비 등의 질환을 주의해야 한다. 여성은 자궁질환에 걸리기 쉬우므로 여성 질환에 주의하여야 한다.

24세부터 33세 사이에 인생 전반에 걸친 주목할 만한 성장을 하게 된다. 45세부터 54세 사이에 인생의 황금기를 맞이하게 된다.

26. 웃타라 바드라파다(Uttara Bhadrapada)

- 뜻: 아름다운 뒷발(Latter Beautiful Foot)
- 신성: 아히르 부드니아(Ahir Budhnya)

당신은 매우 이지적이고 박식하며 당신의 지적인 성취는 많은 사람들로부터 부러움의 대상이 되며 그러한 당신의 매력은 항상 사람들 속에서 당신의 모습을 두드러지게 한다. 당신은 친구들에게 충실하며 그들에게 도움이 되기를 힘쓰며 때로는 도움을 받기도 한다. 당신의 지적인 호기심은 배움으로 당신을 이끌어주며 때로는 뛰어난 지적능력은 자만을 불러올 수 있는데 당신은 반대로 수줍음을 잘 타는 성향을 지녔다.

당신은 사랑스럽고 자비로운 사람이며 항상 다른 사람들을 돕기 위해

애쓴다. 그러 당신은 경제적으로 성공하고 자신의 삶에 대한 만족감을 가지고 살아가고 있다. 경제적 성공은 다른 사람을 돕기 위해 자비를 베푸는데 쓰여 지며 삶에서 당면한 문제를 풀어나가는데 매우 익숙하다. 당신의 해박한 지식과 경제적 능력은 법이나 직업적 명상, 점성가, 오컬트, 상담, 두뇌를 쓰는 예술 활동 등의 직업에서 매우 큰 성공을 거두게 된다.

당신의 연애생활과 결혼생활은 가족들과 조화를 이룰 것이며 당신의 자녀들은 당신에게 있어 행복과 기쁨의 근원이 될 것이다.

당신은 이른 나이의 18세, 19세를 전후하여 사회적으로 경제활동을 시작하게 될 것이다. 당신은 19세, 21세, 28세, 30세, 35세, 42세를 전후 하여 중요한 직업의 변화를 겪게 될 것이다.

웃타라 바드라파다 낙샤트라에서 출생한 사람은 이유 없이 몸이 쑤시는 고통과 류머티즘 관절염 같은 질병에 시달릴 수 있으므로 주의하여야 한다.

27. 레바티(Revati)

- 뜻: 풍요(Wealthy)
- 신성: 푸산(Pushan)

레바티 낙샤트라는 재산 즉 물질의 낙샤트라이다. 이 낙샤트라에 ☾(moon)이 떴을 때 큰 번영을 즐거워하며 독립적이고 매우 야심이 강한 사람이다. 인생에서 때로는 좌절이 있을 수 있게 마련이지만 그러한 좌절은 신속하게 극복해 낸다. 당신은 건강하고 튼튼한 체력을 가지고 있으므로 당신이 할 수 있는 일 이상으로 과도한 짐을 짊어지고 가는 경향이 있다, 이것은 당신의 건강을 해치는 요인이 될 수 있으므로 1주의하여야 한다. 이러한 당신의 성향은 사람들로 하여금 좋은 인상을 심어주게 되고 당신을 호감을 가지고 바라보며 당신도 그들과 함께 어울리기를 즐거워한다.

당신은 경제적인 상태에 대하여 매우 주의하여야 한다. 그렇지 않으면 큰 빚을 질 수 있다.

당신에게 잘 맞는 직업은 의사, 정신과 의사, 심리학자, 카운슬러, 점성가, 오컬트, 시인, 사회사업 등이다. 당신은 일을 하고 남는 시간들을 자신의 삶을 개척하는 일에 써야 한다. 그렇게 하는 것만이 재정적으로 튼실한 삶을 꾸려나갈 수 있기 때문이다.

당신의 연애생활이나 결혼생활은 매우 조화롭고 균형 잡힌 생활을 하게 될 것이다. 그러기 위해서는 재정 상태에 항상 주의를 기울여야 한다.

당신은 50세까지 노력한 만큼의 보상을 받기 어려울 것이다. 23세와 26세 사이에 인생에서 좋은 시간이지만 26세부터 42세까지는 경제적 사회적인 문제에 시달리게 될 것이다. 그러나 그 속에서도 인생의 노하우가 쌓일 것이다. 50세 이후에는 걱정 없이 안정적인 삶을 살아가게 될 것이다.

웃타라 바드라파다 낙사트라에 출생한 사람은 종기, 탈장, 정형외과와 같은 질병을 주의해야 하며, 사고나 치아문제에 신경을 써야 한다.

The Fixed Stars

에어리즈(Aries)

1. 케르브(Kerb) - 탕녀에 의한 위험 위치: 양 1도 3분, 성질: 중성
2. 디프다(Difda) - 힘, 자기파괴, 신경질적 위치: 2도 35분 성질: 중성
3. 알게닙(Algenib) - 페가수스의 날개의 마지막에 있는 별(The star in the end of the wing of Pegasus) -야심, 허영, 덧없음, 직관, 열광, 그릇된 판단 위치: 9도 09분 성질: 인포춘 마르스와 머큐리
4. 알페라츠(Alpheratz) - 안드로메다의 머리(The head of Andtomeda) - 영예, 인기, 독립심, 명예 위치: 14도 18분 성질: 포춘 비너스
5. 바텐 카이토스(Baten Kaitos) - 고래의 배(Whale's Belly) - 고독, 억압, 압제, 사고, 이주, 파선 위치: 21도 48분 성질: 인포춘 새턴
6. 아카마르(Acamar) - 공직에서의 성공, 종교적 성공 위치: 23도 16분 성질: 포춘
7. 알리사(Alrisha) - 그룹의 영향력에 많은 영향을 받는 위치: 양 29도 23분 성질: 포춘

토러스(Taurus)

1. 미라크(Mirach) - 안드로메다의 띠(The girdle of Andromeda) - 결혼을 통한 행운, 아름다움, 사랑스러운 성향, 명성과 부 위치: 황소 0도 24분 성질: 포춘 비너스
2. 사라탄(Sharatan) - 양의 뿔의 남쪽 별(Southern star in the former Horn of the

Ram) - 폭력, 고통, 좌절, 사고, 상해, 위험, 명예 위치: 황소 3도 49분 성질: 중성 Neutral의 새턴과 마르스

3. 하말(Hamal) - 양의 머리의 밝은 별(Bright star in the Head of the Ram) - 폭력, 학대, 잔인, 또한 치료자 위치: 7도 40분 성질: 인포츈(Unfortunate 마르스과 새 턴)

4. 스케디르(Schedir) - 점성술, 신비주의, 문장력 위치: 7 도 7분 성질: 포츈 새턴과 비너스

5. 알마크(Almach) - 안드로메다의 왼발(The left Foot of Andromeda) - 비너스인의 직업에서의 성공, 예술적 재능, 인기, 명망 위치: 14도 15분 성질: 포츈 비너스

6. 자우라크(Zaurak) - 우울, 자살과 죽음의 위험 위치: 23 도 52분 성질: 인포츈(Unfortunate)

7. 카풋 알골(Caput Algol) - 메두사의 머리(The head of Medusa) - 교살, 목베임, 목과 후두의 위험, 폭력, 잔 인, 학살, 단두대 위치: 26도 10분 성질: 매우 인포츈한(Very Unfortunate) 새턴과 주피터

8. 플래이아데스(Pleiades) - 일곱 별들 중 중간의 밝은 별(The middle and bright Star of the seven Stars) - 사고, 시력이상, 폭력, 고통 위치: 29도 58분 성질: 인포츈 마르스과 루나

제미니(Gemini)

1. 알키오네(Alcyone) - 야심, 야망, 명예와 영광, 이성과 의 다툼. 위치: 0도 성질: 중성의 루나와 목성

2. 히아데스(Hyades) - 스캔들, 폭력, 불명예, 감금, 투옥. 위치: 5도 45분. 성질: 인포츈 새턴과 수성.

3. 알데바란(Aldebaran) - 황소의 북쪽 눈(The North Eye of the Bull(Bull's North Eye)) 로열 스타 중 하 나 - 웅변, 완전, 탁월, 용기, 전쟁광, 동요. 위치: 쌍둥이 9도 47분. 성질: 인포츈 마르스

4. 쿠르사(Cursa) - 변덕스러운 감정, 변덕스러운 감정, 삶의 흐름에 큰 영향을 미치는 감정의 동요, 감각의 상실의 위험. 위치: 15도 17분. 성질: 인포춘 새턴

5. 리겔(Rigel) - 오리온의 발(Orion's Foot) - 기술적이고 예술적인 재능, 창의력, 유머스러운, 명예, 재물, 행복. 위치: 16도 50분. 성질: 포춘 주피터와 새턴

6. 벨라트릭스(Bellatrix) - 오리온의 왼쪽 어깨(Orion's Left Shoulder) - 수다스러운, 사고, 갑작스러운 불명예. 위치: 21도 28분. 성질: 인포춘 마르스과 머큐리.

7. 카펠라(Capella) - 호기심 많은, 열린 마음, 강력한 친구들. 위치: 21도 51분. 성질: 포춘 머큐리와 마르스.

8. 팍트(Phact) - 오리온 띠의 앞 별(The former Star in Orion' Belt) - 예술이나 과학에의 재능. 위치: 22도 16분. 성질: 포춘 주피터과 새턴.

9. 엘 나스El(Nath) - 오리온 띠의 중간 별(The middle Star in Orion's Belt) - 행운, 행복, 성공, 다툼, 완고, 고집. 위치: 22도 26분. 성질: 포춘 마르스

10. 알니람(Alnilam) - 오리온 머리의 가장 높은 별(The highest Star in the Head of Orion) - 잠깐의 명성, 기민한, 스캔들. 위치: 23도 49분. 성질: 포춘 주피터과 새턴.

11. 알 헤카(Al Hecka) - 명예, 부, 권력, 욕심, 탐욕, 침략적인. 위치: 24도 42분. 성질: 포춘 마르스.

12. 베텔게우스(Betelgeuse) - 오리온의 오른쪽 어깨(Orion's Right Shoulder) - 재난, 위험, 사고, 폭력. 위치: 28도 45분. 성질: 인포춘 마르스과 머큐리.

캔서(Cancer)

1. 프로푸스(Propus) - 과신, 자긍, 교만, 뻔뻔함, 폭력적 기질. 위치: 3도 26분. 성질: 인포춘 마르스.
2. 알페나(Alphena) - 예민한 감각, 상상력, 예술적 재능, 발의 상처나 흠. 위치: 9도 06분. 성질: 중성의 머큐리과 비너스, 주피터.
3. 알지르(Alzirr) - 사냥, 정치인의 복수, 다툼, 불명예, 질병, 행운의 상실, 갈등, 고뇌, 관절의 위험. 위치: 11도 13분. 성질: 인포춘 머큐리, 비너스, 주피터.
4. 시리우스(Sirius) - 야망, 자존심, 감정적, 부, 명성. 위치: 14도 05분. 성질: 포춘 주피터과 마르스.
5. 카노푸스(Canopus) - 여행, 항해, 신앙, 헌신, 스캔들, 불명예, 폭력. 게 14도 51분. 성질: 인포춘 새턴과 주피터.
6. 카스토르(Castor) - 아폴로(Apollo) - 갑작스런 명성의 획득이나 상실, 영예, 기민한 마음, 폭력, 해악. 위치: 20도 14분. 영향: 인포춘 마르스, 비너스, 새턴.
7. 폴룩스(Pollux) - 카풋 허큘리스(Caput Hercules) - 관조적 사색, 뻔뻔한, 파멸적인, 점성술, 파멸, 불명예, 죽음, 재난, 고통, 무자비. 위치: 23도 13분. 성질: 인포춘 마르스과 루나.
8. 프로키온(Procyon) - 작은 개(The Lesser Dog) - 폭력, 갑작스러운 성공 그러나 그 때에 재앙, 오컬트, 정치, 소실. 위치: 25도 47분. 영향: 인포춘 머큐리과 마르스.

리오(Leo)

1. 탈리사(Talitha) - 고요, 신중, 침묵, 의심, 불신하는 경향, 자기통제, 흥분했을 때 크게 화내는 경향. 위치: 2도 48분. 성질: 중성 Neutral
2. 아스켈리(The Ascelli) - 열병에 의한 죽음, 불, 매달림, 목베임, 교수형,

폭력, 파멸, 황폐, 불명예, 얼굴에 상처나 흠, 시력이상, 감금, 폭행. 사자의 1번째 페이스에 있는 네불로스 클러스터(Nebulous Cluster in 1st decan of Leo) - 인포춘 마르스과 루나.

3. 프라에사에페(Praesaepe) - 정신적인 추구, 은둔하는 경향, 장님, 살인, 비극, 화재. 위치: 7도 12분. 성질: 인포춘 마르스과 루나. 네불로스 스타.

4. 노오스 아셀루스(The North Asellus, Asellus Borealis) - 군사적 승진, 장님, 시력이상, 난파, 교통사고. 위치: 7도 24분. 성질: 중성의 마르스과 태양.

5. 사우스 아셀루스(South Asellus, Asellus Australis) - 군사적 승진, 장님, 시력이상, 난파, 교통사고, 대량학살, 공포. 위치: 8도 35분. 성질: 인포춘 마르스과 태양. 위치: 8도 35분. 인포춘 썬과 마르스.

6. 기안사르(Giansar) - 꿰뚫어볼 줄 아는, 분석적인, 잦은 여행과 많은 친구들. 처세, 현명, 용기, 강도에 의한 위험, 사고나 약물에 의한 위험. 위치: 10도 20분. 성질: 중성.

7. 아쿠벤스(Acubens) - 점성술, 문학적 재능, 인내, 가정 생활에서의 문제발생, 약물에 의한 위험, 거짓말하는 경향. 위치: 13도 35분. 성질: 포춘 새턴과 머큐리.

8. 더베(Dubhe) - 점성술, 거만, 정신적 추구, 파괴, 괴멸. 위치: 15도. 성질: 포춘 마르스.

9. 라스 엘라스드 아우스트(Ras Elased Aust) - 잔인, 무자비, 용기, 대담, 담력, 과장하는 경향, 야만적인, 파괴적 본성, 예술적 이해력, 좋은 표현력. 위치: 20도 42분. 성질: 중성.

10. 인포춘 디그리(An unfortunate degree) - 행동에 구속을 받는. 위치: 22도. 성질: 인포춘.

11. 알파르드(Alphard) - 히드라의 심장(The Heart of Hydra) - 약물이나 익사에 의한 갑작스런 죽음. 법률상의 문제, 사랑행각이나 약물에 의

한 위험. 위치: 27도 08분. 성질: 인포춘 새턴과 비너스.

12. 아드하페라(Adhafera) - 범죄, 도둑, 거짓, 자살. 위치: 27도 34분. 성질: 인포춘.

13. 알 자브하(Al Jabhah) - 재물, 부, 건전한 마음, 영리함, 폭력적이 성향, 자아추구, 이혐, 상실, 폭동. 위치: 27도 41분. 성질: 새턴과 머큐리.

14. 레굴루스(Regulus) - 사자의 심장(Lion's Heart, 코 레오니스 Cor Leonis, 바실리스쿠스Basiliscus) - 최고 의 로열 스타 - 기품, 야심, 기민, 강한 마음, 지위, 리더십, 갑작스런 추락, 사고, 폭력. 위치: 29도 53분. 성 질: 포춘 마르스.

버고(Virgo)

1. 프라에시푸아(Praecipua) - 활수한, 관대한, 당당한, 평 화로운, 두려움 없는, 책임이 뒤 따르는 지위에 있는. 위 치: 0도 53분. 성질: 포춘.

2. 투반(Thuban) - 광물의 시굴자, 돈의 가치는 띠는 것의 제작자. 위치: 7도 27분. 성질: 포춘.

3. 조스마(Zosma) - 사자의 등(The back of the Lyon) - 기민한 지력, 우울, 두려움으로 가득한, 불행, 행동의 제한을 느끼는. 위치: 11도 16분. 성질: 포춘 새턴과 비너스.

4. 미자르(Mizar) - 큰 범위의 재해 특히 화재를 당하는, 대량학살에 연루되는. 위치; 15도 42분. 성질: 인포춘.

5. 데네볼라(Denebola) - 사자의 꼬리(The Tail of the Lyon) - 비판적, 인내, 통제, 상상력의 부족, 명예, 바람 직스럽지 못한 연합, 정신질환, 행복이 절망이 되는, 질병, 자연재해에 의한 손실, 사고. 위치: 21도 38분. 성질: 중성의 새턴, 비너스, 머큐리.

6. 코마 베레니케스(Coma Berenices) - 시력이상. 위치: 23도 48분. 성질: 포춘 루나와 비너스.

7. 라브룸(Labrum) – 명예, 재물, 야심, 정신적, 만성질환을 앓는, 수치스런 일을 통한 수입. 위치: 26도 38분. 성질: 포춘 머큐리과 비너스.
8. 알카이드(Alkaid) – 죽음과 비탄에의 연루. 위치: 26도 56분. 성질: 인포춘.
9. 마르케브(Markeb) – 항해, 교육적 사업, 방대한 지적활동, 신앙, 헌신, 경건. 위치: 28도 54분. 성질: 포춘.

리브라(Libra)

1. 자니아(Zaniah) – 질서잡힌, 쾌적한, 사랑스러운 본성, 우아함, 명예. 위치: 4도 31분. 성질: 매우 포춘Very Fortunate.
2. 빈데미아트릭스(Vindemiatrix) – 허위, 어리석음, 불명예, 도적질, 과부나 홀아비생활, 억압, 압제, 마녀사냥, 신 비주의, 오컬트, 누드. 위치: 9도 56분. 성질: 인포춘 새턴, 비너스, 머큐리.
3. 알고라브(Algorab) – 저속한, 파괴적인, 불쾌, 적의, 극도로 악한, 거짓, 자살, 탐욕, 위법을 즐기는. 위치: 13도 27분. 성질: 인포춘 마르스과 새턴.
4. 메르가(Merga) – 수호자, 정치장관, 관리인, 회계담당자, 막후의 힘, 경제인, 건축, 디자이너. 위치: 15도 27분. 성질: 포춘 머큐리과 새턴.
5. 세기누스(Seginus) – 사업, 점성술, 법률, 친구를 통한 상실, 기만, 파멸치, 속임. 위치: 17도 39분. 성질: 포춘 머큐리, 새턴, 비너스.
6. 무프리드(Mufrid) – 직업에서의 번영, 강한 열망, 부절제하는 경향, 시골생활을 좋아하는, 전원에의 홍미, 오컬트에 관심을 갖는. 위치: 19도 20분. 성질: 중성.
7. 포라멘(Foramen) – 번창, 리더십, 귀나 시력이상, 주저함, 파선의 위험. 위치: 22도 09분. 성질: 포춘 새턴과 주피터.
8. 스피카(Spica) - 버진 스피카(The Virgin's Spiek) - 아리스타 Arista – 부, 명성, 명예, 매혹적인. "행운의 별" 위치: 23도 23분. 성질: 매우 포

춘한 비너스과 마르스.
9. 악투루스(Arcturus) - 영감, 명성, 명예, 여행을 통한 이득, 일을 통한 성공. 위치: 24도 14분. 성질: 매우 포춘한 주피터과 마르스.

스콜피오(Scorpio)

1. 프린켑스(Princeps) - 연구에 적합한 기민함, 학문을 좋아하는, 심원한 마음, 사업, 정치, 법률, 과학, 예술적 재능, 거짓말하는 경향. 위치: 3도 09분. 성질: 포춘 머큐리 과 새턴.
2. 캄발리아(Khambalia) - 어떤 종류의 깊은 연구, 정치적 투자에 발빠른, 간첩행위, 비밀한 주제에의 탐구. 위치: 6도 57분. 성질: 포춘.
3. 아크룩스(Acrux) - 점성술이나 영적인 일에의 흥미, 형이상학에의 관심. 위치: 11도 52분. 성질: 오컬트.
4. 알페카(Alphecca) - 명예, 품위, 학식 있는, 활수한 마음, 날카로운 두뇌, 시적인, 스캔들, 사랑에서 배반하는 경향, 아이를 통한 슬픔. 위치; 12도 16분. 성질: 포춘 비너스과 머큐리.
5. 멘켄(Menken) - 지혜, 천문학, 점성술, 의약, 식물학, 음악. 위치: 12도 18분. 성질: 포춘.
6. 사우스 스케일(South Scale) - 사우스 밸런스(South Balance) - 상실, 도적, 배반, 학대, 비너스의 질병, 약물 중독, 익사, 거만, 격통, 걱정, 복수, 범죄. 위치: 15도 04분. 성질: 인포춘 새턴과 비너스
7. 저주받은 디그리(Accursed Degree) - 비극, 불행, 이디그리는 세차운동에 의해 영향 받지 않는다. 위치: 19도. 성질: 마르스과 새턴.
8. 노오스 스케일(North Scale) - 노오스 밸런스(North Balance) - 명예, 재물, 영예, 관대한 마음, 스포츠나 전 쟁, 종교, 문학에서의 성공, 비극, 폭력, 침울한 경향. 위 치: 19도 23분. 성질: 포춘 주피터과 마르스.
9. 알파 서펜티스(Alpha Serpentis) - 우눅 알하이(Unukalhai) - 추락에 뒤따르는 성공, 자살, 광기, 사고, 전쟁이나 정치, 문필에서의 성공, 사랑

행각에서의 문제, 위조, 파선의 위험. 위치: 22도 04분. 성질: 인포 춘 새턴과 마르스.

10. 아게나(Agena) - 좋은 건강, 높은 도덕심, 사랑을 통한 깨달음, 대중을 통한 성공. 위치: 23도 48분. 성질: 포 춘 비너스과 주피터.

11. 분굴라(Bungula) - 오컬트와 철학적인 배움에의 흥미, 자기 분석적 사색, 명예, 완고, 고집, 잔인. 위치: 29도 36분. 성질: 포춘 비너스과 주피터.

새지태리어스(Sagittarius)

1. 코르네포로스(Kornephoros) - 목적의 확고함, 강한 인상, 위험한 열의, 열렬한 성격. 위치: 1도 05분. 성질: 중 성.

2. 이에드 프리오르(Yed Prior) - 점성술과 9번째 하우스가 다스리는 문제에서의 성공. 위치: 2도 18분. 성질: 포춘 새턴과 비너스.

3. 마픽(Marfik) - 정열적인, 맹목적으로 관대한, 쉽게 속는, 대체의학. 위치: 5도 36분. 성질: 중성.

4. 안타레스(Antares) - 전갈의 심장(The Scorpion's Heart) - 로열 스타, 모험심, 강곽, 눈에 상처나 홈, 명예, 갑작스러운 상실, 방해, 의심, 광포한, 몇 번의 결혼. 위치: 9도 46분. 성질: 포춘 머큐리, 마르스, 주피터.

5. 라스타반(Rastaban) - 추진력, 명예로운, 점성술을 공부하기에 좋은, 공직, 문필활동, 스포츠, 회계 관련, 예술, 사고, 상처, 시력이상, 범죄. 위치: 11도 58분. 성질: 인 포춘 새턴, 마르스, 주피터.

6. 사비크((Sabik) - 낭비, 에너지의 상실, 비도덕적, 악한 활동을 통한 성공. 위치: 17도 58분. 성질: 인포춘.

7. 아트리아(Atria) - 정의, 성실, 의로운, 행복, 건축술에 흥미. 위치: 20도 54분. 성질: 매우 포춘.

8. 레사트(Lesath) - 위험, 절망, 부도덕, 악의, 약물중독의 위험, 사고, 파멸. 위치: 24도 01분. 성질: 인포춘 머큐리과 마르스.

9. 에타민(Etamin) - 고독을 즐김, 집중, 불명예, 몰락, 위신의 상실, 비밀스러운 일이나 철학에의 흥미. 위치: 27도 58분. 성질: 중성.

캐프리콘(Capricorn)

1. 알나슬(Alnasl) - 시력이상, 장님. 위치: 1도 16분. 성질: 인포춘.
2. 폴리스(Polis) - 군사행동의 열망, 높은 야심, 폭정, 기민한 지각, 성공. 위치: 3도 13분. 성질: 매우 포춘 Very Fortunate.
3. 카우스 보레알리스(Kaus Borealis) - 아이디어의 이상적인 조장자, 정신자극의 주체자, 올바른 감각의 기획자. 위치: 6도 19분. 성질: 포춘.
4. 파시에스(Facies) - 장님, 격렬한 죽음, 리더십, 전쟁, 감기, 초연한, 완벽주의자, 지진. 위치: 8도 16분. 성질: 인포춘 태양과 마르스.
5. 베가(Vega) - 정치에서의 행운, 예술적 재능, 잠깐의 명성, 이중 거래, 활수한, 실용주의. 위치: 15도 19분. 성질: 포춘 비너스과 머큐리.
6. 데넵(Dheneb) - 군사적 재능, 지휘자적 자질, 자유로운, 행운. 위치: 19도 48분. 성질: 매우 포춘.
7. 페아콕크(Peacock) - 보이기 위한 전시용 사랑 행각과 헛됨, 장수와 얼마간의 명성. 위치: 23도 49분. 성질: 포춘.

아쿠아(Aquarius)

1. 알타이르(Altair) - 독수리의 밝은 별(Bright Star of the Vulture) - 갑작스러우나 덧없는 행운, 추진적인, 용기, 사고, 점성술, 문학적 재능. 위치: 1도 47분. 성질: 중성의 새턴과 머큐리.
2. 보스(Bos) - 기민한 지력, 사업을 위하여 좋은, 군사적 행동, 분석력. 위치: 5도 34분. 성질: 포춘 새턴과 비너스.
3. 알발리(Albali) - 페가수스의 입(The Mouth of Pegasus) - 위험, 박해, 죽음, 그러나 함께 좋은 행운. 위치: 11도 43분. 성질: 중성의 비너스과 머큐리.

4. 카스트라(Castra) – 파괴, 제어가 불가능한 성격, 악의. 위치: 20도 12분. 성질: 인포춘.

5. 나쉬라(Nashira) – 집필, 정치, 종교, 악을 이기는 능력. 위치: 22도 12분. 성질: 포춘 새턴과 주피터.

6. 키탈파(Kitalpha) – 우정과 명민함 그러나 천박하고 유희와 놀기를 좋아함. 위치: 23도 07분. 성질: 중성.

7. 사달수드(Sadalsuud) – 점성술, 오컬트, 정치, 사업, 심리, 원류에의 추구, 공상가. 위치: 23도 46분. 성질: 포춘 새턴과 머큐리

8. 기에나(Gienah) – 높은 곳으로 날아오르려는 심리, 갑작스런 추락의 가능성. 위치: 27도 45분. 성질: 중성 Neutral.

파이시즈(Pisces)

1. 포말하우트(Fomalhaut) – 로열 스타(A Royal Star). 마법, 명성, 오컬트, 성실, 신의, 충성. 탐닉, 바람직스럽지 못한 그룹 활동. 위치: 3도 52분. 성질: 중성의 비너스와 머큐리.

2. 데넵 아디게(Deneb Adige) – 지적, 창조적, 고지식한, 순진, 점성술, 문학적 재능, 험담. 위치: 5도 16분. 성질: 포춘 비너스과 머큐리.

3. 스카트(Skart) – 좋은 행운, 인간적 매력, 지속되는 행복, 심리학에의 흥미, 민감, 신비주의에의 흥미, 많은 친구들. 위치: 8도 52분. 성질: 포춘 새턴과 주피터.

4. 아케르나르(Achernar) – 공직에서의 갑작스러운 성공, 종교적 이득. 위치: 15도 19분. 성질: 포춘 새턴.

5. 마르카브 페가시(Markab Pegasi) – 폭력, 명예와 부, 문학적, 법률상의 문제, 사고, "슬픔의 별". 위치: 23도 29분. 성질: 인포춘 마르스, 머큐리, 비너스.

6. 스케아트(Scheat) – 감금, 살인, 상해, 자살, 익사의 위험, 큰 고통, 고난. 위치: 29도 22분. 성질: 인포춘 마르스와 머큐리

정통 점성술에서 사용되는 용어해설

ㄴ

나디르(Nadir) : 차트의 정북쪽. IC. 이뮴 코엘리.

　　네이탈 차트(Natal Chart) : 출생차트

　　네이티비티(Nativity) : 출생 차트의 주인 혹은 탄생 차트.

　　네이티브(Native) : 차트의 주인공.

ㄷ

디그니티(Dignity) : 이센셜이든 액시덴탈이든 좋은 위치를 점하고 있는 플래닛의 상태.

디빌리티(Debility) : 어떤 플래닛이 트리플리시티에 의해 상대적으로 약한 자리에 위치했을 때. 가령 수성이 사수에 있을 때.

디센던트(DSC) : 차트에서 정 서쪽. 타인의 집.

디트리먼트(Detriment) : 플래닛의 나쁜 위치 중 가장 좋지 않은 상태. 자신의 사인과 반대쪽 사인에 있을 때 플래닛이 디트리먼트했다고 한다.

ㄹ

레디컬(Radical) : 호라리에서 저지먼트(judgment)에 걸리지 않고 판단이 가능한 차트.

레딕스(Radix) : 디렉션(direction)과 비교해서 네이탈(natal) 차트.

레지오몬타누스(Regiomontanus) : 정통/고전 점성술에서 사용하는 하우스 시스템. 조안네스 뮬러(Johannes Muller)가 초기의 캄파누스(Campanus) 시스템을 수정하여 만든 것.

루미너리(Luminary) 또는 라이트(Light) : 솔과 루나.

리트로그래이드(Retrograde) : 거꾸로 가는 플래닛. 차트에서 R로 표시된다.

ㅁ

메리디안(Meridian) : 쉽게 말해 차트의 중앙에서 MC와 IC를 지나는 선.

머레픽(Malefic) : 새턴과 마르스. 인포춘(Unfortune) 또는 인포춘(Infortune), 머레보렌트(Malevolent)

모이티(Moiety) : 플래닛들이 가진 오브의 절반. 선의 오브의 절반에 든 플래닛은 컴버스트한다고 한다.

뮤추얼 리셉션(Mutual Reception) : 두 플래닛이 서로 상대방의 사인에 위치할 때. 예를 들어 마르스가 리브라에 있고 비너스가 에리즈에 있을 때. 리시브한다고 한다.

메디움 코엘리(MC) : 차트에서 정 남쪽. 천직, 직업, 어머니의 하우스.

미디발 아스트랄러지(Medieval Astrology) : 정통 아스트랄러지의 또 다른 명칭.

ㅂ

베너픽(Benefic) : 주피터와 비너스. 포춘, 버네보렌트(Benevolent)

보다, 비홀드(Behold) : 애스펙트를 이루었을 때, 한 플래닛이 다른 플래닛이나 포인트를 비홀드한다고 표현한다.

보이드 오브 코스(Void of course) : 어떤 플래닛이 자신이 현재 있는 사인을 벗어날 때까지 다른 플래닛과 메이저 애스펙트를 이루지 못하는 상태. 또는 어떤 메이저 애스펙트도 이루고 있지 않은 상태.

비시지드(Besieged) : 새턴과 마르스 사이에 어떤 플래닛이 자리할 때.

ㅅ

사인(Sign) : 양자리, 황소자리 등에서 '12 별자리'를 뜻하는 말.

석시던트(Succedent) : 11, 5, 9, 2번째 하우스.

섞다, 믹스(Mix) : 두 플래닛이 어떤 애스펙트로 만났을 때 자주 '믹스한다' 는 표현을 쓴다.

스위프트 인 모션(Swift in motion) : 플래닛이 에버리지 데일리 모션(average daily motion) 보다 빠르게 움직일 때. 보통 그 플래닛의 이점이 배가 된다. 패스트Fast

슬로우 인 모션(Slow in motion) : 플래닛이 에버리지 데일리 모션보다 느리게 움직일 때. 플래닛의 흉한 점이 부각된다.

심리 점성학(Psychic-Astrology) 사이킥 아스트랄러지: 앨런 리오에 의해, 일부 정통 아스트랄러지에서 빌린 이론을 심리학에 조합하여 탄생한 종교 철학.

ㅇ

아나레타(Anareta) : 디렉션(Direction)이나 네이탈 차트에서 힐렉(Hyleg)을 어플릭티드하는 것.

아스테로이드(Asteroid) : 키론, 케레스, 베스타, 주노와 같은 소플래닛.

애스펙트(Aspect) : 플래닛과 플래닛, 혹은 플래닛과 중요한 포인트의 각도. 이런 뜻에서 애스펙트는 오직 플래닛에만 속한다. 차트의 모양 혹은 차트를 보는 애스트롤로저의 관점.

아펠리온(Aphelion) : 태양으로부터 가장 멀리 떨어진 플래닛의 오브의 위치.

알무텐(Almuten) : 차트에서 가장 강력한 플래닛. 엘오지(LOG, Lod of Jeniture (탄생, 출생,산출, 천궁도))

아페타(Apheta) : 힐렉. 네이티비티에서 생명과 관계한다.

압시션(Abscission) : 어떤 플래닛의 간섭하는 애스펙트에 의해 다른 플래닛

들의 접근이 방해 받는 상태. 프러스트레이션(Frustration)

아스트랄러지(Astrology) 점성학: 별의 논리, 혹은 천체의 언어라는 뜻으로 점성술 혹은 점성학의 참말.

아스트롤러저(Astrologer) : 점성가 혹은 점성술사의 참말.

앵글(Angler) : 1, 10, 7, 4번째 하우스.

어센던트(ASC) : 차트에서 정 동쪽. 자신의 템플.

어플리케이션(Application) : 한 플래닛이 다른 플래닛에 접근할 때. 시니스터(sinister)

어플릭티드(Afflicted) : 어떤 플래닛이나 포인트가 나쁜 애스펙트를 받고 있을 때 어플릭티드한다고 한다.

언더선빔(Under the sun beam) : 어떤 플래닛이 솔의 17도 이내에 있을 때.

인포춘(Unfortune) : 정통 아스트랄러지에서 새턴과 마르스. 인포춘Infortune. 머레픽

엔티션(Antiscion) 패럴렐 : 캔서와 캐프리콘을 기준으로 양쪽으로 한 사인씩 옮겨 같은 위치에 놓인 두 플래닛이 있을 때. 트라인, 섹스타일과 같은 효과를 가진다.

오브(Orb) : 모든 플래닛은 태양의 빛을 반사하는데 몸에서부터 빛의 한계까지를 오브라고 한다.

오컬트(Occult) : 일반적으로 모든 신비적인 지식 체계를 총괄하는 용어.

아우터 플래닛(outer planets) : 토성 바깥 쪽에 위치하면서 근래에 발견된 플래닛들, 즉 천왕성, 해왕성, 명왕성.

익절테이션(Exaltation) : 룰러십에 의한 디그니티 다음으로 플래닛이 디그니티를 갖는 상태.

이뮴 코엘리(IM) : 차트에서 정 북쪽. 가정, 아버지의 집.

이페머리스(Ephmeris) 이페머라이드: 호로스코프에서 플래닛들의 위치를 찾는데 이용되는 천체력.

일렉션(Election) : 특정 일이나 사건을 발현하기에 좋은 시간을 찾는 아스

트랄러지의 분야.

ㅈ

조디악(Zodiac) : 원래 배열된 동물(Animal) 이라는 뜻. 마자로스(Mazzaroth) 라고도 하며 12사인으로 구성된 하늘의 집.

ㅊ

차트 제니쳐 (Chart Jeniture) : 흔히 천궁도라 부르는 것의 정식 명칭.

ㅋ

카디널(Cardinal) : 에리즈, 캔서, 리브라, 캐프리콘
카지미(Cazimi) : 어떤 플래닛이 솔의 0도 이내에서 컨정션할 때.
카풋 드라코니스(Caput Draconis) : 아나비바존. 북쪽 노드. 베딕 점성술에서 라후(Rahu)
커먼(Common) 사인: 제미니, 버고, 새지태리어스, 파이시즈
커스프(Cusp) : 각 하우스와 사인이 시작하는 곳. 8번째 하우스의 커스프는 7번째 하우스와 8번째 하우스의 경계선이다. 커스프는 플래닛과 같은 성질을 가지며 각 템플에서 가장 강력한 지점이다.
컬미네이션(Culmination) : MC에 어떤 플래닛이 도착했을 때. 엘러베이션(Elevation) 또는 완전한 애스펙트를 이루었을 때.
컴버스트(Combust) : 어떤 플래닛이 태양의 8도 30분 이내에 있을 때.
케이던트(Cadent) : 3, 9, 6, 12번째 하우스.
콘-시그니피케이터(Con-significator) : 사인과 상관없이 각 하우스가 가지는 보편적 로드. 새턴, 주피터, 마르스, 선, 비너스, 머큐리, 루나, 새턴, 주피터, 마르스… 의 순서로 배정된다.
코흐(Koch) : 월터 코흐(Walter Koch)에 의해 나치 전때 독일에서 개발된 하

우스 시스템. 초기의 알카비티우스(Alcabitius) 시스템과 유사하다. 다른 하우스 시스템이 극단적으로 꺾이는 특정 지역에서 사용된다. 운명보다는 자유의지적 관점에서 만들어졌다.

콜렉션 오브 라이트(Collection of Light) : 호라리에서 하나의 느린 플래닛이 더 빠른 두 개의 플래닛으로부터 애스펙트를 받을 때.

쿼런트(Querent) : 호라리에서 의뢰인. 즉 질문자 혹은 문복자

퀘시티드 : 호라리에서 의문사항 또는 질문 사항.

ㅌ

트리플리시티(Triplicity) : 불, 흙, 공기, 물의 네 원소. 앨러맨트(Element).

트랜스래이션 오브 라이트(Translation of Light) : 어떤 플래닛으로부터 세퍼레이션하는 빠른 플래닛이 또 다른 플래닛에 이전 플래닛의 성질을 옮길 때.

ㅍ

파틸(Patill) : 플래닛이나 중요한 포인트가 서로 오브 없이 애스펙트를 이룰 때. 1°까지는 파틸로 친다.

펄(Fall) : 플래닛이 이절테이션(Exaltation) 하는 사인의 반대쪽 사인에 있을 때.

페러그라인(Peregrine) : 플래닛이 어떤 사인에서 이센셜 디그니티를 갖지 못한 상태.

포춘(Fortune) : 주피터와 비너스. 베너픽.

플래닛(Planet) : 토성이나 달처럼 움직이는 천체는 플래닛이라고 한다.

플래틱(Platick) : 플래닛이나 중요한 포인트가 오브의 모이티 내에서 애스펙트를 이룰 때.

프랙티셔너(Practitioner) : 실천적 측면에서 애스트롤로저를 일컫는 말.

프로그래션(Progerssion) : 플래닛의 진행. 디렉션(Direction)

픽스드 사인(Fixed sign) : 토러스, 리오, 스콜피오, 아쿠아.

픽스트 스타(Fixed Star) : 북두칠성처럼 태양계 너머에 있는 별들. 강력한 효력을 지닌다.

ㅎ

하우스(House) : 열두 영역으로 나뉜 인생 전반에 대한 분야별 구분. 템플(Temple)

헤이즈(Hayz) : 남성, 낮의 플래닛이 낮에 남성의 사인에 호라이즌 위에 있을 때. 여성의 플래닛은 그 반대가 헤이즈이다.

헬리오센트릭(Heliocentric) : 태양의 관점에서 본 플래닛들의 배치. 지오센트릭과 반대이다.

호라리(Horary) : 시간(Hora)이란 뜻으로 동양의 육임과 같이 어떤 사건이 발생했을 때를 기준으로 한시적인 결론을 내리는데 사용하는 아스트랄러지의 대표적인 분야.

휴머니스틱 아스트랄러지(Humanistic Astrology) : 데인 러디아르에 의해 창시된 인본주의적 아스트랄러지. 예언적 기능은 없이 성격 위주로 판단하는 사이킥 아스트랄러지의 가지 중 하나.

힐렉(Hyleg) : 생명의 기여자, 혹은 생명유지자. 네이티비티에서 삶의 기간을 알려주는 플래닛이나 포인트. 고대와 중세, 현대의 차이가 있다.

참고문헌

William Lilly(1647) Christian Astrology Ⅰ, Ⅱ, Ⅲ
Vivian E. Robson, B.Sc Astrology and Sex Published(2004) by Astrology Classic Publishing
Geoffrey Cornelius & Maggie Hyde(1998) 점성학. 이두
L. 쿠피리야노비치(1998) 바이오리듬 그 원리와 응용법. 한마음사
Carl Gustav Jung(2011) 카를 융 기억 꿈 사상. 김영사
스티븐 아로요(2005) 나의 출생차트를 해석한다(별자리로 풀어보는 심리세계). 물병자리
마셔무어, 마크더글러스 1995 별자리로 보는 나의 성격. 정신세계사
존로저스(1995) 점성학 첫걸음. 정신세계사
프란츠 바르돈(2008) 헤르메스학 입문. 좋은글방
리드그린(2000) 신화와 점성학. 문학동네
벤슨보브릭(2006) 점성술로 되짚어보는 세계사. 까치
조앤나 워터스(2010) 점성학의 지혜. 슈리 크리슈나타스 아쉬람
쟝샤오위앤(2008) 별과 우주의 문화사. 바다 출판사
김기승(2010) 명리이론을 활용한 선천적성검사 도구개발에 관한 연구. 국제문화대학원대학교
조만섭(2006) 命理理論과 宮合의 相關關係 硏究. 경기대학교 대학원
권병목(1986) 지능 및 학력과 창의력과의 관계에 관한 연구. 세종대학교 대학원

신상춘(1991) 四柱가 運命과 心理에 미치는 影響과 敎育과의 關係. 세종대학교 대학원
조만섭(2007) 햇살. 경명학회
안상현(2006) 우리가 정말 알아야할 우리 별자리. 현암사
정창영(2003) 별들에게 물어봐 물병자리. 물병자리
유기천(2002) 인간의 점성학. 정신세계사
곽영직, 김충섭(2006) 별자리 여행. 사이언스 북
주디스 베넷(2003) 여성을 위한 심리 점성학 Sex Signs. 이프
도담(2007) 궁합. 문원북
아트가이드(2010) 점성술, 마법, 연금술 그림으로 읽기. 예경
에드거 케이시(2007) 나는 잠자는 예언자. 사과나무
만나성경(1992) 성서교재간행사
박석재(2003) 해와 달고 별이 뜨고 지는 원리. 성우
지오프리 코넬리우스 & 폴 데버루(1999) 별들의 비밀. 문학동네
알랭시루 & 레일라 아다(2005) 지구와 우주(신화에서 별자리까지). 베텔스만
데이비드 폰테너(2009) 상징의 비밀. 문학동네
지나 서미나라(1997) 윤회의 비밀. 장경각
아놀드 리버(1996) 재미있는 달 이야기. 책세상
이현덕(2005) 정통점성술. 좋은글방
이현덕(2002) 하늘의 별자리 사람의 운명. 동학사
이현덕(2007) 점성술 고대로부터 현재까지. 바빌론
김기원(2008) 꿈꾸는 과학. 풀로 엮은 집
정용빈(1995) 알기 쉬운 점성술. 송원문화사
The Fixed Stars